21世纪经济管理新形态教材·工商管理系列

全媒体运营学

张初兵　徐琪锋 ◎ 编著

清华大学出版社
北京

内 容 简 介

本书是一本全面深入探讨全媒体运营理论与实践的图书,从基础理论出发,系统构建了全媒体运营的知识体系,涵盖运营环境、运营组织、内容战略、矩阵战略、账号战略等多个维度。书中不仅介绍了全媒体运营的生态环境模型、CMA 战略理论和五星策略模型等核心理论,还提炼出内容战略目标金字塔模型、图文运营六步诀、视频运营 SSEP 模型等实用方法论,通过案例分析和实训题设计,使理论与实践相结合,为读者提供了丰富的知识资源和操作指导。

本书面向高职、本科、硕士教育层次的学生,特别是市场营销、广告学、电子商务、新闻传播、网络与新媒体等专业的学生,同时也适用于企业中负责全媒体运营工作的人员。无论是学术研究还是职业实践,本书都能提供前瞻性的理论指导和实践操作的策略,帮助读者深入理解全媒体运营的内在逻辑,提升品牌影响力和市场竞争力,实现个人与组织的可持续发展。

本书封面贴有清华大学出版社防伪标签,无标签者不得销售。
版权所有,侵权必究。举报: 010-62782989, beiqinquan@tup.tsinghua.edu.cn

图书在版编目(CIP)数据

全媒体运营学 / 张初兵, 徐琪锋编著. -- 北京: 清华大学出版社, 2024.9. -- (21 世纪经济管理新形态教材). -- ISBN 978-7-302-67461-0

Ⅰ. G206.2

中国国家版本馆 CIP 数据核字第 2024YC2678 号

责任编辑:付潭蛟
封面设计:汉风唐韵
责任校对:王荣静
责任印制:宋 林

出版发行:清华大学出版社
网　　址:https://www.tup.com.cn, https://www.wqxuetang.com
地　　址:北京清华大学学研大厦 A 座　　　邮　编:100084
社 总 机:010-83470000　　　　　　　　　　邮　购:010-62786544
投稿与读者服务:010-62776969, c-service@tup.tsinghua.edu.cn
质 量 反 馈:010-62772015, zhiliang@tup.tsinghua.edu.cn
课 件 下 载:https://www.tup.com.cn, 010-83470332

印 装 者:北京同文印刷有限责任公司
经　　销:全国新华书店
开　　本:185mm×260mm　　　印　张:16.75　　　字　数:427 千字
版　　次:2024 年 10 月第 1 版　　　　　　　　印　次:2024 年 10 月第 1 次印刷
定　　价:55.00 元

产品编号:105831-01

本书编委会

顾　问：符国群（北京大学）、李东进（南开大学）、
　　　　卜彦芳（中国传媒大学）

主　编：张初兵（天津财经大学）、徐琪锋（锋媒研究院）

编　委：（按汉语拼音顺序）

　　　　白永志（天津传媒学院）　　崔晓晓（天津传媒学院）

　　　　邓　瑜（武汉传媒学院）　　方　姝（河北传媒学院）

　　　　费显政（中南财经政法大学）　高维和（上海财经大学）

　　　　韩红静（华南师范大学）

　　　　胡春力（天津学乐惠信息技术有限公司）

　　　　蒋玉石（西南交通大学）　　李义娜（中国科学技术大学）

　　　　罗　勇（杭州无忧传媒有限公司）

　　　　舒成利（西安交通大学）　　万　莹（河北师范大学）

　　　　王　峰（湖南大学）　　　　王小毅（浙江大学）

　　　　武小宇（天津传媒学院）　　杨洪涛（华侨大学）

　　　　杨　萍（天津财经大学）　　姚　凯（中央财经大学）

　　　　张成虎（中国传媒大学）

　　　　张立庆（天津东疆综合保税区管理委员会）

　　　　郑春东（天津大学）

前言

随着信息技术的迅猛发展，全媒体行业以其独特的魅力和无限的潜力，正在深刻改变着我们的生活和工作方式。在这一背景下，全媒体运营学的兴起与发展显得尤为重要。本书的编写，正是基于对当前全媒体运营实践的深刻洞察和对未来发展趋势的精准把握，旨在构建一个系统、科学、适用的知识体系，为全媒体行业的可持续发展提供理论支持和实践指导。

从宏观层面来看，信息技术的革命性进步推动了媒体行业的深度融合。全媒体运营作为媒体行业的重要一环，其地位和作用日益凸显。在全球化和信息化的浪潮中，全媒体运营不仅是企业提升品牌影响力和市场竞争力的重要手段，更是国家文化传播和软实力建设的重要载体。因此，全媒体运营学教材的编写具有重要的战略意义。

从中观层面来看，全媒体运营涉及账号布局、内容创作、用户运营等多个方面，需要综合运用传播学、管理学、营销学等多个学科的理论和方法。然而，现有相关书籍大多以介绍工具类、点状知识为主，缺乏系统性和完整性，无法满足全媒体运营实践的需求。本书正是为了弥补这一缺陷，通过整合多个学科的理论资源，构建一套全面而系统的知识体系，为全媒体运营实践提供有力的理论支撑。

从微观层面来看，全媒体运营实践中涌现出大量的方法和理论，但缺乏系统的总结和提炼。本书通过深入研究和分析全媒体运营实践，提炼出一系列具有普适性和可操作性的理论和方法，为从业者提供宝贵的经验和启示。本书还注重理论与实践的结合，通过案例分析和实训题设计，使读者能够更好地理解和应用所学知识。

当前市场上关于全媒体运营的图书虽然众多，但大多数往往只关注某个具体环节或技巧，缺乏对全媒体运营整体流程和内在逻辑的深入剖析。因此，尽管这些图书具有一定的实用价值，但无法为全媒体运营实践提供全面、系统的理论指导。

本书从全媒体运营环境、战略到策略，构建了一套全面而系统的知识体系，涵盖了全媒体运营的各个方面。这不仅可以弥补当前相关书籍的不足，更有助于提升我国在全媒体运营领域的理论水平和实践能力。

关于本书的特色与优势，可以从以下几个方面来阐述。

第一，本书将全媒体运营学视为一门独立的学科，旨在建立中国在全媒体运营领域自主的知识体系和话语权。这与以往经管类图书多介绍国外的情况形成鲜明对比，体现了本书在理论方面的创新，以及在文化自信方面具有的独特价值。

第二，本书构建了全媒体运营知识体系，具有一定的前瞻性和引领性，而且为全媒体运营实践提供了重要的理论指导。

第三，本书提炼出一系列核心方法论，如内容战略目标金字塔模型、账号定位三步骤、图文运营六步诀等。这些方法论具有很强的实用性和可操作性，能够帮助读者更好地理解和应用所学知识。

第四，本书在内容编排上注重实用性和可读性。开篇设有引例，能够激发读者的兴趣和引发读者思考；文中穿插微链接，方便读者深入了解相关知识；末尾配有思考题、实训题和典型案例，有助于读者巩固所学知识并提升实践能力。

第五，本书还提供了完善的教辅材料，如教学设计、案例设计、思政设计、教学 PPT 等。这些教辅材料能够为教师的教学和学生的学习提供有力的支持，有助于全面提升教学效果和质量。

本书的诞生得益于编委会成员的通力合作和深入研究。在编写本书的过程中，编委会通过频繁的交流和讨论，激发了丰富的创意和洞见，部分成果已发表在《全媒体探索》《企业管理》《清华管理评论》等行业期刊上。我们期望本书能够成为理论与实践相结合的桥梁，激发更多的思考和创新。

在编写过程中，我们得到众多业界人士的大力支持，包括胡春力先生、王军先生、杨金虎先生、冯岩先生、罗勇先生、李国政先生、赵津阳先生。他们不仅分享了宝贵的行业信息与市场数据，还为我们提供了参与抖音直播实践的机会，让我们更深入地了解了全媒体运营的实际运作与市场需求。此外，我们还走访了无忧传媒、遥望传媒、斜杠传媒、新娱传媒等知名企业，收集了大量第一手资料。

我们还广泛参考了各类优秀文献，这些资料为本书的理论构建与实践分析提供了有力支撑。尽管我们尽力在书稿末尾列出了所有参考文献，但也可能因疏忽而遗漏了部分，对此我们深感歉意，并期待与遗漏的作者取得联系。对于这些文献的作者，我们表示衷心的感谢，他们的研究成果为本书的编写提供了重要参考。

我们还要特别感谢天津东疆综合保税区数字经济产教联合体在本书编写过程中的大力支持。在调研阶段，联合体不仅为我们提供了宝贵的数据和信息资源，还为我们的实地考察和访谈活动提供了便利条件，使得我们能够更加深入地了解全媒体运营的实际需求和发展趋势，这为本书的顺利完成和高质量出版提供了坚实的保障。

当然，我们也明白，由于编写水平和时间等因素，本书难免存在不足之处。因此，我们诚挚地邀请广大读者在阅读过程中提出宝贵意见和建议，您的反馈将成为我们进一步提升书稿质量的重要动力。我们将认真倾听每一位读者的声音，不断完善和更新本书内容，以更好地满足读者的学习需求，为全媒体运营学的发展贡献更多力量。

此外，我们开发了《全媒体运营学》智能体，旨在帮助读者深入理解书中知识点，提供教学资料和定制化试题，主要功能包括知识交流、资料提取和试题生成。现在，您可以通过扫描二维码来体验这一智能学习平台。

在使用智能体时，请记得点击对话框上的三个功能按钮选择您的需求，然后再输入具体问题。这样，智能体就能更准确地为您提供所需的服务。这个智能体目前处于初级阶段，我们正在不断优化。如果遇到问题，请您提供更具体的需求，以便智能体更准确地响应。

请通过电子邮箱联系我们：1450691104@qq.com。

天津财经大学 教授 博士生导师
张初兵
2024 年 4 月 17 日

人工智能体

目 录

第一篇 基 础 篇

第一章 全媒体运营学概述 ·············· 3
- 第一节 全媒体运营发展现状 ············ 3
- 第二节 全媒体运营学科创立的必要性 ······ 6
- 第三节 全媒体运营学研究对象和知识体系 ···· 8
- 第四节 全媒体运营保障与发展 ·········· 12

第二章 全媒体运营环境 ·············· 15
- 第一节 全媒体运营环境概述 ············ 15
- 第二节 全媒体行业环境 ·············· 17
- 第三节 同行竞争环境 ··············· 20
- 第四节 企业自身环境 ··············· 22

第三章 全媒体运营组织 ·············· 25
- 第一节 全媒体运营组织概述 ············ 26
- 第二节 全媒体运营组织岗位 ············ 30
- 第三节 全媒体运营组织激励 ············ 32

第二篇 战 略 篇

第四章 全媒体内容战略 ·············· 41
- 第一节 全媒体内容战略提出背景 ········· 41
- 第二节 全媒体内容战略概述 ············ 44
- 第三节 全媒体内容战略规划 ············ 46

第五章 全媒体矩阵战略 ·············· 52
- 第一节 全媒体矩阵战略概述 ············ 52
- 第二节 全媒体矩阵战略布局 ············ 58
- 第三节 全媒体矩阵管理 ·············· 61

第六章 全媒体账号战略 ·············· 65
- 第一节 理解全媒体账号战略 ············ 65
- 第二节 账号定位的步骤 ·············· 69
- 第三节 账号定位的技巧 ·············· 73

第三篇 策 略 篇

第七章 全媒体基建运营 ·············· 79
- 第一节 认识基建运营 ··············· 79

第二节　账号名称 ·············· 81
　　第三节　账号头像与背景图 ·············· 84
　　第四节　账号简介 ·············· 87
　　第五节　内容封面 ·············· 91

第八章　全媒体图文运营 ·············· 95
　　第一节　图文运营概述 ·············· 95
　　第二节　目标与选题 ·············· 98
　　第三节　收集与创作 ·············· 103
　　第四节　排版与投放 ·············· 106

第九章　全媒体视频运营 ·············· 114
　　第一节　视频运营概述 ·············· 114
　　第二节　脚本策划 ·············· 117
　　第三节　脚本拍摄 ·············· 122
　　第四节　视频剪辑 ·············· 128
　　第五节　流量投放 ·············· 133

第十章　全媒体直播运营 ·············· 138
　　第一节　直播运营概述 ·············· 138
　　第二节　直播前运营 ·············· 142
　　第三节　直播中运营 ·············· 153
　　第四节　直播后运营 ·············· 158

第十一章　全媒体用户运营 ·············· 162
　　第一节　用户运营概述 ·············· 162
　　第二节　用户洞察 ·············· 165
　　第三节　社群运营 ·············· 171

第四篇　保　障　篇

第十二章　全媒体运营数据分析 ·············· 179
　　第一节　全媒体运营数据概述 ·············· 179
　　第二节　全媒体运营数据采集工具 ·············· 184
　　第三节　全媒体运营数据分析方法 ·············· 188
　　第四节　全媒体运营数据复盘 ·············· 193

第十三章　全媒体职业素养、行业与法律规范 ·············· 202
　　第一节　全媒体运营职业素养 ·············· 202
　　第二节　全媒体运营行业规范 ·············· 206
　　第三节　全媒体运营法律规范 ·············· 209

第五篇 发 展 篇

第十四章 生成式人工智能与全媒体运营 ································ 219
　第一节　了解生成式人工智能 ·· 219
　第二节　提示词与全媒体运营 ·· 226
　第三节　AI数字人与直播 ··· 230

第十五章 全媒体运营的发展趋势 ·· 237
　第一节　全媒体运营数智化 ·· 237
　第二节　全媒体运营全员化 ·· 242
　第三节　全媒体运营媒商化 ·· 244

主要参考文献 ·· 250

第一篇

基 础 篇

第一章

全媒体运营学概述

【学习目标】
- 全面了解全媒体运营发展现状
- 掌握全媒体运营学科创立的必要性
- 重点掌握全媒体运营学科的知识体系
- 了解全媒体运营保障与全媒体运营发展趋势

　　作为星创视界集团旗下的眼镜零售直营连锁品牌，宝岛眼镜在1979年成立于台湾，目前在大陆拥有1100多家门店，遍布200个城市，是中国眼镜零售直营连锁品牌的领导者。作为一家传统企业，宝岛眼镜却几乎每一步都走在了商业潮流的前面。2015年，开始数字化进程；2017年，开始培训员工在公域平台吸引用户，为用户传授种草的技能；2019年，调整组织架构，全身心投入全媒体运营。不到一年的时间，玩转全媒体运营，拥有7000多个大众点评账号、800多个小红书账号、200多个知乎账号以及近20个抖音账号；建立起专业的直播团队，共有800人，一次会员日直播可触达约15万人。为什么宝岛眼镜能够每一步都走在商业潮流的前面？它如何看待技术与商业的关系？它做私域流量运营的方法论是如何一步步摸索出来的？一家企业要做好私域流量运营，需要具备怎样的组织架构和人力模型？

　　资料来源：一图读懂宝岛眼镜的私域流量方法论[EB/OL].(2022-12-28)[2024-04-01]. https://mp.weixin.qq.com/s/HzYsw1JX4p0cAZ65IGq1xA.

　　从宝岛眼镜的转型历程中，我们可以看到，一个传统企业应紧跟商业潮流，通过全媒体运营重塑品牌形象和市场地位。它不仅成功地进行了数字化改革，更在组织架构和人力模型上进行了大胆创新，以适应全媒体时代的需求。通过宝岛眼镜的引例，你是否对全媒体运营产生了兴趣？接下来，我们将通过学习全媒体运营发展现状、全媒体运营学科创立的必要性、全媒体运营学的知识体系及全媒体运营保障与发展，全面了解全媒体运营学，从而更好地掌握全媒体运营知识和技巧。

第一节　全媒体运营发展现状

一、技术广泛用于全媒体运营

　　从语言、文字到报纸、广播、电视，再到互联网媒体，媒介的演变揭示了时代是媒介变化的源头，而技术是媒介发展的动力。随着时代发展，在技术创新下，我们正处于全媒体时代。追溯全媒体发展历程，姚君喜（2010）认为，关于全媒体一词较早的构想是在2006年发布的《国家"十一五"时期文化发展规划纲要》和2007年发布的《新闻出版业"十一五"发展规划》中，它是作为国家文化战略被提出来的。2008年，烟台日报传媒集团成立国内首个"全媒体新闻中心"。对于彼时的全媒体，肖庆飞（2009）认为是各种传统媒介整合使用而形成的媒介形态。

发展至今，随着5G、大数据、生成式人工智能、4K/8K超高清、虚拟现实技术、增强现实技术、全景内容技术等的进一步深化，喻国明（2022）认为媒介朝着重新链接一切的方向发展，将所有个人纳入社会关系网的宏观层面，人类进入"数字化媒介社会"。世界报业和新闻出版协会发布的研究报告显示，近一半的媒体人使用生成式人工智能（AI）工作，并且70%的受访媒体人认为生成式人工智能是新闻行业有用的工具（见图1-1），如使用它们可快速生成文案、视频等。在技术的推动下，"全媒体"一词所涵盖的意义更为丰富。微信、微博、抖音、快手、小红书等新兴媒介的发展，也促使国家和企业布局全媒体，重视满足社会对全媒体运营人才的需求。

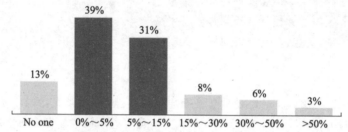

图1-1　70%的受访媒体人认为生成式人工智能是新闻行业有用的工具

资料来源：最新报告：近半数新闻媒体使用类ChatGPT产品，七步助力开启生成式AI之旅[EB/OL]. (2023-06-16) [2024-04-01]. https://mp.weixin.qq.com/s/vTkhhthx1pvRdybw5ro9zg.

二、全媒体平台处于百家争鸣阶段

随着互联网的发展、用户行为习惯的变化，传统媒体平台如杂志、报纸、广播、电视，逐渐淡出大部分人的生活与工作。依托技术发展起来的新媒体平台，如微博、抖音、微信视频号、快手、小红书、哔哩哔哩、知乎等，受到当代用户的喜爱。这些平台各有特点，通过独特的算法分发机制抢夺用户时间。如抖音通过用户历史数据，标注用户标签，采取"中心化"流量分发模式，流量倾向于头部博主。快手平台采用"去中心化"流量分配模式，流量倾向于普通用户、中尾部博主。微信视频号根植即时通信软件——微信，具备得天独厚的社交优势，基于"强大的熟人社交关系链"，形成熟人社交与算法推荐共存的全新分发模式。

不同的平台受众也存在差异。如抖音受众范围广，老中少各占一定比例，但年轻人居多。相关数据显示，2023年抖音日活量突破8亿，抖音电商GMV在2023年也超过2.2万亿元。快手以三、四线城市用户居多，微信视频号以中年人居多，小红书以女性用户居多，哔哩哔哩以二次元爱好者居多。

三、全媒体运营行业稳中向好

全媒体运营行业上游从事内容生产，主要有用户生成内容（UGC）、专业生产内容（PGC）、专业用户生产内容（PUGC）。中游进行内容传播、分发，主要有各媒体平台和从事自媒体营销的机构，主要的媒体平台包括资讯类平台、音频类平台、社交类平台、视频类平台。下游则是变现环节，如有广告、打赏等途径。多频道网络（MCN）机构是全媒体运营行业的主要组成部分。艾媒咨询调研的数据显示，中国MCN2022年市场规模达432亿元，2025年将达到743亿元。

从 MCN 机构数量看，2015 年仅有 160 家，2022 年已超过 4 万家。众多 MCN 机构中，无忧传媒、大禹网络、蜂群文化、如涵控股等成为行业头部企业。从融资规模上看，2017 年 MCN 机构融资出现一个小高峰；2020 年迎来融资高峰，金额约 20 亿元人民币。近些年，随着技术更迭，流量转为存量，MCN 机构经营转向规范化，趋向理性，发展态势稳中向好。

四、政策出台规范全媒体行业

全媒体运营快速发展也导致行业早期出现一些问题。如部分 MCN 机构游走在行业管理和法治的边缘，与博主签订合同后，分走大部分利润，甚至用高额违约金拴牢博主。行业乱象剥夺了签约者的部分权益，也阻碍了全媒体运营行业的良性发展。因此，近年来，从地方到国家都出台了一系列政策规范行业发展。如广东省发布的《广东省人民政府关于加快数字化发展的意见》指出，推动短视频直播平台创新发展，明确行业发展的底线红线，引导行业持续规范化和良性健康发展；中央网信办印发的《关于进一步加强娱乐明星网上信息规范相关工作的通知》指出，加强 MCN 机构等账号和主体的管理；文旅部印发的《网络表演经纪机构管理办法》明确了 MCN 机构的义务，如取得许可、与表演者签订协议、加强对签约网络主播的管理和培训等。

此外，“全媒体运营师”“互联网营销师”“数据分析师”等职业的发布，体现了国家对全媒体运营行业的认可，促使更多人扎根全媒体运营行业。

五、全媒体运营人才供给不足

在全媒体发展过程中，大量从业者在运营实践中有了不同的思考，形成了多元化的方法、理论。部分从业者基于自身对全媒体运营的实践能力，为企业打造全媒体运营队伍，或是建立MCN机构打造个人名片，为企业赋能线上营销。整体而言，全媒体运营方兴未艾，理论知识呈点状分布，规律探索未能深入进行。在人才培养方面，目前以课程知识付费或社会机构培训为主，教学效果难以保证，人才培养质量参差不齐。

2020 年，“全媒体运营师”正式成为国家认可的职业（见图 1-2）后，部分高校开始意识到培养全媒体运营人才的重要性，招聘校外实践派导师教学。如福州阳光学院招聘直播运营、视频运营等多个岗位教师，并在市场营销学、广告学等课程中，增加全媒体运营的学习内容，如内容策划、视频制作等。但高校人才培养仍缺乏整体性思考和布局，存在师资不足、经验不足、教材不全的情况。如何培养全媒体运营人才成为当下亟须解决的难题。

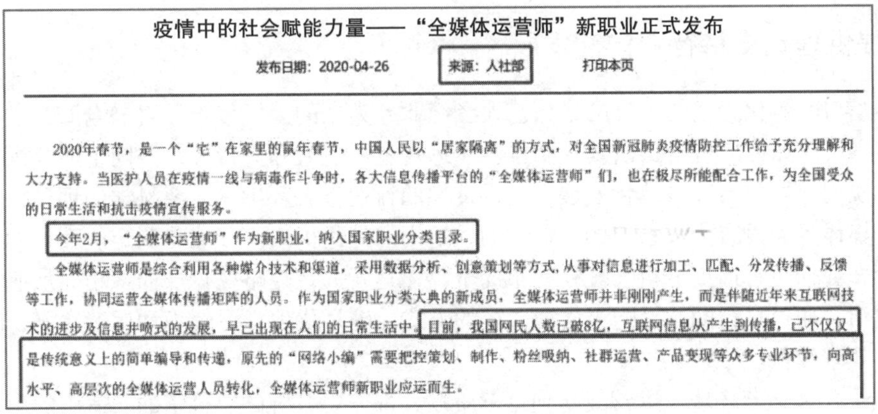
疫情中的社会赋能力量——“全媒体运营师”新职业正式发布

发布日期：2020-04-26 来源：人社部 打印本页

2020年春节，是一个“宅”在家里的鼠年春节，中国人民以“居家隔离”的方式，对全国新冠肺炎疫情防控工作给予充分理解和大力支持。当医护人员在疫情一线与病毒作斗争时，各大信息传播平台的“全媒体运营师”们，也在极尽所能配合工作，为全国受众的日常生活和抗击疫情宣传服务。

今年2月，“全媒体运营师”作为新职业，纳入国家职业分类目录。

全媒体运营师是综合利用各种媒介技术和渠道，采用数据分析、创意策划等方式,从事对信息进行加工、匹配、分发传播、反馈等工作，协同运营全媒体传播矩阵的人员。作为国家职业分类大典的新成员，全媒体运营师并非刚刚产生，而是伴随近年来互联网技术的进步及信息井喷式的发展，早已出现在人们的日常生活中。目前，我国网民人数已破8亿，互联网信息从产生到传播，已不仅仅是传统意义上的简单编导和传递，原先的“网络小编”需要把控策划、制作、粉丝吸纳、社群运营、产品变现等众多专业环节，向高水平、高层次的全媒体运营人员转化，全媒体运营师新职业应运而生。

图 1-2 “全媒体运营师”新职业正式发布

资料来源：疫情中的社会赋能力量——“全媒体运营师”新职业正式发布[EB/OL]. (2023-12-21) [2024-04-01]. https://www.mohrss.gov.cn/wap/.

2022年，福州阳光学院招聘直播运营实战教师2名、短视频运营实战教师2名、短视频编导实战教师2名、电商运营实战教师2名、电商主播实战教师2名。在2023年博士学位教师招聘计划中，该学院在直播运营、短视频运营等领域拟计划招聘10人，要求具有5年以上企业实战经历，具备项目开发及交付能力，是实战型全媒体运营人才。校外招聘实践派导师，是进行全媒体运营人才培养的一种方式。通过校外导师的实战经验，同学们可更好地了解到全媒体运营所需要的能力，但也应看到全媒体运营目前还未形成系统化的理论知识体系，不利于全媒体运营进一步发展。

资料来源：2022福州阳光学院教师招聘10人公告[EB/OL]. (2022-09-23) [2024-04-01]. https://mp.weixin.qq.com/s/l5jyAG6on8T-cu8fUmd-Ew.

全媒体运营在实践中已形成独特的研究对象。我们需对全媒体运营实践的方法和理论进行归纳，形成系统的、科学的、适用的全媒体运营知识体系，以全媒体运营学科为载体，完善课程、专业、学科三位一体的全媒体运营人才培养机制，以满足国家和社会发展的需要。

第二节　全媒体运营学科创立的必要性

一、助力全媒体传播体系的建设

随着媒体融合纵深发展，全媒体传播体系的建设对塑造主流舆论新格局、把握意识形态领导权、传播中华文明、构建具有自身特质的话语体系有重要意义。建设全媒体传播体系需要集众人之力。当前中央级、省市级、县区级融媒体及大量政务平台积极探索全媒体传播体系建设，部分政务平台在探索中起到模范作用，如浙江宣传公众号、深圳卫健委公众号；也有部分政务平台探索效果不明显。

已有探索成果启示我们，全媒体传播体系的建设应以内容为核心，以人才为基础，以理论为指导，通过建立全媒体运营学科，让学生系统学习全媒体运营知识，培养出一批精通全媒体运营的人才，为构建全媒体传播体系奠定人才基础，同时提供理论指导，助力全媒体传播体系建设向纵深推进。

二、提供理论支持行业向前发展

内容IP孵化为主的大禹网络、艺人经纪业务为主的无忧传媒、直播电商为主的遥望科技等各类型MCN机构，以及众多自媒体运营者、达人和平台方，共同组成全媒体行业生态。实现全媒体行业规范化发展，创设良性的行业生态环境，需要科学的理论指导。目前，全媒体运营没有形成系统的、科学的、适用的理论体系。在战略制定层面，领导者重视却不知如何进行前期分析、规划和布局全媒体运营。在战略执行层面，相关从业者摸着石头过河，通过自行阅读、购买培训课程的方式，碎片化地学习知识和运营实操，时间成本高，效率较低。

从全媒体运营环境、运营战略到运营策略，都需要系统的、科学的、适用的理论知识指导企业进行规划和布局，从而推动全媒体运营良性发展。因此，形成系统的知识体系，建立全媒体运营学科，可为行业发展提供理论支持，促进全媒体行业规范化发展。

三、有利于解决人才短缺的难题

国家工商总局统计数据指出，自 2013 年开始，我国传统媒体的广告收入呈现断崖式下降。可见，随着移动互联网新兴媒体成为主流，企业逐渐转向抖音、快手、微信视频号、小红书等平台，打造运营团队，自建内容体系，采用公域结合私域的打法，通过营销组合、平台矩阵，形成多平台营销生态，达到降本增效的目的。新兴媒体平台成为企业营销阵地，成为企业营销战略的组成部分。

企业在拥抱全媒体运营的过程中，对文案创作、视频剪辑、短视频运营、直播运营等岗位产生大量的人才需求，但市场供给存在缺口，人才质量参差不齐。随着全媒体运营行业持续良性发展，市场对全媒体运营人才的需求将进一步加大，行业对全媒体运营人才的要求也将进一步提高。建设全媒体运营学科，有利于解决全媒体运营人才短缺的问题。

四、促进高等教育学科创新发展

党的二十大报告提出加强新兴学科建设，教育部等五部门印发的《普通高等教育学科专业设置调整优化改革方案》也指出设立适应新技术、新产业、新业态、新模式的学科专业。响应国家和社会发展需要，部分专业重新定位并转型，如市场营销专业定位于大数据营销、数字化营销，广告学专业定位为新媒体传播，工商管理专业尝试培养大数据人才等，并在市场营销、广告学等专业中增加全媒体运营相关课程。面对实践发展和国家全媒体传播体系建设中的人才需求、理论需求，以及新技术、新产业、新业态、新模式产生的需求，点状的课程学习并不能满足，现实情境急需系统的、创新的学科体系来培养全媒体运营人才，将全媒体运营设立为一门学科，推动高等教育人才培养体系完善，促进高等教育学科创新发展。

2023 年 4 月，教育部会同国家发展改革委、工业和信息化部、财政部、人力资源和社会保障部，印发《普通高等教育学科专业设置调整优化改革方案》(以下简称《改革方案》)，就调整优化高等教育学科专业设置工作做出部署安排。《改革方案》在改进高校学科专业设置、调整、建设工作方面指出加强学科专业发展规划、加快推进一流学科建设、深化新工科建设、加强新医科建设、推进新农科建设、加快新文科建设、加强基础学科专业建设等。《改革方案》也指出在学科专业基础好、整体实力强的高校建设 30 个左右未来技术学院；在行业特色鲜明、与产业联系紧密的高校建设 300 个左右现代产业学院；依托有关高校布局建设一批高水平公共卫生学院等。《改革方案》的印发，对推进高等教育高质量发展、服务支撑中国式现代化建设具有重要意义。

资料来源：教育部等五部门发文，调整优化高等教育学科专业设置[EB/OL]. (2023-04-04) [2024-04-01]. https://mp.weixin.qq.com/s/FGINPab9hVfx67VezJQiKw.

五、推动构建中国自主知识体系

在我国日益走向世界舞台中央的过程中，失语就会挨打。如何在国际舞台上发出中国声音，传播中国文化，讲好中国故事，建构中国范式，成为我们面临的现实问题。以往国外企业走在全球前面，在实践中形成众多前沿性理论和知识体系，以至于如今高校所使用的教材大多翻译自国外，或直接使用英文版教材，如会计学、市场营销学、管理学。

如今，我国的全媒体运营应立足中国媒介发展实际，走在全球前面，体现中国智慧，构建出中国自主知识体系，形成具备中国特色的全媒体运营理论和教材。2022年，习近平总书记在中国人民大学考察时强调，"加快构建中国特色哲学社会科学，归根结底是建构中国自主的知识体系"。2023年11月，教育部办公厅发布《"十四五"普通高等教育本科国家级规划教材建设实施方案》，支持探索建设一批示范性新型教材。在这样的机遇下，以学科为载体，全媒体运营学要推动建构中国自主的知识体系，传播中国声音，讲好中国故事，形成中国理论，为世界读懂中国贡献力量。

第三节　全媒体运营学研究对象和知识体系

一、全媒体运营学的研究对象

全媒体运营是一个系统性工程，它综合运用各种技术和媒介，通过数据分析、创意策划等方式，将内容以多种形式呈现出来实现品牌宣传和转化，从而为企业持续创造价值。在全媒体运营实践中，自下而上发展起来的全媒体运营学是一门科学性与艺术性兼备、以全媒体运营过程中开展的活动或形成的规律为研究对象的综合性新兴学科。对全媒体运营发展过程中出现的新媒体、融媒体概念进行辨析，有助于人们科学理解全媒体运营学。此外，对运营、营销与管理概念的辨析，也有助于人们科学理解全媒体运营学。

（一）新媒体、融媒体和全媒体概念的辨析

关于新媒体的概念界定，韦路和丁方舟（2013）从历史发展角度理解，认为新媒体是指依赖数字化信息传播技术产生的新兴媒体，强调技术变革带来媒介的迭代，从而有新媒体与传统媒体的区别。经过多年的发展，业界和学术界达成共识，认为新媒体是一个相对的、流动的概念，侧重于产生新的传播技术或传播技术进步而带来媒介的变化（金菊爱，2017）。

关于融媒体与全媒体的概念辨析，业界与学术界有诸多讨论。庄勇（2009）认为融媒体是以互联网为载体，把传统媒体与新兴媒体全面整合、优势互补，实现"资源通融、内容兼融、宣传互融、利益共融"的媒体。随着融媒体与全媒体的发展，栾轶玫（2014）认为融媒体涵盖全媒体之意，可用融媒体取代全媒体。此外，蔡雯和王学文（2009）认为融媒体强调的是媒介融合的过程，指在技术推动下，通过不同媒介的整合，实现从内容融合到传播渠道融合、媒介终端融合的全过程。可见，融媒体是一个媒介融合的过程，一种为实现全媒体纵深发展而产生的指导理念、方式，最终目的是实现全媒体。在媒介融合阶段，习近平总书记强调"一手抓融合，一手抓管理，确保融合发展沿着正确方向前进"，媒介融合发展的尽头是全媒体传播体系的建设。

全媒体概念大致分为报道体系说、传播形态说、整合运用说。报道体系说产生于全媒体发展的初期阶段。石长顺和景义新（2013）认为，"全媒体"是指采用多种媒体手段和多个平台构建的报道体系，阐述的落脚点局限于全媒体发展初期的实际情况。传播形态说认为全媒体是一种新的媒介形态，具体指通过综合各种表现形式，全方位、系统化、立体化地传播内容。整合运用说认为全媒体是一个集合的概念，是对媒介形态、媒介生产和传播的整合性应用。2019年，习近平总书记提出，"全媒体不断发展，出现了全程媒体、全息媒体、全员媒体、全效媒体"，从时空、技术、社会、生态四个维度全面阐述"全媒体"之"全"，为全媒体产业生态指明方向。

（二）运营、营销与管理概念的辨析

运营在广义上可理解为对工作过程的计划、组织、实施和控制，具体指对内容进行计

划、制作、审核、发布、监测和优化。营销指识别并满足用户的需求，让用户了解并购买产品的过程。管理指对人的领导、任用和控制，使人员协同、组织高效运转、工作计划稳步推进，从而实现目标的过程。三者的工作内容、思考角度和考核指标有所不同。

在工作内容方面，运营负责建设和发展运营团队，以选题设计、文案写作、剪辑、数据分析等内容为主。营销需要把握市场状况，了解竞争对手，分析消费者需求，提供决策依据，落实计划和目标，制定推广方案等。管理通常包括计划管理、流程管理、组织管理、战略管理、文化管理等，侧重于对人的管理，运营与营销侧重执行。

在思考角度方面，营销站在企业目标的角度，整体围绕目标进行思考，制定实现目标的营销战略与策略。运营则从平台角度出发，侧重平台如何辅助营销策略的落地，思考的角度限于平台。管理通常站在企业的发展方向、战略、生存、目标等多个宏观角度，思考如何加强对人的领导、任用和控制，使营销和运营实现目标。

在考核指标方面，营销支出一般占企业支出的比重较高，因此，营销的考核以是否达到营销目标作为标准，如销售额、转化率。运营一般有点赞、转发、浏览等基本指标，部分企业还包括品牌社交资产的评价，指标有内容资产、声量资产和用户资产。管理的考核指标一般包括经营业绩、制度建设、文化建设、组织结构、日常运作等。

二、全媒体运营学的知识体系

学科是知识的理论体系，表现为一个由基本的范畴、命题等组成的逻辑系统（冯向东，2006）。本书归纳了全媒体运营实践中的经验，总结出从全媒体运营环境、全媒体运营战略到全媒体运营策略的全媒体运营学知识体系，并从知识体系中抽象形成全媒体运营生态环境模型、CMA 战略理论和五星策略模型。

（一）全媒体运营生态环境模型

全媒体运营生态环境主要包括全媒体行业环境、同行竞争环境、企业自身环境三个方面，形成全媒体运营生态环境模型，如图 1-3 所示。全媒体行业环境主要由生态主体、盈利模式、技术应用、监管政策等方面组成。同行竞争环境主要分析同行业内全媒体账号运营情况，包括根据市场占有率、全媒体影响力对行业内企业进行分类，及分析对标账号。企业自身环境主要由高管对全媒体的认知、现有内容布局、全媒体组织建设、关系资源等方面组成。

图 1-3　全媒体运营生态环境模型

(二) 全媒体运营 CMA 战略理论

全媒体运营 CMA 战略由全媒体内容战略（content strategy）、矩阵战略（matrix strategy）和账号战略（account strategy）组成，简称 CMA 战略。全媒体内容战略是核心，围绕全媒体内容战略，延伸出账号战略和矩阵战略。其中多个或多类的差异化账号可组合成单平台矩阵、多平台矩阵、集群式矩阵等矩阵类型，并且账号之间通过矩阵化运营，实现协同效应。

1. 全媒体内容战略

全媒体内容战略是指企业以内容为核心竞争力，以用户为中心，以全媒体平台为载体，围绕消费者行为路径，进行内容的整体规划，实现企业与消费者的深度联结、内容共创，从而推动企业增长的战略。全媒体内容战略属于内容战略的组成部分，居于职能层战略，与市场营销战略平级并且存在交叉部分。规划全媒体内容战略主要有三个步骤，分别是制定全媒体内容战略目标、评估全媒体内容战略资源、选择全媒体内容运营模式。全媒体内容战略目标主要有促进业绩增长、提高品牌价值、转变商业模式、发展第二曲线。评估全媒体内容战略资源主要从人力资源、物力资源、财力资源、媒体资源四个方面进行。全媒体内容运营模式主要有全自主模式、半自主模式、代运营模式、联运营模式、产学研模式。

2. 全媒体矩阵战略

矩阵战略是指运营主体通过在一个或多个平台联动多个账号协同运营，达到账号间流量整合、流量转化、流量循环的目的，从而实现收益最大化的运营战略。其可按照平台数量分为多平台矩阵、单平台矩阵，也可按照账号关系划分为集群式、并列式、向心式、放射式四类矩阵。矩阵战略以协同性为核心，追求最高目标的一致性、流量的覆盖性。组建矩阵战略可从制定运营目标、分析用户特征、评估企业现状、研究对标矩阵、确定矩阵类型、规划执行方案六个方面进行。

3. 全媒体账号战略

账号战略是指账号在用户心智中做到差异化，占有用户不可再生的"心智资源"，使账号成为某个符号的过程。其价值在于帮助账号找到差异化，实现聚焦专注，从而赢得竞争。账号战略包括三个过程，分别是寻找账号差异、选择账号差异、沟通账号差异。寻找账号差异从"自己"、对标账号和目标人群三个方面切入，寻找到人设定位、内容定位、商业定位和用户定位的差异性。选择账号差异主要遵循五个标准：匹配性、擅长性、重要性、差异性和适合性。沟通账号差异，是将账号的差异化价值通过账号基建、人物设定、内容创作传递给用户。

(三) 全媒体运营五星策略模型

全媒体运营主要有五个策略，形成五星策略模型，分别是基建运营、图文运营、视频运营、直播运营和用户运营，如图 1-4 所示。

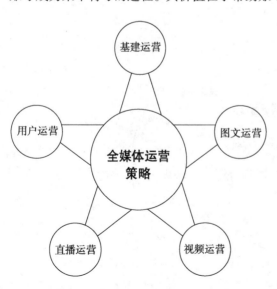

图 1-4　全媒体运营五星策略模型

1. 基建运营

基建运营是对账号进行基础建设的全过程。在这个过程中，人们不仅需要注重每个元素的独立设计，还要考虑它们之间的相互关系和整体效果。只有这样，才能够打造出一个独特、有吸引力、有价值的账号，为用户提供优质的内容和服务。基建运营主要包含五个核心要素：账号名称、头像、背景图、简介和内容封面。这些元素共同构成账号的基础内容，它们在很大程度上影响着用户对账号的第一印象，也直接影响着用户与账号的互动频率和互动深度。账号名称是用户认知账号的第一道门槛；头像是账号的视觉标识，它的重要性不言而喻；背景图是展示账号背景的重要元素；简介是用户了解账号的窗口；内容封面是展示账号内容的重要元素。

2. 图文运营

"图文"，从字面意思理解，即图片与文字的结合。"图文运营"是指通过文字、图片、图表等视觉元素进行内容传播和营销的一种方式。它以图文结合的形式，向目标受众传递有价值、有吸引力的信息，以达到品牌推广、用户增长、业务转化的目的。在图文运营中，文字和图片的结合可以产生强大的视觉冲击力，使内容更具吸引力和感染力。同时，通过精心设计和排版，图文内容可以更加美观、易读，提高用户的阅读体验。一般而言，图文结合的类型主要有三种，即文主图辅、图文相辅、图文相融。图文运营是全媒体运营策略的重要内容。在这一章的学习中，读者需要掌握图文运营六步诀（见图1-5），即确定目标、选择主题、收集素材、创作内容、排版设计和流量投放。

图 1-5　图文运营六步诀

3. 视频运营

视频运营是指对视频内容进行系统性的策划、制作、剪辑、投放和优化，以实现品牌宣传、产品推广、用户互动的过程。在这一章中，我们重点阐述以短视频为主的视频运营。视频运营作为连接品牌、产品与用户的桥梁，其重要性日益凸显，而脚本（script）、拍摄（shoot）、剪辑（editing）、投放（put in）四个主要方面，即 SSEP 模型（见图1-6），构成了视频运营的核心。通过本章内容的学习，读者需要系统掌握 SSEP 模型的相关内容。

图 1-6　SSEP 模型

4. 直播运营

随着直播行业的不断发展，直播运营的作用和价值越来越突出。直播运营，简而言之，是指在抖音、快手、小红书、淘宝、拼多多等平台上，通过一系列有组织、有协调的管理和运营活动，确保直播内容的顺利展开，并提高用户的参与度、满意度和忠诚度，最终实现特定的商业目标的过程。与直播运营密切相关的两个模型分别是 PSC 直播要素模型（见图1-7）、用户直播购买决策模型（见图1-8）。PSC 直播要素模型包括人员（people）、场景（scene）、产品（product）、内容（content）和玩法（playing method）五个核心要素。用户直播购买决策模型将过程分为六个阶段：进入、停留、互动、购买、等待和分享。

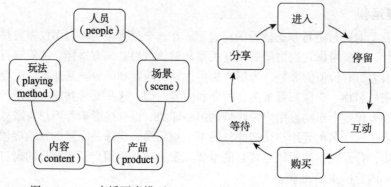

图 1-7　PSC 直播要素模型　　　　图 1-8　用户直播购买决策模型

5. 用户运营

传统的用户运营以为移动应用获取更多用户为主，通过用户获取、用户激活、用户留存、用户转化、用户分享实现用户对 App 的长时间使用。在全媒体语境中，用户运营是指企业经过用户洞察，在公域中通过兴趣驱动用户产生购买行为，从而进入企业私域，再通过企业社群运营促使用户对企业产生信任，成为企业超级用户的过程。在本部分，读者将会系统学习用户运营的方法论，即沙漏模型（见图 1-9）。沙漏模型关注的是在用户洞察下如何将用户从公域引导到企业的私域，并在私域通过社群运营等方式，提高用户的信任度、复购频率、分享频率。

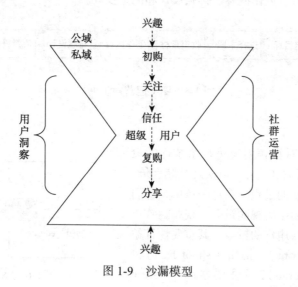

图 1-9　沙漏模型

第四节　全媒体运营保障与发展

全媒体运营数据分析、职业素养、行业规范和法律规范是全媒体运营的保障措施。前者为全媒体运营迭代优化提供数据支持，后者为全媒体运营长期发展奠定基础。

一、全媒体运营保障

（一）全媒体运营数据分析

在全媒体语境中，全媒体运营数据是指在全媒体平台收集和处理的数据。在全媒体平台上，如抖音、快手、微信公众号、微博等，用户的每一次点击、浏览、评论、分享等行为，都可以被记录下来，转化为可供分析的数据。这些数据不仅代表了用户的兴趣、行为习惯和需求，还为全媒体运营提供了宝贵的洞察。全媒体运营数据从投入—产出的视角进行划分，可分为投入数据和产出数据。投入数据是指全媒体运营过程中需要投入的人力、物力、财力、品牌、媒体资源等所形成的数据，我们这部分重点阐述产出数据，即在执行全媒体运营策略时产生的数据，主要涉及图文数据、视频数据、直播数据和用户数据等。通过这一章的学习，读者还可掌握全媒体运营数据采集工具、分析方法及数据复盘要点。

（二）职业素养、行业规范与法律规范

在全媒体运营的具体语境下，全媒体运营职业素养由表至里、由浅入深，分别为全媒体运营职业技能、全媒体运营行为习惯、全媒体运营职业能力和全媒体运营职业道德。这四个方面共同构成全媒体运营职业素养的核心体系。行业规范是指全媒体运营行业中普遍认可的职业道德、行为准则和工作标准，通常以行业协会制定行业自律公约的形式进行规范。全媒体运营中涉及的法律主要有著作权法、商标法、广告法、知识产权法、网络安全法、反不正当竞争法等。通过这一章内容的学习，读者可以掌握提高全媒体运营职业素养的方法，了解全媒体运营行业规范路径，熟悉全媒体运营法律法规。

二、全媒体运营发展

全媒体运营发展主要涉及生成式人工智能与全媒体运营、全媒体运营发展趋势两部分内容。

（一）生成式人工智能与全媒体运营

2023年4月，国家网信办在发布的《生成式人工智能服务管理办法（征求意见稿）》中，将生成式人工智能定义为"基于算法、模型、规则生成文本、图片、声音、视频、代码等内容的技术"。生成式人工智能与全媒体运营关系密切，为全媒体运营提供强大的支持，主要体现在账号基建、图文运营、视频运营、直播运营、用户运营、数据分析等方面。在本部分，读者将会系统学习生成式人工智能四化模型（见图1-10）。生成式人工智能四化模型是一个重要的框架，用于指导如何有效地使用生成式人工智能。生成式人工智能四化模型包括资料成库化、提示结构化、训练特色化和迭代速度化四个方面。

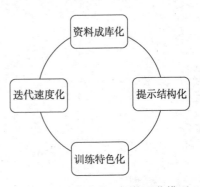

图1-10　生成式人工智能四化模型

（二）全媒体运营发展趋势

全媒体运营在未来将会朝着数智化、全员化和媒商化发展。全媒体运营数智化的实施路径要围绕全媒体运营场景，把握用户、内容、数据三个核心要素，以建设全媒体运营数智文化为中心，培养全媒体运营数智人才，组建全媒体运营数智中台。全媒体运营全员化是一种将运营活动分散到企业各个部门的做法，需要企业自上而下全面做好条件评估，调整组织架构，优化人力资源，激励全员参与。"媒商化"即"媒商"逐渐融入全媒体运营，逐渐成为企业文化的组成部分，最后内化为一种文化氛围弥漫在企业运营的持续过程。通过这一章的学习，读者将会了解个体媒商、组织媒商的评价标准与提升路径，从而帮助自身更好地运营全媒体。

思考题

1. 全媒体运营行业当前发展存在哪些亟须解决的问题?
2. 为什么要创立全媒体运营学这门学科?
3. 全媒体运营战略有哪几个方面?
4. 全媒体运营策略一般包含什么内容?每部分内容如何进行操作?
5. 生成式人工智能会不会取代全媒体运营人员?当下的从业者要如何应对?

本章实训

1. 学习完本章内容,请寻找一个企业对象,为其设计一份全媒体运营方案并进行展示。
2. 请选择一家熟悉的企业或品牌,分析其全媒体运营现状,并结合本章所学知识提出改进建议。

典型案例

王饱饱:手把手教你玩转三大社交媒体

第二章

全媒体运营环境

【学习目标】
- 了解全媒体环境的定义及特点
- 掌握全媒体行业环境分析模型
- 掌握同行竞争环境的分析方法
- 掌握企业自身环境的分析维度

希望树创始人潘浩早年曾在宝洁、联合利华、百事和美素佳儿任职，2015年开始独立创业。其间，潘浩尝试做过品牌咨询、生鲜生意、化妆品业务、电商业务，但都以失败而告终。2019年7月，潘浩决定回归老本行——家庭清洁和护理领域，成立上海时宜品牌管理有限公司，组建了一支集产品研发能力、品牌运营能力和流量运营能力于一体的创业团队。在随后的反复探索与试错中，希望树获知了有关美妆、护肤、家清、个护等日化端品牌在淘宝各级类目下的精细分类、市场规模、增长速度、客单价等信息，经过多方数据比对，逐步确定了家清赛道。2020年6月，"Full of Hope希望树除甲醛魔盒"（昵称：FOH除甲醛果冻）正式上线。同年11月，植物除醛急救喷雾正式上线，除甲醛品类更加丰富。随着产品布局完成，希望树于2021年正式入驻抖音平台，开启了数字化营销之路。在抖音旗下的数字化营销服务平台——巨量引擎的帮助下，它的品牌销量进入了快速增长阶段。

资料来源：杜雨轩，胡左浩，赵子倩，等. 数字营销赋能品牌破圈成长——以初创企业FOH希望树为例[J]. 清华管理评论，2023(6): 112-121.

经过深思熟虑与反复论证，希望树的创始人最终决定进军家庭清洁和护理领域。这一决策并非一时兴起，而是基于对行业环境、市场规模、增长速度以及客单价等关键因素的深入分析与比对。结合创始团队自身的丰富经历，他们坚信这一选择将为企业带来新的增长点和市场机会。在决定是否进行全媒体运营布局时，希望树同样秉持了理性与感性相结合的原则。他们清楚，全媒体运营不仅是当下的趋势，更是企业与消费者建立深度联结的关键手段。通过精细化的内容创作、多元化的传播渠道以及精准的目标用户定位，全媒体运营能够帮助企业在激烈的市场竞争中脱颖而出。决定要不要做一件事，要不要进入某一个领域，需要经过全面深入的分析和思考，才能做出更加明智的决策，为企业创造更大的价值。企业是不是都需要进行全媒体运营？不一定。本章主要阐述与全媒体运营环境相关的内容，解决企业要不要布局全媒体运营的问题。

第一节 全媒体运营环境概述

本节是对全媒体运营环境的概述。通过本节学习，你将掌握全媒体运营环境的定义、全媒体运营环境分析生态模型，以及全媒体运营环境特点。

一、全媒体运营环境的定义

全媒体运营环境指与企业全媒体运营活动有关的内部、外部因素的集合。外部环境是客观存在的，不被企业掌控，不以人们的意志为转移，但并不意味着企业无力改变。虽然外部环境不被企业所掌控，但是企业可以主动作为，通过内部环境的优化组合以适应外部环境的变化，从而实现内部与外部的平衡。

二、全媒体运营环境的特点

（一）复杂性

外部环境不以全媒体运营者的意志为转移，是全媒体运营部门之外的环境。其对企业进行全媒体运营具有强制性和不可控性的特点，涉及同行竞争环境、全媒体行业环境两个方面，共六个因素。企业自身环境涉及四个因素，在外部环境共同作用下，形成复杂的全媒体运营环境。环境因素之间存在千丝万缕的复杂关系，如盈利模式与技术向善的矛盾关系，企业自身与同行企业的挑战关系、合作关系、追随关系，监管政策与行业发展的平衡关系等。

（二）差异性

差异性指企业面对全媒体运营环境的体验和反应是不同的。不同企业自身环境有所差异，外部环境对不同企业的影响也有所差异。即便同一种外部环境因素对同一行业内业务相同的企业的影响也会有所差异。全媒体平台是全媒体运营环境生态主体之一，平台的规则受用户反馈、政策、社会舆论、平台运营方自身利益需求的影响而常常有所变化。这些变化对一些企业而言影响不大，但对于另一些企业则影响较大。例如，要求进行知识付费授课的教师具备相应的教师资格证、职业等级证等证明。此类规则的变化对售卖实体产品的企业而言没有影响，但对于售卖虚拟课程的企业则是影响较大的。

（三）生态性

全媒体运营环境是一个由多个部分组成的生态系统，彼此相互联系、相互影响，又相互制约。例如，良好的行业发展环境需要行业监管政策来规范行业行为；具备良好的行业发展环境，也会促进技术进步，使技术得到更加广泛的应用。技术的广泛应用，又会让企业进行全媒体运营时更加方便。在一个生态系统内，彼此是牵一发而动全身的，各个环境要素并非单一作用，而是彼此综合作用。

（四）动态性

环境的稳定是相对的，变化是绝对的。变化有快有慢，虽然我们平常感受不到，但都随着时间推移在发生变化。小红书由最初的海外购物攻略到如今各种攻略都具备，是一种平台内容品类的变化。全媒体运营在 2022 年还是以人工创作为主，到 2023 年随着 ChatGPT 的问世，创作者不断尝试用人工智能生成内容。以前企业将内容作为一种工具，如今企业需要将内容作为一种战略。这些都是全媒体运营环境动态性变化的体现。面对全媒体运营环境动态性的变化，企业应根据环境变化对内容生产方式、运营方式等进行调整，以适应环境变化的需求，推动企业可持续发展。

2013年，小红书创始人毛文超、瞿芳在上海的居民楼里创业时，最先做的是海外购物攻略PDF的分享平台，工具属性极强。随后上线的社区也是基于购物分享——在什么地方买到什么产品、怎么退税、哪里更便宜等。小红书的典型早期用户"Miss_Snow"，在2015年前后，分享的笔记仍然是密密麻麻的美妆产品、生活日用品。小红书的起点是购物笔记，但随着第一批用户进入，内容品类很快开始泛化。"李小萌"是最早进入小红书的用户之一，连续九年都在发布小红书笔记。从她分享内容的变化，我们也可以窥见小红书社区内容的演变。她的账号里，从最早的烘焙美食照片分享，一步步拓展到"粟子的N种打开方式"、各类冰淇淋的制作方法。再之后，她分享的内容更加多元化——怎么考雅思、出境签证注意事项、旅游攻略，等等。单个用户的变化背后反映出小红书从购物社区、女性社区，一步步演化为一个包含生活方方面面的社区，其内容种类从购物扩展到美妆、穿搭，再一步步衍生出美食、旅行、户外、游戏、职场等。

资料来源：李晓蕾. 十岁的小红书，为什么难以复制？[EB/OL]. (2023-06-20) [2024-04-01]. https://mp.weixin.qq.com/s/qjEoPiZ0Oxp0u-dgKeC_2w.

第二节 全媒体行业环境

全媒体行业环境主要分析全媒体行业生态主体（subject）、盈利模式（profit）、技术应用（technology）、监管政策（policy）四个方面，形成PPTS模型（见图2-1）。

一、生态主体

全媒体行业生态包含电商平台、内容平台、MCN机构、品牌、达人、主播、用户等主体。企业要不要参与到全媒体行业生态中，成为其中的一个主体，需要在做决定前详细了解每个主体在行业生态中发挥的作用。

对用户来说，电商平台、内容平台为他们提供了一个获取内容、购物、休闲娱乐的渠道。对品牌而言，电商平台、内容平台为它们提供了一个目标用户聚集的流量池，通过这个流量池，它们能够促进业绩增长，提高品牌价值等；对电商平台、内容平台而言，达人、主播、用户为平台

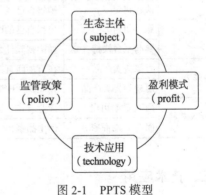

图2-1 PPTS模型

创造源源不断的内容，吸引更多人聚集在这个流量池内。MCN机构链接平台、品牌、达人、主播，为品牌提供代运营服务、电商服务，帮助达人、主播进行运营，丰富平台内容品类。企业通过详细了解该全媒体行业生态主体，明确自身在该生态中处于哪一环，与自身相关的主体又是怎样发挥作用的，从而做出正确选择。

二、盈利模式

企业要对行业生态有清晰的了解，进一步深入分析每个主体的盈利模式，知晓每个主体在该生态中如何实现盈利，从而明确自身若是进入全媒体行业应该如何实现盈利，避免上当受骗。

电商平台、内容平台的盈利模式主要包括收取认证费用、流量投放费用、平台抽成等。以抖音为例，进行企业认证每年收取600元，流量投放费用包括短视频投流、直播投流、广告投流等。在抖音售卖课程，平台收取2%的技术服务费。对于直播打赏所得，平台也会抽取一部分，通常在20%至50%之间。达人、主播的盈利模式主要有直播打赏、产品售卖提成、短视频广告、课程售卖等。普通用户的盈利模式较少，但也存在。例如，部分企业需要做矩阵账号，便会租用普通用户的账号进行营销，每月支付账号租用费。还有一些平台进行扶持计划，如中视频计划等。品牌方的盈利模式一般有直播售卖产品、短视频售卖产品等。MCN机构的盈利模式主要有两个方向：一个是面向C端用户，通过商业合作、流量分成、平台补贴、广告营销、IP授权等获取收入；另一个是面向B端商家，通过衍生品销售、红人电商、直播打赏、内容电商、知识付费、代运营、培训等方式获取收入。详见表2-1。

表 2-1 盈利模式

主体	盈利模式	示例
电商平台	收取认证费用	企业认证费用
	流量投放费用	短视频投流、直播投流、广告投流等
	平台抽成	售卖商品抽成
内容平台	收取认证费用	个人/企业认证费用
	流量投放费用	短视频投流、广告投流
	平台抽成	课程售卖抽成、直播打赏抽成
达人、主播	直播打赏	观众打赏收入
	产品售卖提成	直播或短视频中商品销售提成
	短视频广告	与品牌合作进行广告推广
	课程售卖	销售自己或他人的课程
普通用户	账号租用	出租自己的账号给企业进行营销
	参与平台扶持计划	如中视频计划等
品牌方	直播售卖产品	在直播间直接销售产品
	短视频售卖产品	在短视频中嵌入购买链接或二维码进行销售
MCN机构	面向C端用户	商业合作、流量分成、平台补贴、广告营销、IP授权等
	面向B端商家	衍生品销售、红人电商、直播打赏、内容电商、知识付费、代运营、培训等

三、技术应用

企业不仅要了解全媒体行业生态主体构成、盈利模式，也要了解人工智能等技术在全媒体行业内容生产方面的使用，如ChatGPT、百度文心一言、腾讯智影等。通过了解技术对行业的作用，企业可以确定自身能否实现内容的生产、制作及运营。在生成式人工智能没有普及之前，人们创作内容依靠的是人的脑力、体力。创作流程先是选题、确定内容呈现形式，然后制作内容。如果内容呈现形式是文章，需要专业的人进行撰写；若是海报、图片，需要专业的人进行设计；若是视频形式，需要专业的人进行脚本设计，然后拍摄、剪辑。完成一个内容是复杂的，需要消耗脑力和体力。

但随着生成式人工智能的出现，人们可以用人工智能工具辅助完成笔记的撰写、图片的设计、文章的写作、视频的剪辑、数字人直播等。内容生产、内容呈现制作越来越便利，掌握工具、人机协作创造优质内容则越来越重要。因此，企业若是具备熟练使用人工智能工具的全媒体运营人才，相对而言，更具有优势，更适合布局全媒体运营。

2023年8月31日，百度生成式人工智能产品文心一言正式向公众开放服务，这也意味着该应用已通过《生成式人工智能服务管理暂行办法》备案，成为国内首个合规上线的生成式人工智能产品。据悉，31日，备受行业瞩目的首批大模型产品获批名单出炉，当中既有巨头企业，也包含了创业公司与科研院校。具体的企业机构包括：百度（文心一言）、抖音（云雀大模型）、智谱AI（GLM大模型）、中科院（紫东太初大模型）、百川智能（百川大模型）、商汤（日日新大模型）、MiniMax（ABAB大模型）、上海人工智能实验室（书生通用大模型）。文心一言是国内首个合规上线的生成式人工智能产品，与它同一批获批上线的还有其他7家企业、机构的大模型。

资料来源：中国经济网. 百度宣布：全面开放！网友：这就去试试[EB/OL]. (2023-08-31) [2024-04-01]. https://mp.weixin.qq.com/s/08QuGoWHYIUvRg40_yE5JQ.

四、监管政策

若要成事，天时、地利、人和缺一不可。在我国商业环境中，政策对于企业的发展起着至关重要的作用。了解政策、熟悉政策、跟着政策行动的企业，才能走得更远。关于全媒体行业，我国认可"全媒体运营师"的职业，但在发展过程中，难免会出现不利于行业良性发展的事件，因此需要国家出台监管政策，为行业良性发展保驾护航。

2023年7月，我国发布《关于加强"自媒体"管理的通知》，其中提到要严防假冒仿冒行为、强化资质认证展示、规范账号运营行为、明确营利权限开通条件、加大对"自媒体"所属MCN机构管理力度等13条管理新规。因此，企业是否要布局全媒体运营，应当对该行业的监管政策（见表2-2）烂熟于心，明确自身是否在准入名单之内或属于准入条件限制较多的行业等。

表2-2 截至2023年国家层面有关全媒体行业的部分政策重点内容

时间	发布部门	政策名称	重点内容解读	政策性质
2023年7月	网信办	《关于加强"自媒体"管理的通知》	加强"自媒体"管理，压实网站平台信息内容管理主体责任，健全常态化管理制度机制，推动形成良好网络舆论生态	规范类
2023年1月	国家广播电视总局	《全国广播电视和网络视听"十四五"人才发展规划》	加快推进广播电视和网络视听领域高层次人才梯队建设，培养一批广播电视和网络视听领域的战略科学家、卓越工程师、文学艺术家、全媒型专家型新闻传播人才，在重点领域涌现一批高层次、创新型、复合型、领军型人才和优秀青年人才。促进科技人才和传媒人才融合发展，补齐媒体融合专业人才短板，确保队伍结构更加合理	鼓励类
2022年6月	国家发改委	《国务院关于加强数字政府建设的指导意见》	发挥政务新媒体优势做好政策传播。积极构建政务新媒体矩阵体系，形成整体联动、同频共振的政策信息传播格局。适应不同类型新媒体平台传播特点，开发多样化政策解读产品。依托政务新媒体做好突发公共事件信息发布和政务舆情回应工作。紧贴群众需求畅通互动渠道	鼓励类

续表

时间	发布部门	政策名称	重点内容解读	政策性质
2022年3月	工信部	《关于开展"一起益企"中小企业服务行动的通知》	丰富宣传方式,充分利用电视、报刊、网络等渠道,积极运用短视频、直播等新媒体方式,多渠道、多形式宣传解读惠企政策,扩大政策宣传覆盖面,提高中小企业政策知晓率	鼓励类
2022年2月	国务院	《关于加强新时代关心下一代工作委员会工作的意见》	加强网络环境保护,积极运用微博、微信、手机客户端等新媒体传播正能量,引导青少年文明上网、科学上网。参与净化网络空间和网吧义务监督活动,呵护青少年健康成长	规范类
2021年3月	国家发改委	《中华人民共和国国民经济和社会发展第十四个五年规划和2035年远景目标纲要》	推进媒体深度融合,做强新型主流媒体。推进国家、省、市、县四级融媒体中心(平台)建设。推进国家有线电视网络整合和5G一体化发展。分类采集梳理文化遗产数据,建设国家文化大数据体系。实施出版融合发展工程	鼓励类
2021年2月	网信办等	《关于加强网络直播规范管理工作的指导意见》	坚持依法办网、依法治网,准确把握网络直播行业特点规律和发展趋势,有效解决突出问题、难点问题、痛点问题,科学规范行业运行规则,构建良好产业生态,为广大网民特别是青少年营造积极健康、内容丰富、正能量充沛的网络直播空间	规范类
2019年4月	国务院办公厅	《政府网站与政务新媒体检查指标》	加强和完善政府网站及政务新媒体日常管理和常态化监管工作,进一步推动全国政府网站和政府系统政务新媒体健康有序发展	规范类
2019年1月	中宣部、广电总局	《县级融媒体中心建设规范》	整合县级广播电视、报刊、新媒体等资源,开展媒体服务、党建服务、政务服务、公共服务、增值服务等业务的融合媒体平台	规范类
2018年12月	国务院	《关于推进政务新媒体健康有序发展的意见》	按照前台多样、后台联通的要求,推动各类政务新媒体互联互通、整体发声、协同联动,推进政务新媒体与政府网站等融合发展,实现数据同源、服务同根,方便企业和群众使用	鼓励类

第三节 同行竞争环境

同行竞争环境分析主要涉及龙凤矩阵模型、环形洞察模型。人们可以通过龙凤矩阵明确行业内企业类型,通过环形洞察模型具体分析行业账号。

一、行业企业分类矩阵

市场份额亦称"市场占有率",指某企业某一产品(或品类)的销售量(或销售额)在市场同类产品(或品类)中所占的比重,其反映企业在市场上的地位。通常而言,市场份额越高,竞争力越强。我们将市场占有率高的企业称为"龙头企业";相应地,将市场占有率较低的企业称为"凤尾企业"。

第一财经、第一财经商业数据中心（CBNData）举办的"2023中国消费品牌增长峰会暨中国消费二十年创新论坛"于上海重磅落地。本次峰会上，CBNData 正式揭晓了"Growth 50·2023 中国消费年度增长力品牌榜"及各大分榜。其中，2023 中国消费年度商业价值 MCN 机构榜上的 MCN 机构共计 12 家，分别为白兔控股、达人说、大禹网络、告趣、美ONE、谦寻控股、如涵控股、缇苏、无忧传媒、遥望科技、愿景娱乐、摘星阁。作为技术与内容结合的产物，近年来，趁着市场变革的东风，MCN 机构通过新玩法不断营造电商新体验，助力消费品牌和各类电商平台收获亮眼的销售成绩。目前，MCN 市场规模已达百亿级，且呈持续增长之势。以愿景娱乐为例，它是业内首个开启明星直播带货模式的公司，迄今为止，已建立包含艺人、主播在内超 15 万人的 IP 矩阵，旗下知名艺人已超过 40 位，其中朱梓骁、郝劭文、张檬小五夫妇等均缔造过多次单场 GMV 破亿的直播纪录。

资料来源：第一财经商业数据中心. 2023 中国消费年度投资机构&MCN 机构榜揭晓：应变前行，谁是独具慧眼的品牌推手？[EB/OL]. (2023-08-17) [2024-04-01]. https://mp.weixin.qq.com/s/iIET063Op36_QzJkSUz2Vw.

全媒体影响力指企业在全媒体平台中沉淀的品牌影响力，评估指标为品牌的社交资产。品牌的社交资产由内容资产、声量资产、用户资产三个维度组成。在全媒体语境中，内容资产衡量的是品牌在全媒体创造和生产内容的能力、内容种草的行为转化力；声量资产衡量的是品牌在全媒体平台的声量沉淀与被提及率；用户资产衡量的是品牌在全媒体沉淀的粉丝价值，它代表着粉丝的活跃度及用户的扩散力。三个维度又细分为八大指标：内容资产细分为原创内容运营力、原创视频表现力、内容购买驱动力；声量资产细分为明星声量带动力、KOL 声量带动力、官方账号声量带动力；用户资产细分为粉丝活跃力、用户激发扩散力。全媒体影响力较高的称为"网红"，全媒体影响力较低的称为"小白"。

基于市场占有率、全媒体影响力两个指标，企业形成龙凤矩阵，如图 2-2 所示。龙凤矩阵划分出红龙、红凤、白龙、白凤四类企业。每类企业特点不同。

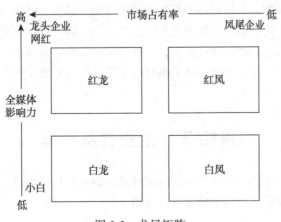

图 2-2　龙凤矩阵

红龙：在行业内，市场占有率较高，全媒体影响力也较高。红龙型企业，既是行业内的龙头企业，也是全媒体中的"网红"，具有很高的影响力、号召力，属于领导者角色，不可与之匹敌，需避其锋芒，另辟蹊径，与之差异化。

红凤：在行业内，市场占有率较低，但全媒体影响力较高。红凤型企业，具有很大的发展潜力，可通过全媒体运营提高自身市场占有率，从而和龙头企业竞争行业第一，属于挑战者角色。在达成共识的前提下，可与之合作，共创内容，借助其全媒体影响力帮助自身发展。

白龙：在行业内，市场占有率较高，但全媒体影响力较低，一般是传统企业。白龙型企业，以红龙型企业为目标，属于追随者角色。虽然它的全媒体影响力较低，潜力一般，但胜在财力雄厚，若有专业的全媒体运营人才运营其全媒体，它可在短时间内突飞猛进。同样，在达成共识的前提下，企业间可互帮互助，共同发展。

白凤：在行业内市场占有率低，全媒体影响力也较低。白凤型企业，发展潜力低，没有财力基础，不具备威胁性。

通过龙凤矩阵的分类，企业可明确行业全媒体竞争格局，进一步思考自身若是布局全媒体运营，属于哪一类企业，扮演什么角色。

二、环形洞察模型

图 2-3　环形洞察模型

对标账号的分析主要围绕账号定位，从赛道选择、主页设计、作品特征、粉丝画像、变现方式、直播、店铺七个方面切入，形成环形洞察模型（见图 2-3）。赛道选择主要分为一级赛道、二级赛道。如美食是一级赛道，美食测评、美食教程、美食探店等属于二级赛道。主页设计主要观察和分析名称、头像、背景图、粉丝数、获赞数、注册时间、封面设计等内容。作品特征上，拆解对标账号的作品，观察和分析其前五秒、前两秒、风格、内容类型、标题、画面、发布时长、评论等内容。若是图文类内容，则要分析选题、标题、正文、排版、封面、内容风格等内容。若是音频类内容，则要分析音频时长、叙事节奏、叙述方式等内容。

粉丝画像主要观察和分析该账号目标人群的年龄、职业、兴趣点、需求点、活跃度等内容。变现方式主要观察和分析其是否有广告植入、直播带货，以及产品类型等内容。直播主要从人、货、场三个方面进行分析，了解对标账号的主播特点、话术、产品类型、直播节奏、场景搭建等内容。店铺主要了解对标账号的产品介绍、产品类型、产品价格、促销活动等内容。

第四节　企业自身环境

本节主要阐述全媒体运营环境中的内部环境，即企业自身环境，可从高管认知、内容布局、组织建设、关系资源四个角度进行分析。

一、高管认知

高管认知是指企业高层基于对全媒体的了解，形成关于全媒体运营的认识和知识结构，以及在布局全媒体时产生的心理体验，主要包括全媒体竞争优势认知，以及全媒体运营内部、外部压力感知等因素。高管认知不仅是企业决策的核心，更是全媒体运营战略布局的首要前提。高管需要清晰地认识到，全媒体不仅是传播的工具，更是连接用户、建立品牌、实现业务增长的重要桥梁。这种认知需要基于对全媒体平台特性的深入了解、对用户需求的敏锐洞察，以及对市场趋势的准确判断。

对于白凤型企业而言，缺乏对全媒体的足够认知可能会导致企业在激烈的市场竞争中错失良机。高管团队需要达成共识，明确全媒体在企业战略中的定位，形成统一的战略方向和行动指南。这种共识不仅可以减少企业的内部压力，更可以让企业在全媒体运营中保持战略定力，实现持续、稳定的增长。

传统企业无法适应新媒体环境，技术层面不是主要原因，主要原因是企业管理者的观念问题。一边是新经济领域不断涌现的独角兽，如喜茶、小米、小鹏汽车、完美日记、阿道夫等，新消费领域不断有崭新面孔出现并席卷消费品市场；一边是传统企业叹息生意越来越难做。这说明不是没有了生意，而是消费领域的新品牌越来越侵蚀着传统企业的市场地盘，而传统企业在适应新媒体环境时慢了半拍。技术层面的问题容易解决，老板不懂，完全可以交给技术团队负责，并且新媒体的末端应用技术门槛已经非常之低，撰写、拍摄和剪辑非常容易上手。对有一定规模的企业来说，组建一支新媒体技术团队并不难，难的是老板的观念调整，即如何让这支技术团队发挥威力，保持消费者对企业品牌的新鲜度，并推动企业转型。

资料来源：鬼谷孙. 传统企业如何搭上新媒体的快车？[EB/OL]. (2022-03-07) [2024-04-01]. https://mp.weixin.qq.com/s/uYvzA5Ny-WcK_OsVTH1Pkg.

二、内容布局

内容布局是指企业对当前全媒体运营的布局情况进行分析。内容是全媒体运营的核心，有效的内容布局能够提升企业的品牌影响力和用户黏性。

首先，企业需要全面分析当前全媒体平台上的账号运营情况，包括账号注册、内容发布、用户互动、数据分析等方面。通过数据分析，企业可发现内容存在的问题和用户需求的痛点，为优化内容提供数据支持。其次，企业需要明确内容在企业战略中的地位，将内容作为企业战略的重要组成部分。这要求企业不仅关注内容的创作和传播，更将内容与企业的战略目标相结合，实现内容的战略价值。最后，企业需要构建完善的付费媒体和赚得媒体体系，通过多元化的媒体渠道扩大内容的影响力。这包括与平台方、MCN 机构等合作，共同打造高质量的内容生态，实现内容价值的最大化。

三、组织建设

要不要做全媒体运营，与企业组织建设有较大的关系。如果没有相应的组织建设配合全媒体运营，人们工作起来便会相当吃力，并且会出现部门扯皮、推诿、懈怠、拖沓等现象。

全媒体运营的组织建设包括人才体系建设、组织激励体系建设、组织结构体系建设。企业自身是否具备相应的人才体系建设、组织激励体系建设、组织结构体系建设，如果没有，建设这三个体系受到的阻力是否大，能否克服，克服所付出的代价能否承受等，都是企业需要考虑和分析的问题。首先，企业需要培养和引进具备全媒体运营能力的人才，构建专业、高效的全媒体运营团队。其次，企业需要设计合理的激励机制，激发员工的积极性和创造力，推动全媒体运营的持续发展。最后，企业需要优化组织结构，打破部门壁垒，实现全媒体运营的跨部门协同。通过完善的组织建设，企业可以确保全媒体运营的高效执行和持续发展。同时，企业还需要关注组织文化建设，营造积极向上的工作氛围，提升员工的归属感和凝聚力。

四、关系资源

关系资源是指在进行全媒体运营布局时，企业自身是否具备能帮助其进行全媒体运营的人脉资源，如能与平台方、MCN 机构进行合作，能邀约行业专家作为顾问进行培训等。关系资源是全媒体运营的重要拓展动力，企业需要充分利用自身的人脉资源，与平台方、MCN 机构等建立紧密的合作关系。通过与行业专家、意见领袖等建立联系，企业可以获取更多的行业信息和市场趋势，为全媒体运营提供有力的支持。企业还需要注重关系资源的维护和拓展，通过价值交换和互惠互利的方式，巩固与合作伙伴的关系。这不仅可以提升企业在行业中的影响力和地位，更可以为全媒体运营带来更多的机会和资源。

得道者多助，失道者寡助。个人的发展离不开亲朋好友、教师、长辈等人际关系的帮助，一个企业的发展亦是如此。在全媒体运营的前期阶段，由于自身不了解全媒体，疑惑是否应该布局全媒体内容，此时便可以通过咨询行业专家、有所收获的同行等得到解答。在执行时，有不明白的地方，也可以利用关系资源，咨询在 MCN 机构工作的朋友。社会中的关系资源本质上是一种价值交换，当你能帮助别人时，别人也愿意帮助你。维持好人际关系，丰富关系资源，适当地进行价值交换，对企业和个人而言，都是有好处的。

思考题

1. 企业是否要布局全媒体运营，应从哪些方面进行分析？
2. 全媒体运营环境特点对全媒体运营产生了什么影响？
3. 同行账号有哪些类型？每种类型有什么特点？
4. 政策法规在全媒体运营环境中的作用及其对企业运营的约束。
5. 企业自身的全媒体运营环境包括哪些内容？

本章实训

1. 请选择一个具有代表性和市场影响力的企业，深入剖析其所处的全媒体运营环境，综合判断该企业是否应该积极布局全媒体运营，以进一步提升品牌影响力和市场竞争力。
2. 请选择你热衷并熟悉的一个行业，运用龙凤矩阵对该行业内的企业进行细致分类。通过对比分析不同企业在全媒体运营方面的表现，全面了解该行业的全媒体运营状况，为企业制定更精准的运营策略提供有力支持。

典型案例

天士力国际公司是否该做海外社交媒体营销？

第三章 全媒体运营组织

【学习目标】
- 了解全媒体运营组织的定义、特点及结构
- 掌握全媒体运营组织的岗位等级及工作内容
- 掌握全媒体运营组织激励的原则及类型

以什么方式进行,给哪些人奖励,董宇辉等核心主播能拿多少,是外界最关心的问题。2023年4月11日公告显示,东方甄选此次并未采用购股权方式进行激励,而是直接授出股份奖励,归属时股份奖励相关的每股股份的发行价为零。这意味着参与者等于直接领到了东方甄选派发的股份"红包"。股权激励是上市公司激励核心高管和骨干,让企业的未来发展与激励对象利益长期绑定的一种常用手段。此次股份奖励对象共154名,授出股份奖励的总数为3045.9万股。按照4月11日的收盘价29港元/股计算,总市值约8.83亿港元(约合人民币7.75亿元)。授予对象包括新东方创始人俞敏洪,东方甄选执行董事、行政总裁孙东旭,东方甄选执行董事、财务总监尹强3名高管。3人中,孙东旭获得的股份奖励最多,共300万股,按照4月11日收盘价计算,价值高达8700万港元。此外,俞敏洪获得150万股,尹强获得60万股,价值分别约4350万港元、1740万港元。除高管外的其余151名参与者均为东方甄选员工,他们将获得合计2535.9万股股份激励,价值约7.4亿港元。平均下来,每位参与的员工将获得市值为487万港元(约合人民币427万元)的股票。激励计划的落地,无疑给东方甄选的主播吃了一颗"定心丸"。这也是东方甄选推行激励计划的核心目标。

资料来源:每日经济新闻. 打工人慕了!东方甄选发8.8亿"红包",100多员工人均400万+,董宇辉能拿多少?[EB/OL]. (2023-04-12) [2024-04-01]. https://mp.weixin.qq.com/s/7_ey4HiFAl0n907lj-cBNQ.

在企业全媒体运营中,人才的重要性不言而喻,尤其是那些对企业贡献卓越的全媒体运营人才,更是企业宝贵的资产。如何有效留住这些人才,确保他们持续为企业创造价值,成为摆在企业面前的重要课题。东方甄选通过股权激励的方式,成功地建立了一种与员工利益绑定的长期且稳定的机制,从而有效地激发了员工的工作积极性和创造力。这种股权激励不仅针对公司高管,还广泛覆盖了公司的普通员工,确保了企业各个层面的人才都能得到相应的激励。当然,除了股权激励外,企业还可以采取多种激励方式,如提高薪资待遇、提供培训机会、营造良好的工作环境等,以吸引和留住全媒体运营人才。这些激励方式的选择应根据企业实际情况和员工实际需求进行综合考虑。通过本章的学习,我们将更深入地了解全媒体运营组织的构成,以及主要的激励原则和方式,为企业留住人才提供有力的理论支持和实践指导。

第一节　全媒体运营组织概述

本节通过对"组织"一词的阐述，延伸至全媒体运营组织，从而详细介绍全媒体运营组织的主要结构类型。

一、全媒体运营组织的定义

在古汉语中，"组"字既有名词之义，也有动词之义。名词为丝带之义，动词作编织之义。"织"字作动词，即纺织、编织之义；作名词，通"帜"，即"旗帜"。"组织"一词，在"组"与"织"的基础上，一般作动词，即编织、组词、罗织。由古义，我们可形象理解组织即编织。所谓编织，是线与线在一纵一横间相互交织，如同层级与流程相互交织，形成组织的结构。在现代汉语中，"组织"一词作动词，即安排分散的人或事物，使之具有一定的系统性或整体性；作名词，即按照一定的宗旨和系统建立起来的集体。

关于"组织"的定义，观点较多。如管理大师卡尔·维克认为，组织是"由两个或者更多人共同管理的计划、秘诀、规则、产出程序、解释和管理行为所组成的"。其本质在于建构，即"将现有的互动聚合成可见的序列，并由此产生有意义的结果"。组织行为学家巴纳德认为，正式组织是有意识地协调两个以上的人的活动与力量的体系。综合理解，广义上，组织即诸多要素按照一定方式相互联系起来的系统；狭义上，即由两个或者更多人组成的有特定目标和一定资源并保持某种权责结构的群体，如企业当中的市场部、品牌部。

然而，随着全媒体的发展，传统消费品企业语境中的"市场部""品牌部"正在转变成围绕抖音、小红书、微信公众号、B站、微博等平台的小用户中心。如今，许多新锐品牌没有市场部、品牌部，而是变成了多个小用户中心组成的全媒体运营组织。在全媒体语境下，全媒体运营组织指两个或者更多人组成的有特定运营目标和以用户为中心、以全媒体平台为载体、以内容为方式进行运营，并以特定结构运行的结合体。

二、全媒体运营组织的特点

全媒体运营组织除具有一般组织的特点外，在实践中还具有"三强"特点，即部门联动性强、工作灵活性强、用户交互性强。

（一）部门联动性强

部门联动性，即工作时的跨部门协作。如今，在大部分传统的中小企业组织中，全媒体运营组织还属于传统意义上的市场部组成部分，仅将全媒体运营作为拓展线上市场的方式，市场部与销售部之间常常是分开的。全媒体运营负责拓展线上市场，将获取的客户信息转接给销售部，由销售部进行后期的跟踪。这种特点常见于专业性较强的行业，如教育行业、研学行业等。实际上，全媒体运营组织是存在具备销售属性的岗位的，即用户运营。但由于传统的中小企业在观念上转变不过来，成本上负担不起，它们常常需要部门间的联合协作。

（二）工作灵活性强

工作灵活性强，即对工作时间、工作地点的限制较弱。全媒体运营工作呈现细分的趋势，并且随着企业降本增效的需求，灵活用工在全媒体运营中得到重视。全媒体运营工作一般包括文案、剪辑、编辑、运营、主播等。由于此类工作难度不大，既可以由全职员工线上进行，也可以由兼职员工线上进行，由此产生许多兼职的需求。大部分人通过线上兼职进行全媒体运营的方式，拓展副业，增加收入来源。更有部分企业完全依托线上。如英国本土的留学机构为拓展其他国家的留学生源，便通过招聘该国人员进行线上工作，无论是拓展市场、销售咨询，还是后期交付，都在线上完成。

（三）用户交互性强

用户交互性强，即企业与用户的交流互动呈现实时的特点。全媒体运营组织是企业在线上与用户进行实时互动的第一者。如发布一篇公众号文章，用户阅读之后，留下评论，运营者可以与用户进行实时互动，实际上增强了用户对品牌的感知。用户在后台留下联系方式、咨询事项，运营者可以第一时间回复，及时响应用户，满足用户需求。除了交流平台不同外，运营者与用户如同添加了联系方式，在进行一对一的交流。这样的实时交互成本低、效率高，是企业其他组织所不能达到的。

与用户沟通，是企业媒体化的意义。蒋青云教授指出，营销的本质是品牌通过信息传播刺激潜在消费者产生购买的欲望，再来铺设相应的渠道，把产品或者服务传递到消费者端，交换实现后，获得进一步沟通，促进顾客和品牌之间的互动，从而形成稳定的客户关系。过去企业通过传统媒体进行信息传播，但近年来，社交媒体对传统媒体的冲击越来越大。进入 Web 3.0 时期，企业已不再需要中心化的媒体，而是自己建立媒体矩阵，与用户形成直接传递，平台变成营销渠道，企业通过各种社交媒体进行品牌传播，可以更直接地触达用户，实现更高频、高效的互动，同时宣传成本显著降低。在这个过程中，传统广告媒介的集中度迅速被打破，各类品牌企业都开始重新审视媒体化的重要性。

资料来源：复旦管院，复旦管院管理咨询. 每家公司都是一个媒体？企业媒体化趋势研判[EB/OL]. (2023-02-02) [2024-04-01]. https://mp.weixin.qq.com/s/0e8ziDtdbz_5ZOVzAvW8CQ.

三、全媒体运营组织的结构

根据全媒体运营组织的发展阶段，可将全媒体运营组织划分为直线制组织、职能制组织、团队型组织、项目制组织和平台型组织。

（一）直线制组织结构

直线制组织结构是较为古老的组织结构形式，其垂直层次通常较少，一般 2~3 层（见图 3-1）。所谓"直线"，是指在这种组织结构下，职权直接从高层向下"流动"，经过 2~3 个管理层次到达组织最底层。初创企业以及传统的中小企业由于预算有限，全媒体运营组织结构一般以直线制组织结构为主，员工通常与企业创始人或总监进行直接对接。这类企业通常没有形成名义上的全媒体运营组织，而是隶属于市场部门或品牌部门，所以有全媒体运营工作之实，并无全媒体运营组织之名。该类组织结构的主要特点是规模较小，人数较少，

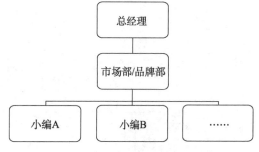

图 3-1　全媒体运营直线制组织结构

运营的平台也较少，以一两个平台的官方账号为主，也没有细分至专岗专人，常常是一人多岗负责大部分的工作内容，如内容采集、编辑、设计、制作、运营等。

（二）职能制组织结构

职能制组织结构也称为 U 形组织或多线性组织结构，由法约尔建立，故又称"法约尔模型"。职能制组织结构，顾名思义，其按职能来进行部门分工，从高层到基层，把承担相同职能的业务及其人员组合在一起，设置相应的管理部门和管理职务（见图 3-2）。此类组织结构常见于具备人力、物力和财力的大中型企业。此类企业重视全媒体运营，将全媒体运营设置为与市场部、品牌部同等级的部门，并在全媒体运营部门下设置文案组、创意组、策划组、拍剪组、设计组、直播组等。此类组织结构的优点在于职责明确，效率提高，权力集中，组织稳定。缺点也是显而易见的，尤其是横向协调性差，跨小组合作容易产生摩擦。此外，会出现多头领导，既要听直接上级领导指挥，也要听上级其他职能部门，如市场部、品牌部等领导的指挥，并且不利于培养全面的运营人才。

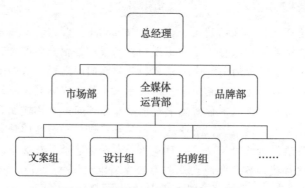

图 3-2　全媒体运营职能制组织结构

（三）团队型组织结构

团队型组织结构是指将团队作为协调组织活动的主要方式。其主要特点是团队内部做出主要决策，直接进行交流沟通，自主承担相应责任（见图 3-3）。在一些有实力的小型企业中，全媒体运营组织便常常以团队型组织结构的方式工作。一个团队既有负责运营的员工，也有负责文案的员工，还有负责拍摄、剪辑、直播的员工，可谓"麻雀虽小，五

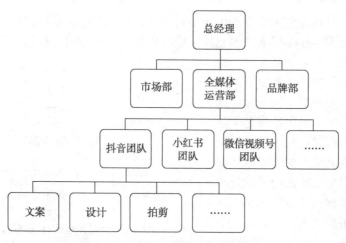

图 3-3　全媒体运营团队型组织结构

脏俱全"。但这类小型企业往往是针对几个平台的官方账号进行运营，精细化程度并不高。大中型企业具备相应的人力、物力、财力，其全媒体运营组织机构比较庞大，也更加完善。常见的是以平台为类别标准成立运营团队，如抖音团队、小红书团队等。此类团队包含多个岗位，彼此相互配合。

（四）项目制组织结构

项目制组织结构是一种目标垂直的组织结构形式。该组织结构的目标是完成项目交付，呈现"特种兵"的特点（见图3-4）。建立此类组织结构一般是为了完成特殊的、情况紧急的、难度较大的项目，因此需要集中力量，攻坚克难。构成此类组织结构的人员多是全媒体运营组织下各方面的专业人才，他们一起组成项目交付团队。项目制组织结构中，项目经理有权调配需要的资源，无论是跨部门还是本部门，只要有需要，都可进行调配，相当于"战时机制"。此外，由于以项目为中心，其决策效率远高于直线制、职能制、团队型等组织结构。但项目制组织结构也有其缺点，如项目完成交付后，人员不具备持续性，会被调回原部门。

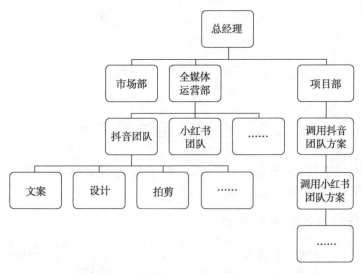

图3-4　全媒体运营项目制组织结构

（五）平台型组织结构

平台型组织结构是适应数字时代的一类新型组织结构，广为人知的海尔"人单合一"模式便是平台型组织结构的典型实例。在全媒体语境中，平台型组织结构是指企业提供平台，让员工各展所能，实现企业、员工与用户三者之间的生态平衡。海尔的"人单合一"战略提出，每个人都有一个市场，有一个"订单"，人和市场之间直接联系。全媒体运营组织中的平台型组织结构呈现"人号合一"的形式，即每个人都有一个账号，每个账号有相应的用户，得到企业的支持，包括企业辅助定位、进行运营培训等。在企业的支持下，每个人都是自主人、自组织，实现自循环，账号得到的收益，企业的归企业，个人的归个人。以宝岛眼镜为例，其成立MCN部门，让8000多名员工到不同流量的平台开设个人账号，一边建立个人IP，一边传递品牌声量，对平台用户进行种草、拉新（见图3-5）。此外，宝岛眼镜原有的组织结构中，董事长之下的第一大部门是营运部，营运部之下有客户交互中心、市场部、电商部、商品部等。为推进"人号合一"，促进私域运营，宝岛眼镜将客户交互中心变成会员运营中心，且与营运部门并列。该部门之下有会员策划、渠道运营、互动运营、赋能运营、产品研发、数据挖掘六个部门。

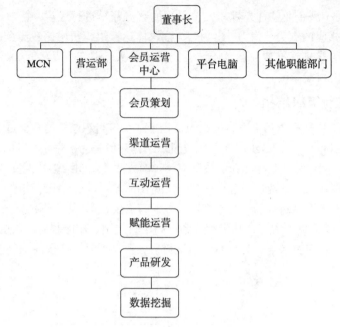

图 3-5　宝岛眼镜组织结构

第二节　全媒体运营组织岗位

本节阐述全媒体运营组织的岗位等级及工作内容。通过学习本节内容，你将对全媒体运营组织岗位有相对清晰的了解。

一、全媒体运营组织的岗位等级

全媒体运营组织主要有运营专员、运营主管、运营总监三个等级（见图3-6）。少部分企业由于人数较多、规模较大，也会继续细分等级，如运营主管之上还有运营经理，运营总监之上还有高级运营总监等。本节主要阐述运营专员、运营主管、运营总监三个等级。每个等级根据工作性质、组织结构的不同，会产生多个运营专员、运营主管。

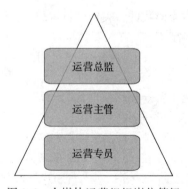

图 3-6　全媒体运营组织岗位等级

（一）运营专员

运营专员是全媒体运营组织的最小组成单位，也是组织等级中最小的一级。任何一个全媒体运营组织都由运营专员组成，一般在众多运营专员中产生运营主管，在运营主管中产生运营总监。运营专员负责具体的执行工作，如文案专员负责调研、策划等工作。"专员"，即专门从事某一项具体工作的员工，由此对运营专员的专业技能、专业素养有较高的要求。由运营专员组成的全媒体运营组织中，除文案专员、拍剪专员外，还有主播专员、副播专员、场控专员、中控专员、投手专员、助理专员、选品专员、美工专员、客服专员、仓储专员等。这些运营专员奠定了全媒体运营组织的基础。

（二）运营主管

运营主管是全媒体运营组织的核心骨干。在职能制组织结构中，运营组长相当于运营主管的级别；在团队型组织结构中，团队负责人相当于运营主管的级别。运营主管不负责具体的工作执行，而是负责整体定位、队伍管理、项目规划、项目跟进、整体运营计划制订、商务谈判、资源对接等工作。从运营专员成为运营主管，一般要用两三年时间，需要专业过硬、素质过关、具备承接项目和带领队伍交付项目的能力。

（三）运营总监

运营总监是全媒体运营组织中的灵魂人物，负责制定全媒体运营组织的战略目标，需要具备全媒体行业敏感度和市场预判力。此外，能够快速整合媒介、人才、资金等资源，协调好内外部环境，应对舆情危机，做到独当一面，在组织中有威望。从运营专员到运营主管，再从运营主管到运营总监，一般需要用四五年的时间。在这个过程中，员工需要磨炼全媒体运营技能及培养自身大局观、系统思维、创新意识。

　　未来的所有行业都是内容行业，所有企业都是媒体，每个企业都需要一位首席内容官。社交网络的蓬勃发展，是数字营销时代的一个里程碑。不管是微信、微博，还是抖音、快手、小红书等平台，它们不仅全面渗透进普通用户的生活，极大地改变了人们的消费形态，还让品牌拥有了真正属于自己的发声窗口，更新了品牌与用户的沟通模式。社交时代的品牌逻辑，内容是核心。把品牌故事融入内容，让内容走进社交圈层，激发圈层的裂变传播，让品牌可触碰、可感知、可拥有，与用户共同成长，才能让品牌真正走进人心。品牌内容不仅是经营品牌的利器，更是企业可沉淀的资产，甚至还能让内容本身直接变现，产品也将成为一种新型内容载体，万物皆媒介。

　　资料来源：m三六零，m360内容中心. 所有企业都需要一个首席内容官[EB/OL]. (2022-03-08) [2024-04-01]. https://mp.weixin.qq.com/s/fFhk2lZHPXI0s_1NdyhhCA.

二、全媒体运营组织的工作内容

全媒体运营组织涉及的工作内容较多，本节主要阐述与视频、与直播、与店铺相关的具体工作内容。

（一）与视频相关

与视频相关的岗位主要有文案编导、拍摄与剪辑。文案编导岗位的工作内容是进行调研策划、选题挖掘、素材收集、脚本制作、与演员沟通、场景选定、跟进拍摄过程、处理临时问题等，他们需要具备内容策划撰写、用户感知、沟通组织、数据分析等能力。值得一提的是，在图文运营中，文案岗位的工作流程与上述所言并无差异，但在具体内容的创作中，侧重点各有不同。拍摄与剪辑岗位主要负责脚本拍摄、场景布置、后期剪辑工作，需要具备摄影基础和审美基础，如对空间、时间、光影、场景环境、风格能够灵活处理。

此外，还需要掌握后期剪辑技巧，让视频具有连贯性、节奏感、观赏性。同时，要善于沟通交流，能按照所提意见及时进行修改。

（二）与直播相关

与直播相关的岗位包括主播、副播、场控、中控、运营、投手、助理等。主播是直播间的核心，也是一场直播的主导者，他们需要具备选品逻辑、销售转化、数据分析等能力，并且对产品有足够的了解，能够把控好直播间的节奏。副播是一场直播的辅助者，主要协助主播完成整场直播，他们需要把握好直播间的节奏，并对一场直播的整体进度了然于胸。场控是直播间的推进者，需要推进直播节奏，具备整体统筹的能力。中控是直播间的价格把控者，需要及时把控和调整直播价格，释放库存。运营的主要工作是调控直播间的流量、内容、活动、用户，需要具备流量来源分析、直播话术策划、营销活动策划、用户答疑的能力，与投手做好配合。投手的主要工作是配合运营进行投放，用最少的钱创造最多的收益。助理的职责是做好直播间基础工作的辅助。

（三）与店铺相关

与店铺相关的岗位主要包括选品岗位、美工岗位、客服岗位、仓储岗位。选品员工主要负责选择店铺与直播产品，需要具备产品趋势分析能力，对产品的价格、卖点、质量有所了解。美工主要负责制作出对客户具有视觉冲击力的产品效果图，需要具备设计能力，并且对产品使用场景、卖点、空间布局有一定的敏感度。客服主要负责维护店铺，解答客户的疑难问题，需要具备强大的心理素质和一定的职业素养。仓储是货品的管理者，对货品入库、出库负责，需要具备产品管理、盘点库存与订单物流发货的统筹能力。

第三节　全媒体运营组织激励

激励是组织人事中极为重要的内容。本节通过阐述全媒体运营组织中的激励原则、激励类型等内容，帮助读者深入了解全媒体运营组织激励。

一、全媒体运营组织激励的定义

管理大师彼得·德鲁克认为，"激励就是给他需要的，就是让员工人尽其才，充分发挥员工的潜能"。马图雅诺认为，激励的本质在于将每个人真实的自我、价值观、为人准则融合在一起，并且通过事件的完成，最终实现对自我人性的欣赏。期望理论创始人维克托·弗鲁姆认为，"工作动力＝效价×期望值"，工作动力即积极性强度，效价即成果偏好度，期望值即采取某个行动可能导致实现其所求目标的概率。双因素理论创始人赫茨伯格通过研究发现，保健因素和激励因素对员工工作态度的影响是不同的，因此建议企业通过激励因素来提升员工工作的积极性。以上关于激励的定义，既有从物质层面阐释的，如满足员工需求；也有从精神层面阐释的，如实现员工对自我的欣赏；更有从物质与精神层面阐释的，如期望理论、双因素理论。在全媒体运营实践情境中，激励是指全媒体运营组织通过设计适当的模式，如薪酬、股权、福利、学习成长等，来激发和引导成员实现组织目标及个人目标的。

"激励"与"鼓励""奖励"不同。"激励"常用于个人、团体或机构，形式多种多样，既有物质形式的，也有精神形式的，适用于个人、团队或机构散漫、松懈、没有完成工作目标或需要完成一个重大目标的情境中；其反义词是"惩罚"，侧重于管理学领域。"鼓励"常用于个人层面，形式主要有口头表扬等，以激起对方的斗志、勇气，适用于个人垂头丧气的场景中；其反义词是"打击"，多用于心理学领域。"奖励"面向结果，是给少数人的，如特别优秀的员工可以获得奖励，超出预期完成所制定的目标会获得奖励。

二、全媒体运营组织激励的原则

设置激励模式需要遵循以下原则：平衡性、整体性、差异性、公平性。详见图3-7。

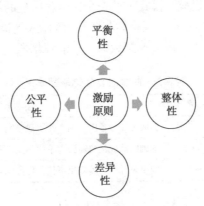

图3-7　全媒体运营组织激励的原则

（一）平衡性

平衡性原则是指在进行激励设置时，需要把握好物质与精神的平衡、现金与非现金的平衡、个人与团队的平衡、短期与长期的平衡、付出与回报的平衡。以个人与团队的平衡为例，完成一场直播是一个直播团队的努力，离不开副播、场控、中控、投手等人员的配合。因此，在设计薪酬模式时，即便团队激励效果不如个人激励效果好，但为了避免团队不和谐，上下级之间差距过大，埋下矛盾，还是要设计团队激励计划。可见，精细化直播运营不仅体现在直播中，更体现在精细化的薪酬设计之上。把钱分好，把人管好，团队才能做大、做强。

（二）整体性

整体性原则是指整体考虑员工的基本薪酬福利、短期和长期的激励等。基本薪酬福利是指企业向员工支付的稳定性报酬及相应的社会福利。短期激励是与短期目标相联系的薪酬，如绩效工资、年终奖金。长期激励是为对组织做出长远的、重大贡献的人员设置的激励。以直播团队为例，常见的薪酬模式有小时制、提成制、绩效制和混合制（见表3-1）。其中，直播团队中的主播、运营和投手三个核心岗位采用"底薪+绩效+提成"的模式。这既考虑了三个核心岗位的重要性，也考虑到直播团队需要稳定性，避免核心员工频繁离职。

表3-1　常见直播薪酬模式

	小　时　制	提　成　制	绩　效　制	混　合　制
特征	按照直播时长计算；不同地区、不同团队有较大的差异	按照实际成交的商品交易总额计算提成；充分发挥人员能动性	制定绩效考核标准；按照完成度计算薪资标准	多种模式相结合，如按照小时制计算，并给予一定提成
优点	结算简单	激励性强，能者多劳	兼顾激励性和灵活性	自由灵活，适合各阶段
不足	无激励，试错成本高	不适合新手直播间	制定绩效标准较难	结构复杂，对团队要求高

(三)差异性

差异性是指根据工作进度、岗位重要程度或者企业发展阶段,因地制宜地设置激励模式。以直播间的搭建进度为例,初期阶段,适合采用小时制;随着直播间步入正轨,适用提成制和绩效制;随着直播间成熟,可以采用混合制。以岗位重要程度为例,主播、运营、投手、视频采用"底薪+绩效+提成"模式,抖店运营、助播、中控采用"底薪+提成"模式,兼职主播采用"小时+提成"模式(见表3-2)。各岗位的绩效考核指标也有所不同。以运营为例,其绩效考核指标包括人气指标和转化指标,人气指标有场观和在线最高人数,转化指标有商品交易总额、千次观看成交金额、看播转化率。

表 3-2 直播核心岗位薪酬模式

岗 位	薪酬模式	注 意 点
主播/运营/投手/视频	底薪+绩效+提成	提成需注意梯度;绩效除了业绩完成度外,还可设置团队配合等因素
抖店运营/助播/中控	底薪+提成	基础团队成员也需要为了商品交易总额努力,提成可以低,但要有
兼职主播	小时制+提成	按小时计算,若效果不佳,可考虑降低时薪,增加提成

(四)公平性

公平性原则需要遵循"多劳多得,少劳少得"的原则。"公平"是一个相对的概念,做到"公平"要以岗位价值,以及岗位员工创造的价值为依据来确定员工的薪酬激励模式。全媒体运营灵活性较强,许多企业在进行全媒体运营的过程中,会将部分工作以兼职形式面向社会招聘。这类兼职人员的薪酬便是采取多劳多得的计件模式、提成模式,大部分没有底薪,少部分是"低底薪+高提成"模式,或者是"低底薪+计件"模式。

三、全媒体运营组织激励的类型

全媒体运营激励主要有物质激励、成长激励、精神激励三种类型。

(一)物质激励

物质激励有薪酬激励、福利激励和股权激励三种模式。薪酬激励是员工工作的基本动力来源。马云曾说过,员工离职无非是薪酬给得不到位,以及员工内心感到委屈。可见薪酬激励对员工的影响是显著的。福利激励是员工的间接报酬,包括带薪休假、年假、过节礼物、餐补、交通补、房补等,它影响员工对企业的归属感。股权激励,也称"金手铐",从这个"金手铐"便可形象地理解为员工心甘情愿地留在企业工作。股权激励是一种统称,具体的激励模式有虚拟股票、股票期权、股票增值权、员工持股计划、合伙人计划等(见表3-3)。一般的企业对于中低层员工会有薪酬激励、福利激励,股权激励则是对真正为公司做出极大贡献的核心员工才会开放。以股权激励为例,东方甄选向154名高管和员工授出3045.9万奖励股,占企业总人数的近10%。人才是企业的核心资产之一,唯有付出与收获对等才能留住人才。

表 3-3 常见股权激励模式优点和缺点

激励模式	优 点	缺 点
股票期权	激励对象不承担股价下跌造成的风险,但可享受增值的收益;公司资金压力小;与业绩密切挂钩,激励作用强;行权前不会造成股东股权稀释	对激励对象绑定效果不明显;现有条件下,期权定价困难;行权后股东股权会被稀释

续表

激励模式	优点	缺点
限制性股票	考核期内绑定效果明显；与业绩密切挂钩，激励作用强；对激励对象而言，获利确定性大；如果激励对象不用出资，则不承担股价下跌造成的风险	股东股权会被稀释；无偿授予让公司面临资金压力；业绩不达标时，回购需要员工配合
业绩股票	无偿性；留人作用明显；与业绩密切挂钩，激励作用强；对激励对象而言，获利确定性大	对公司造成较大现金压力
员工持股计划	可以配资；有效建立员工的主人翁意识；激励范围较大	受资产管理计划相关监管管制；IPO之前做的，上市可能需拆掉；日常流动性不明确
虚拟股票	发行程序简单，受各方限制小，不影响公司股本结构；在股价低迷之时，也能获得分红	对于非上市公司存在估值困难；使激励对象过分关注分红，而忽视企业自身资本积累；公司现金压力较大
股票增值权	激励对象现金压力小；不涉及实股，不影响控制权；无须证监会审批；员工获得感较强	公司现金压力较大；员工的股东意识感受较弱
账面增值权	无须证监会审批；激励对象无须支付现金购买；不受股票价格异常波动影响，激励对象操纵指标的可能较低	每股净资产的增加幅度有限；不能利用资本市场放大作用；难以产生较大的激励作用

资料来源：聚董秘. 常见股权激励的模式及利弊分析[EB/OL]. (2023-09-15) [2024-04-01]. https://mp.weixin.qq.com/s/mAw2G0f04dt_ ehtuEuOygA.

2023年1月10日，世纪睿科启动了新股权激励计划的第一次授予。从激励对象的选择方面，可以很明显地看出激励目的都直指直播业绩。世纪睿科此次股权激励的授予规模为7447万股，授予人数为68人。被激励人员按照类型分为5个批次：56名中低职务员工，对应1794万股股份奖励；5名高级员工（主要覆盖职能部门与抖音事业部），对应1034万股股份奖励；5名高级员工（主要覆盖公司"淘宝事业部"），对应564万股股份奖励；1名执行董事（李亮），对应3933万股股份奖励；1名外部顾问（知名广告营销人士），对应120万股股份奖励。2023年5月，世纪睿科正式收购"交个朋友"，还计划将上市公司的名称变更为"交个朋友"，启动了全面转向直播电商的步伐，而股权激励则扮演着推动者与"监督者"的作用。

资料来源：一心向上 ESOP. "交个朋友"成功"上市"，真正的"功臣"其实是他们[EB/OL]. (2023-06-01) [2024-04-01]. https://mp.weixin.qq.com/s/cnf1268U2ZFXTvxYlIinEA.

（二）成长激励

成长激励包括发展激励、授权激励和事业激励。发展激励与企业的晋升机制紧密相关。它是企业通过为员工进行职业生涯规划、给予晋升员工通道、实施岗位轮换、制订优才计划等方式，提高员工的职业技能、职业素养，让员工感到未来可期。全媒体运营需要紧跟平台规则，因此大部分企业会定期开展全媒体运营方面的学习培训。而且，全媒体运营组织的晋升通道较为清晰，一般是从运营专员、运营组长、运营主管到运营经理，再到运营总监。授权激励是指为员工创造发挥个人才智的空间，在一定范围内，员工有自主权。事业激励是指让员工将自己所做的事情当作终身追求的事业。全媒体运营适合个人创业，员工应意识到所负责的岗位是可以作为终身追求的事业的。以授权激励为例，全媒体运营在某些时候需要跟踪热点，此类内容并不适合层层把关与审核，此时应给予员工一定的自主权。此外，部分企业领导对全媒体运营不熟悉、不了解，应当减少直接管理，让专业的员工在特定范围内拥有自主权。

（三）精神激励

精神激励有愿景激励、目标激励和情感激励三种模式。愿景激励是指让员工共同参与构想组织未来的发展方向、愿景、价值观等，它有助于员工产生归属感。对全媒体运营组织而言，组织发展方向、运营平台规划等都可以让员工共同参与讨论。目标激励是指设置适当的目标以激发员工动机，产生工作的积极性。全媒体运营目标根据岗位的不同而有所不同。如直播岗位，可设置不同梯度的目标激励。制定梯度目标时，需要注意梯度的颗粒度足够细，避免梯度过大完成不了（见表3-4）。情感激励是指基于员工的情感需求，通过赞美、表扬、人文关怀等方式增强员工与企业的情感联系，所谓"士为知己者死"。例如，认可员工的运营水平、赞美员工拍摄的视频、关怀员工加班熬夜等。

表 3-4　直播岗位目标激励梯度示例

	月度总销售额/万元	提成点数/%	提成金额/元
基础门槛	10	1	1000
梯度激励	11	1.20	1320
	12	1.40	1680
	13	1.60	2080
	……	……	……
	18	2.60	4680
	19	2.80	5320
	20	3.00	6000
高 GMV 激励	21	3.40	7140
	22	3.80	8360
	23	4.20	9660
	24	4.60	11040
	25	5.00	12500

思考题

1. 全媒体运营组织与其他组织相比有什么特点？
2. 全媒体运营组织有哪些结构类型？分别适合哪种企业？
3. 全媒体运营组织有哪些岗位？主要工作内容是什么？
4. 全媒体运营组织制定激励模式需要遵循哪些原则？
5. 全媒体运营组织有哪些激励模式？你觉得哪一种模式最重要？

本章实训

1. 请选择一家自己感兴趣的企业，通过深入研究和分析该企业的运营模式、业务范围与市场定位，确定其全媒体运营的组织结构。在此过程中，应重点关注企业在不同媒体平台上的布局、团队构成及协作方式，以便更全面地了解其在全媒体运营方面的组织架构、运营战略及策略。

2. 请选择一家自己关注的企业，通过深入调研和分析，撰写一份关于该企业全媒体运营人员薪酬激励模式的报告。在报告中，应详细阐述该企业薪酬激励体系的设计原则、具体内容及实施效果，同时结合行业趋势和市场竞争状况，对该企业薪酬激励模式的优缺点进行客观评价，并提出有针对性的改进建议。

典型案例

不舍得"分股权"导致人财两空

第二篇

战略篇

第四章

全媒体内容战略

【学习目标】
- 了解提出全媒体内容战略的背景
- 熟悉全媒体内容战略的定义及层级关系
- 掌握制定全媒体内容战略的步骤

早在 2012 年,可口可乐就在公司战略层面推出了"内容 2020"宣言,从"创意极致"转向"内容极致"。作为内容战略布局上的佼佼者,可口可乐做对了几件事:内容的创造不是品牌单方面的行为,而是与受众合作和不断互动的产物;数字时代,以动态的方式、跨不同媒体平台来讲述故事;公司高层对内容战略予以高度重视,投资建设"创意"和"潮流文化"。这不难理解。在一个消费者被充分赋权、营销链条上的不确定与日俱增、市场快速变化的时代,企业唯一能把握的确定性就是回归人的本质需求,用优质内容占领用户的心智高地,串联起碎片化的沟通触点。为什么是内容?在商业语境中,内容成为消费品,涵盖了与消费者相关的所有产品和服务:它可能是一款游戏、一个话题、一个综艺、一场直播等,以及在消费中沉淀下来的体验和感受;对企业而言,内容是企业产品、服务之外的"第三种沟通要素",是企业与消费者实现深度沟通和共鸣的关键。如何从精神共鸣出发,提升与消费者的沟通频次与效率,从而提升用户黏性与转化,甚至从更有效的沟通中洞察消费者需求反哺供给端创新,为企业带来新的活力,正是内容战略的核心。

资料来源:腾讯广告. 决胜内容战略,打造共创时代新增长引擎[EB/OL]. (2020-08-25) [2024-04-01]. https://mp.weixin.qq.com/s/ZsIRi_8BDJZkANrUy3BZTQ.

随着市场竞争的日益激烈,跑马圈地式的增长方式已不再是企业的制胜法宝。如今,在存量竞争的环境下,内容已成为企业串联战略、品牌、产品、销售和用户的关键要素,甚至成为企业的第二条增长曲线和战略资源。可口可乐在 2012 年就洞察到了这一趋势,推出了"内容 2020"战略,将重心从"创意极致"转向"内容极致"。它深知,内容的创造不仅仅是品牌单方面的行为,还是与受众合作和不断互动的产物。在数字时代,可口可乐以动态的方式、跨不同媒体平台来讲述故事,与消费者建立深度联系。这种全媒体内容战略不仅增强了企业与消费者的沟通频次与效率,更提升了用户黏性与转化。从精神共鸣出发,企业能够洞察消费者需求,反哺供给端创新,为企业带来新的活力。因此,企业必须重视并谋划全媒体内容战略。这不仅关乎企业的未来增长,更是其核心竞争力的体现。通过本章的学习,你将深入了解全媒体内容战略的提出背景,以及如何为企业制定一套行之有效的全媒体内容战略,助力企业在激烈的市场竞争中脱颖而出。

第一节 全媒体内容战略提出背景

全媒体内容战略提出的背景有多个方面,本节主要阐述其中的五个方面,分别是科技创新、用户、竞争者、企业和商业模式。

一、科技创新改变内容的载体和生产

科技创新促使传播载体发生变化。印刷术的发明使人们的交流从口口相传发展至纸质媒介，广播电视技术的发明则使人们进入广播电视媒介时期。随着各种社交媒体平台的快速发展，人们又从广播电视媒介时期进入全媒体时代。20世纪90年代初，万维网的出现将互联网推向商业应用，并逐渐出现门户网站、搜索引擎、社交网络。1994年，我国接入互联网，部分人意识到互联网带来的机遇，纷纷效仿雅虎、亚马逊、谷歌、脸书，成立新浪、阿里、百度、腾讯等公司。2010年后，随着4G及5G的应用，云计算、大数据、人工智能、物联网等技术兴起，新平台、新业态、新模式出现。如2012年微信公众号平台上线，2013年快手和小红书上线，2016年抖音平台出现，2020年微信视频号成为微信生态圈的一部分。如今，无论大中小企业，公众号都成为企业营销的主阵地之一，抖音、小红书、快手等社交媒体平台也成为企业营销不可缺少的一环。

科技创新促使内容生产更加简便。无论是纸质媒介时期的内容生产还是广播电视媒介时期的内容生产，其进入门槛都比较高。传播载体的变化，让人人都有一个展现自我的窗口，但有窗口还不够，还需要有对外展示的内容。随着科技的创新，越来越多简便的内容生产工具出现，并且人们只需掌握基础的工具，便可以轻而易举地生产内容。如视频剪辑工具剪映有丰富的视频模板、文字模板、音乐素材，设计工具可创作大量的海报模板，文心一言、ChatGPT等人工智能工具可以实现自动生成文字、图片、视频等；英特尔新款处理器Lunar Lake可以在数秒内自动生成一首音乐等。AIGC改变了内容生产流程，使内容生产从"作坊式"变成"流水线式"。未来的工具将会越来越多，越来越简便，越来越智能，但并不会蚕食内容领域，反而会成为内容的基础设施，辅助内容生产，提高内容的生产效率和质量。以多种载体为依托的内容在商业中逐渐起到决定性的作用，其重要性不言而喻。在新业态、新模式下，内容已经成为企业的资产。未来的组织会是一个内容型组织，如何将内容放到战略层面思考和谋划，是每个企业都将面临的问题。

二、用户注意力有限，渴求优质内容

争夺流量的背后实际上是为了吸引用户有限的注意力。每个人都是一天只有24个小时，除去工作、休息的时间，属于用户可支配的时间是很少的。随着人们工作强度增加，工作占据的时间越来越多，用户可支配的时间越发呈现碎片化。《时代》周刊曾在《你现在的注意力持续时间比金鱼还短》的文章中指出，金鱼的注意力是9秒，人的注意力则从12秒下降至8秒。如何在有限的时间内，吸引用户更多的注意力？一方面，用户的注意力越来越分散；另一方面，全媒体平台内容泛滥，良莠不齐，流量红利见顶，用户对大部分内容产生疲劳感，对优质内容的需求越来越强烈。

未来，优质内容的发展方向将是全视角内容、可参与内容、可接触内容。在人口红利、流量红利日渐式微的背景下，人心的红利正在发展。人心红利的背后正是表达优质内容，通过优质内容使品牌与用户内心产生联结。在全媒体时代，用户的内容需求发生了改变，企业与用户共舞，共创品牌未来，应对内容做出创新，将内容作为核心资产，摒弃传统的内容模式。

三、竞争者发力践行全媒体内容战略

可口可乐与百事可乐，在长达百年的竞争中，留下许多在用户看来颇为有趣的竞争故事。例如，在百事可乐的一个广告宣传片中，一个身材矮小的男孩在售货机前买了两瓶可口可乐来垫脚，以帮助自己拿到放在更高位置的百事可乐。可口可乐也紧随其后，在广告宣传片中，让小男孩拿百事可乐来垫脚，不过在小男孩拿到可口可乐之后，他把百事可乐放回原位。诸如此类的广告、营销有许多案例，体现两个品牌在互相调侃的良性竞争中发展。2020年，可口可乐宣布实施内容战略，作为市场追随者的百事可乐若不想拉大与可口可乐的差距，也需要在内容战略上进行布局。

事实上，许多企业重视内容并在全媒体平台上进行内容战略的布局和尝试，如宝岛眼镜、爱奇艺、迪士尼乐园、蒙牛等。这些企业在全媒体平台采取系统的图文、视频、直播等多种形式，发布品牌内容、销售内容、干货内容等，设置了文案、拍剪、设计、主播等多种岗位。竞争对手已先行一步，自身又怎能落后？市场竞争瞬息万变，领先一小步即赶超一大步，不迈出一小步，就没有一大步。

四、企业的内容实践存在错位和孤岛

部分企业并没有意识到优质内容对于企业利润增长、长期发展的重要性，在实际操作中，常存在内容错位和内容孤岛的问题。内容错位现象在企业实际情境中较为常见，主要指企业在战略内容与营销内容、产出内容与需求内容、组织架构与内容组织三个方面存在错位。如图文、视频等营销内容与企业文化和品牌价值观背离；企业组织架构没有适应内容地位的变化，对内容质量、生产效率、运作规范等方面产生消极影响等。内容孤岛指不同平台有不同的规则、算法、用户、视频形式、浏览习惯等，企业在运营这些平台时互不连通，也互不相关，仿佛一座座孤岛，没有产生协同效应。

增长困难的处境下，企业需要在众多社交媒体平台上通过内容实现增长。然而，众多平台如何协同运营，成为企业亟须解决的一个问题。破解内容孤岛，需要企业将其拔高到战略层面，统筹全局，将一座座孤岛变成一枚枚棋子，这样才能在内容的棋盘上落子不悔，游刃有余，最终实现增长。

在商业语境中，内容成为消费品，涵盖了与消费者相关的所有产品和服务。长期以来，部分企业对内容形成了一种思维定式。他们并没有形成以消费者为中心的思维，而习惯以企业为中心创造传播内容；并未形成与消费者共创的思维，而将内容作为品牌单方面宣讲的工具；另外，企业习惯于将内容当成专属于营销部门的一种工具，而非多部门协同合作的内部工程……这些思维定式让企业难以将内容提升到战略层面，最终的收获也会受到局限。一些企业正在谋求转变，譬如可口可乐、麦当劳、蒙牛等多家企业，在探讨内容战略时，它们的视野并不局限在营销，而总是将话题引向企业与消费者的沟通战略。对于它们来说，内容不仅是营销手段，而是企业要与消费者达成有效连接和深度沟通的语境、形态、渠道的总和，是适应当下媒介环境变化、消费者心态转变的必然的沟通策略，更是需要长期关注与投资的战略资源。

资料来源：哈佛商业评论. 你的企业有内容战略吗[EB/OL]. (2020-08-29) [2024-04-01]. https://mp.weixin.qq.com/s/I1-NscstEyWq3Z11e_rncA.

五、商业模式因内容而发生新的变化

以往的营销方式大多是明星代言、广告大量曝光、铺设渠道。如20世纪末21世纪初，

国内众多企业参与央视的广告招标，欲借助央视黄金时段的影响力宣传品牌，由此产生孔府宴酒、秦池酒等标王；娃哈哈选择农村包围城市，铺设农村渠道，最终存活下来。但明星代言的风险越来越大，饱和式广告成本越来越高，铺设渠道也越来越难。随着互联网的发展，博主种草、公域获客、私域运营等营销方式受到企业的青睐。这些营销方式基于算法，以内容为核心，改变了以往人找货的模式，实现货找人。

淘宝、京东、天猫等传统的货架电商模式是人找货，基于人有需求而进行搜索、购买。但抖音、小红书、快手等社交媒体的发展产生兴趣电商。兴趣电商是指通过分析用户浏览兴趣内容的数据，描绘用户画像，主动为用户推荐其可能需要的商品，并将内容与商品场景结合起来，激发用户需求，实现货找人。基于这样的商业转变，企业更需要做好全媒体内容战略的布局，为企业文化注入全媒体内容的基因。

第二节　全媒体内容战略概述

本节阐述与全媒体内容战略相关的内容，先阐述战略、策略、战术、策划的相关内容，帮助读者理解战略的含义，再通过阐述内容战略相关定义，指出在全媒体语境中全媒体内容战略的定义，并厘清全媒体内容战略与文化战略、内容战略、市场营销战略的关系。

一、理解战略、策略、战术、策划

（一）战略

"战略"一词在我国原用于军事战争中，即"战争方略"。著名兵书《孙子兵法》中提到许多军事战略，如"慎战"等。该书被认为是我国最早对战争进行全局统筹的著作。随着时代发展，"战略"一词延伸至各个领域，如商业、个人规划、地方发展、组织发展等。在西方，"战略"一词来源于希腊语"strategos"，起初也是应用于军事领域，直译为"军队中的指挥官"。1962年，钱德勒在《战略与结构》中将"战略"定义为"确定一个企业的长远战略发展方向和目标的抉择，采取一系列措施，以及为了实现这些目标对资源进行分配"。美国著名战略学家安索夫在《企业战略》一书中将"战略"从军事领域延伸至经济管理活动。此后，研究"战略"的学派越来越多，更是形成著名的十大学派：设计学派、计划学派、定位学派、企业家学派、认知学派、学习学派、权力学派、文化学派、环境学派、结构学派。这十大学派中，有学派认为战略形式是孕育过程、程序化过程，也有学派认为战略形式是分析过程、愿景构筑过程，还有的学派认为战略形式是心智过程等其他过程。简单理解，战略是一种从全局考虑方向，注重长期性，谋划实现全局目标的规划。所谓"不谋万世者，不足谋一时；不谋全局者，不足谋一域"。

（二）策略

"策略"一词有计谋、谋略之义。如唐代诗人杜甫在《送灵州李判官》一诗中提到的"将军专策略，幕府盛才良"，这里的"策"便是策略、谋略。此外，"策略"也指根据形势发展而制定的行动方针和斗争方法。如艾思奇在《辩证唯物主义历史唯物主义》第十三章中提到的，"只有马克思列宁主义的理论，才能为无产阶级的斗争指出正确的方向和正确的战略策略，把斗争引向胜利"，简单理解，"策略"即战略实施的科学的、具体的方法和落地路径。

（三）战术与策划

"战术"是实现战略的具体动作、具体执行，如什么人在什么时候于什么地点要做出什么样的动作。"策划"指积极思考方法和制订计划，形成从战略到策略再到战术的完整体系计划与步骤，是一个统筹战略、策略、战术的思考过程。以营销策划为例，一个完整的营销策划组成部分包括市场分析、营销战略、营销策略、具体活动等内容。

为加深读者理解，以持久战为例。打持久战是战略。持久战分为三个阶段：第一阶段是以运动战为主，游击战、阵地战为辅的防御阶段；第二阶段是以游击战为主，运动战、阵地战为辅的相持阶段；第三阶段是以运动战为主，阵地战、游击战为辅的反攻阶段。这三个阶段便是策略层面。游击战中的麻雀战、地雷战、地道战等游击战法，则是战术层面。

二、全媒体内容战略的定义与层次

（一）全媒体内容战略的定义

内容战略不是无根之木，是内容营销在全媒体时代的进一步发展。在全媒体发展的过程中，众多学者意识到内容营销逐渐升级为内容战略，并且打造内容战略成为学术界和企业界的共识。内容营销与内容战略都以用户为中心，重视内容的价值并依托全媒体平台输出多种呈现形式的内容。但内容营销是策略层面，以内容为工具，调配资源有限。内容战略以内容为核心，是战略层面，获取到的资源相对内容营销更多。关于内容战略的概念界定，《哈佛商业评论》中文版（2020）提到的内容战略是指通过生产、传播、管理、收藏和重复利用内容，使企业达到独特定位的战略。实际上，内容战略可以简单理解为把内容拔高至企业事业层战略高度，放到企业核心位置，即与产品、服务同等级的位置，通过内容来构建企业壁垒，形成企业核心竞争力，从而帮助企业赢得竞争。在全媒体语境中，全媒体内容战略是指企业以内容为核心竞争力，以用户为中心，以全媒体平台为载体，围绕消费者行为路径，进行内容的整体规划，实现企业与消费者的深度联结、内容共创，从而推动企业增长的战略。

中华全国新闻工作者协会书记处书记张百新在致辞中表示，全媒体时代，优质内容依然是舆论场中的"硬通货"、解锁流量密码的"金钥匙"、群众喜闻乐见的"营养餐"。"内容创新是一切创新的根本和出发点。"在新华社新媒体中心主任李俊看来，无论技术如何演进、传媒如何变革，承载着先进文化主流价值的优质内容永远是主流媒体安身立命之本，而话语创新谱写主旋律是全媒体时代内容创新的起点。经济日报社副总编辑季正聚也表示，要始终把内容建设作为立报之本、发展之基。"全媒体时代，面对媒体生态之变、市场格局之变、竞争逻辑之变、突围策略之变，主流媒体发展机遇与挑战并存，内容建设永远是根本。"重庆华龙网集团股份有限公司董事长李春燕说。

资料来源：阿基米德传媒. 全媒体时代，内容一直为王，更显砥柱中流[EB/OL]. (2023-07-27) [2024-04-01]. https://mp.weixin.qq.com/s/6sYX1dP6t_yBkIqnnBT8hA.

（二）全媒体内容战略的层次

企业战略划分为公司层战略、事业层战略、职能层战略。公司层战略是指整个公司和所有业务的战略，是企业最高层次的战略，强调"做正确的事"，即应当拥有什么样的事业组合。事业层战略强调"在我们的每一项事业里应当如何进行竞争"，提供什么样的产品或服务。职能层战略强调如何支撑总体战略和事业层战略，如市场营销战略、人力资源战略等。文化战略是公司层战略，内容战略是文化战略的组成部分，并且内容是企业产品、服务之外的"第三种沟通要素"，属于事业层战略。全媒体内容战略属于内容战略的组成部分，居于职能层战略，与市场营销战略平级且存在交叉部分（见图 4-1）。优质内容是营销的趋势，营销离不开内容，内容也离不开营销，但营销只是内容的组成部分之一。除营销之外，内容的组成部分还包括品牌的核心价值观、企业文化等，涵盖范围较大。

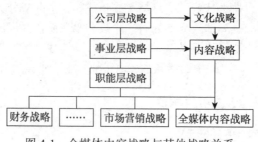

图 4-1　全媒体内容战略与其他战略关系

第三节　全媒体内容战略规划

企业如何进行全媒体内容战略规划，实现系统化的内容建设，是每个企业高层都在思考的问题。规划全媒体内容战略有三个步骤，即制定全媒体内容战略目标、评估全媒体内容战略资源、选择全媒体内容运营模式。

一、制定全媒体内容战略目标

可口可乐的内容战略以传播快乐为目标，浙江乌镇的内容战略以打造美好体验为目标。目标清晰，企业便知该走向何处，内容边界也随之明确。不同的企业有不同的目标。一般而言，全媒体内容战略的目标有四种，并形成金字塔战略目标模型（见图 4-2）。这四种战略目标分别是促进业绩增长、提高品牌价值、转变商业模式和发展第二曲线。

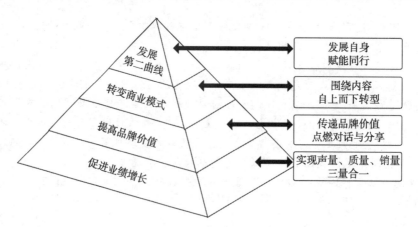

图 4-2　全媒体内容战略目标金字塔模型

（一）促进业绩增长

促进业绩增长，即通过内容帮助企业实现关键词占位，提高企业在全媒体平台上的曝光率，增加销量，从而促进利润、市场占有率、销售增长率等业绩指标的增长。传统的业绩增长无法满足低成本、高质量、大规模这三个要求，由此形成"营销不可能三角"。

在全媒体时代，科技创新使内容载体和生产发生变化，企业可以低成本地生产优质内容，并在平台推荐算法的作用下，实现高质量、大规模的传播。传统的营销方式在线下覆盖的人数较少，但在全媒体平台中，优质内容通过多种形式展现，如短视频、图文等，覆盖的人数可达十万、百万、千万，甚至过亿。如此庞大的覆盖规模，能有效帮助企业实现增量（触达人数）、质量（种草人数）及销量（产品成交）的"三量合一"。

（二）提高品牌价值

提高品牌价值，即通过内容帮助企业更好地与目标用户进行深度沟通，从而提高目标用户对品牌的知名度、认知度、联想度、忠诚度和专有品牌资产的了解。一方面，全媒体平台内容呈现形式多样，既有文章，也有音频，还有视频、图片等形式，可通过多种形式呈现故事、场景、情感相结合的优质内容，向用户深度传递品牌文化、历史、价值观等，从而塑造品牌形象；另一方面，企业应在长期主义、长尾效应的引导下，将品牌内容体系化、价值化，系统梳理并呈现在企业品牌账号中，以向用户传递价值，从而提升品牌社交资产。

著名企业马士基社交媒体的操盘手乔纳森·威奇曼曾说，内容最重要的是点燃对话与分享。全媒体平台社交互动属性较强，企业应多关心社会热点事件并参与到目标用户的讨论中去，输出符合品牌价值观的观点内容。如国货品牌蜂花经常在各大评论区与目标用户互动、留言。

（三）转变商业模式

转变商业模式，指企业围绕内容进行商业模式的布局，从而转变传统的商业模式。眼镜行业在大部分人的印象中重门店服务，属于零售业，并且大部分用户将这些门店品牌定性为零售商、渠道商的角色。但宝岛眼镜改变了这种传统的零售模式，其以内容为核心竞争力，以用户为中心，成立MCN部门，孵化集团员工账号，搭建集团全媒体账号矩阵。通过集团全媒体账号矩阵，它在公域平台，如小红书、知乎等，分享垂直的优质内容，传递宝岛眼镜声量，对平台用户种草，从而引流至企业微信，再由会员运营中心员工负责私域运营。

宝岛眼镜围绕内容，在获客模式上由传统的线下活动、门店流量转为线上通过内容获取流量；在组织结构上，设立MCN部门、会员运营中心。通过企业模式的变革，宝岛眼镜实现从传统零售商到数字化企业的转变，抓住了"互联网+"的发展红利。

（四）发展第二曲线

企业发展会经历"初创期""成长期""成熟期"和"衰败期"的生命周期，这样一个生命周期的运动轨迹被称为"第一曲线"。在第一曲线即将完结之际，企业需要开辟另外一条道路，找到第二曲线，以实现可持续发展。在流量见顶、存量竞争的市场环境下，全媒体内容战略能帮助企业找到发展的第二曲线。

意识到内容即核心竞争力，红牛早早就成立了媒体工作室。该工作室的一部分工作是将积累的素材放在自有媒体上，获得其他媒体转发，从而帮助提高品牌价值和树立品牌形象。另一部分工作是为世界各大媒体提供素材，如体育赛事等内容素材，从而获得版权收益、点播收益。此外，该工作室还在2011年与美国全国广播公司签署协议，共同开发"红牛签名系列"的电视节目，共享节目的广告和赞助收益，为红牛集团扩展了利润来源。红牛工作室启示我们，每个企业都需要布局全媒体内容战略，以内容为核心竞争力，并在自身规划好全媒体内容战略、取得战略成果的同时总结经验，转型为MCN机构，赋能同行，从而扩展利润来源。

二、评估全媒体内容战略资源

选择全媒体内容战略目标之后,需要投入相应的资源,因此企业需要系统梳理和评估资源现状,包括人力资源、物力资源、财力资源、品牌资源和媒体资源五方面的情况(见图 4-3)。

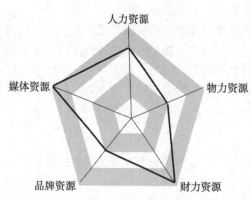

图 4-3 全媒体内容战略资源评估雷达图

(一)人力资源

人力资源包括人才储备、组织架构、人脉关系等方面。全媒体运营的进入门槛较低,但将账号运营得有成果是难度较大的事情,因此需要具备相应的人才,如文案创作方面的人才、拍摄方面的人才、创意人才、策划人才等。组织架构是指企业的岗位设置、部门设置、激励设置等适应全媒体内容战略目标执行的需要。当内容升级到战略层面,便是企业自上而下的集体行动,若没有相应的岗位设置、部门设置,会造成部门交流、协作困难。激励设置不到位,甚至没有,则容易造成人员流失、人员懈怠等现象的发生。

人脉关系指企业直接或间接触达到的,对企业进行全媒体内容战略有所帮助的人际关系。如企业与某个全媒体平台所在的企业高层关系较好,能达成平台与企业的合作关系;或者企业与某个 MCN 机构的运营总监关系较好,能在规划和执行全媒体内容战略时获得专业的指导等。

(二)物力资源

物力资源指与全媒体内容战略相关的有形资源。物力资源中关键的是企业需要评估供应链是否完整,流程是否顺畅。商品的开发、制造、配送和售后服务等都是供应链的主要活动。当企业通过全媒体平台获取到庞大的流量时,自身供应链若是承接不住,不仅会造成业绩下滑,还会严重损害品牌形象,甚者引起舆论危机。全媒体内容战略还要形成完备的书面文件,如全媒体内容战略实施纲要、内容指导手册等,用于帮助员工理解和执行全媒体内容战略。

此外,在执行全媒体内容战略的过程中,需要用到一些道具、工具,如外出拍摄需要车辆、相机,活动宣传需要海报,短视频创作需要道具,场地布置需要各种物料等。若不具备这些物料,能否购买或报销;若其他部门具备,能否进行资源调配等,都是需要考虑的问题。

(三)财力资源

评估财力资源需要分析企业的财务报表。财务报表反映企业在一定时期的资金、利润状况。例如,评估资产负债表的总资产情况、股东权益和负债,并比对前期,了解企业收入来源及去处;评估利润表的营业收入、营业成本、营业利润、净利润等,判断企业市场竞争力、盈利能力、发展潜力等;现金流量表是企业财力的体现,通过评估经营活动现金流量、投资活动现金流量、筹资活动现金流量,判断企业的经营风险、投资风险及财务稳定性等。

通过评估财务指标,人们可以洞察企业的财力状况,从而为实现企业全媒体内容战略目标所需的预算投入及分配做出科学的安排。例如,为实现转变商业模式的全媒体内容战略目标,需要在人才招聘、组织结构、全媒体运营等方面投入大量的经费;为实现提高品牌价值的全媒体内容战略目标,需要在全媒体平台上投放大量的广告,策划大量的活动等。

这些都需要企业有足够的财力支撑。

（四）品牌资源

品牌资源指表明企业或企业产品身份的无形因素所组成的资源，例如，品牌的社交资产、品牌的美誉度、品牌的历史文化、品牌的价值观等。知萌咨询机构创始人、知名趋势营销专家肖明超指出，品牌社交资产是衡量品牌在社交媒体营销中所沉淀的品牌影响力的评估指标。通过评估该指标，人们可以知晓品牌在社交媒体中品牌话语的建构能力及资源整合能力。品牌资源是企业全媒体内容的素材来源之一，同时也是全媒体内容战略的一个具体实施要点。

通过梳理品牌资源，掌握品牌发展现状，明确品牌在实现全媒体内容战略过程中发挥的作用及现有发展不足，企业在执行全媒体内容战略时，能够进一步完善品牌内容体系，沉淀品牌资产，直接提高品牌价值，间接提高目标用户对品牌的认知度、信任度，增强用户对品牌的忠诚度。

（五）媒体资源

媒体资源是指企业拥有（免费拥有、付费拥有，或直接拥有、间接拥有）的各种形式的媒体，如图文、视频、音频、直播间、博主资源等。媒体资源可以分为自有媒体、付费媒体和赢得媒体三类。在全媒体语境中，自有媒体指企业官方账号、创始人的个人IP账号、员工账号、各类型账号组成的矩阵账号，以及和企业关系较好且无须付费获得的其他账号等。付费媒体指企业需要通过付费才能让其他媒体账号进行宣传的媒体，如各小中大博主、其他的新闻账号等。赢得媒体指自发性地进行转发，为企业进行宣传的用户或其他官方所拥有的账号。

三类媒体各有优缺点，企业应提前布局和储备三类媒体资源，以便在进行危机运营或活动运营时发挥作用，为全媒体内容战略实施保驾护航。

成功的内容战略为企业带来的收益要分两方面来看：短期上，内容战略可以通过情感共鸣和场景驱动等手段，影响消费行为来促成转化和销售；长期上，内容战略可以通过提高消费者满意度以及对品牌的好感度，让消费者成为对品牌具有高度黏性的"超级顾客"，甚至成为品牌的义务"宣传大使"，沉淀为宝贵用户资产。作为敏锐洞察消费者和内容创新的前哨，营销和传播部门在设计和打磨内容战略中扮演着重要角色。此外，内容战略也涉及管理的其他方面，需要通过售后、人力、运营和研发等各部门协同配合，将内容中传递的故事、人设、理念、承诺，落地为产品、服务、体验，从而提升长期收益。乌镇景区是一个耳熟能详的案例，这得益于乌镇的内容战略：从资源产品和精神形态上制造差异性，带给游客美好的体验。在乌镇，其景区活动、房间设计、游客服务等一方面是资源产品，另一方面也是构建品牌精神内核的内容资产，而它们都围绕美好体验这一目标展开。这也让乌镇的产品服务、内容传播都有了明确的主线，促成品牌、产品与内容生产、传播间的良性循环。

资料来源：腾讯广告. 内容战略：让企业找到真北[EB/OL]. (2020-08-25) [2024-04-01]. https://mp.weixin.qq.com/s/ag6ntGw4vB7UydLBGhIBKA.

三、选择全媒体内容运营模式

企业可根据全媒体内容战略目标及全媒体内容战略资源评估情况，选择适合企业自身的全媒体内容运营模式。全媒体内容运营模式主要有全自主模式、半自主模式、代运营模式、联运营模式和产学研模式五种。

（一）全自主模式：独立自主

全自主模式指由企业作为核心主体，主导全媒体内容战略的实施。全自主模式要求企业具备足够的人力资源、物力资源、财力资源、品牌资源和媒体资源，能够统筹全局，做好资源分配。该模式更适合实现提高品牌价值、转变商业模式、发展第二曲线的全媒体内容战略目标。全自主模式的优点在于企业更熟悉自身情况，更能把握好全媒体内容战略的方向，其他部门也能随时配合；缺点在于成本较高，探索时间较长，对全媒体运营人才要求更高。宝岛眼镜完全由企业主导，上下同心，是典型的全自主模式。

（二）半自主模式：主次分明

半自主模式是指企业主导核心部分，外部人员负责边缘业务、简单业务。与全自主模式相比，半自主模式对企业的资源要求较低一些，但企业也需要具备相应的核心资源，如核心的全媒体运营人才、核心的媒体资源等。该模式适合以促进业绩增长和提高品牌价值为全媒体内容战略目标的企业。半自主模式通常由外部人员以兼职的形式进行工作，有的企业也会将边缘业务交给外部企业负责。外部人员兼职工作，灵活性较强，成本较低，但流动频繁，易造成工作效率低下。外包给其他企业，虽然专业性强，但不利于企业进行人才储备，容易"青黄不接"，不利于全媒体内容战略的长期实施。半自主模式适合大部分企业，但要协调好短期与长期的矛盾，既要做好人才储备工作，为进一步发展打下基础，也要兼顾当下降本增效的需要。

（三）代运营模式：用人不疑

代运营模式是指企业不作为核心主体，只把握战略目标方向，完全由外部企业主导。这一模式适合全媒体内容战略目标为促进业绩增长的企业，以及大部分没有互联网基因的传统企业。该模式要求企业具备抗风险能力，避免因代运营效果不显著而使企业遭受重创，也要求企业具备强大的战略定力，既能把握好当前战略方向，又能应对局势变化，及时调整战略方向。该模式的优点在于代运营方有成熟的团队，专业性较强，工作流程化，成本较低；缺点在于代运营具有一定的风险，容易偏离战略方向，不利于企业的长期发展。

（四）联运营模式：合作共赢

联运营模式是指企业与外部企业联合主导全媒体内容战略的实施，二者取长补短、互取所需、合作共赢。该模式适合以促进业绩增长、提高品牌价值为全媒体内容战略目标的企业。如企业自身不具备专业的全媒体运营人才，但具备媒体资源，可与具备专业全媒体运营人才但无媒体资源的外部企业合作。双方洽谈好合作的模式，便可大刀阔斧地执行全媒体内容战略。该模式的优点在于合作双方能够团结一致、取长补短，在资源上相互配合，工作效率高；缺点在于不利于企业储备人才、积累经验、长期布局。

（五）产学研模式：主体多元

产学研模式是指企业、高校、研究机构相结合，发挥各自在全媒体运营方面的优势，实现企业、高校、研究机构价值最大化。全媒体内容运营的产学研模式尤其适合高校、年轻化企业或想为品牌注入年轻化基因的企业，以及全媒体运营方面的研究机构。全媒体内容需要创意思维和实践，只停留在理论层面容易纸上谈兵。产学研模式对参与方的要求较高，除了常规的全媒体内容战略资源外，还需要具备强烈的社会责任感和使命感。产学研模式适合以促进业绩增长、提高品牌价值、转变商业模式及发展第二曲线为全媒体内容战略目标的企业。该模式的优点在于能够降本增效，为企业储备人才，提供全媒体运营理论指导，加强企业与年轻群体的接触，有利于品牌年轻化；缺点在于产学研式探索不够成熟，容易半途而废。

思考题

1. 为什么在当下需要提出全媒体内容战略？
2. 企业在进行全媒体内容战略规划时会存在什么问题？
3. 全媒体内容战略对企业有什么重要作用？
4. 战略、策略、战术、策划的区别与联系是什么？
5. 企业应当如何制定全媒体内容战略？

本章实训

1. 请选择一家已经制定全媒体内容战略的企业，详细分析其当前全媒体内容战略的实施情况，并在此基础上给予其优化建议。
2. 请选择一家自己熟悉的企业，通过本章所学的全媒体内容战略制定步骤，为其设计一份全媒体内容战略方案。

典型案例

宝岛眼镜的内容战略

第五章 全媒体矩阵战略

【学习目标】
- 了解全媒体矩阵的定义及类型
- 熟练掌握全媒体矩阵组建的原则及步骤
- 熟练掌握全媒体矩阵管理的内容

从 2023 年的一系列动作来看，小杨哥似乎在通过签约外部主播加速打造"家族矩阵"。据卡思数据不完全统计，小杨哥至少在抖音孵化了 8 个月 GMV 过千万的矩阵直播间，分别是"三只羊网络""三只羊网络对酒当歌""三只羊网络美丽生活""三只羊网络水果生鲜""红绿灯的黄""嘴哥""七老板"和"乔妹"等。当我们将视角转向头部直播间就会发现，不只是小杨哥，其他直播间也在寻找第二增长曲线。在具体做法上，根据公司基因，具体路径和发展方向有所不同，但大致思路相似。第一，跳出原有单一平台，多平台发展，形成矩阵。第二，超级直播间不满足于只扮演个人 IP 类的主播角色，而是综合型商业集团，即"资本化"和"平台化"。如东方甄选在直播间大火后，迅速发展自营电商 App，凭借运营手段，汇聚和留住流量。其中，在搭建自有阵地后，通过微信群、小程序沉淀私域流量，将粉丝数据、产品数据收入囊中，是"平台化"的核心路径。

资料来源：卡思数据. 8 个矩阵直播间月销千万，小杨哥打造疯狂家族[EB/OL]. (2023-05-30)[2024-04-01]. https://mp.weixin.qq.com/s/X4R-RfDI8SsKSeZowIFLpw.

每一个初创企业在布局全媒体时都会受限于资源、资金等不足，往往聚焦于单个平台、单个账号。随着资源、资金、人员的充分准备，企业便会走向矩阵，力求收益最大化。小杨哥的例子很好地说明了这一点。不仅是小杨哥，许多头部直播间也在寻找第二增长曲线。他们不再满足于单一平台的运营，而是选择多平台发展，形成矩阵。对于初创企业来说，要学习这些成功案例，理解全媒体矩阵的价值。全媒体矩阵不仅可以帮助企业扩大触达范围，提高品牌影响力，还可以增加收益来源。因此，随着资源和资金的积累，企业应该逐渐从单一平台转向全媒体矩阵的布局。通过本章的学习，你将了解全媒体矩阵的定义、类型、价值，对全媒体矩阵形成初步的认识。随着学习深入，你将掌握组建全媒体矩阵的原则和步骤，并且掌握全媒体矩阵管理的内容。

第一节 全媒体矩阵战略概述

在实践中，我们会发现许多企业常将矩阵视作简单的组合，盲目组建账号及平台矩阵。这不仅耗费成本，也得不偿失。本节主要阐述全媒体矩阵的定义、类型、价值。通过本节学习，你将深入理解全媒体矩阵的本质及内涵。

一、全媒体矩阵的定义

"阵"之一字,自诞生起便与军事有着密切联系。"阵",从阜(fù),从车,意思是土山前摆满了战车。字本作"陈","阵"为后起字。其本义为两军交战时队伍的战斗队形。既然为军事上的战斗队形,便离不开兵法的运用。

《孙子兵法》记载:"凡战者,以正合,以奇胜。"意思是两军作战,"正兵"当敌,"奇兵"取胜。又言:"声不过五,五声之变,不可胜听也;色不过五,五色之变,不可胜观也;味不过五,五味之变,不可胜尝也。"意思是声虽然只有宫、商、角、徵、羽五种,色虽然只有青、黄、红、白、黑五种,味虽然只有酸、甜、苦、辣、咸五种,但它们之间的变化导致的结果是无穷无尽的,所谓"奇正之变,不可胜穷也。奇正相生,如循环之无端"。因此,战场上,人们需要综合兵力、兵种、地形、气候等各方面因素进行排兵布阵。全媒体矩阵的本质与军事排兵布阵的本质是一致的,二者都要综观全局,通过组合点、线形成列、行、面,达到变化万千、协同作战、获胜面更大的效果。

"矩阵"一词最开始提出于19世纪,属于一种数据工具,后在经济管理、经济分析以及自然科学等领域广泛应用。在数字化时代,人们思考问题的方式和对信息的需求均发生翻天覆地的变化。例如,在信息传播的过程中,受众对于信息的需求已不再单纯局限于线性传播,而是立体化的传播网络,在此情况下,有必要对以往的传播模式进行优化创新,"矩阵传播"应运而生。互联网行业不断向纵深发展。在全媒体语境下,用户获取信息的媒体平台多元化,既可以通过微信公众号,也可以通过抖音、哔哩哔哩等视频平台,还可以通过小红书、知乎等社区。用户在哪里,营销体系建设就在哪里。随着用户成群,散落在各个平台上,企业需要进行全媒体矩阵的营销体系建设,形成矩阵传播系统。

综上所述,本书将全媒体矩阵定义为运营主体通过在同一平台或多个平台开设或联动多个账号的方式,达到账号间流量整合、流量转化、流量循环的目的,从而实现收益最大化的运营战略。以樊登读书为例,其以品牌账号为主,搭建爱情、家庭、职场、校园等各类次账号,实现各次账号与主品牌账号的流量整合、流量转化、流量循环,形成樊登读书的账号矩阵系统,为樊登个人IP进行强有力的加持(见图5-1)。

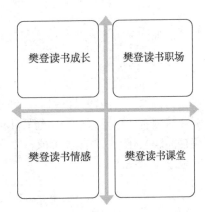

图5-1　樊登读书部分账号格局

二、全媒体矩阵的类型

根据平台数量及账号关系,全媒体矩阵共分为两大类型,有六种小类。

(一)按平台数量

1. 多平台矩阵

多平台矩阵,顾名思义,是指企业在两个及两个以上的社交媒体平台上建立账号,输出内容。不同平台聚集的用户不同,选择与目标用户使用习惯相符的两个及两个以上平台组建账号矩阵,实现目标用户的高覆盖。该类型矩阵根据企业实际情况,既可以在选择的平台上建立单个账号,也可以建立多个账号。不足的是,多平台矩阵需要投入较多的人力、物力、财力,加上不同平台运营难度不一样,企业需要具有丰富的运营经验、具备优秀的运营人才和投入较多的成本。

2. 单平台矩阵

单平台矩阵是指在单个平台建立一个或多个账号。采取单平台矩阵模式，专注于单个平台的目标用户，有助于实现企业与目标用户的深度联结，同时试错成本、人力成本、物力成本、财力成本相对于多平台矩阵较低。聚焦意味着专注，采取这种模式，企业需深度挖掘单个平台的特点和内容创作环境，积累和提高自身对该平台及账号运营的熟悉度。如果企业在单个平台建立多个账号，需要考虑账号之间如何协同。涉及的具体问题，有企业号、个人号、店铺号、达人号如何进行流量的衔接、转化，不同业务的账号如何进行运营，一个营业执照能认证多少个企业号等诸如此类的细节问题。

（二）按账号关系

按账号之间的关系，可以分为集群式、并列式、向心式和放射式四类。

1. 集群式

集群式由多种类型的账号共同组成（见图5-2），如企业蓝V号、员工个人号、创始人IP账号、店铺号等，可互通，也可独立运营。该类型矩阵组成元素多样，适合针对某一类人群，能够为其提供多种产品、服务。例如，酒仙网品牌的企业号阵容有酒仙网卖场旗舰店直播间、酒仙网卖场旗舰店甄选号、酒仙网卖场旗舰店授权号、酒仙网官方店。个人号阵容有酒仙网拉飞哥、酒仙一姐格格、酒仙集团董事长。酒仙网品牌企业号与个人号互不打扰，却又力出一孔，融合在一起。

图5-2 集群式矩阵

2. 并列式

并列式矩阵没有主次之分，只是运营目的不同，形成几个或多个账号。有的账号以业绩增长为目的，有的账号以提高品牌价值为目的。该类型矩阵多元协同，多面作用，适用于需要兼顾企业形象建设与销售转化的企业。以当当网为例，一个账号是当当网，主要用于传播品牌文化，提高品牌价值；另一个账号是当当图书专营网，主要用于促进销售转化，提升业绩（见图5-3）。

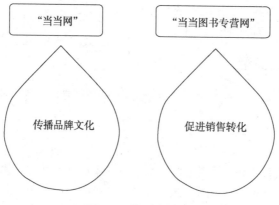

图5-3 并列式矩阵

3. 向心式

向心式矩阵是指每个账号都指向品牌主账号，品牌主账号为中心，如同月亮，其余品牌为辅助，如同众星，形成众星拱月（见图5-4）。该类型矩阵特征鲜明，账号之间内容体系完整且不尽相同，既有共同的目的，也有基于自身需求的其他目的。其优势在于对不同的产品或目标人群有针对性地输出内容，同时导流至品牌主账号，增强品牌影响力。该类型矩阵适用于品牌力较弱、需要提升品牌影响力的企业，或者业绩增长与提高品牌影响力同时并重的企业。以美的电器为例，其不同产品均建立账号，包括美的空调、美的破壁机、美的冰箱等，同时也建立了品牌主账号——美的，形成矩阵。

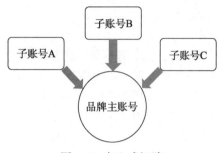

图5-4　向心式矩阵

4. 放射式

放射式矩阵呈现"母强子弱"的形态，即母账号为多个子账号导流，每个子账号都在品牌背书账号下开展运营，与向心式矩阵完全相反（见图5-5）。该类型矩阵的优势在于可通过品牌影响力为子账号流量赋能。该类型矩阵适用于认知度较高或影响力较大的品牌，并且品牌拥有多条产品线。以华为为例，其抖音母账号"华为"粉丝超过2000万人，子账号包括华为5G、华为云、华为数字能源等。在品牌主账号"华为"的强大流量加持下，子账号流量也能得到提高。

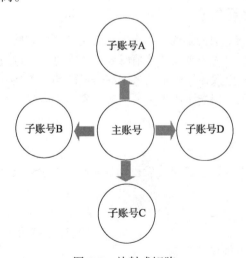

图5-5　放射式矩阵

三、全媒体矩阵的价值

全媒体矩阵具有实现内容多元化、降低运营风险、提高商业价值、满足用户多元需求、强化用户印象、降低用户搜索成本的作用。

（一）实现内容多元化

无论是多平台矩阵还是单平台矩阵，抑或放射式矩阵、向心式矩阵，每个平台都有自身的运营方法,每个账号都有自身的定位,不能因为组建了矩阵,便所有内容都一模一样。组建矩阵的目的是实现收益最大化,这需要企业根据每个平台、每个账号的特点精细化运营。如果将小红书的内容直接搬运到抖音,将抖音的内容直接搬运至微信视频号,那么每个账号就失去了其独特性,矩阵便失去了排兵布阵、协同放大的效应。对企业而言,实事求是、量力而行地组建矩阵,然后根据每个账号的定位生产不同的、优质的内容,实现内容的丰富、多元、精彩,形成企业独特的内容体系,那么无论是流量还是转化,都会取得"1+1＞2"的效果。

(二)降低运营风险

2023年7月至8月,众多未认证的教育培训机构官方号、个人号、素人号等纷纷收到小红书官方违规限流的通知。在内容泛滥、良莠不齐的情况下,各平台支持原创、鼓励原创,如此一来,账号不仅面临内容不过审的风险,还容易被封号。从0到1培养起来的一个账号,耗费了企业的人力、物力、财力。企业如何避免违规、被封号的风险呢?一是需要做好内容管理;二是组建账号矩阵,分散风险。所谓"狡兔三窟",在量力而行的情况下,组建矩阵,既降低试错成本,也降低运营风险。

(三)提高商业价值

组建矩阵是全媒体运营的高阶玩法,通过运用不同类型的账号矩阵实现多点开花。借助矩阵运营模式,不同平台的产品及调性可以形成互补。例如,针对某些行业,一些平台适合做内容宣传,一些平台适合增加流量,另外一些平台适合做转化内容。以事件营销为例,企业可以通过微博、抖音进行造势,通过小红书进行引流,通过微信公众号进行转化,通过今日头条强化内容宣传。各平台、账号充分发挥自身优势,协同起来就是一个较好提升商业价值和商业转化率的组合。

(四)满足用户多元需求

全媒体平台不缺内容,缺的是优质内容。随着用户接触到的内容越来越多,他们对优质内容的需求逐渐增强,对内容带来的价值感要求越来越高。这进一步要求提高内容的质量,丰富内容的多样性。全媒体矩阵中的各个账号虽然相互关联,但在内容和定位上是有一定的差异性和创新性,据此生产出来的内容丰富了平台的内容生态,满足了不同用户对内容的多元需求。

(五)强化用户印象

由于账号之间的相关性以及流量分发机制的影响,组建全媒体矩阵,可以增加主次账号与用户的接触频率,从而起到强化和提升用户对账号、品牌、IP形象熟悉度的作用,即心理学中的"曝光效应"。用户频繁接触并从中获得价值感强烈的内容,久而久之,账号所代表的品牌便会在无形之中植入用户的心智。当用户产生与品牌相关的需求时,他们自然而然地在心智的影响下选择该品牌。

(六)降低用户搜索成本

一般情况下,每一个账号矩阵所产出的内容是丰富的,因此,它能在一定程度上补充平台某个方面信息的内容,从而使平台内容生态更完善,平台提供给用户的信息也更有用、更丰富。随着用户搜索习惯的变化,用户越来越倾向社交、娱乐、学习一体化的平台。如抖音,不仅可以进行社交,获得娱乐,也能进行检索,检索到的内容既包括视频,也包括图文,远比其他搜索获得的信息更有价值。

抖音矩阵有利于强化品牌定位。从用户角度来看，合适的品牌定位有利于增强品牌辨识度和提升品牌价值。掌阅作为一家主打阅读和文化的互联网企业，在抖音旗下的蓝 V 认证账号简介大多是"分享好书""阅读陪伴孩子成长"等与读书有关的内容；其相互联合并形成抖音矩阵，是为了推广阅读、分享好书，这与掌阅本身的企业文化和品牌定位是契合的。截至 2020 年 5 月，掌阅读书的粉丝量已经达到 377.3 万。当用户登录抖音想要浏览与阅读相关的内容时，这一颇具规模的掌阅抖音矩阵就是最佳平台。抖音矩阵有利于品牌的专业化发展。掌阅抖音矩阵涉及阅读、职场、亲子、成长等内容，每个账号都以主播真人出镜的形式呈现；每个账号都会推荐有影响力的图书或作者金句，以生活化的场景搭配有深度的内容，构成一条完整的短视频。首先，这样的短视频给人最直观的感觉是专业；其次，视频中的场景极具生活气息，拉近了与用户的距离；最后，品牌的专业化形象有助于增强用户对品牌价值的认同，对品牌建设具有积极意义。

资料来源：菁菁堂新传论文导读. 中文精读|短视频营销对品牌建设的影响——以掌阅抖音矩阵为例[EB/OL]. (2020-10-08)[2024-04-01]. https://mp.weixin.qq.com/s/7nwULNVaZLtHpq1DPj1mJw.

四、全媒体矩阵的痛点

本节主要阐述全媒体矩阵面临的四个痛点：适配性、持续性、规范性、协同性。

（一）适配性

适配性是指企业在资源有限的前提下，如何使矩阵与资源适配的痛点。组建矩阵需要大量的人才加持，如运营人才、设计剪辑人才、内容策划人才、内容生产人才、店铺运营人才等。组建矩阵还需要企业投入大量的物力，如拍摄的工具、场地。在财力方面的支出也必不可少，如员工的工资、认证账号的费用、内容生产工具的会员费、素材购置的费用等。矩阵产生效果要经过一段时间，在这段时间内还会产生其他不可见的成本，如团队磨合的成本、试错的时间成本等。因此，矩阵组建是一项耗费较多资源的项目，企业应根据实际情况，在现有人力、物力、财力的基础上评估还可以投入哪些成本，计算好投入产出比，据此选择合适的矩阵，形成资源与矩阵的高适配性。

（二）持续性

持续性是指企业在矩阵运作过程中面临如何保证优质内容持续输出的痛点。矩阵是一个将内容放大的杠杆工具，内容优质并且持续性输出，杠杆效应便越强。如若"三天打鱼，两天晒网"，内容没有持续性，不能保证优质内容的持续输出，矩阵便形同虚设。一个账号的优质内容覆盖的人群是有限的，多个账号形成矩阵，覆盖的人群则是更多的。保证优质内容的持续性，需要企业备好素材库，形成规范的内容生产 SOP 流程，及时复盘优化迭代内容。

（三）规范性

规范性是指企业在矩阵管理过程中面临如何使团队形成规范化工作的痛点。矩阵运作涉及大量的人员，对人员进行绩效考核、目标管理、工作安排是一个复杂的流程。如果没有形成规范性操作流程，员工的工作就会乱作一团，不知该如何工作，也不知该如何将工作做好。同时，工作安排不合理，考核不合理，也会引起员工的抵触情绪。如员工本身是设计岗位，却不仅做设计岗工作，也被安排做运营岗、剪辑岗的工作，然而工资没有相对应的提高，便会引起员工不满，甚至离职。岗位经常换人，并不利于工作的顺利开展，因为新员工对岗位也会有一个适应期。因此，做好关于"人"的管理，规范团队运作，极其重要。

（四）协同性

协同性是指企业在矩阵运作过程中，面临账号之间如何实现协同效应的痛点。在实践中，我们常常发现企业虽然组建了多平台矩阵，但账号之间并不相关，包括团队、内容彼此之间都没有起到协同作用。常见的现象如各自有选题、呈现方式，负责人只是起到审核内容合规的作用。实际上，账号与账号之间既可以有弱协同，如名称相关、简介相关，也可以有强协同，如内容共创。以弱协同为例，可在简介、文案、评论区互相为账号导流。以强协同为例，在内容选题上，各账号负责人可以一起头脑风暴、共同择定，然后根据各自平台调性、运营目标等维度创作具体内容，也可以通过抖音内容共创形式，互相在彼此的内容中出现。

第二节　全媒体矩阵战略布局

全媒体矩阵产生的价值之大，使得众多企业进行矩阵化运营，然而落地操作时却苦于不知从何处着手。本节阐述全媒体矩阵的组建原则、组建模型，将全媒体矩阵的组建步骤化。通过本节学习，你将掌握如何组建全媒体矩阵。

一、全媒体矩阵的组建原则

组建全媒体矩阵一般遵循以下三个原则：协同效应原则、流量最大原则、IP向心原则。

（一）协同效应原则

协同效应原则追求账号的互补性。协同效应最早提出于1971年，其原本是一种物理化学现象，指两种或两种以上的组分相加或调配在一起，所产生的作用大于各种组分单独应用时作用的总和，简单理解即常见的"1+1＞2""2+2＝5"的效应。延伸至全媒体矩阵，是指平台及账号之间互为补充，共同推动营销目标的实现。以集群式矩阵为例，企业若要在全媒体平台上进行营销传播活动，可借助集群式矩阵，通过不同主体多层次的分发与互动，不同触点传播品牌独特的人格，定制不同的传播策略，形成协同效应，最终实现集中式爆发、快速破圈、人群资产沉淀，完成营销目标。

（二）流量最大原则

流量最大原则追求流量的覆盖性。都是同一个企业或者同一个品牌的账号，为什么有的账号引流效果强，有的账号引流效果弱，我们从粉丝数量上也能直观看出账号之间的差异性。单个账号吸引的人群是有限的，多个账号形成矩阵吸引的人群则是单个账号的倍数之多。以华为放射式矩阵为例，品牌账号"华为"吸引到的人群是广泛的，可能有企业领导者、科技爱好者、大学生群体、财经爱好者等。"华为5G"账号吸引到的人群则更垂直，可能是直接对5G应用、5G发展感兴趣的人群。"华为数字新能源"账号吸引到的人群是对数字新能源感兴趣的人群。可见，账号之间由于自身的独特性，吸引的人群是不一致的。彼此形成矩阵，流量的覆盖面就会更广，流量也会达到最大。

（三）IP向心原则

IP向心原则追求最高目标的一致性。每个账号都有明确的目标，这个目标是在内容战略目标的指导下具体细分到每个账号要完成的任务。虽然各自任务不同，但归根结底，是要为最高的内容战略目标赋能。以向心式矩阵为例，"美的空调""美的破壁机""美的冰箱"等产品账号的主要目标是助推产品销售，但同时也要为品牌主账号——"美的"导流，赋能"美的"品牌，提升其品牌影响力。

二、全媒体矩阵的组建步骤

企业可采取制定运营目标、描绘用户画像、评估企业现状、研究对标矩阵、确定矩阵类型、规划执行方案六个步骤组建全媒体矩阵（见图5-6）。

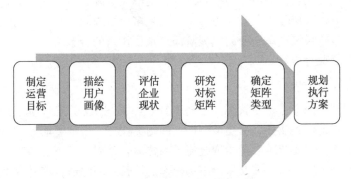

图5-6 全媒体矩阵组建步骤

（一）制定运营目标

运营目标的制定要在全媒体内容战略目标的指导下进行。一般而言，运营目标包括品牌宣传、获取客户线索、产品销售、弥补线下营销缺陷、广告曝光等。例如，品牌宣传，即通过矩阵提高品牌在用户面前出现的频率，直接或间接地将品牌植入用户心智，从而提高品牌知名度、美誉度、忠诚度；获取客户线索，即通过矩阵的杠杆作用，撬动优质内容的流量，从而获取意向客户的信息；产品销售，即通过矩阵实现产品线上线下的销售。运营目标之间并非界限分明，彼此之间可进行互换、共进或互补的组合。如品牌宣传可助力获取客户线索，获取客户线索可促进产品销售，销售转化则有利于提高品牌知名度。在矩阵阶段性发展中，不同阶段可以有不同的目标。例如，在第一个阶段可以品牌宣传为主，其他目标为辅；在第二个阶段可以获取客户线索为主，其他目标为辅；在第三个阶段可以销售转化为主，其他目标为辅。

（二）描绘用户画像

企业需要详细分析用户的需求、喜好、分布情况等，进而明确阐述用户的特征，从而辅助企业选择合适的矩阵。不同的平台聚集的用户是不一样的。例如，小红书和B站的用户群体偏年轻化，抖音则以青年为主，快手更偏中青年，微信视频号以中老年用户群体为主。因此，在选择矩阵平台时，小红书、B站和抖音可以作为一组，快手和微信视频号可以作为一组。从性别分布来看，小红书女性属性最强，其他平台分布较为均衡。从使用习惯来看，大部分用户通过微信公众号接收重要信息，通过抖音记录生活片段，通过小红书搜索与生活、工作、旅游等相关的攻略，通过微博实时获取热点。因此，目标人群为女性用户的企业可以围绕小红书平台进行矩阵化运营。不同平台的用户群体，活跃时间段也有所不同。以抖音为例，周末9点至17点的时间段、工作日19点至23点的时间段，该平台的用户较为活跃，并且活跃的高峰时间在12点和20点。通过分析用户特征，描绘用户画像，企业可以明确用户所在的平台、活跃的时间段、在该平台的使用习惯、内容偏好和消费心理，也可以通过用户行为数据判断用户的需求点，有助于企业矩阵化运营规划。

（三）评估企业现状

评估企业现状可从企业的发展阶段、战略业务单位、产品组合三个方面进行，从而形成适合企业发展阶段、业务需求的全媒体矩阵类型。

1. 企业的发展阶段

企业的发展有四个阶段，分别是初创期、成长期、成熟期和衰落期。每个阶段所建设的全媒体矩阵是不同的，如初创期资金、人才不足，适合单平台矩阵、并列式矩阵；成长期积累了一些资金、人才，则适合多平台矩阵、集群式矩阵；在成熟期资金、人才都充足的情况下，适合放射式矩阵、向心式矩阵，甚至是多个矩阵同时布局。因此，企业在组建全媒体矩阵前，需要系统梳理企业的发展阶段，预估投入的资金、人才、时间，以及现有全媒体账号运营情况等内容。

2. 战略业务单位

企业也应根据战略业务单位评估，合理选择在当下及未来适合企业发展的矩阵类型，如现有业务哪些是金牛类业务、明星类业务、问题类业务、瘦狗类业务。金牛类业务适合的战略是维持战略，需要产生大量的现金流，因此适合并列式矩阵、向心式矩阵。明星类业务适合的战略是发展战略，需要保持市场份额的增长，因此适合多平台矩阵、集群式矩阵。问题类业务需要投入大量资源，以跟上迅速增长的市场需要，因此适合组建多个矩阵。瘦狗类业务利润率低，处于保本或亏损状态，负债比率高，适合单平台矩阵或不做矩阵布局。

3. 产品组合

产品组合由多条产品线组成，每条产品线包含若干产品项目，每个产品项目又包含不同品种、规格、式样、档次的产品，企业可根据产品组合状态选择不同类型的矩阵。产品组合的4种状态，分别是产品组合的宽度、产品组合的长度、产品组合的深度、产品组合的黏度。以产品组合的宽度为例，企业拥有产品线的数目较多，可选择多平台矩阵、集群式矩阵；以产品组合的深度为例，企业产品组合中某一产品线内某种产品的规格、款式、花色数目较多，可选择向心式矩阵、放射式矩阵。

（四）研究对标矩阵

研究对标矩阵时，企业需要注意，并不是在同一行业或是同一类型企业就是合适的对标矩阵，也不是做得好的矩阵便是对标矩阵。一些系统、规范、成熟的矩阵，并不适合初创企业进行对标。因此，与自身实力相近或超越不多却形成矩阵化运营的同行业或不同行业的矩阵才是合适的对标矩阵。研究对标矩阵时，主要从选择类型、运营目标、布局情况、账号定位、内容方向、运营习惯、呈现方式等维度入手。通过研究，企业可以做到知己知彼，而后组建差异化矩阵。组建差异化的矩阵可从矩阵类型、矩阵内容、矩阵运营、矩阵管理四个方面进行。矩阵类型是指区别于现有的同赛道矩阵类型，企业可通过组合、拆分形成自身独特的矩阵类型；矩阵内容是指区别于其他矩阵的内容选题、内容呈现，在矩阵内容方面做到"人无我有，人有我优"；矩阵运营是指通过外部聘用优秀的运营人员或内部培训运营人员，提高运营能力以获取差别优势；矩阵管理是指通过人工智能工具、管理系统等方式，发挥管理的优势。

（五）确定矩阵类型

确定矩阵类型要以运营目标为核心，参考对标矩阵，综合考虑用户画像及企业现状。如运营目标是促进产品销售，目标用户为女性群体，企业处于初创期，对标矩阵布局小红书并采用并列式矩阵，此时可选择在小红书平台组建单平台、多账号矩阵。再如，运营目标为品牌宣传，目标用户为年轻人，企业处于成熟期，有较多产品组合，对标矩阵采用多平台、多账号矩阵，此时企业可以选择集群式矩阵或向心式矩阵。

　　面对如此众多的媒体渠道，品牌主营销的关键在于确定哪个渠道与其品牌及营销目标最为相关。最佳的渠道组合应随着市场、受众与投放预算的变化而相应变化。Global Web Index（GWI）这样的工具也可以用来帮助选择社交媒体投放策略的正确组合。重要的一点是要知道不同的社交媒体渠道在人们的日常生活中扮演着不同的角色。所以，投放策略要与每个平台的角色相一致。例如，Facebook 是与朋友联络的平台，而 Twitter 是新闻发布与表达意见的 App。著名品牌 GE 在不同的社交媒体创意投放上眼光极为独到，营销效果一直比较理想。GE全球数字营销总监 Sydney Williams 对此解释道：我们关注的重点是确保 GE 品牌在社交媒体以及其他新兴平台上以真正有趣、娱乐及与用户紧密相连的方式来展示自己。通用电气经常在 Snapchat 上使用涂鸦、表情、滤镜和有趣的文字来娱乐粉丝，创造出该平台独有的内容，他们甚至在一座活火山边放置了无线传感器网络，来预测火山何时爆发，并在 Facebook 和 Snapchat 上播放了这一视频。通过调整内容方法来灵活适应每个社交平台的特点及受众行为，通用电气可以更有效地触达、触动和吸引消费者。

　　资料来源：m 三六零，m360 内容中心. 社交媒体的营销组合策略：如何通过强强联合实现效果翻倍[EB/OL]. (2022-09-01) [2024-04-01]. https://mp.weixin.qq.com/s/VO027nkPPqoFMFxAGy3EPw.

（六）规划执行方案

　　执行方案的规划通常包括账号基建、账号定位、内容生产、划分矩阵发展阶段、付费投流计划、监测改进等内容。执行方案应是具体的、可执行的内容。例如，账号基建包括矩阵内每个账号的昵称、头像、简介、背景图等设置，并且账号间具备相关性。常见的昵称相关性是在每个账号昵称前加上主品牌的名称，如"华为云""华为数字能源""华为 5G"等。常见的简介相关性是在简介中附上其他账号的 ID，如主账号附上子账号的 ID，子账号附上主账号的 ID。再如，在划分矩阵阶段时，需要清晰地制订发展计划，包括矩阵第一个阶段需要实现的目标、实现路径、预期效果、备用方案等，第二个阶段如何进行维护和扩展，第三个阶段如何实现矩阵运营体系化、成熟化等。

第三节　全媒体矩阵管理

　　完成全媒体矩阵组建之后，企业应如何进行信息管理、团队管理、内容管理、考核管理、危机管理，才能使矩阵井然有序地运作起来呢？本节主要阐述全媒体矩阵管理的相关内容。

一、全媒体矩阵信息管理

　　矩阵运作过程中涉及的信息较多，如何管理信息，便于及时查找，是每个矩阵负责人都在思考的问题。常见的矩阵信息管理手段是运用表格将矩阵内账号的信息汇总在一起。账号涉及的信息包括登录的手机号、密码、运营负责人、账号昵称、账号简介、账号数据、账号类型、内容方向、呈现方式、存在问题等内容（见表 5-1）。随着矩阵越来越多，表格也随之越来越多，变繁为简成为一个难题。在此情况下，企业可根据需要选择一些矩阵管理工具进行辅助管理，如融媒宝、火山引擎智能创意工具。

表 5-1 矩阵账号信息管理

		×××账号信息			
基本信息	名称	简介	头图	背景图	账号潜力
	负责人				
	账号类型				
	账号/密码				
	抖音号				
	粉丝数				
	IP 地址				
内容	内容合集	数据截图			存在问题
	作品呈现方式				
	作品数				
	获赞数				
	更新频次				
直播	直播时间	数据截图			存在问题
	直播场次				
	主播情况				
	货品				
	场景布置				
店铺	店铺评分				存在问题
	商品情况				
	销售数据				

二、全媒体矩阵团队管理

矩阵能靠一个万能的小编独立完成所有账号的运营吗？这显然是不现实的。前文也提到全媒体矩阵面临规范性的痛点，即如何使团队进行规范化工作。在人员安排上，全媒体矩阵团队可以根据实际情况按照业务逻辑对矩阵进行分组管理，即将图文运营、视频运营、活动运营、用户运营等划分为一个个组，统一管理。也可根据平台属性，按照平台分类，如微信公众号、微信视频号、抖音、小红书、哔哩哔哩等划分为一个个组，进行矩阵的垂直管理。在矩阵的工作安排上，明确每周的时间安排，如周一例会时间、周中进度会议时间、周五复盘会议时间、内容讨论会议时间等。在矩阵的目标管理上，制定团队大目标、个人小目标、月度目标等，并将目标评判维度详细告知员工，与员工一起推进工作，完成目标。

三、全媒体矩阵内容管理

矩阵内容的多元化，带来的是如何进行内容管理的问题。内容管理包括内容的策划、创意、编辑、发布、优化等工作。企业可根据实际情况合理分配人力资源，设置一人多岗、专人专岗或定期轮岗，高效管理矩阵内容。在工作流程上，企业也要形成完整、规范的 SOP 流程。在工作执行中，企业要善用智能工具辅助内容的生产和审核，提高工作效率，避免风险内容，如使用 ChatGPT、购买其他企业开发的全媒体矩阵管理系统、平台自带的内容检测工具。以全媒体矩阵管理工具蚁小二为例，该工具可将运营角色与运营权限匹配起来。如运营专员拥有编辑与改动素材库等权限，管理员拥有发布与账号登录等权限。该工具还针对矩阵账号运营情况，定期根据数据反馈调整内容策略，建立内容互动机制，及时回复评论，活跃用户。

四、全媒体矩阵考核管理

全媒体运营工作的考核一般以数据为主，企业需要针对矩阵运营目标制定关键考核指标，如互动率、转化率、销售收入等，并且监测和推动指标完成。此外，到月末或季度考核时，运营人员常面临矩阵账号繁多、统计数据困难、较难展现美观的数据等问题。即便在日常运营工作中，员工也常需汇总运营数据，向上级反馈。因此，制作一份美观、充实、指导意义强的数据进行汇报，应该是每个运营人员必备的技能。矩阵通平台便能有效帮助运营人员解决这个问题。矩阵通平台是新榜旗下一款全平台新媒体数字资产管理中台，其功能包括数据监测、智能分析、跨领域治理、运营考核、素材解析和资产沉淀。运营者通过矩阵通平台自定义数据展示维度、自动收集数据、自动生成可视化图表、智能分析运营数据、自定义创建KPI考核任务，实现考核管理提质降本增效的目标。

为适应全媒体时代人员、岗位、业务融为一体的需要，大众日报在管理、采编、运营、辅助等岗位实行全员一体化考核，工作绩效为报纸业绩+网端微号等新媒体业绩，先后出台了《大众日报融合发展一体化考核大纲》《新媒体业绩考核办法》等规定，统一标准体系，改变报纸和新媒体各干各的、各自考核的格局。大众日报编辑部会同大众报业集团技术部门，基于集团"一云一库一平台"融媒体基础设施，运用大数据、AI、区块链等技术，自主开发了全媒体一体化考核系统。通过"数据+评委"的综合考核模式，按照"稳定报纸考核，健全新媒体考核，用好增量"的基本思路，大众日报编辑部建立了报网端微号全媒体矩阵一体化多元考核体系。对于新媒体产品考核，按照"主要让数据说话"的要求，考核以自有平台、央媒平台和商业平台的阅读量、点赞数、转发量、评论数、收藏量等数据为指标，赋予不同权重系数，通过科学严谨的公式，自动计算生成绩效。

资料来源：传媒. 一体化考核按下媒体深度融合快进键[EB/OL]. (2021-09-14) [2024-04-01]. https://mp.weixin.qq.com/ s/0feaw4SqBaJBBrpH4HjoDQ.

五、全媒体矩阵危机管理

中央网信办于2023年7月11日发布了《关于加强"自媒体"管理的通知》，其中提到"严格执行'一人一号、一企两号'注册规定"。该规定对矩阵运作起到规范作用，更有利于企业合法合规地组建矩阵，避免矩阵运作过程中出现不可挽回的损失。在矩阵运作过程中，企业一般会遇到轻则违规被限流、重则被封号的问题，也会遇到评论区失控、被恶意举报等问题。因此，在矩阵管理过程中，企业要保持风险意识，熟悉平台规则，不轻易违规，做好评论区管理，遇到恶意举报应向平台反馈，并在日常运营中，坚持内容的正向性、素材来源的合法性、运营的规范性。

思考题

1. 矩阵战略在全媒体运营中起到什么作用？
2. 全媒体矩阵有哪些类型？分别适合什么类型的企业？
3. 组建全媒体矩阵需要遵循哪些原则？

4. 全媒体矩阵组建步骤包括哪些?
5. 如何进行全媒体矩阵管理?

本章实训

1. 请选择一家自己感兴趣的企业,通过深入分析,确定该企业适合采用哪种矩阵类型。在这个过程中,你需要充分考虑企业的发展阶段、行业趋势以及未来战略规划,以确保所选矩阵类型能够与企业的发展需求相匹配。

2. 请选择一家自己关注的企业,在深入了解其矩阵建设现状的基础上,结合行业最佳实践和企业自身特点,为其矩阵建设提出优化方案。

典型案例

五菱的四位一体矩阵

第六章

全媒体账号战略

【学习目标】
- 理解全媒体账号战略的本质
- 掌握制定全媒体账号战略的步骤
- 熟练运用定位技巧辅助定位

人是内容的生产者,没有人的内容电商就不能称为内容电商。而在"人"的方面,东方甄选是玩得最明白的玩家之一。提到东方甄选的"人",可能大部分人会想到董宇辉。作为一名现象级主播,董宇辉为东方甄选带来了庞大的流量,至今仍是与辉同行不可或缺的主力。不过,董宇辉的影响力是有限的,单靠董宇辉,对东方甄选来说也不是长久之计。对于一个主打内容的品牌来说,流量的来源应该更多元化。对此,东方甄选拿出的解决方案是"请嘉宾"。从2022年8月开始,东方甄选每周都会邀请一位具有影响力的"重量级"嘉宾做客直播间,不带货,只是做访谈和交流。比如,文学领域,有诺贝尔文学奖得主莫言、知名作家和编剧刘震云,以及作品被频频改编成电视剧的马伯庸等。艺术领域,有央视知名主持人倪萍、表演艺术家陈佩斯、知名演员古天乐等。学术领域,有上过"百家讲坛"的知名学者易中天、阎崇年等。商业领域,有搜狐创始人张朝阳、京东集团副总裁蔡磊等。此外,还有眼科医生陶勇等知名专业人士。这些重量级嘉宾不仅为东方甄选直播间带来了流量,更为其建立了"用户心智",从而形成了一种核心竞争力。可见,东方甄选定位于通过日常的"知识带货"和定期的嘉宾访谈,建立"有文化、有知识的直播间",从而与其他直播间错位竞争。

资料来源:电商头条. 抖音带货榜第一,东方甄选做对了什么[EB/OL]. (2023-05-12) [2024-04-01]. https://mp.weixin.qq.com/s/atZPp0waN1kk3Iow2TfnQw.

东方甄选的案例深刻地启示我们账号战略的重要性。在这个信息爆炸的时代,一个明确的账号战略不仅能让企业在全媒体运营中脱颖而出,还能为消费者提供独特而有价值的产品或服务。东方甄选正是通过精准的账号定位,成功地打造了一个"有文化、有知识的直播间",从而在内容电商领域树立了独特的品牌形象。这种定位不仅吸引了大量具有共同兴趣和价值观的消费者,还为品牌带来了持续的流量和增长动力。东方甄选的差异化策略,即通过日常的"知识带货"和定期的嘉宾访谈,不仅丰富了直播内容,还提高了用户的参与度和黏性。本章阐述的全媒体账号战略,是指在用户心智中做到差异化,即对账号进行精准定位,理解定位的本质,了解账号的差异化。此外,本章提出了全媒体账号定位的三大步骤和五个技巧,帮助读者进行全媒体账号定位。

第一节 理解全媒体账号战略

"内容为王"成为全媒体运营者广泛认可并重视的一个词。部分运营者受益于内容,也局限于内容。因此，在进行运营复盘时，常常"一叶障目，不见泰山"，执着于内容、数据、标签、封面、标题、平台机制等方面，实则根源在于全媒体账号战略出现偏差，即定位存在偏差，"内容为王"也就无从谈起，运营工作也就无处着手。全媒体账号战略的核心是对全媒体账号进行定位，因此，本节从账号定位的价值、含义和本质三个方面出发，帮助读者理解全媒体账号战略。

一、账号定位的价值

账号定位决定账号内容，账号内容为账号定位服务。本节从运营者在运营过程中遇到的问题切入，探究这些问题的根源，阐述账号定位的价值。

（一）全媒体账号运营中的问题

"好风凭借力，送我上青云"。第一批全媒体运营者凭借平台的流量红利，粗糙式运营也能吸引大批粉丝。在第一批运营者中有部分运营者做定位、精垂直，其涨粉和变现能力远超其他运营者。当前全媒体平台劣质内容较多，优质内容较少，流量处于存量，传播过度，用户心智也较为成熟，此时运营者常会遇到以下问题，如图6-1所示。

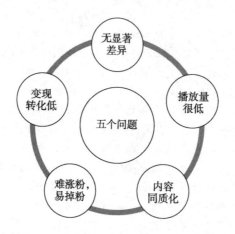

图 6-1　全媒体运营过程中遇到的问题

（1）无显著差异。随着获客越来越难，广告投入效果也不明显，越来越多的企业在全媒体平台建立宣传阵地，造成平台上同类型的账号越来越多，提供的信息价值大同小异。若是独具特色的账号，还可以在众多同类型账号中脱颖而出。但在实践中发现，许多企业的账号定位千篇一律。如此一来，不仅用户选择难，企业变现也难。

（2）播放量很低。播放量低是全媒体运营者通常会遇到的一个问题。一般而言，运营者在运营过程中，随着视频发布得越多，播放量也随之水涨船高。然而，更为常见的则是，发了许多视频，播放量却越来越低。

（3）内容同质化。频繁更新视频，却没有吸引力，这是运营者在复盘时常讨论的一个问题。视频是内容的呈现，与其说是视频的同质化，不如说是内容的同质化。内容为定位服务，内容展现定位，内容是用户与账号沟通的桥梁。内容同质化，意味着定位同质化。定位同质化，意味着该账号不过是芸芸账号中的"普罗大众"之一。

（4）难涨粉，易掉粉。涨粉是运营者运营能力的一个体现。初期较为容易涨粉，当涨粉到达一个瓶颈时，除涨粉困难外，掉粉也时常发生。面对这种问题，大部分运营者还是执着于内容等方面，忽视定位是否存在偏差。

（5）变现转化低。运营的结果是变现。在运营实践中，我们发现大部分运营者投入的时间和精力越来越多，但效果越来越差，变现转化低。这不仅让运营者垂头丧气，也让企业的成本越来越高。

以上总结的五个问题较为典型，是众多运营者在运营平台时经常遇到的，读者可进行对照并思考解决问题的措施。

（二）问题背后的原因分析

皮相与骨相，正如表象与本质，我们所见的常是皮相，也常常误以为皮相是骨相，表象是本质。针对运营存在的问题，运营者常见的是表象，执着的是表象，忽略的是本质。本节从表象和本质两个角度进行阐述。

（1）表象误运营。运营者在运营内容时，常常会陷入"自嗨"的状态，从自身角度出发来判断内容的质量。发布之后，内容数据不好，便执着于从内容的方方面面着手进行复盘。这是人们复盘时需要考虑的一个方面，但是从自身角度考虑难免"一叶障目，不见泰山"。即便从用户、平台等角度出发，思考用户的喜好、呈现方式、标签算法等，依然难免所见是表象。根据表象得出来的结论进行账号的优化迭代，是重复错误，也是欠缺运营能力的体现。

（2）本质寻根源。问题的根源在于账号定位出现了偏差。运营内容的目的有两个：一个是深化定位，另一个是获取客户。但二者并非泾渭分明，深化定位的目的也是获取客户。但运营内容如果仅从获取客户的目的出发，那就失去了定位的价值。没有定位，内容是无头苍蝇，封面、标题、标签是黔驴技穷，获取客户更无从着手，容易陷入为发内容而发内容的境地。无论是从自身角度、用户角度还是平台等其他角度出发，根本的还是做好账号的精准定位，始终牢记内容服务于定位。

一个账号就像一个刚出生的婴儿，运营者需要在平台规则内运用内容、封面、标题、标签等一切事物，塑造出平台用户喜欢的"人"。能够让平台用户持续关注、上瘾的，一定是"人"本身。这个"人"需要运营者来定位，定位之后，他才明白塑造的方向。

（三）明确账号定位的价值

定位之于账号，是运营的第一步，是一切内容的开始。本节从找到差异、聚焦专注、赢得竞争三个角度阐述定位的价值（见图6-2）。

图6-2 账号定位的价值

（1）找到差异。众多账号之中，通过定位，找到差异，企业才能快速突围。差异化突围体现在让平台检测到账号的不同，让用户有一个关注的理由。许多企业在布局全媒体平台，各行各业都有一批头部账号，企业不进行定位，实现不了差异化，无异于在消耗成本。明确定位的差异化，企业可对"自己"、对标账号和目标人群进行分析。

（2）聚焦专注。差异化明确了一个群体，形成了内容的边界，让运营者知道做什么和不做什么。做什么是专注这一赛道，不做什么是舍弃这一赛道。一个账号针对一类人群，抓住一类人群就好。抓住每一类人群，最终什么都抓不住。从当前的情况来看，无论是抖音、快手、微信视频号、小红书，还是其他平台的运营者，都尽可能地瞄准垂直人群，专注一个领域并且持续地产出垂直内容，从而获得高流量、高黏度和高变现。当同行业的运营者都在专注垂直领域的用户和内容的时候，有部分运营者会出现找不到差异的问题，这个问题出现的根源还是在于定位存在偏差。

（3）赢得竞争。定位是一个人设，是一个让粉丝对账号有清晰认知的标签，它能让粉丝意识到账号持续提供价值，区别于其他账号。吸引力法则解释，精准地定位，塑造特定的人设，能吸引到特定的人一起做特定的事情。它影响着账号的吸粉速度、变现方式、引流效果，也影响着后续内容的持续输出和账号矩阵布局情况。竞争无处不在，企业精准定位，可使自身账号遥遥领先于其他账号。

特劳特说，"德鲁克自1954年开始，终其一生都在说：企业存在的唯一目的是创造顾客。我则花了40多年时间，来告诉全球的企业人士如何创造顾客：关键在于通过精准定位获得顾客心智的认同"。同理，通过对账号的精准定位，企业可获得目标用户心智的认同。

二、账号定位的含义

"定位"一词在运营中如此重要，能为账号赢得竞争，指引账号内容方向。那究竟什么是定位？如何理解账号定位？

"定位"一词最早源于军事，本义是"驱动军队抵达决战地点"，也可以理解为根据战场环境和敌人状况来确定自己的位置。特劳特将"定位"一词应用于商业，他被称为"定位之父"。在著作《定位》一书中，他写道："要在预期客户的头脑里给产品定位，确保产品在预期客户头脑里占据一个真正有价值的地位。"新版《定位》一书中的定义为："如何让你在潜在的客户的心智中与众不同。"特劳特认为"所谓定位，就是令你的企业和产品与众不同，形成核心竞争力；对受众而言，即鲜明地建立品牌"。同为"定位之父"的阿尔·里斯认为，"定位就是在顾客头脑中寻找一块空地，扎扎实实地占据下来，作为'根据地'，不被别人抢占"。

定位的概念其实特别简单，是指针对外部竞争，在消费者心智中创建优势位置。定位不是围绕产品进行，而是瞄准顾客心智，目的是要在消费者心智中变得与众不同。定位理论的诞生有其特定的时代背景。从20世纪60年代末开始，美国国内的商业竞争愈发激烈，企业的同质化越来越严重。与此同时，美国企业越来越面临着来自日本等其他国家企业的挑战，这更进一步加剧了竞争的激烈程度。在这样的背景下，传统的侧重于提升内部组织效率的管理理论和管理工具已经无法单独帮助企业取得成功。如何应对竞争成为当时一个非常热门的管理命题。杰克·特劳特在1969年发表的文章《定位——同质化时代的竞争之道》中首次系统提出"定位（positioning）"的概念。1981年，他作为第二作者，与艾·里斯合著了《定位》一书，也就是我们今天常见的"定位红宝书"。从书中的行文逻辑来看，两位作者最初想解决的就是在社会化大生产时代，企业如何通过营销从同质化的竞争中脱颖而出的问题。

资料来源：虎嗅 App 公众号，重读《定位》：腾讯是如何从"公敌"变为"大哥"[EB/OL]. (2017-07-28) [2024-04-01]. https:// mp.weixin.qq.com/s/BvayW3teqa0yKapNTX7fHw.

对企业而言，让自身品牌在顾客的心智中占据有利位置，成为某个类别或某种特性的代表，从而当客户产生相关需求时，首先想到这个品牌，这便是定位。

账号就犹如产品，犹如品牌，对账号而言，定位是什么呢？综合学界、业界对定位的理解，本书将账号定位界定为：账号在用户心智中做到差异化，占据用户不可再生的"心智资源"，成为某个符号的过程。

三、账号定位的本质

（一）账号定位的核心

账号定位的核心是如何在潜在用户的心智中做到与众不同，占有潜在用户的心智资源。信息爆炸，选择繁多，而用户心智资源有限，唯有差异化才能使潜在用户耳目一新。账号定位可以是一件商品、一项服务、一家公司、一个账号等有形事物的定位，但它针对的对象却并不是产品，而是潜在用户的思想。思想即心智，企业要让差异化植入潜在用户的心智当中，使用户知晓并熟悉、认可并信任差异化，使账号的差异化成为潜在用户根深蒂固的记忆点。

（二）账号定位三要素

通过账号定位寻找账号差异化的过程中，人们通常需要考虑三个因素："自己"、对标账号和目标人群。定位三要素与全媒体运营环境分析三要素有所不同。定位三要素解决的问题是如何进行平台的运营。全媒体运营环境分析三要素解决的问题是应不应该进行全媒体运营，并选择运营的平台。定位三要素中的"自己"是具象的，包括企业的具体优势、劣势、特点等，将企业看作具体的"人"，剖析其外在和内在条件。对标账号既包括行业内的，也包括行业外的。需注意的是，选择对标账号要根据自身实际情况，并非同行或同赛道内的账号都是对标账号。如同选择榜样，能达到同样高度的榜样才是可激发动力的对象。

（三）账号定位的细分

便于理解，人们可将账号定位细分为人设定位、商业定位、内容定位、用户定位（见表 6-1）。人设定位，即账号打造的人设。从用户角度来看，人设定位回答"是谁""做什么""价值是什么"和"凭什么相信"四个问题。商业定位，也可称作"变现定位"，是指账号的商业逻辑、变现途径，一般包括电商带货、直播打赏、广告变现和线下引流四种方式。梳理商业定位可从 4W 模型切入，即商品（what）：商品是什么；用户（who）：用户是谁；卖点（why）：用户为什么买；变现路径（how）：如何变现。内容定位即账号的内容方向，一般有才艺展示、知识分享、技能教学、美景分享、产品展示、萌宠视频等大方向。用户定位，即账号的目标人群，可通过目标人群画像进行定位。

表 6-1　账号定位的细分

类　　型	内　　　　　容
人设定位	"是谁""做什么""价值是什么""凭什么相信"
商业定位（变现定位）	电商带货、直播打赏、广告变现、线下引流；4W 模型：商品（what）、用户（who）、卖点（why）、变现路径（how）
内容定位	才艺展示、知识分享、技能教学、美景分享、产品展示、萌宠视频等
用户定位	目标人群画像

综上所述，"磨刀不误砍柴工"，精准定位差异化，事半功倍效果好。回顾本节内容，它从账号定位的价值、含义和本质三个方面入手，详细阐述了账号定位的相关内容，帮助读者系统化理解账号定位。你理解了吗？

第二节　账号定位的步骤

本节将从寻找差异、选择差异、沟通差异三个方面详细阐述账号定位的步骤（见图 6-3）。

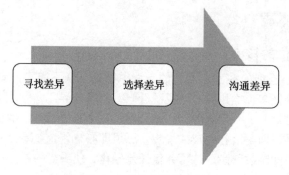

图 6-3　账号定位三步骤

一、寻找差异

寻找差异时，企业可从"自己"、对标账号和目标人群三个方面切入，通过三个方面的分析，寻找到人设定位、内容定位、商业定位和用户定位的差异性。

（一）"自己"

便于读者理解，本节将账号粗浅地分为企业类账号和个人类账号（见表6-2）。企业类账号通常以企业品牌宣传、业务推广、销售获客为主，个人类账号多是对个人擅长的一方面进行内容输出，以获取粉丝、接广告、直播带货为主。在寻找差异时，企业类账号可从企业具体的业务、优势、历史、办公场景、荣誉、员工素质、员工福利等方面入手。个人类账号可从自身的外在条件，如身高、外貌、气质、穿衣风格等和内在条件，如技能、学历、知识、谈吐等方面入手。越是具体，越能寻找到"自己"与他人的不同之处。

表 6-2　"自己"的分析

账号类型	分析角度
企业类账号	企业具体的业务、优势、历史、办公场景、荣誉、员工素质、员工福利等
个人类账号	身高、外貌、气质、穿衣风格、技能、学历、知识、谈吐等

（二）对标账号

运营者需观察和分析对标账号的内容定位、用户定位和商业定位等内容（见表6-3）。内容定位可从赛道选择、主页设计和作品特征三个方向切入。例如，赛道选择主要分为一级赛道、二级赛道。如美食是一级赛道，美食测评、美食教程、美食探店等属于二级赛道。主页设计上，观察和分析名称、头像、背景图、粉丝数、获赞数、注册时间、封面设计、账号定位等内容。作品特征上，拆解对标账号的作品，观察和分析其前五秒、前两秒、风格、标题、画面、发布时长、评论等内容。用户定位，即分析该账号的粉丝画像，观察和分析该账号目标人群的年龄、职业、兴趣点、需求点、活跃度等内容。商业定位即变现方式，观察和分析其是否广告植入、直播带货、产品类型等内容。

表 6-3　对标账号的分析

分析方向	分析角度
赛道选择	一级赛道、二级赛道
主页设计	名称、头像、背景图、粉丝数、获赞数、注册时间、封面设计、账号定位等
作品特征	前五秒、前两秒、风格、标题、画面、发布时长、评论等
粉丝画像	年龄、职业、兴趣点、需求点、活跃度等
变现方式	广告植入、直播带货、产品类型等

（三）目标人群

每个运营者都应该在心里有一个目标人群的画像，并且这个画像是实时更新的。当越来越多的运营者都在做内容垂直时，人群垂直便是另一个差异化。这就需要运营者透彻了解目标人群。了解目标人群可从年龄、学历、地域、职业等方面先进行宽泛了解，描摹出大致的画像，再从衣、食、住、行、游、购、娱、学等方面，全链路寻找与企业主营业务相关的内容进行细致分析，往画像上填充标签，绘画出一个具体的目标人群画像。对于目标人群的分析，运营者可借助抖音热点宝等工具观测对标账号的人群画像，从而辅助建立自身账号的目标人群画像。

二、选择差异

运营者在寻找差异时通常会遇到找不到差异、差异太少、差异太多等情况。找不到差异和差异太少是对上述三个方面分析不够透彻导致的。差异太多了，该如何选择呢？选择差异的标准有五个：匹配性、擅长性、价值性、差异性和适合性（见图6-4）。

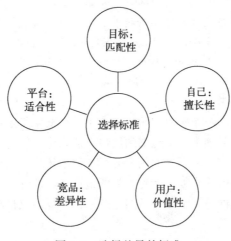

图 6-4　选择差异的标准

（一）目标：匹配性

账号是企业与用户沟通的媒介，根本还是服务于企业目标。选择差异时，用户思维、平台思维、流量思维都很重要，但最重要的还是服从企业目标的需要。企业目标决定账号运营者的后续运营行为。因此，选择差异化时，定位差异化要与企业目标相匹配。

（二）自己：擅长性

顾名思义，要做自己擅长的事情。企业的主营业务是什么，优势是什么，选择差异化时，就要选择企业最擅长的业务。账号作为企业与用户沟通的媒介，做自己不擅长的业务，无异于自毁招牌，落得坏口碑。此外，选择差异化时，若是有企业创始人IP类账号，也要考虑企业创始人的特色。流量存量，信息爆炸，用户需要的是有价值的、专业的信息，因此做你所擅长的事便是对用户负责。

（三）用户：价值性

运营者要避免陷入"自嗨"，需要有用户思维，即站在用户的角度思考，进行定位和创作。用户需求的、喜欢的，便是运营者所要呈现的。用户觉得对其而言没有价值的信息，若运营者还去呈现，便是做无用功。账号定位告诉用户能提供什么价值，因此，选择差异化时要让用户眼前一亮，认为这个账号对他而言有价值、有魅力。

（四）竞品：差异性

同一个行业，没有互联网之前，也许目标人群只知道行业领先企业。然而，随着互联网的普及，一些新媒体平台进入人们的视野。同一行业内，无论大中小企业，目标人群都可以在平台上找到它们。同行业的账号竞争尤为激烈，千篇一律的定位只会在沙滩上摔倒。与竞品相比，内容反而是其次，竞品的差异化才是首要的。区别于竞品，运营便成功了一半。

从短视频平台走红，再借由微博这个最具跨圈传播力的公共舆论广场，丁真迅速成为全国粉丝心中的"野甜少年"，真正实现全网爆红。在互联网快速发展的今天，其实每个人都有机会。诚然，在强调多元化的互联网上，一张有特征、有辨识度、可被记忆的脸远比流水线操作下的模型脸更有吸引力。丁真为什么能火？就因为他野性、纯真的美，打破了人们对当下网红审美的固有印象，凭借独特的人格魅力，形成个人IP差异化认知。与此同时，丁真的爆红，更是基于他以一种平常的基调，满足了现代都市人对于诗与远方、纯真与自然、野性的向往。正是这种深层价值共鸣，使他吸粉无数。

资料来源：营销头版公众号，徐立. 丁真走红背后：超级个体时代，个人IP如何打造[EB/OL]. (2020-12-12) [2024-04-01]. https://mp.weixin.qq.com/s/LbnGN9UQCz_WYnL7zLBAMQ.

（五）平台：适合性

不同的平台差异很大，一个账号定位吃遍天下，大概率行不通。例如，小红书与视频号的用户和算法机制差异就很大。小红书的用户人群画像年轻化，标签算法推荐，一轮一轮往更高级流量池进行推广。视频号的用户人群画像中年化，以社交推荐、标签算法推荐为主。每个平台必然有其特殊之处，特殊之处便造成平台调性有所不同，选择差异化时，企业也应该考虑平台适合性。一个账号必然是在平台环境内成长的，适合平台环境的账号便能生存，不适合则被淘汰。

三、沟通差异

找到差异并选择了差异，人们便需要将这种差异呈现给目标用户。本节从账号基建、人物设定、内容创作三个角度阐述账号运营者如何与用户沟通差异（见表6-4）。

表6-4　沟通差异

角　　度	具体表现
账号基建	头像、背景图、昵称、简介、封面、商家页设计等
人物设定	语言、外貌、动作、场景等
内容创作	文案、背景、拍摄、音乐、剪辑、贴纸、封面、标题、标签等

（一）账号基建

一个账号便是运营者的一个孩子，账号基建便是这个孩子所穿的衣服，穿什么衣服体现什么定位。人们所见的第一印象往往也是这个孩子的外在表现。账号基建需要运营者根据所选择的差异化进行装饰。例如，头像、背景图、昵称、简介、封面、商家页设计等因素要体现差异化，将差异化明明白白地告诉给目标人群。牛头不对马嘴，风马牛不相及，会造成定位混乱、人设模糊、内容方向漫无目的、平台推荐踌躇不定、目标人群不知所以然。

（二）人物设定

正如前文所言，能够让平台用户持续关注、上瘾的，一定是"人"本身，用户持续关注账号并积极互动，始于内容，陷于价值，忠于人设。运营者可通过虚拟人或真人出镜的方式，借助语言、外貌、动作、场景等方法来展现符合账号定位的性格、品德，让目标人群感受到真诚，更加愿意信任账号，从而持续关注并期待账号发布内容。

（三）内容创作

内容是账号与目标人群有效沟通的桥梁。与其说内容在吸引用户，不如说内容是账号在对目标人群诉说自身的差异化，让用户感受到差异化，从而愿意关注账号。因此，内容创作是运营者精准定位之后做的重要工作。人们不是为发内容而发内容，而是每一个内容都在传递价值和差异化。一个视频大概包括文案、背景、拍摄、音乐、剪辑、贴纸、封面、标题、标签等内容。这些内容都不是无中生有、随心所欲创作的，而是体现定位的差异化、目标人群的需求。同样的内容，在同一个平台内，音乐不同，也许会造成数据的天差地别，平台不同，也许又会是天差地别；运营者认真做好体现定位、符合目标人群的内容，就是在进行一次诚恳至极的沟通。

综上所述，本节账号定位围绕"差异"二字，从"自己"、对标账号和目标人群三个方面阐述账号定位的第一步——寻找差异，从匹配性、擅长性、价值性、差异性和适合性五个角度阐述账号定位的第二步——选择差异，从账号基建、人物设定和内容创作三个角度阐述账号定位的第三步——沟通差异。三个步骤承上启下，形成明确账号定位的完整思路。

第三节　账号定位的技巧

进行账号定位时，有一些技巧能够帮助运营者寻找和选择差异。本节详细阐述打破常规、场景使用、垂直深耕、跨界创新和借势 IP 五种技巧（见图 6-5）。

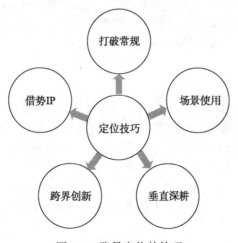

图 6-5　账号定位的技巧

一、打破常规

顾名思义，突破目标人群固有的认知，营造反差感强烈的人设定位。目前短视频平台常见的打破常规多是年龄、性别、观念、物种等角度的反差。例如，年龄打破常规。在一般人的印象中，上了年纪的人向往简单的生活，不会再像年轻人一样注重穿搭，但抖音上的"北海爷爷"便成功突破了年龄带来的刻板印象，成为一名穿搭博主。再比如，物种反差。短视频没有兴起之前，人们大概是在表情包中读懂一些生物的"语言"，如猫、狗等。在短视频中，既有通过猫、狗的视角来讲述人的故事，也有沉浸式当猫之类的视频。运营者通过将动物的语言、神态、动作等配上人性化的解读，就制作出了有趣的视频。宠物类博主多是采用这个定位技巧。打破常规的方法不局限于年龄、观念等方面，例如，少年为赋新诗强说愁、少年老成、剧情反差、场景反差等都是打破常规、定位人设的技巧。

二、场景使用

每个熟悉运营的人都会注意作品发布的时间，但是换个角度想，将账号定位在某个时间段应该看，也许这个技巧更有价值。例如，讲起新闻联播，人们想起的是播出的时间；一想到王老吉，出现的是怕上火喝王老吉。目标人群的时间过于碎片化，不能每时每刻都去浏览账号内容，不如选择一个特定的时间，将发布时间进一步深化为某个场景下应该看这个账号的视频。场景多种多样，有通勤、休息的场景，也有情绪稳定、不稳定的场景，因此运营者需要熟悉目标人群，细分场景，找到场景，由场景定位出一个小而美的人设，从而深化场景。这相比没有场景化的账号更聚焦。

三、垂直深耕

垂直深耕有两方面的内容：一个是内容垂直，另一个是人群垂直。大部分的运营者聚焦于内容垂直，内容垂直成为运营圈内外都广泛熟悉的名词，以至于内容垂直越来越激烈。如果竞品也是在做内容垂直，寻找差异、选择差异时，账号还是简单地定位为内容垂直，这不是差异化而是同质化了。如此一来，要么能将内容垂直到竞品模仿不了、同质不了，要么另辟蹊径——人群垂直。人群垂直是指目标人群不单单想看某一品类的内容，他们还有其他需求。例如，如果账号的目标人群是企业高管，而账号是做企业咨询的，你想吸引到企业高管，不仅仅可以从主营业务入手，也可以从企业高管面临的其他问题入手，如平衡家庭和工作、创业故事等内容，都能吸引到账号的精准人群。账号做企业咨询的内容是内容垂直，做其他与目标人群相关的内容则是人群垂直。

四、跨界创新

垂直类账号在目前短视频平台上较为常见，因为垂直类账号易运营、易变现、高黏性。但是换个角度想，各行各业各个账号都在垂直赛道比拼，呈现一片红海光景。跨界创新便是另一条光明大道。跨界创新是指运营者可以结合主营业务，突破业务边界壁垒，进行复合式内容输出。例如，雪糕与文旅结合就有了故宫的网红雪糕，网红垫底辣孩与景点结合就有了城市变装系列。看似风马牛不相及的两个世界，找到结合点，便能"1+1>2"。跨界创新也不是想跨便能跨，选择其他产品时依然要遵循匹配性、擅长性、价值性、差异性和适合性的标准。

跨界创新，也叫作"跨栏"创新，就是将貌似风马牛不相及的两个东西有机结合起来，形成一个令人意想不到的新产品。跨界创新就是要突破原有边界束缚，包括领域界限、技术界限、社会界限、地理界限等，像田径运动中的"跨栏"一样，通过不同领域的碰撞、交叉和融合，产生创新成果。需要注意的是，跨界一定不是盲目地把几个不相干的东西拼凑在一起，那叫"乱炖"。创新专家弗朗斯·约翰松说过："当不同领域产生交叉时，当优势和观念之间产生碰撞、融汇，往往能有 1+1＞2 的效果。"正如意大利的文艺复兴，就是当时的科学家、雕塑家、诗人、哲学家、画家、建筑学家共处一地，思想碰撞、畅所欲言之后将各自的领域进行交错互融之后，产生新的想法，从而成就了文艺复兴的盛景和史上最具创新力的时代之一。

资料来源：专利创新魔方公众号. 跨界创新法，跨界不等于"乱炖"[EB/OL]. (2021-07-28)[2024-04-01]. https://mp.weixin.qq.com/s/BkT9l_Lk4555UMfiqnG2Rw.

五、借势 IP

中华上下五千多年的文化积淀，塑造出一大批典型 IP。熟知的诸葛亮、岳飞、司马迁、鲁迅等历史名人，月老、孙悟空、哪吒、杨戬等各路神仙人物，以及一些影视剧人物、明星等，都是借势 IP 的素材。借势 IP 借的是特质，将 IP 身上的特质作为账号人设的特质，从而吸引认可此特质的同类人群。例如，抖音月老十七，一句"随缘组 CP"，将月老的特质与账号视频主人公相融合，解决目标人群的情感烦恼。

思考题

1. 人们在账号运营过程中会遇到哪些问题？
2. 账号定位的本质是什么？请举一个生活中的例子进行阐述。
3. 选择账号差异要遵循哪些标准？
4. 跨界创新如何辅助账号定位？
5. 进行账号定位有哪些技巧？

本章实训

1. 请选择一个具有代表性的企业，针对该企业计划运营的某个平台（如微博、抖音、微信公众号、小红书等），制订详细的账号定位方案。
2. 请以小组合作的形式，模拟运营一个全媒体账号，从账号创建、内容发布到用户互动，全程记录并总结经验。

典型案例

官栈花式运营小红书

第三篇

策略篇

第七章

全媒体基建运营

【学习目标】

- 认识全媒体基建运营的重要性
- 掌握全媒体账号命名的技巧
- 熟悉头像与背景图的类型及选择标准
- 熟练应用六圆模型辅助简介撰写
- 掌握内容封面的制作技巧及步骤

李先生用网名"L 老师"在某网络平台发布内容,成了粉丝百万的"网红"。有一天李先生发现,王先生用和他一样的网名,在另一平台发布内容,并且通过评论区发现很多网友以为这就是李先生本人的账号,而王先生也一直没向网友们说明真实情况。李先生表示,王先生有盗用自己网名圈粉并牟取利益的嫌疑。因此,李先生提出了问题,他的网名是否受法律保护?他是否可以维权?需要注意的是,《中华人民共和国民法典》(以下简称《民法典》)对此有规定。《民法典》第1017条规定:"具有一定社会知名度,被他人使用足以造成公众混淆的笔名、艺名、网名、译名、字号、姓名和名称的简称等,参照适用姓名权和名称权保护的有关规定。"这就是说,《民法典》在将笔名、艺名、网名、译名、字号、姓名和名称的简称等纳入姓名权和名称权的保护范围时,也为其设定了一个前提条件——需要具有一定社会知名度,被他人使用足以造成公众混淆。也就是说,"知名网名"也是受法律保护的,以干涉、盗用、假冒等方式侵害"知名网名"的行为,法律也是不允许的,想着借用"知名网名"蹭热度的行为也不能任性了。

资料来源:桂医保.民法典相伴 | 起名可以任性吗?网名会受保护吗?[EB/OL]. (2021-11-05) [2024-04-01]. https://mp.weixin.qq.com/s/SqJAjq_oVmDxX2_b4PYWPA.

在基建运营中,账号名称是至关重要的一环。它不仅关乎传播效果,更关乎用户识别的便利性。一个好的名称,应当简洁明了,既能体现账号的核心特色,又能引起用户的共鸣。同时,我们必须注意避免侵犯他人的权益,如使用明星名称作为账号名可能涉及姓名权和肖像权的法律问题。除了名称外,头像、背景图、简介和内容封面同样重要。在账号命名的过程中,人们需要注意哪些事项?有何技巧?除账号名称外,账号的头像、背景图、简介、内容封面又应如何设计?本章重点阐述基建运营的五件套,即账号名称、头像、背景图、简介、内容封面。通过本章的学习,你将掌握基建运营的相关内容。

第一节 认识基建运营

本节主要阐述基建运营的定义、重要性及效果检验,从整体上帮助读者理解全媒体账号的基建运营。

一、基建运营的定义

账号是每位用户在全媒体平台上独特的身份象征。它不仅仅是一个简单的身份标识，更是一种品牌形象和信任背书。在数字化时代，账号已经成为人们与世界建立联系的重要桥梁。基建运营则是对账号进行基础建设的全过程。在这个过程中，人们不仅需要注重每个元素的独立设计，还要考虑它们之间的相互关系和整体效果。只有这样，才能够打造出一个独特、有吸引力、有价值的账号，为用户提供优质的内容和服务。基建运营主要包含五个核心元素：账号名称、头像、背景图、简介和内容封面。这些元素共同构建了一个账号的基础内容，它们在很大程度上决定了用户对账号的第一印象，也直接影响着用户与账号的互动频率和互动深度。账号名称是用户认知账号的第一道门槛；头像是账号的视觉标识，它的重要性不言而喻；背景图是展示账号背景的重要元素；简介是用户了解账号的窗口；内容封面是展示账号内容的重要元素。

二、基建运营的重要性

基建运营的重要性可从用户角度、平台角度、运营者角度进行了解。

（一）用户角度

在全媒体平台上，用户之间多是陌生人，产生关联是由于大数据的智能推荐。推荐而来的视频、直播间、笔记等，按照视觉规律，用户一般是先关注到正文内容，再关注到基建内容。用户一般因正文内容而产生兴趣，因基建内容而产生对账号的初步认识。因此，在用户耐心和注意力有限的情况下，基建内容可以帮助用户更快速地识别和理解账号提供的价值，然后做出关注的决策，从而减少用户的时间和决策成本。

（二）平台角度

大部分全媒体平台用的是标签算法，因此，每个账号在平台的系统中，都被打上了各种各样的标签，如教育账号、知识类账号等，再细化些则是教英语的账号、传播历史的账号等。这些标签一般来源于平台对基建内容的识别、视频内容的标签和运营者在后台系统中的设置。由此可见，对平台系统而言，基建内容是自报家门，便于平台将其推荐给相同或相似的用户。

（三）运营者角度

账号的基建如同线下门店的装修，里外都彰显店铺的价值。对运营者而言，基建内容是传递价值的出口和转化的入口。账号运营者通过精心设置基建内容，打造账号门面，将账号的定位、价值呈现在每一个用户眼前，让用户看到账号的定位与价值，塑造账号的形象，强化用户的印象，从而帮助运营者筛选出真正有需求的用户。

三、基建运营的效果检验

运营者完成基建内容后，需思考和判断基建内容是否符合用户的审美，能否传递账号价值。因此，本节从访谈检验、问卷检验、数据反馈三个方面帮助运营者进行基建运营的效果检验。

（一）访谈检验

访谈检验是指运营者将基建运营的内容通过访谈的形式与用户进行交流，从而获取用户对基建运营的反馈。访谈的形式一般有线上访谈和线下访谈。线上访谈是指运营者通过与关注账号的粉丝或是微信中的目标人群进行交流，让他们观看账号名称、账号头像、背景图、简介、内容封面五个元素，获取访谈者的反馈。线下访谈的方式一般是小组访谈或是进行街头采访，通过线下直观的神态反馈与面对面的真诚交流，获取用户反馈，便于改进基建运营。

（二）问卷检验

问卷检验的内容比较丰富，也更加科学。运营者通过对基建运营的评判标准划分出指标，继而设置问题，让用户填写，之后回收问卷，进行科学分析。问卷的信息承载量可以多一些，运营者也可顺便调查用户的基建运营偏好，如账号名称多少字合适，颜色如何搭配，更喜欢哪种头像类型等，以便完善基建运营。

（三）数据反馈

数据分析是每个运营者必备的一项技能。通过数据分析来检验基建运营效果，是一种直接且有效的方式。运用数据分析方式检验基建运营效果的指标通常有播放量、主页访客、新增粉丝等。例如播放量很高，然而主页访客很少，说明视频内容质量好，头像、账号名称没能起到转化入口的作用；主页访客很多，然而新增粉丝很少，说明账号主页建设没能突出账号定位和传递账号价值，或是用户对账号所传递的价值不感兴趣，则是账号标签存在偏差，将视频推送给了不符合账号定位的用户。

第二节 账 号 名 称

本节从账号名称的定义与特点、账号命名方法两个方面展开详细阐述。

一、账号名称的定义与特点

账号名称是用户在全媒体平台上创建账号时所选择的名称。它是账号的标识，也是用户在平台上展示自己的一种方式。一个好的账号名称应该能够引起用户的共鸣和兴趣，增加用户对账号的关注度和互动性。因此，选择一个好的账号名称对于打造一个有吸引力的账号至关重要。账号名称有记忆性、意义性、适应性、保护性四个特点（见图7-1）。

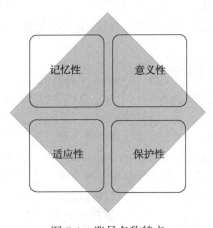

图 7-1 账号名称特点

(一)记忆性

这是账号名称的一个必要条件。首先,人类的记忆分为四个阶段:瞬时记忆、短时记忆、长时记忆、永久记忆。大部分用户的记忆是瞬时记忆和短时记忆。因此,短视频账号运营者需要保持稳定的更新频率,经常出现在用户的界面中。人类对记忆的输入方式,主要依赖视觉系统、触觉系统、嗅觉系统、听觉系统。账号名称与视觉系统、听觉系统有很大的关系。视觉与听觉系统都与熟悉感有关,因此,好的账号名称不需要用户刻意去留意便能记住,它像小米、苹果一样具备熟悉感。这种熟悉感能够帮助用户在生活中遇到相似的事物时产生联系,从而回忆起账号名称。其次,名称具备记忆点。账号名称的字数是有限制的,过多、过长则显得冗余,记忆点不够突出。"记忆点",即账号本质的特征和关键的信息,也就是"定位"。找准定位后,在名称中只强调一个定位,并将之放大,其他信息则是删繁就简,这能更好地帮助用户记住账号名称。

(二)意义性

在中国传统文化和价值观里,名称除了方便称呼和记忆外,还承载着父母的期望。例如:山,寓意厚重;水,寓意温柔;天,寓意辽阔。账号名称相比姓名少了庄重,多了趣味,但承载意义的特点还是不变的。因此,从账号名称中,人们可以感受到个人、公司的价值,从而留下深刻的印象。这种价值既包括外在的价值,如提供某个垂直赛道的干货内容,也包括内在的核心价值观,以品牌账号较为突出。例如,个人账号"月老玄七"、品牌账号"可口可乐"等。但需注意的是,账号名称蕴含的意义是用户便于理解的。如果账号名称有生僻字、难读字、中英混杂,或是输入困难等,则不容易搜索。再者,如果需要思考三秒以上才能理解账号名称蕴含的意义,对用户来说,识别成本较高。

(三)适应性

账号的定位不是一成不变的。随着时间的推移,用户和市场都在不断变化,因此,账号的定位也需要不断调整和优化。一年前的定位可能已经不适合现在的市场和用户需求,因此需要运营者根据实际情况进行适应性调整。运营者还需要时刻关注市场趋势和用户需求的变化,以便及时调整账号的定位和运营策略。在账号名称方面,也需要考虑现代感和当代性,使其能够更好地适应时代变化和满足市场需求。一个好的账号名称不仅要简洁明了,容易记忆,还要能够反映账号的特点和优势,不受时间的限制。因此,运营者需要具备较高的适应性和灵活性,能够根据不同的情况及时进行调整和优化。虽然这对运营者提出的要求比较高,但也是一种优秀的运营方式和思维模式。通过不断适应和调整,运营者可以更好地满足用户需求和适应市场变化,打造出更加优秀、有吸引力的账号。

(四)保护性

为了保护账号名称不被对标账号模仿和盗取,运营者需要采取一些措施来确保账号的安全。从法律角度讲,运营者应该选择一个可以在法律范围内被保护的账号名称,并且向正规机构正式注册商标,以保护自己的合法权益。为了防止账号名称被其他竞争者侵占,运营者还需积极采取措施,如使用独特的账号名称、选择具有独特性的标识等。对于企业账号来说,申请认证是必要的。这不仅可以获得平台更多的运营帮助和保护自身权益,还可以彰显企业的权威性,增强企业的品牌形象。在申请认证时,企业需要提供相关的证明材料,如营业执照等。企业还可以通过建立完善的账号管理制度、定期更新账号信息等方式来保护账号的安全。总之,保护账号名称的安全是运营者必须重视的问题。运营者要确保自己的账号名称不被模仿和盗取,同时获得更多的运营帮助,保护自身权益不受侵犯。

《中华人民共和国商标法》第十一条第二款规定，经过使用取得显著特征，并便于识别的，可以作为商标注册。该条款属于法律规定的例外情形。美国、英国、日本、德国、韩国等诸多国家，对于本身具有较强描述性标识，经过使用取得显著特征的，认定为产生了除其原义以外的新含义（即"第二含义"）。我国商标法没有保护"第二含义"商标的明确规定，但第十一条第二款规定，经过使用取得显著特征，并便于识别的，可以作为商标注册，与国际上的"第二含义"趋同。在核桃乳饮料中，我们知道以养元"六个核桃"最为出名。"六个核桃"朗朗上口，易于传播，引发消费者直观的联想，在没有很多广告的拉动下，自身就能形成较强的冲击力和较快的传播速度，蕴含着巨大的品牌商业价值。然而，从商标字面上分析，"六个核桃"作为核桃乳的商标，直接体现了产品的主要原材料与构成数量，属于商标法第十一条规定的不能注册的情形。综观其确权之路，也是异常艰辛。在确权的道路上，"六个核桃"终被认定可以作为商标注册，源自其经大量地宣传使用，达到了能够区别不同的生产者或经营者生产的商品的效果，改变了消费者对"六个核桃"商标的认知，具备可识别的"第二含义"，可以受到法律保护。

资料来源：中华商标杂志.企业商标命名的"鱼和熊掌"：商业价值与显著特征[EB/OL].(2016-09-12) [2024-04-01]. https://mp.weixin.qq.com/s/eRsIWl0qMkGUl3yVs8HfmQ.

二、账号命名方法

账号命名方法部分从命名的技巧与命名的方向两个方面展开。

（一）账号命名的技巧

命名的技巧包括顺向思维、逆向思维、具备联想、跨界思考四个。

1. 顺向思维

顺向思维是指按照既定思路不断向前探索，强调顺势而为、借势而上。按照既定的思路，起名应由分析得出定位，再由定位锁定关键词，由关键词顺着用户的思维，站在用户的角度选择用户熟悉的元素作为名称的素材。熟悉的元素让用户产生意料之外、情理之中的感受，看到便觉得与自身相关，这是账号名称解决传播冲突的关键。因此，顺向思维不突破用户的认知，不让用户感到陌生，不让用户难以理解，是顺着用户这条藤，摸账号名称的瓜。例如，"考研大雁"中的"考研"和"大雁"是目标用户熟悉的元素，而且"大雁"一语双关，既指目标人群，也是博主名称的谐音。

2. 逆向思维

逆向思维，又称求异思维，是对司空见惯的、已成定论的事物和观点反过来思考的一种思维方式，强调"反其道而思之"，让思维朝对立面的方向发展，从问题的相反面深入地进行探索。逆向思维起名便是将两种不相关甚至相反的概念组合在一起，制造冲突感，从而产生化学反应，让用户快速记住。汉字具备丰富的想象空间，反差强烈，冲突便强烈，视觉便鲜明，能透过文字的想象空间给用户留下深刻印象。例如"最美空姐蒋胖胖"，前后的反差，突破用户的刻板印象。

3. 具备联想

优秀的文案往往是用少量的客观内容提供大量的主观联想空间，例如流传千古的诗词、耳边婉转的音乐等。我们常见的品牌名称、广告语都在追求用最小的信息量，让用户看完之后获得最丰富的感知。账号名称同样也不例外，人们需要赋予寥寥几字以丰富的联想空间。例如抖音百万粉丝博主小茗同学，从视觉和听觉上，这一名称都让人感受到校园的青春气息。

4. 跨界思考

跨界联名在近几年层出不穷，账号名称也可以尝试这样做。运营者在选择账号名称时暂时跳出账号本身固有的定位，从其他领域切入思考。这种跨界在账号名称中并不常见，反倒是在品牌名称中层出不穷。例如，较为成功的苹果、小米似乎与智能产品没有关联，然而却成为智能产品领域让人印象深刻的名称。再比如，近年较为出名的元气森林、蜜雪冰城、沪上阿姨等名称，越发彰显跨界的价值。

（二）账号命名的方向

1. 自身方向

自身方向包括运营者、企业两个角度。账号运营者选择账号名称，不仅要从企业角度出发，也要从自身角度出发。账号名称符合企业需求固然很好，但能契合运营者自身的特点则是如虎添翼。企业角度需要思考企业愿景、创始人、历史文化、品牌IP、产品，运营者角度要思考自身内、外两方面的特点。现有常见的企业账号多是直接以企业名称作为账号名称，虽然一眼便能让用户知道自身的业务，但同时也会让用户心里产生抵触。优劣相生，无十全十美，但若账号名称契合运营者自身的特点，会在一定程度上消减用户这种的抵触心理。

2. 用户方向

选择账号名称时，运营者需要站在用户的角度思考，关注用户的情绪价值和期望。情绪价值是指账号名称能够给予用户的感受和情绪状态。例如"喜茶"这个品牌名称，能够让用户产生愉悦和美好的联想。用户期望是指账号名称能够给予用户关于自身形象和身份的期望。例如抖音百万博主"阿七教你瘦"、品牌账号"太太乐"等，这些名称都能够让用户产生对自身形象和身份的联想与期望。

3. 竞争者方向

当运营者对账号命名感到困惑时，可以考虑从竞争者的方向寻找思路。通过分析竞争者的名称元素和内在逻辑规律，人们可以从中获得启发和灵感。模仿和超越一直是运营过程中不可避免的话题，通过观察和学习竞争者的优点和长处，人们可以为账号确定一个既具有原创性又具有吸引力的名称。

第三节 账号头像与背景图

本节主要阐述头像与背景图的定义、关系、类型和选择标准。

一、头像与背景图的定义

账号头像和背景图是全媒体平台上账号形象的两个核心元素，它们紧密相联，对于整个账号的视觉效果和品牌形象有着至关重要的影响。首先，账号头像作为一个视觉标识，是用户接触账号时的第一印象。一个成功的头像需要具备简洁性、易识别性和相关性的特点，应该能够直接传达账号的主题和定位，同时还要与账号的名称和简介形成呼应，构建一个完整的视觉形象。一个好的头像不仅能够吸引用户的目光，还能加深用户对账号的记忆和认知。其次，账号背景图是展示账号背景的重要元素，它能够营造出与账号主题和定位相关的氛围与感觉，应该与账号头像和内容封面相协调，形成统一的视觉效果。

二、头像与背景图的关系

　　账号头像和背景图之间是相互依存的关系。头像和背景图都是账号形象的重要组成部分，它们之间需要相互协调、相互呼应。同时，头像和背景图也需要与账号的名称和简介形成统一的整体，为用户呈现出一个独特且有吸引力的账号形象。在全媒体平台的运营过程中，运营者需要给予账号头像和背景图足够的重视。它们是用户接触账号的第一印象来源，也是传递品牌信息和塑造品牌形象的重要手段。通过合理的设计和规划，运营者可以打造出一个独特、有吸引力的账号形象，从而吸引更多的用户关注和喜爱。同时，一个成功的账号形象还能够提高用户对账号的信任度，增加用户黏性，为长期的品牌建设打下坚实的基础。因此，对于运营者来说，选择合适的头像和背景图并对其进行持续优化和创新，是非常重要的工作。

三、头像与背景图的类型

　　在数字媒体的世界，账号头像和背景图是用户对账号的第一印象和感知。它们是建立品牌形象和增强用户关注度的关键因素。以下是对四种常见类型头像和背景图的详细说明。

（一）真人出镜

　　真人出镜的头像在建立个人 IP 的账号中非常常见。通过使用真人照片，目标用户可以直接看到创作者的形象，从而拉近彼此之间的心理距离。如果真人照片具有较高的颜值或是有趣的个人特质，那么将更容易吸引人们的关注。例如，知名博主"papi 酱"使用的头像就是她的个人照片，展示了她的个性和亲切感（见图 7-2）。选择真人出镜的头像时，人们需要使用与账号定位和内容相符合的照片，以增加用户的认同感和关注度。

图 7-2　papi 酱账号头像与背景图

（二）卡通形象

　　卡通形象是一种广受欢迎的头像选择，特别是对于那些希望避免使用真人照片的账号。卡通形象可以是动漫或动画中的某个人物，也可以是漫画、表情包延伸出来的图片，还可以将个人真实照片经过软件处理形成漫画风格的照片。例如，"一禅小和尚"的头像就是动画形象，既有趣又可爱，符合其账号的定位和内容（见图 7-3）。

图 7-3　一禅小和尚账号头像与背景图

（三）纯文字

对于一些希望通过文字表达自己账号核心价值和特点的账号，纯文字的头像和背景图是一种很好的选择。这种类型的头像和背景图通常简洁明了，能够突出账号本质的特征和价值。例如，青铜影视剪辑的头像突出了其核心特点"青铜""剪视频"，背景图则用引导话语和指向抖音号的箭头，二者相互配合，有效地传达了账号的价值和特点（见图 7-4）。

图 7-4　青铜影视剪辑账号头像与背景图

（四）企业品牌 Logo

企业品牌的头像和背景图通常会使用一模一样的设计，或者头像突出品牌 Logo，背景图使用带有 Logo 的产品图片。这种方式能够直接展示企业的品牌形象和业务范围，增强品牌的认知度和影响力。例如，鸿星尔克的头像就是企业的 Logo，背景图则是带有标志性 Logo 的鞋产品图片，既凸显了品牌形象，也与企业的核心业务相呼应（见图 7-5）。

图 7-5　鸿星尔克账号头像与背景图

除了以上四种类型外，还有许多其他类型的头像和背景图可供选择，例如风景、动物、植物、产品图等。无论选择哪种类型的头像和背景图，人们都需要确保它们与账号的内容和定位相符合，并能有效地传达账号的价值和特点。同时，为了增强用户的关注度和提高账号的吸引力，人们可以考虑在头像和背景图的设计中加入一些创意和个性化元素。总的来说，选择合适的头像和背景图对于建立强大的品牌形象和吸引目标用户是至关重要的。

四、头像与背景图的选择标准

契合定位。当账号定位确定时，账号便有了"根"，有了方向。后续的所有内容都围绕这一定位展开，头像与背景图的选择不能离开定位的范围。契合定位，彰显定位，才能将账号的核心价值通过头像与背景图这两个黄金广告位传播出去。

风格协调。名称本质上也是由定位而来，要与名称相协调，强调头像、背景图与名称的风格相协调。名称诗意斐然，头像与背景图的底色、风格也需体现这一意境。部分运营者在运营过程中，简单、直接地将名称制作成图片，作为头像和背景图，也未尝不是一个好方法。

符合心理。常用的心理技巧是通过刻板印象产生熟悉感。例如红色，在人们的刻板印象中是热情的、奔放的、喜庆的。如果账号本身不是这种风格，使用红色则会产生强烈的怪异感。如果账号本身是这种风格，在基建运营、账号内容素材中使用红色，则会减少用户的识别成本，自带情绪价值。

头像配色是一个人性格底色，尤其是情绪底色直观的表达。色彩心理学对此进行了系统研究。经过大量调研，心理学家们发现，喜欢红色的人积极主动，充满正义感，意志力强；喜欢粉色的人温柔、亲切，足智多谋；喜欢橙色的人活泼开朗，充满活力，善于交际，善待朋友；喜欢黄色的人喜欢新鲜事物，好奇心强，喜欢挑战，且非常幽默风趣；喜欢绿色的人拥有坚定的信念，踏实认真，集体意识强，热爱和平，不喜欢与人争论。而且，他们大多数喜欢亲近大自然和小动物，向往悠闲的田园生活，而不是与人打交道。喜欢蓝色的人严谨认真，遵守规则，谦逊有礼，做什么事情都很有规划，在处理人际关系时，重视团队协作与配合。喜欢紫色的人往往比较神秘，追求与众不同，不愿为杂务缠身，希望活得随心所欲。喜欢白色的人大都是完美主义者，他们严格自律，很有理想，往往看上去比较清冷，不太好接近。喜欢黑色的人严谨、稳重，中规中矩，有追求，比较在乎别人的看法，但往往又很爱伪装，不希望被人看穿。喜欢灰色的人认真严肃，平衡感强，凡事求稳，擅长规避风险，应对危机的能力比较强。

资料来源：张德芬空间.你的微信头像，暴露了你的性格和心理[EB/OL]. (2023-08-29) [2024-04-01]. https://mp.weixin.qq.com/s/Sro4K1zeuqge-5fc9Bnygg.

熟悉偏好。不同的平台有不同的用户。例如抖音与微信视频号，抖音年轻人群偏多，微信视频号年龄偏大用户较多。熟悉用户的偏好，才能更好地服务用户。不同的用户，偏好不同。例如年龄稍大的用户，更偏爱风景、植物、正襟危坐的个人头像与背景图。年轻用户更偏爱审美价值高的个人自拍照、真实自我的搞怪呈现、动漫人物等头像与背景图。

第四节 账号简介

本节将详细阐述账号简介的撰写方法，主要从"六圆模型"和呈现技巧两个维度进行深入探讨。

一、账号简介的定义及要素组成

账号简介是账号的重要组成部分,对于提高账号的知名度和吸引用户关注具有重要的作用。账号简介是账号的简要介绍,包括自身、经历、价值、定位、用户、业务等方面。这些元素以定位为中心,通过向外扩展出五个部分,形成了一个类似六个圆圈的结构,简称"六圆模型"(见图7-6)。通过运用"六圆模型"结构,我们可以更好地组织账号简介的内容,提升其质量和吸引力。

图 7-6 六圆模型

(一)定位

定位无处不在,基建运营处处彰显账号定位。一般而言,账号运营者会将账号人设定位凸显在资料简介中。例如千万粉丝博主"痞幼"在简介中提到,"我就是一普通小女孩",这便是其人设定位;同样千万粉丝博主"黄钰杰"在简介中提到,"人丑只能多努力",彰显了一个努力向上的大众人设。人设定位之外,常见的便是将账号的内容定位呈现在简介中,帮助用户了解账号的视频内容。例如,公众号正和岛在简介中提到,"正和岛,基于信任链接的企业家供需适配平台"(见图 7-7)。

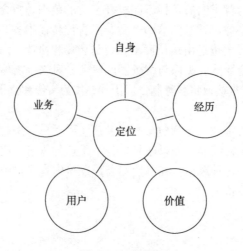

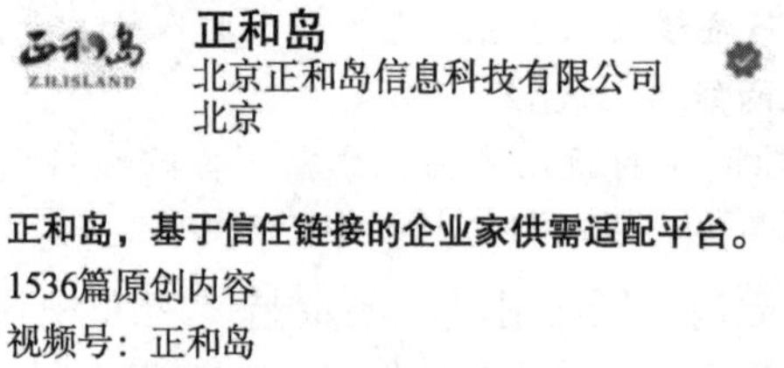

图 7-7 正和岛公众号简介

(二)自身

大多数运营者关注自身,从自身的内在和外在出发,例如内在的优势、外在的形象;企业自身则从历史文化、产品价值、企业愿景等内容出发,向用户展示自身的存在。此外,还应关注到简介中的年龄、地区、学历等细节信息。对个人账号而言,学历是运营者在短视频平台上的一个吸睛点。对企业而言，年龄即指企业经营的时间，在一定程度上彰显着企业的底蕴。

（三）经历

经历包括求学经历、旅游经历、工作经历等内容。账号运营者的求学经历一般是将本科、研究生阶段的院校名称列出来，旅游则是将走过的城市数量、名称列出来，工作经历一般是将工作的企业名称、职位名称、薪资情况、项目经历列出来。这些经历直接地或间接彰显账号运营者的本事，塑造个人形象，同时借助这些经历为自身账号获取更多的关注。

（四）价值

无论是哪种类型的账号，都会在基建运营中将自己的价值清晰而明确地展现出来。价值是指账号能给用户带来的核心意义，一般从提供资讯和信息、教授方法和技能、提升思维、增强用户期望、引起情绪共鸣等角度切入。如财政部的抖音账号简介是"为国理财，为民服务。第一时间权威发布财政新闻、解读财政政策、披露财政数据"，简洁准确地将账号所提供的价值传递给用户（见图7-8）。部分账号运营者还将目标用户的情绪通过自身的账号简介帮助用户抒发出来。最近兴起的一个词"互联网嘴替"，正是这种情绪共鸣的价值显现。当用户看到账号简介呈现出来的情绪与自己的一致时，便容易产生"相见恨晚"的感受，从而迅速转化为有效的用户。

图7-8　财政部抖音账号简介

（五）用户

一般而言，通过展现的定位，用户便能明白账号的内容是不是自己所需要的，但是也有一部分账号特立独行，会在账号中将目标人群明确指出来。例如百万粉丝博主李一舟在资料简介中提到，"只深度取悦一小部分人：思想家，文化爱好者，老猎人"（见图7-9）。这种做法能有效筛选用户，使账号聚集的粉丝更精准。

（六）业务

流量最终走向变现，业务是账号变现的路径。大部分个人博主会在资料简介中留下联系方式，写上"接广告"、咨询、相关产品等字样（见图7-10），这是必不可少的。

图7-9　李一舟抖音账号简介

一来能让用户明白账号是要进行变现的,如果粉丝多了之后再告诉他们要卖货、接广告,难免让粉丝心里有些难以接受;二来让广告主明白自己的需求,如果产品与自身适合,那便可以进行业务对接。对企业而言,更是要堂而皇之地将业务写在简介里,让有需求的用户一目了然。

图 7-10　城阳电工电路账号简介

二、账号简介的呈现技巧

(一)修辞手法

短视频账号运营者在有限的字数内,如何将信息更好地呈现出来,这是一个值得思考和研究的问题。常见的短视频账号资料简介的呈现方式有设问、排比、拟人等。

(1)设问。短视频账号运营者在简介中提出问题,道出痛点,引发思考。如知识类账号可在简介中提出一个问题:"你是否感到知识匮乏?让我们一起学习,每天进步一点点。"通过这个问题,该账号引起了用户的共鸣和思考,吸引了有学习需求的用户关注。

(2)排比。有部分账号通过一连串的排比句式将信息有气势地排列出来,简单易懂。如传播生活妙招的账号可在简介中用一连串的排比句式将生活小妙招整齐排列出来:"洗衣服有妙招,做饭有技巧,家居清洁也有秘诀,来这里,轻松解决生活小问题。"这种简单的排列方式既易于理解,又具有吸引力。

(3)拟人。有些账号主角非人,而是产品等无生命的物质,通过拟人化的诙谐语言,展现账号定位和用户痛点。有些账号则改编自名人金句,从而将资料简介写得妙趣横生。如人工智能机器人(抖音账号名)在简介中使用了拟人化的诙谐语言:"我是一个靠颜值与才华吃电的机器人。"(见图 7-11)通过拟人化的描述,该账号让用户感觉到了其智能化和便捷性。

图 7-11　人工智能机器人抖音账号简介

（二）对仗工整

对仗工整显得简单明了，将信息整齐展现，看起来既清楚又舒服。对仗工整一般包括左右对称、上下对称。无论是左右对称还是上下对称，两者行与行之间的字数是相等的，如此才显得工整。如分享段子的账号可在简介中使用一句左右对称的话："左边是段子，右边是生活；快乐源于生活，段子传递快乐。"这句话既简单明了又具有吸引力。分享音乐的账号可在简介中使用一句上下对称的话："上篇是经典，下篇是潮流；聆听音乐之声，感受音乐之旅。"这句话既整齐有序，又具有深度和吸引力。

（三）符号表情

简单的数字和符号呈现在简介中，即使简介看起来有趣，也契合账号人设，彰显账号性格。一般是通过简单的个位数字给简介资料进行排序，或是将开心的表情和符号放置其中，从而显得活泼。单一的黑底白字显得沉闷，因此部分账号运营者会在简介中使用带有颜色的符号表情，从而改变账号主界面的风格。

  随着科技的发展，标点符号的形式也在不断地演变和创新。除了传统的印刷符号外，网络时代的表情符号和动态符号也逐渐成了人们沟通交流的重要工具。这些新的符号形式不仅丰富了语言的表现形式，也使得沟通更加生动、有趣和富有情感。在未来，我们可以预见标点符号将持续不断地演变和创新。随着社会的发展和人们对于语言和沟通需求的不断提高，标点符号的形式和用法也将不断地完善和发展。无论是为了提高沟通效率，还是为了满足人们对于语言的美感和情感需求，标点符号都将扮演着重要的角色。总的来说，我国标点符号的历史演变是一个不断丰富、完善和创新的过程。从最初的句读符号到现代的 12 种标点符号，再到网络时代的表情符号和动态符号，标点符号的形式和用法都在不断地演变和发展。这些变化不仅反映了社会文化和科技的发展，也反映了人们对于语言和沟通的需求与要求不断提高。

  资料来源：社会与历史研究. 标点符号演变的历史 [EB/OL]. (2023-10-28) [2024-04-01]. https://mp.weixin.qq.com/s/ GGdPCqaDDRdWgX8j7NVEiQ.

第五节　内　容　封　面

内容封面一般由图像、文字、颜色等元素组成。本节从内容封面的定义与基本原则、内容封面的类型、内容封面的制作三个方面展开详细阐述。

一、内容封面的定义与基本原则

（一）内容封面的定义

内容封面是指在社交媒体平台上，用来装饰和展示账号的图像、文字、色彩等元素的集合。它是账号的重要组成部分，能够吸引用户的注意力，提高账号的辨识度和品牌形象。账号内容封面通常包括图像、文字、颜色等元素，其中图像是常见的元素之一，可以是风景、人物、物品等；文字用来传达账号的主题和内容，可以包括标题、简介等；颜色则用来搭配图像和文字，营造出不同的氛围和风格。

（二）内容封面的基本原则

内容封面是吸引用户注意力的重要元素，它应该遵循以下 7 个基本原则。

（1）配合标题。内容封面应该与标题相互配合，共同传达账号的主题和内容。标题可以通过内容封面的图像、颜色等元素得到更好的呈现，内容封面也可以通过标题得到更准确的描述和解释。

（2）契合用户。账号的内容封面应该针对目标人群进行设计，要符合他们的年龄特点、心理需求、喜好偏好和情绪种类。通过了解和分析用户的需求与喜好，运营者可以更好地把握内容封面的设计风格和内容，吸引更多用户的关注。

（3）简洁明了。内容封面的设计应该简洁明了，不要过于复杂或花哨。过多的元素和信息会使内容封面显得混乱，影响用户的阅读体验。因此，在设计内容封面时，运营者应该注重简洁性和清晰度，突出重点和主题。

（4）独特性。账号的内容封面应该具有独特性，能够与其他账号区分开来。通过独特的设计、字体、图像或色彩等方式，运营者可以使账号内容封面更具辨识度和记忆性，吸引更多用户的关注。

（5）可读性。内容封面的文字应该清晰可读，不要使用过于复杂或难以辨认的字体或字号。同时，文字内容应该简明扼要，不要过于冗长或烦琐。这样可以保证用户能够快速获取账号的主要信息，提高阅读效率。

（6）保持一致性。账号的内容封面应该与账号的整体风格保持一致性。这包括颜色搭配、字体风格、图像处理等方面的一致性。这种一致性可以提高账号的辨识度和品牌形象，使用户对账号有更深刻的印象和认知。

（7）注重细节。在内容封面的设计中，运营者应该注重细节处理，例如文字排版、颜色搭配、图像清晰度等。细节处理可以让内容封面更加精致和美观，提高用户的阅读体验和对账号的好感度。

二、内容封面的类型

内容封面大致可以分为人物、文字、事物、组合和对比五种类型。

（一）人物

以人物形象为内容封面，适用于剧情、才艺表演、颜值领域、个人IP的账号，尤其是个人IP的账号，将人的因素凸显出来尤为重要。个人IP打造的是人的IP价值，将人作为视频内容封面，是重要的价值体现。同时，在"短平快"的冲击下，美好的事物总能让人产生停留。

（二）文字

纯文字的内容封面主要用来概括视频的主要内容，适用于知识讲解、教学领域。用户可以通过这一张内容封面图，了解到视频的重点，并判断这一重点是否符合自己的需求。这类内容封面图中的文字信息较多，运营者可在制作时使用线条、小贴纸等让文字主次清晰、排列有序，适当添加夸张的词、符号、颜色来增强对用户视觉的冲击力。

（三）事物

以事物特写为主题，适用于美食、风景、种草等领域。美食的内容封面通常注重色彩搭配，通过色彩搭配营造食欲强烈的感受，通过食物的特写来刺激味蕾。风景类的内容封面通常使用中景或近景，越是近距离感受风景的美好越能产生对美的向往。远景朦朦胧胧，不容易感知。种草的内容封面多是产品特写，时尚、简洁是较为突出的特点。

（四）组合

组合是指将内容组合成一张图片作为视频的内容封面。常见的多是通过视频形式呈现图片内容，组合的内容封面能将内容最大限度地呈现出来。更为常见的是影视片段的解说。这类视频通常分为上、中、下三集，三集的内容封面是一样的，使内容封面统一、风格统一，共同地展现一个影视片段。

（五）对比

对比内容封面是指通过制造前后的反差来吸引用户停留并点击，适用于健身、美妆、测评等领域。一般而言，前后对比的反差越大，视觉冲击力越强。例如，抖音知名博主垫底辣孩，前后造型的反差引起众多博主模仿。对比的本质是满足用户的猎奇心理，从人的心理需求出发，无论是哪种内容封面的类型，都可以获得良好的效果。

自订阅号消息显示方式改版后，许多运营者表示，阅读量受影响最大的不是头条，而是二、三、四条内容，因为当一次推送多条图文时，在信息流中一般只会显示两条，其余则以"余下×篇"的形式折叠起来，连让用户看到的机会都没有。所以，对次条来说，除了标题，内容封面图显得更加重要。通常图片比文字更易吸引用户的注意力，但图片表达的信息却不如文字直接。所以，为了让用户更快、更方便地了解图文信息，聪明的运营者选择将一篇图文的主题文字设计在内容封面图上。这种方法头条可用，次条更为适合。对情感类账号来说，此条内容封面非常适合使用人物头像，人物的动作和表情直接向用户传递了情绪，比单纯的文字描述多了几分感染力。如果账号风格较为轻松，使用表情符号也是一种很好的选择。对于一些工具资源型的账号，更推荐使用图标，因为图标的可选择性更大。

资料来源：i 排版编辑器.公众号次条内容封面的 5 种涨阅读创意玩法[EB/OL]. (2020-11-16) [2024-04-01]. https://mp.weixin.qq.com/s/1WM-KyF55UubVh8xscCKFQ.

三、内容封面的制作

本节从标题技巧和图片制作两个方面阐述内容封面的制作。

（一）标题技巧

（1）信息集萃。这类标题设计常有盘点、全套、合集、榜单、清单等集合性的关键词。短视频平台的用户喜欢在最短时间内获得最多的信息，集合类的标题则抓住用户的这种心理，更能满足用户对内容的需求。如化妆品测评"最好用的粉饼大盘点"、电影类"2022年最全动漫电影"等，让用户仅一眼便能看到满满的干货。

（2）剧集系列。这类标题设计常有上集、下集、系列等关键词。系列标题意味着账号持续地更新和输出，使用户对账号的内容输出能力产生信任。每天一个简短的视频，如同一个电视剧微系列，可以产生稳定的流量和增强用户对账号的黏性。

（3）问题引导。提问题是常见的自媒体标题设计技巧。这类关键词有如何做到、怎样搞定等，主要作用是通过提问的表达方式，和用户做情感联结，调动用户的情绪，让用户产生互动的心理。问题来源于生活，是用户在生活中经常遇到而无法解决的，这样一来，当提出问题时便戳中了用户的痛点。

（4）背书引流。背书引流是指通过某领域的著名人物来给内容进行引流。例如，短视频平台上出现大量博主对著名博主的带货视频进行"切片"发布，借助该著名博主的名声增加了内容的流量。我们熟知的一些行业领军人物本身自带流量，这些领军人物的名称或者视频都能起到良好的引流作用。

（二）图片制作

制作内容封面图片可采取收集封面元素、参考同类封面、进行制作设计、调整处理细节四个步骤（见图 7-12）。

图 7-12　图片制作步骤

第一步，收集封面元素。一张小小的内容封面，蕴含的信息量却是很大的。运营者在进行内容封面制作前，需要充分收集信息元素，明确内容封面的颜色、文字、大小等内容，进行汇总、整理、分级。颜色要与用户心理契合，文字要符合视频内容，大小要适合平台的尺寸。

第二步，参考同类封面。运营者可根据明确的信息，选择合适的参考内容封面。例如，在广泛浏览信息量差不多、同类话题的内容封面的前提下，琢磨设计自己的内容封面。运营者也许不是设计出身，但可以借助剪映等视频制作工具辅助内容封面的设计。

第三步，进行制作设计。第一步、第二步完成之后，运营者先进行信息的排版，把重要文字放置妥当，再去处理风格、配图、素材等问题。短视频平台有自己的视频剪辑应用，随着技术的发展，内容封面元素可以进行组合拆分，不需要运营者进行原创设计也能制作出一张精美的内容封面。

第四步，调整处理细节。初步完成内容封面的制作之后，一是运营者要仔细审视内容封面的细节，根据审校者的反馈进行细节处理和完善。二是对内容封面进行测试。部分短视频平台有内容封面 PK 功能，即选择不同的内容封面进行推广，通过数据反馈优化内容封面。

思考题

1. 基建运营包括哪几个核心要素？
2. 账号命名有哪些技巧？
3. 如何根据账号选择头像和背景图？
4. 账号简介的呈现技巧有哪些？
5. 内容封面的选择要遵循什么原则？

本章实训

1. 根据本章学习的内容，请选择一个你感兴趣的全媒体账号，对其基建内容进行深入分析。你需要找出该账号基建的优点和不足之处，并思考这些优点和不足对你的账号基建有何启示和借鉴价值。

2. 请根据本章学习的内容，运用所学知识，为自己的账号打造具有独特魅力和吸引力的基建内容。

典型案例

"年糕妈妈"：从医学硕士到母婴自媒体领军人物的华丽转身

第八章

全媒体图文运营

【学习目标】

- 了解图文运营优势及类型
- 掌握全媒体运营选题方法
- 掌握文案结构与撰写技巧
- 熟悉排版及投放的相关内容

2023年2月,抖音电商全面开放图文带货入口,用户发布图文视频可以挂载商品链接。经过两个月的试水,抖音电商终于公布了图文带货的"战报"。数据显示,2023年3月至4月,抖音图文带货的日均观看量提升150%,日均成交额提升214%。只看数据可能还不够直观,官方还给出了几个案例。比如一个粉丝量只有8000多的穿搭博主,其发布了一条图文(两张图片+音乐+文字)带货连衣裙,销售额超过34万元。该账号凭借图文内容,月销售额更是达到了120万元。此外,还有用图文形式分享读后感的读书博主,单篇图文为一本书带货48万元;美食博主拍照分享的巧克力,单篇图文带货32万元……从这几个例子就能看出图文带货的几个明显优势:门槛低、转化高、潜力大。抖音认为,这些优势能为广大电商作者带来经营新机遇。看到这一成绩的抖音,决定进一步推动图文带货的发展。比如新上线的"图文掘金计划",宣布推出六大玩法,给予图文作者高额流量扶持。

资料来源:电商头条,李松月. 抖音图文带货火了,已经有人月入百万[EB/OL]. (2023-04-25) [2024-04-01]. https://mp.weixin.qq.com/s/DKLkn_WQw97tevBQeaDJfA.

图文运营有其独特的优势。通过精心策划的图文内容,运营者不仅能吸引大量用户的关注,还能有效促进商品的销售。以抖音电商为例,自2023年2月全面放开图文带货入口以来,其日均观看量和成交额均实现了显著增长。这一成果的背后,离不开运营者优秀的图文内容和巧妙的运营策略。想要掌握图文运营的核心技巧,我们需要深入了解其优势和类型,学会在全媒体时代选择合适的选题,掌握文案的结构与撰写技巧,熟悉排版及投放的相关内容。通过学习和实践,我们可以将图文运营的理念融入日常工作中,提升内容的吸引力和转化率。

第一节 图文运营概述

本节主要阐述图文运营的定义、类型、优势及步骤。通过学习本节内容,你将全面深化对全媒体图文运营的认识。

一、图文运营的定义及类型

(一)图文运营的定义

"图文",从字面意思理解,即图片与文字的结合。它自古以来便是一种重要的内容传播方式。无论是古代的书籍、画卷，还是现代的报纸、杂志，图文结合都以直观、生动的特点，吸引了无数的读者。随着互联网的发展，图文结合的形式也在不断演变和创新。在当今信息爆炸的时代，人们对于信息的接收方式也在不断变化。相比于传统的文字阅读，用户更加倾向于通过图片、视频等直观的方式获取信息。图文又区别于如今流行的视频呈现形式、直播呈现形式。图文运营是指通过文字、图片、图表等视觉元素进行内容传播和营销的一种方式。它以图文结合的形式，向目标受众传递有价值、有吸引力的信息，达到品牌推广、用户增长、业务转化的目的。在图文运营中，文字和图片的结合可以产生强大的视觉冲击力，使内容更具吸引力和感染力。同时，通过精心设计和排版，运营者可以将图文内容制作得更加美观、易读，提高用户的阅读体验。

（二）图文运营的类型

一般而言，图文结合的类型主要有三种，即文主图辅、图文相辅、图文相融。

1. 文主图辅

文主图辅，即以文字为主，图片为辅，通过图片对文字进行补充和说明。这种类型适用于需要详细解释或说明的内容。常见的文主图辅类型包括微信公众号的短篇、长篇文章，今日头条的新闻资讯，知乎的深度内容，以及微博的头条内容等。

2. 图文相辅

图文相辅，即文字和图片相互补充，共同构成完整的内容。这种类型适用于需要同时传达文字和图片信息的内容。常见的图文相辅类型包括微信朋友圈短文案与图片结合的内容、小红书部分笔记、微博的日常博文等。

3. 图文相融

图文相融，即文字和图片融为一体。常见的图文相融类型包括抖音的图文形式、小红书的部分笔记。如抖音的图文相融形式，由一张张静态图片组成，向用户传递服务的信息和卖点。用户在刷抖音的过程中如果看到两张或两张以上循环播放且可滑动的图片，并配以背景音乐，那么它就是图文作品。

二、图文运营的优势

短视频的出现迎合了用户休闲娱乐化、时间碎片化、耐心渐低化的趋势。部分人因此认为短视频时代，图文价值不显。实则不然，图文与视频都是内容的呈现形式之一，无论媒介发生何种变化，变的是形式，不变的是内核。优质的图文内容依然起到不可替代的作用，短视频则是让内容多了一种呈现形式。2023年5月抖音电商图文爆单实操手册及2023年9月抖音生活服务数据显示，图文呈现创作量大、播放增长快、用户需求大的特点，成为抖音2023年的内容风口。由此可见，图文有着独特的优势，具体而言，图文具备信息可读性强、创作门槛较低、成交效果较好等优势。

（一）信息可读性强

运用图文结合的方式，运营者能够更直观地传递信息，减少用户的阅读压力，提高阅读体验，使用户获取到的信息容量更大、效率更高。在图片的辅助下，文字内容更加生动、形象，易于理解和记忆。此外，对图文内容，用户能自己决定浏览的速度，从而很快就知道内容是否符合自身的需求，观看视频则需要等待或者拉动进度条寻找感兴趣的内容。

（二）创作门槛较低

与视频制作、音频录制等需要专业设备和技能的内容创作相比，图文内容创作只需要一台电脑和基本的文字编辑能力，并且不需要真人出镜。因此，更多的人可以参与到图文内容的创作中来。此外，图文内容创作的成本相对较低。无论是文字还是图片，它们都可以通过简单的工具和设备进行创作与编辑，从而使得更多人的创作内容不受时间和空间的限制，降低了创作的成本和门槛。以抖音图文内容为例，一个图文内容仅需要两张图片、一首背景音乐和 POI（兴趣点，即"point of interest"）。

（三）成交效果较好

2023 年 11 月的《抖音生活服务图文运营手册》显示，图文每千次阅读带来的 GMV 仅仅略微低于短视频，这也表明优质的内容是核心。在优质内容的基础上，选择适合自身内容的呈现方式也能够带来不错的成交量。虽然抖音、快手等短视频平台的发展给微信公众号等图文平台带来了一定的冲击，但也使得微信公众号等图文平台优质内容的变现机会增加。因此，在创作内容时，运营者不仅要注重内容的质量和呈现方式，还要结合自身的特点和目标受众的需求，选择适合的呈现方式，以达到最佳的传播效果和转化率。同时，面对短视频等新兴形式的冲击时，图文平台也需要不断创新和改进，以保持竞争力和吸引力。

图文推广在视频流里效果如何？我们不妨看一些中小商家的图文带货数据：美妆作者"是小团子阿511"，通过使用教程，3000+粉丝，单篇图文成交 10 万多；亲子生活作者"小糯米"，通过多图展示儿童拖鞋卖点，粉丝 2000+，单篇图文成交超 14 万；美食种草作者"芳华低卡零食屋"，用图片特写记录零食开罐细节，粉丝 7000 左右，单篇图文成交 12.7 万……可见图文带货效果也很"香"。其实，道理很简单。短视频虽好，但用户需要看完才能了解内容和信息。图文虽简单，但用户 1 秒就能阅读到关键信息，信息传播效率更高。在内容爆炸的信息流里，更快地传递关键信息，就能带来转化率的更快提升。官方数据显示：图文投放后，账户整体 ROI 提升 5%；图文推广相较于短视频，其广告 ROI 可提高 10%。最后，图文作为在抖音上的新内容形式，肯定会得到流量激励，现在图文的日均用户阅读量已经超过 100 亿了，超七成活跃用户日均浏览 10 条＋图文。

资料来源：运营研究社，运营社编辑部. 2024 年做抖音的 2 个红利、1 个趋势、2 个打法[EB/OL]. (2024-01-26) [2024-04-01]. https://mp.weixin.qq.com/s/nsp3UophchyyfZaIo_Zy_g.

三、图文运营六步诀

图文运营是全媒体运营策略的重要内容。根据实践凝练的经验，我们总结出图文运营六步诀，即确定目标、选择主题、收集素材、创作内容、排版设计和流量投放六个步骤（见图 1-5）。

（一）确定目标

以确定目标为始，以实现目标为终。在开始图文运营之前，我们必须有明确的目标。这个目标是具体的，是小而明确的，是可量化的，如维持运营，活跃用户；表达观点，传递价值；广告推广，成交转化等。明确目标后，我们才能有针对性地设计图文内容，选择适合的图文平台，从而确保每一次的努力都朝着预期的目标前进。

（二）选择主题

确定了目标之后，接下来的步骤是选择主题。主题是内容的灵魂，是吸引用户关注的关键。我们应该深入了解目标受众的需求和兴趣点、对标账号的内容主题，寻找与品牌或产品相关的、能够引发共鸣的主题。一个好的主题，不仅能够吸引用户的眼球，更能让他们在阅读过程中产生共鸣，从而提高内容的传播效果。

（三）收集素材

有了主题，接下来就是收集素材。素材可以是文案、图片、表情符号等。它们的来源很广泛，可以在互联网上搜索，也可以自己创作。但无论从哪里获取，我们都要确保素材的质量和相关性。只有高质量的素材，才能制作出有说服力和吸引力的内容。

（四）创作内容

收集到素材后，我们要对素材进行整合，根据创作模型，如 SCQA 模型、ORID 模型、AIDA 模型、GREAT 模型等快速对素材进行整合并熟练应用创作技巧，如关注热点话题、借助文案工具、做好日常积累等，结合生动的例子和有力的论据创作完整的内容。

（五）排版设计

内容撰写完成后，我们要进行排版设计，提高用户的阅读体验。字体、字号、颜色、风格等元素要选择合适的，并且保持内容的视觉统一性。标题、副标题、段落和列表等元素的运用也很重要，它们可以使内容层次更加清晰。适当插入图片和图表，可以丰富内容形式，使之更加生动、有趣。良好的排版设计能够提高内容的可读性和吸引力，使用户更愿意阅读并分享我们的内容。

（六）流量投放

对内容进行排版设计后，我们要对内容进行付费流量的投放，从而撬动自然流量，让目标受众看到我们的内容。投放之后，我们还要关注数据分析和效果评估。通过数据分析，我们可以了解用户的行为习惯和需求偏好，从而优化我们的内容和投放策略。同时，我们还要关注内容的传播效果和转化效果，评估我们的运营效果，并不断改进和优化，以达到更好的运营效果。

第二节　目标与选题

前文阐述了图文运营的定义、类型及优势，并提出图文运营六步诀，本节主要阐述六步诀中确定目标、选择主题部分的内容。通过本节学习，你将了解一篇图文背后隐含的目标及如何选择一个较好的主题进行创作。

一、确定目标

具体内容的目标不具备宏大性、方向性，它有着明确的需求，如维持日常运营，保持用户对账号的阅读习惯及活跃用户；表达企业或品牌的观点、资讯，向用户传达价值或树立形象；插入产品链接、介绍产品，进行广告推广等。

（一）加强联系，活跃用户

加强联系，活跃用户，是运营的基本目标。为了保持用户的关注度和黏性，做好用户关系管理，企业需要定期发布内容，并保持账号的更新频率。这有助于让用户知道账号是活跃的，会定期传递他们想要的内容。通过定期发布内容，企业可以与用户保持互动和沟通，增加用户的参与感和忠诚度。同时，发布的内容也可以测试用户对不同类型内容的偏好，以便企业更好地了解用户的喜好和需求，从而调整内容策略，提供更符合用户期望的内容。此外，通过发布内容，企业还可以收集和分析相关数据，了解用户的阅读习惯、兴趣爱好和行为特点。这些数据可以帮助企业优化内容策略，提高内容的针对性和吸引力，进一步增加用户的活跃度和黏性。

（二）表达观点，传递价值

对于企业或品牌而言，内容既是展示产品或服务的工具，也是传达其价值观、理念和文化的工具。首先，表达观点是展示企业或品牌态度和立场的重要途径。无论是对行业趋势、市场动态还是社会热点，企业都可以通过发布的内容表达自己的观点和看法。这种表达不仅可以增加用户对品牌的认知，还可以建立品牌与用户的信任关系。其次，传递价值是内容的具体目标之一。企业或品牌可以通过内容传递正能量、文化价值、专业性等，从而树立起良好的形象。例如，传递正能量的内容可以激励用户积极面对生活和工作，体现企业或品牌文化价值的内容可以让用户更好地了解和认同品牌，传达荣誉资讯、参会活动通知等可以展示企业的专业性和实力。最后，干货内容和知识科普也是传递企业或品牌价值的重要方式。通过提供实用的知识和技巧，企业或品牌可以帮助用户解决问题、提升技能，从而增加用户对品牌的黏性和忠诚度。

（三）推广业务，转化成交

推广业务，转化成交，是运营的主要目标。图文内容等其他形式的宣传，有利于提高产品、服务等的知名度，吸引潜在客户，并最终实现销售转化。转化成交是推广的终极目标，它代表着推广投入转化为实际的销售业绩，为企业带来实实在在的收益。在图文运营中，企业会通过各种方式来展示产品，如文字介绍、图片吸引、产品链接等。这些方式各有特点，如文字介绍能够详细阐述产品的特点和优势，图片能够直观地展示产品的外观和功能，产品链接则直接引导用户进入购买环节。通过这些方式的综合运用，企业能够吸引潜在客户的关注，激发他们的购买欲望。当潜在客户对产品产生兴趣时，他们可能会咨询，进一步了解或直接购买。

二、选择主题

（一）选题的作用

在内容创作的世界里，选题如同地图，指引着创作者前行，寻找表达的路径。选题，顾名思义，就是选择主题。它可以是关于一个事件、一种现象、一个观点或者问题的探讨和表达。对于创作者而言，选题的过程往往比实际创作的过程更为重要，因为选题不仅决定了创作的内容和方向，还影响着作品的最终呈现效果和受众反响。选题的作用主要体现在以下几个方面：明确创作方向、影响内容质量、决定内容高度、影响运营效果。

1. 明确创作方向

选题为创作者提供了明确的创作方向。当创作者有了明确的选题方向后，他就知道应该从哪些方面去收集素材、组织语言、建构逻辑。选题使得创作者能够更加高效地创作，避免创作过程中出现偏离主题的问题。

2. 影响内容质量

选题的质量直接影响到内容的质量。一个好的选题能够激发创作者的创作灵感，使内容更加有深度、有吸引力。它为创作者提供了广阔的思考空间，允许他们在内容中融入独特的观点和见解。相反，一个不好的选题可能导致内容空洞、缺乏亮点，甚至可能引发争议，损害品牌的形象。

3. 决定内容高度

选题的高度还决定了内容的高度。一个有深度的选题可以使内容更具思考性、启发性，引导受众深入思考问题。这样的内容往往能够触动人心，引起广泛的讨论和共鸣。一个浅显的选题可能只会带来短暂的娱乐效果，缺乏长久的吸引力。

4. 影响运营效果

选题不仅影响内容创作，还影响内容的运营效果。一个好的选题能够吸引更多的用户关注和分享，提高内容的曝光度和传播效果。它为运营者提供了推广的方向，明确了目标受众的定位，从而能够更精准地制定运营策略和提高运营效果。相反，一个不合适的选题可能导致用户产生反感和抵制情绪，影响运营效果。

（二）选题类型

1. 时间维度

选题是非常重要的一环。根据时间维度，可将选题分为常规选题、临时选题和系列选题三种类型（见图8-1）。

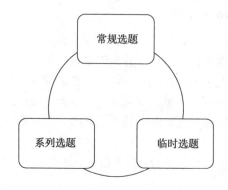

图 8-1　时间维度下的选题类型

（1）常规选题

常规选题是主要内容方向，它需要保持稳定性和持续性，以强化用户对账号的认知和信任。常规选题可以根据账号的定位和特点来确定。例如，一个美食账号可以选择一些家常菜的制作方式、食材介绍、烹饪技巧等内容作为常规选题，一个健身账号可以选择一些健身动作演示、健身计划分享、营养饮食建议等内容作为常规选题。常规选题内容能够体现账号的专业性和可信度，吸引用户关注，加强互动性。

（2）临时选题

临时选题通常与当前的热点事件、热门话题或流行趋势有关。这种选题能够吸引用户的注意力，增加账号的曝光度和互动性。例如，当某部电影或电视剧热播时，创作者可以制作一些与该电影或电视剧相关的内容，如预告片解析、角色介绍、剧情分析等。这些内容能够吸引用户的关注，并进行讨论，增加账号的曝光度和互动性。

（3）系列选题

系列选题是指通过一系列有逻辑的内容帮助用户针对性地解决问题。这种系列选题可以是常规选题的延伸，也可以是创作者单独创作的。常见的合集形式便是系列选题的具体体现。例如，英语学习账号可以发布一系列关于英语口语、听力、阅读、写作等方面的内容，帮助用户提高英语水平。这些系列选题能够增加用户对作者的信赖感，使用户感觉作者特别可靠。

2. 需求维度

根据需求维度，可将选题分为热点选题、痛点选题、爽点选题、痒点选题和节点选题五种类型，即五点选题法（见图 8-2）。

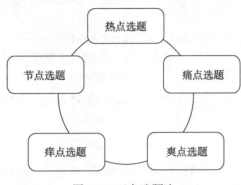

图 8-2　五点选题法

（1）热点选题

热点选题是指借助当前社会热点、热门话题或事件来创作内容。热点选题具有时效性和广泛关注度，能够迅速吸引用户的注意力。例如，某个社会事件成为热点时，一个与公益、环保相关的品牌可以制作一系列关于此事件背后所涉及的议题或问题的内容，如事件背后的深层次原因、解决方案等。这些内容可以引发用户的思考和讨论，增加品牌的曝光度和用户参与度。需要注意的是，热点选题需要保持一定的敏感度和判断力，确保选题的时效性和热度。同时，也需要确保内容与品牌或个体的形象和价值观相符，避免过度追随热点而失去自我。

（2）痛点选题

痛点选题是指针对用户在日常生活中遇到的问题、困扰或痛点进行创作。这些痛点可能涉及工作、学习、生活等多个方面，通过解决这些问题，提升用户的满意度和忠诚度。例如，一个健身品牌可以针对用户在健身过程中遇到的问题确定选题内容，如制订有效的健身计划、避免运动损伤等。这些内容能够帮助用户解决实际问题，提升他们对品牌的信任和好感度。需要注意的是，进行痛点选题创作时，需要深入了解目标用户的需求和痛点，确保内容的实用性和针对性。同时，也需要提供有价值的信息和建议，帮助用户解决问题并获得更好的体验。

（3）爽点选题

爽点选题是指针对用户在日常生活中追求的愉悦、舒适或满足感进行创作。这些爽点可能涉及娱乐、休闲、社交等多个方面。通过满足用户的这些追求，运营者能够提升用户的愉悦感，增强用户的黏性。例如，一个影视账号可以基于用户对于高质量影视内容的追求，推荐和制作精彩的电影、电视剧和综艺节目。这些内容能让用户享受视觉和听觉的盛宴，增强用户对账号的喜爱度和依赖性。与痛点选题不同，爽点选题更侧重于用户的心理感受和情感体验，通过提供令人愉悦、有趣或令人兴奋的内容来吸引用户。这些内容可能包括娱乐八卦、美食推荐、旅行攻略、时尚搭配等，它们能够满足用户的好奇心、探索欲望和享受生活的需求。

（4）痒点选题

痒点选题是指满足用户潜在需求或欲望的选题。这些需求可能涉及情感、文化、审美等多个方面。通过满足这些需求，运营者能够激发用户的兴趣和情感共鸣。例如，一个文化品牌可以制作一些关于当地文化、历史、风土人情等方面的内容,如介绍当地人的生活方式、特色美食、民俗文化等。

（5）节点选题

节点选题是指针对重要节点或特定节日进行选题。例如,春节、中秋、国庆等传统节日或纪念日,或者重要的购物节、促销活动等,都可以作为节点选题。为了确保节点选题的吸引力和时效性,创作者需要提前了解节日或活动的特点和需求。通过查阅历史资料、参与相关活动和与专业人士交流,创作者可以获取更多关于节日或活动的信息。在内容制作上,创作者可以运用节日元素、特色场景和特色人物等形式,展现节日或活动的独特魅力。创作者还可以结合节日或活动的主题和精神内涵,制作更具文化内涵和社会价值的内容。

（三）选题方法

在全媒体时代,如何进行有效的选题以吸引用户的关注和激发用户的兴趣成为许多创作者与媒体人关注的焦点。在账号定位的基础上,我们总结出"一库四法",即建立素材库,以及运用热点法、工具法、同行法、评论法,帮助创作者更好地把握市场和用户的需求,提高内容的质量和影响力（见图8-3）。

图8-3　一库四法

1. 素材库

建立素材库是进行全媒体选题的基础。素材库不仅包括各种形式的素材,如文字、图片、视频等,还涉及创作者对素材的整理和标注,以便随时随地查看和获取灵感。这要求运营者在平时刷社交媒体、新闻网站等内容平台时,及时将有价值、有趣的内容保存下来,并添加相应的标签或关键词进行分类。如可将素材按照主题、标题、类型、来源、结构、创意点、思考点等进行分类,以便后续查找和使用。对于重要的素材,运营者可进行深入分析和研究,提炼出有用的信息和观点。

2. 热点法

热点法对应热点选题类型,即基于当前热点事件或话题进行选题的方法。热点事件或话题往往能够引起大量用户的关注和讨论,因此借助热点进行内容创作,运营者可以获得更多的曝光和互动。使用热点法,首先要关注热点,及时发现当前的热点事件或话题。其次,要分析热点,从不同的角度进行分析和研究。最后,进行关联,将热点事件或话题与自己的品牌或产品相关联,寻找切入点,创作出有深度和独特性的内容。

3. 工具法

工具法是一种借助各种工具进行选题的方法。这些工具包括抖音热点宝、巨量算数、蝉妈妈工具等，它们可以帮助创作者快速了解当前热门话题和趋势，为选题提供数据支持和参考。使用工具法，运营者首先要根据需求选择合适的工具。比如，如果需要了解社交媒体上的热点话题和趋势，可以选择抖音热点宝、微博热搜等工具；如果需要了解行业趋势和竞争对手情况，可以选择蝉妈妈、巨量算数等数据分析工具。然后，进行数据解读。对于工具提供的数据，运营者需要进行深入解读和分析，结合市场趋势、用户需求等进行综合判断，以确定当前的趋势和热点话题。

4. 同行法

同行法是一种通过关注同行对标账号进行选题的方法。通过对同行对标账号的内容进行分析和研究，运营者可以了解同行业的趋势和用户需求，为自己的选题提供参考和借鉴。使用同行法，首先要选择与自己品牌或产品相关的同行对标账号，了解它们的内容类型、受众群体和互动情况等。运营者可以通过搜索关键词、关注行业公众号等方式寻找合适的同行对标账号。其次，对于选定的同行对标账号，需要对其内容进行深入分析和研究。如观察它们的内容类型、题材选择、表现形式等，了解其受众喜好和市场趋势。最后，将同行的内容创作经验、主题、市场需求与自己的品牌或产品相结合，从而创作出有独特性和吸引力的内容。

5. 评论法

评论法是一种通过关注账号评论区进行选题的方法。在评论区中，运营者可以找到用户的痛点、痒点和对账号内容的反馈和建议，进而创作内容回应用户的关注和需求。使用评论法时，运营者需要时刻关注评论区用户的反馈和建议，并通过回复用户的评论来了解他们的需求和痛点。对于收集到的用户评论，运营者还需要进行整理和分析，之后根据用户的评论和建议，创作出有针对性的主题内容回应用户需求。例如，在抖音短视频中，常见的视频内容是将用户评论进行截图，而后专门创作内容进行回应。

第三节 收集与创作

本节主要阐述收集素材、创作模型及创作技巧等内容。通过本节学习，你将系统掌握文案内容的创作技巧。

一、收集素材

图文组成要素主要包括文字、图片、音频、视频以及表情符号等元素。这些元素在社交媒体等平台上被广泛使用，以提供丰富多样的内容形式，满足用户多样化的需求。文字是图文内容的灵魂，它不仅是信息的传递者，更是情感的表达者。一般而言，文字包括标题、正文等内容。收集文字素材，既要做好日常积累，也要锻炼自身的写作思维。图片是图文内容的重要组成元素，它能够直观地传达信息和情感。图片包括照片、图表、插图等。运营者可以通过搜索引擎、专业网站、社交媒体等途径获取图片素材，也可以通过拍摄或制作等方式获得。音频和视频是图文内容的常见组成元素。音频包括语音、音乐、音效等，视频则包括影像、动画等。音频和视频可以提供更加生动、立体的信息呈现方式，增强用户的视听体验。音频和视频素材可通过专业网站、短视频平台或剪辑软件获取。表情符号也是近年来逐渐流行的一种图文组成元素。它可以表达用户的情感和态度，增加互动性和趣味性。表情符号通常包括面部表情、肢体语言等，可以传达简单的情感和意图。运营者可以通过社交媒体、在线聊天工具等途径获取表情符号素材，也可以自己设计或定制表情符号。

二、创作模型

文字是表达观点、体现思想的工具。即便随着生成式人工智能的发展，文章可以轻而易举地被撰写出来，但文字中蕴含的思想却是生成式人工智能无法做到的。即便是精通写作，熟悉文字，没有思想的光芒蕴含其中，也不过是文字的堆砌。帕斯卡说："人只不过是一根芦苇，是自然界最脆弱的东西，但他是一根有思想的芦苇。"具备一定的思想深度，熟悉创作的结构、技巧，运营者创作出来的内容则是精品中的精品。

创作模型主要有 SCQA 模型、ORID 模型、AIDA 模型、GREAT 模型。

（一）SCQA 模型

SCQA 模型，出自《金字塔原理》一书，即情境（situation）、冲突（conflict）、问题（question）、答案（answer），如图 8-4 所示。将其应用在图文创作中，情境指的是用户所面临的具体场景；冲突指在具体的场景中，用户可能会遇到的各种冲突；问题指用户在这些冲突下所产生的一系列问题；答案则指针对这些问题用户最终能找到解决方法。

图 8-4　SCQA 模型

（二）ORID 模型

ORID 模型，指事实或信息（objective）、感受或体验（reflective）、理解或思考（interpretive）、决定或行动（decisional），即"见感思行"，具体指所见、所感、所思、行动（见图 8-5）。在图文创作中，所见指具体阐述现象、事实，让用户了解事件。所感指阐述自身由现象、事实所产生的感受，引发用户共鸣。所思指自身对现实、事实的思考，让用户收获价值，有所启发。行动指号召看到该内容的用户一起为此类现象做出应有的努力。

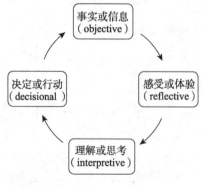

图 8-5　ORID 模型

（三）AIDA 模型

AIDA 模型，即引起注意（attention）、引发兴趣（interest）、激发欲望（desire）和引导行动（action），如图 8-6 所示。在图文创作中，引起注意指基于用户的痛点、痒点需求或运用夸大、对比等方法阐述内容，进而引起用户注意。引发兴趣指通过与用户高度相关的内容来吸引他们的兴趣，如可以分享案例、经验、技巧和建议。激发欲望指通过一些有力的呼吁或激励来激发用户的购买欲望。引导行动指引导用户采取行动。例如，提供购买链接、优惠券或者开展一些额外的优惠活动来鼓励用户购买、转发等。我们还可以提供一些额外的支持和服务，如售后服务、使用指导等，让用户感到放心和满意。

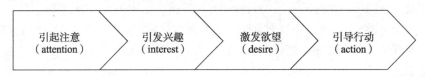

图 8-6　AIDA 模型

（四）GREAT 模型

GREAT 模型指华丽入场（great entrance）、丰富细节（richness）、经历（experience）、悬念和冲突（anxiety）、带走收获（takeaway），如图 8-7 所示。在图文运营中，华丽入场指要用一个引人注目的开头来吸引用户的注意力，激发用户的好奇心和阅读欲望，让用户进一步了解图文内容。丰富细节指提供详细的信息、具体的案例、实用的数据等帮助用户更好地理解主题。经历指通过分享真实的经历、故事或展示产品的实际使用场景，让用户更加深入地了解我们的产品或服务，并产生更强烈的共鸣和情感联系。悬念和冲突指提出一个未解决的问题、挑战或争议点引发用户的思考和好奇心，引发用户的参与感和讨论意愿，提升图文的互动性和影响力。带走收获指给用户留下一些有价值的信息或建议，让他们能够在实际生活中应用学到的知识或技能，如实用的技巧、具体的行动指南或启发性地思考问题等。

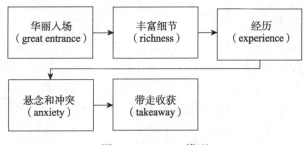

图 8-7　GREAT 模型

三、创作技巧

创作技巧主要包括关注热点话题、借助文案工具、做好日常积累三个方面。

（一）关注热点话题

关注热点时，我们应该利用多元化的信息渠道，如新闻网站、社交媒体、专业论坛等，以获取更广泛、更全面的热点信息。我们还可以关注不同领域的意见领袖和专家，从他们的观点和见解中获取灵感与启发。通过对热点事件的数据进行分析，我们可以更准确地把握事件的本质和影响。例如，运用数据分析工具了解热点的传播路径、受众群体、情感倾向等，可以为我们的创作提供更精准的定位。我们还可以尝试对热点趋势进行预测，提前布局相关内容，以抢占先机。此外，也要保持批判性思维和独立思考能力，不盲目跟风，不随波逐流，而是从多个角度审视热点事件，挖掘其中的深层次意义和价值。通过独立思考和深入剖析，我们可以创作出更具深度和独特性的内容。

（二）借助文案工具

利用文案模板和框架，我们可以提高创作的效率和质量。例如，我们可以根据不同类型的文案需求，设计相应的文案模板和框架，如产品推广文案、品牌宣传文案等。通过套用模板和框架，我们可以快速生成符合要求的文案内容，同时保证文案的逻辑性和连贯性。此外，我们可以根据需求，利用生成式人工智能等创作工具，自动生成高质量的文案。在与这些工具互动时，不妨融入自己的独特创意和风格。通过创意融合，我们可以创作出更具个性和吸引力的文案。例如，以对标账号的文案为启发点，在生成式人工智能的帮助下，我们可以发挥个人的创造性，创作出更具吸引力和个性的文案。

随着生成式人工智能的发展，人工智能正在不断重塑医疗健康领域。根据麦肯锡全球研究所（MGI）估计，生成式人工智能每年可为制药和医疗行业带来600亿至1100亿美元的经济价值。天佑星河团队从医疗教育与人工智能结合的角度出发，开发了"智慧医疗教育系统"。该系统运用文心大模型模拟病患，为医学生提供了一个仿真、互动的学习环境，通过与模拟病患交流，锻炼其诊断能力、沟通技巧和临床思维。与此同时，我们还在飞桨星河社区开发了面向临床用户的"手术过程记录生成系统"与"电子病历生成系统"，两个系统的内核动力均源自文心大模型卓越的自然语言理解和生成能力，通过整合语音识别及提示词工程技术，自动生成手术过程和电子病历记录，提供更加高效、准确的记录方式，帮助医生摆脱繁重的文书工作，大大减轻了工作负担。

资料来源：百度文心一言. 文心一言变身虚拟患者，助力医学生轻松开启"实践模式"[EB/OL]. (2024-03-01) [2024-04-01]. https://mp.weixin.qq.com/s/bKUTrAP3u1nX2mZ7blKqQg.

（三）做好日常积累

我们要养成良好的日常习惯，不断积累知识和进行跨界学习。除了关注本领域的动态和趋势外，我们还可以涉猎其他领域的知识和技能，如艺术、历史、科技等。通过跨界学习，我们可以拓宽视野，激发创意灵感，为创作提供更丰富的素材和角度。实践是提升创作技巧的重要途径。我们应多动手创作，通过实践来检验自己的技巧和能力。同时，也要及时总结经验教训，不断改进和提高自己的创作水平。例如，我们可以定期回顾自己的作品和成果，找出不足之处并进行改进；积极参与各种创作比赛和挑战活动，锻炼自己的创作能力和竞技水平；主动寻求反馈和建议，不断改进自己的创作思路和技巧。此外，在创作过程中，团队协作和沟通交流也是非常重要的。我们可以通过与团队成员或合作伙伴进行定期沟通和交流，分享彼此的创作经验和心得，共同讨论和解决创作中遇到的问题与挑战，相互学习和借鉴彼此的优点与长处，通过团队协作和沟通交流，不断提升自己的创作能力和团队协作精神。

第四节 排版与投放

本节主要阐述排版设计与流量投放的相关内容。通过本节学习，你将掌握排版的原则、技巧、流量投放的方法等，熟悉排版工具与流量投放工具。

一、排版设计

（一）排版的作用

排版，即在版面上通过调整位置、大小、间距等方式，将文字、图片等可视化信息布局得更加有条理的过程,它是视觉传达的精髓,在信息传达和接收过程中起到重要作用。出色的排版设计不仅能提升读者的阅读体验,更能使内容变得简洁易懂,让信息如细丝般顺滑地流入读者的脑海。其作用可从可读性、视觉性、重点性、品牌性四个方面进行分析。

1. 可读性

可读性是衡量排版设计效果的关键因素之一。通过细致的调整,如选择字体、字号,设置行间距、字间距、段间距、前后左右间距,以及裁剪图片多余部分等,运营者可使文本呈现出更加清晰、易读的特性,从而降低读者的阅读难度。例如,对于长篇的文字内容,采用合适的字体和适当的字号可以减轻读者的视觉负担;增加行间距、字间距、前后空格,可以避免文字过于拥挤,使读者能更舒适地阅读。此外,划分段落和给出标题,可以进一步引导读者的视线,帮助读者厘清文本内容的逻辑,以便更高效地获取信息。

2. 视觉性

视觉性,即提高视觉效果。美观的排版设计不仅能增强内容的可读性,更能赋予其强烈的视觉冲击力,使内容更具吸引力。通过巧妙地运用图片、图表、色彩和空白等元素,我们可以打破纯文字的单调性,使内容变得生动有趣。例如,在一篇公众号文章中,我们可以借助图片的组合模板和编辑器自带的风格模板,营造出轻松、愉快的阅读氛围。

3. 重点性

重点性,即在众多的内容中突出关键信息。排版设计通过运用不同的字体、色彩和字号,可将重要信息从众多语句中凸显出来,使读者在第一时间捕捉到核心内容。例如,在一篇公众号推文中,我们可以通过加粗、变色、斜体或放大字体等方式,强调主要观点或关键数据。在小红书图文笔记中,可以通过标红感叹号、问号,或者运用输入法自带的显著数字、平台自带的表情符号等方式,突出重点内容。

4. 品牌性

品牌性,即塑造品牌形象。对于企业而言,一致的排版风格是塑造统一品牌形象的重要方式之一。通过设计独特的排版样式和元素组合方式,我们可使企业在众多竞争者中脱颖而出,提升品牌认知度。具体而言,通过统一的字体、色彩和图标设计强化品牌识别度,通过规范的版式设计和内容编排展现企业的专业性与严谨性,通过创新的元素组合和版面布局彰显企业的个性与创新精神。这些都将有助于企业在消费者心中建立起积极、正面的品牌形象。

(二)排版原则

排版设计的四大原则是对齐、对比、一致与留白,它们是运营者进行版面布局时必须遵循的准则。这些原则旨在增强版面内容的可读性、视觉吸引力和整体和谐性,从而帮助读者更高效地获取信息。

1. 对齐原则

对齐是排版设计中基础的原则之一。它要求版面中的元素应当有规律地排列,以形成清晰、整齐的视觉效果。对齐不仅可以提高文本的可读性,还可以增强版面的整体感。常见的对齐方式有左对齐、右对齐、居中对齐、两端对齐等,运营人员应根据内容特点和版面需求选择合适的对齐方式。例如,诗歌类形式的内容可以选择居中对齐,长篇或短篇作文形式、语句完整且较长的内容可以选择两端对齐。

2. 对比原则

对比原则强调版面中的元素应有明显的差异,以突出重要信息,引导读者的视线。这种差异可以通过字体、字号、颜色、粗细、斜体等方式来实现。例如，标题和正文的字体和字号应有明显的区别，以便读者能迅速识别出文章的主题；重要的信息可以通过使用醒目的颜色或加粗字体来凸显。

3. 一致原则

一致原则要求版面中的元素应保持风格统一，以确保整体视觉效果的和谐。这种一致性可以通过字体、颜色、图标、模板风格等元素来体现。例如，同一个账号的内容可以重复使用相同的字体、颜色、模板风格，以便读者能快速地识别并熟悉账号风格、品牌主色调。一致性还要求版面布局应有逻辑性和连贯性，以帮助读者更好地理解内容。

4. 留白原则

留白原则强调版面应适当留出空白位置，以避免信息过于拥挤，给读者留出思考和"呼吸"的空间。留白不仅可以提高版面的舒适度，还可以增强内容的层次感。例如，段落之间和图片周围的空白可以帮助读者更好地理解内容之间的关系；标题和正文之间的空白可以引导读者的视线，突出重要信息。

需要注意的是，在实际的排版设计中，四个原则并非孤立的，而是需要相互配合，共同作用于版面。运营者应根据内容的特点和读者需求灵活运用这些原则，以达到最佳的视觉效果。例如，在一篇公众号推文中，运用对齐原则来确保版面整齐有序，运用对比原则来突出重要文章或图片，运用一致原则来保持整体风格的统一，运用留白原则给读者留出足够的阅读空间。

（三）排版技巧

图文排版可分为文字排版和图片排版。文字排版主要涉及字体、字号、颜色、间距、对齐方式等，图片排版主要涉及封面、配图、头尾图等。

1. 文字排版

（1）字体。选择易读性强的字体，避免使用过于花哨的字体。简洁的字体可以提高文本的可读性，使读者更加专注于内容本身。

（2）字号。一般而言，一级标题选择 18px，置于板块最上方、居中或左端。二级标题选择 16px，置于板块正文内容最前面，用其他颜色或加粗来区分。正文字号一般选择 14～18px。14px 适合年轻人，15px 适合绝大多数公众号，16px 适合老年人。图文注释、引用注释等一般选择 12px。

（3）颜色。选择合适的颜色搭配，避免过于刺眼或沉闷的色彩组合。色彩搭配应考虑内容的主题和风格，以及目标读者的喜好和习惯。公众号图文排版中，正文一般使用黑色，强调重点语句则加粗或使用绿色、蓝色、红色等鲜艳的颜色，注释一般使用浅灰色。

（4）间距。间距包括字间距、行间距、段间距、页间距。字间距即字与字之间的距离，一般选择 1～2px。行间距即行与行之间的距离，一般选择 1.5 倍行间距或 2 倍行间距。段间距即段落与段落的间距，一般设置 15px。页间距即文字与屏幕左右前后间隔的距离，一般选择 8～16px。此外，小红书的图文排版，由于文字内容只限于 1000 字内，为方便突出可读性、视觉性，一般选择一句即一段，句与句、段与段之间做好空格和分割设置。

（5）对齐方式。对齐方式包括两端对齐、左对齐、右对齐、居中对齐。两端对齐适合大部分文章，左对齐、右对齐应用场景较少，居中对齐则适合短句。

2. 图片排版

（1）封面。封面包括首图和次图。公众号类型分为订阅号和服务号，订阅号一天可群发一次，一次可发布 8 篇内容，而服务号一个月只能发 4 次，一次可发 8 篇。当发布的篇数较多时，第二篇及第二篇之后的内容封面称为次图。首图的尺寸为 900×383px，次图的尺寸为 200×200px。

（2）配图。配图即在正文中与文字相对应的图片，起到直观展现文字场景、辅助文字理解的作用。在排版时，适当插入图片和图表，能丰富内容形式，提高人们的阅读兴趣。需要注意的是，图片和图表应具有相关性和说明性。部分图文排版时，也会将标题或重点文字内容做成图片形式，起到强调文字的作用。

（3）头尾图。头尾图即在文章开头和结尾起引导作用的静态图片或动态图片。头图内容一般是简单的文字引导。尾图内容一般包括账号的二维码、定位，以及引导点赞、关注、分享等内容。

（四）排版工具

排版的具体操作，需要依赖排版工具。根据文字排版和图片排版的分类，人们将排版工具划分为文字排版工具、图片排版工具。

1. 文字排版工具

（1）秀米编辑器。秀米编辑器是一款基于云端的微信公众平台文章编辑工具，旨在帮助用户轻松创建美观的微信公众平台文章，无须掌握编程知识。该编辑器的界面简洁易用，支持移动端排版，并提供了多样化的样式模板，用户可以自主选择布局效果。秀米编辑器适合喜欢追求独特风格、多样化排版的人群使用。需要注意的是，对于初学者来说，上手可能存在一定的难度，且样式模板数量相对较少。

（2）135 编辑器。135 编辑器是一款在线工具，主要用于微信公众号的文章排版和内容编辑。该工具提供丰富的样式，支持秒刷、收藏样式和颜色、图片素材编辑、图片水印以及一键排版等多种功能，用户可以轻松编辑出微信公众号的图文内容。135 编辑器拥有众多的模板，但在使用时应避免过度使用样式，确保文章内容清晰表达。

（3）i 排版。i 排版是一款可以在电脑上进行微信内容编辑、排版以及美化的软件。通过这款软件，用户可以轻松编辑出适用于微信个人以及公众号的内容。i 排版的功能全面且操作简便，支持全文编辑、实时预览、一键应用样式以及一键添加签名等。对于需要经常发布微信内容的用户来说，i 排版是一款实用的工具。

（4）红薯编辑器。红薯编辑器是一款专门的小红书笔记编辑工具，可以帮助用户更方便、高效地编辑笔记，提高笔记的可读性和吸引力。该工具集成词汇检查和实时翻译功能，可以及时发现并修正语法错误和表述不准确的问题。红薯编辑器还支持离线保存和同步更新功能，使用户可以在任何时间、任何地点轻松编辑和分享笔记。

除了上述几种文字排版工具之外，市场上还有许多其他优秀的工具可供选择，如壹伴插件、新榜编辑器、96 编辑器以及 365 编辑器等。不同的工具具有不同的特点和适用场景，运营者可以根据自己的需求和偏好选择合适的工具。

2. 图片排版工具

（1）Canva 可画。Canva 可画是一款全球领先的视觉传播平台，自 2013 年在悉尼成立以来，已在全球范围内拥有超过 1 亿用户。它提供零门槛的设计编辑工具，让不具备专业设计技能的"设计小白"也能轻松做出精美的设计。用户可以通过简单的拖拽和编辑操作，利用海量免费设计模板和千万套版权素材内容，实现市场营销、内容制作、工作汇报等方面的视觉传播目标。Canva 可画已经累计产生了超过 130 亿个设计，平均每秒就有 200 个设计被创建。

"无设计，不生活"，设计不仅仅是展现审美的艺术品，也是生活甚至工作中都需要具备的关键技能：一页设计精美的简历，一份美观清晰的融资计划书，一张温馨的贺卡，一场格调拉满的市场营销……可以说，设计已经成为人们实现目标不可或缺的力量。2012年，Canva 可画诞生在澳大利亚，公司由 Melanie Perkins、Cliff Obrecht（现在已是 Perkins 的丈夫）和 Cameron Adams 联合创立。Perkins 创立公司的初衷是要赋予世界设计的力量，通过降低设计的专业门槛，让设计成为一个人人触手可及的技能。在公司创立早期，融资上遭遇了一些波折，仍是大学生的 Perkins 在三年里被拒绝了 100 多次。风雨之后见彩虹，Canva 可画后来便顺风顺水并于 2018 年进入中国市场，在中国建立了一整套本土化的团队体系。随着全球企业数字化的推进以及 Canva 可画体量的不断增长，Canva 可画对自己所处赛道的认识日益深刻。因为设计本身并不是目标，它只是表达内容的工具和形式，而且只是"表达"这一行为整个链条中的一个环节。为了充分展现和释放公司的发展潜力，于是 Canva 可画有了一个比"设计"更为恰当的定位和标签——视觉传播。

资料来源：牛透社，周效敬. Canva 可画：一只 SaaS 超级独角兽，在"视觉传播"赛道狂奔[EB/OL]. (2021-12-01) [2024-04-01]. https://mp.weixin.qq.com/s/GpTHl5iEBhgms2MapnC4VA.

（2）创客贴。创客贴是一款多平台（Web、Mobile、Mac、Windows）极简图形编辑和平面设计工具，覆盖创意全场景、全流程。用户可以使用创客贴提供的大量图片、字体、模板等设计元素，通过简单的拖、拉、拽操作制作出自己需要的设计。创客贴已涵盖营销海报、新媒体配图、印刷物料、PPT 及简历等办公文档、电商设计、定制设计等百余种设计场景。

（3）稿定设计。稿定设计是一个简单有趣的图片视频设计平台，可以为用户提供大量免费设计素材和视频模板、在线抠图和电商海报设计模板等，让用户轻松完成各种类型的设计任务。用户可以在客户端和网页版上运行该平台，支持图片编辑、抠图、在线 PS、在线拼图等功能。

（4）醒图。醒图是一款功能纯粹的全能修图 App，提供智能模板、滤镜、色调、贴纸、文字、特效等功能，并支持一键发布到抖音。用户可以在醒图上编辑和美化图片，以及制作拼图。

二、流量投放

（一）投放的作用

流量投放即投流，投流的重要性主要体现在三个方面：精准触达客群、增加即时流量和量化投资回报。

1. 精准触达客群

投流的一大优势是能够精准触达目标人群。通过付费投流，企业可以选择特定的受众群体，包括地理位置、年龄、性别、兴趣等，以确保内容能够准确传达给潜在客户。这种精准定位可以帮助企业避免浪费推广预算，并将资源集中在较有价值的受众群体上。

2. 增加即时流量

付费投流可以迅速增加企业的流量。通过付费投流，企业可以在短时间内吸引大量潜在客户的关注，从而增加内容的浏览量、产品的转化率等。这种即时流量增加可以帮助企业快速提高品牌知名度。

3. 量化投资回报

付费投流可以量化投资回报（ROI）。通过跟踪内容的曝光率、转化率、销售额等指标，企业可以精确评估投流的效果，并根据数据调整投放策略，以实现更高的投资回报率。这种量化评估有助于企业做出明智的决策，优化推广预算分配，提高营销效率。

（二）PKCKS 投放策略

投流是图文运营中重要的一环，微博、知乎、小红书等图文平台都具备付费推广的功能。以小红书为例，一般的创作者可以通过薯条推广，企业则可以通过聚光平台进行推广。"聚光"，顾名思义，即将产品或品牌放在"聚光灯"下，从而获得更多的关注度和曝光度。本节以小红书平台为例，具体阐述图文平台的五种投放策略：产品投放策略（product）、关键词投放策略（keyword）、内容投放策略（content）、达人投放策略（kox）、节奏投放策略（schedule），即 PKCKS 投放策略（见图 8-8）。

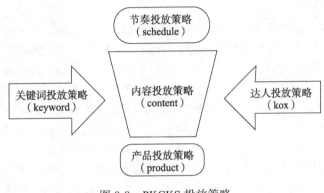

图 8-8　PKCKS 投放策略

1. 产品投放策略

产品投放策略是投放的底层基础，即针对产品进行投放的一种策略。选择合适的产品有助于让它在平台上成为爆款产品，从而给企业带来利润。选择合适的产品可从平台调性、产品属性、用户需求、品牌特质、产品品质、供应链六个方面入手。相关数据表明，小红书上美妆护肤类产品的爆款率超过 67%，这与小红书有超过 88%的女性用户相符合。

2. 关键词投放策略

相关数据显示，小红书用户在购物前倾向于通过搜索栏进行检索，其中 60%的流量来自搜索流量。因此，布局关键词是小红书投放的切入口。关键词是对内容的一种概述，可以分为泛关键词、核心关键词和长尾关键词。泛关键词具有行业属性和品类属性，如汽车、家居等；核心关键词指向明确，范围较小，如汽车中的某个品牌、家居中的某个物品；长尾关键词则是与核心关键词相关的其他组合型关键词。例如，泛关键词是男生穿搭，核心关键词是 T 恤，长尾关键词则是男士圆领 T 恤、黑色大码复古 T 恤、空白扎染 T 恤等精准描述词。

为了形成热搜词，人们需要发布 300～500 篇相同关键词的笔记。热搜词是用户主动搜索频率高的关键词。笔记在发布后会被系统打上分类标签，并推送给相应的用户群体。不同热搜词的搭配会影响笔记的分类，因此选择关键词时，可从品牌、产品、竞品、平台热点和电商等层面出发，通过分析、了解关键词的情况及用户对相关词的感知度，确定品牌关键词，层层筛选，选择最优关键词。在关键词的数量上，一般遵循"七三原则"，即

70%的长尾关键词、30%的核心关键词。

3. 内容投放策略

内容投放策略是投放的核心策略，即针对内容进行投放，撬动优质内容的流量，进而提高曝光度和销售量。根据小红书商务部的报告，测评类内容在小红书平台上较受欢迎，尤其是针对产品成分的测评。这种内容能够让用户更深入地了解产品的特点和优势，进而引发用户的购买欲望。例如，在防晒霜成分测评的内容中，人们可以详细介绍不同成分的作用、优点和缺点，以及提供针对不同肤质和需求的推荐建议。通过清单的方式，人们将产品的种草效果逐一呈现给用户，也颇受用户喜欢。对此类内容进行投放，能最大化地起到撬动流量的作用。为了制定更有效的内容投放策略，知晓什么内容更容易在小红书上成为爆文，人们需要深入了解小红书平台的用户特点和内容偏好，以及产品的特点和优势。同时，需要注重内容的质量和原创性，避免与竞争对手的内容雷同。此外，还需要通过数据分析不断优化内容投放策略，提高投放效果。

4. 达人投放策略

达人投放策略，即选择什么类型的达人进行投放以达成目的，它是投放的利剑。根据粉丝数量，我们可将其分为粉丝数量超过50万的头部KOL、粉丝数量在5万~50万之间的腰部KOL，以及粉丝数量在1万~5万之间的KOC。小红书的达人投放一般采取金字塔结构，即由下往上，KOC比重大，着重粗推，起到搜索引擎优化（SEO）的作用；腰部KOL次之，着重精推，目的基于专业背书；头部KOL比重再次之，着重泛推，目的是快速打造热度，高度覆盖客群。与抖音的倒置金字塔结构相反，这样的金字塔逻辑，符合小红书的传播链条：种草—搜索—信任—转化。

明确各达人的比重之后，人们可从以下五个维度筛选达人：基础数据，如粉丝数、粉丝黏性、互动效果；匹配程度，如达人的人设与品牌、产品的调性匹配度；内容质量，如内容真实性、爆款率、更新率；性价比，即报价与互动成本的考量；商业能力，如种草转化率、评论互动效果。

5. 节奏投放策略

节奏投放是投放的顶层设计。品牌的发展阶段和传播需求不同，其投放策略也存在显著的差异。对于新锐品牌来说，重要的是快速在小红书上建立口碑效应和形成产品认知。因此在蓄势阶段，依靠铺软文来打造基础，同时配合关键词投放策略为新品牌、新产品打下认知基础。在种草阶段，商家需要加强产品曝光和强势卡位，提高商品种草成功的可能性，因此，选择达人投放策略，主要合作对象是腰部KOL，采用垂类评测、攻略化干货式专业种草笔记内容，强化品牌口碑。在引爆阶段，品牌已经实现了对大部分消费人群的吸引，需要扩大覆盖人群和范围，因此可引入头部KOL资源，形成"头部+腰部+尾部"的金字塔式投放结构。在破圈阶段，继续以腰部KOL为主要合作对象，以创意内容实现破次元壁式的传播。对于成熟品牌来说，投放策略分为日常稳投和节点集中大投两个方面。在日常稳投阶段，采用腰部KOL+KOC相结合的达人投放策略，以单品种草为主要内容形式，维持品牌在小红书的热度。在节点集中大投阶段，出于快速提升热度的需要，品牌需要采用"头部+腰部+尾部"全矩阵式的达人投放策略，以官方话题、福利派发为主要内容形式，吸引目标人群参与活动、购买商品。

思考题

1. 情分析不同平台（如微博、小红书、微信公众号）图文内容的特点和运营策略。

2. 图文运营有哪些步骤，分别是什么？
3. 在图文运营中，如何平衡内容的原创性和用户喜好？
4. 在图文排版时需要注意哪些事项？
5. 请简述流量投放的逻辑以及相应的策略。

本章实训

1. 请选择你偏爱的图文平台，深入了解其算法推荐的内在逻辑，并全面评估该平台当前的图文内容发展态势。基于你的分析，为其优化提供针对性的建议，以更好地满足用户需求，提升内容质量，促进平台的持续健康发展。

2. 假设你的挚友或钟爱的企业有意涉足图文运营领域，请你根据他们的特点和实际需求，为他们量身打造一套图文运营方案。该方案应既能彰显他们的品牌形象，又能有效吸引目标受众的注意力。请你设计一套这样的图文运营策略，助力他们在图文运营领域取得出色的成果。

典型案例

全媒体浪潮中的璀璨明珠："一条"的图文运营之道

第九章

全媒体视频运营

【学习目标】

- 了解短、中、长视频的区别
- 掌握视频运营 SSEP 模型
- 熟练进行脚本的策划
- 掌握拍摄脚本的技巧
- 掌握剪辑视频的基础

今年的旅游热点从淄博烧烤、榕江村BA，到哈尔滨，再到从全国文旅疯狂内卷中"杀出来"的"山河四省"，一路走来，背后都离不开抖音这一短视频平台的助推，尤其是河南文旅，在不到十天的时间，抖音粉丝量从全国倒数第四奋勇争先到全国第一，以接近200万抖音粉丝量遥遥领先，更是在视频宣传中制造出"美男计""美女计""云台山男女妲己""送珍珠""送钻石""恭迎公主殿下回城"等各种网红话题。不难发现，从网红旅游局长出战，到直播带货，再到网红目的地城市，抖音在推动旅游热点的产生过程中起到十分关键的作用。抖音推动旅游热点的基本逻辑都是服务地方政府，不管是网红旅游局长，还是县长直播带货，都是围绕着目的地展开。尤其是2023年以来爆火的淄博、榕江、哈尔滨，更是直接从个人网红转到城市目的地。可能抖音也发现，推动目的地旅游热点的产生，单靠个人难以带动，淄博烧烤、榕江以及哈尔滨的成功出圈及火遍全国，并带动全国各地文旅在抖音"喊麦"，既疯狂内卷，又互相推流，带给抖音更好的旅游城市目的地推广模式。

资料来源：张功赞. 短视频时代哈尔滨"出圈"的抖音流量密码[EB/OL]. (2024-01-16)[2024-04-01]. https://mp.weixin.qq.com/s/wgL5oHICpcTndbJV64EMQA.

从淄博烧烤到榕江村BA，再到哈尔滨的冰雪盛宴，这些旅游热点无不凸显出短视频在推动旅游行业中的巨大作用。抖音作为短视频领域的佼佼者，其影响力更是不可忽视。河南文旅的抖音粉丝量在短短不到十天的时间里，从全国倒数第四跃升至第一，这背后离不开网红话题和创意宣传的精心策划。从网红旅游局长出战到县长直播带货，再到网红目的地城市打造，抖音服务地方政府的战略清晰可见。在本章的内容学习中，我们需要深入了解短、中、长视频的区别，掌握视频运营SSEP模型，以指导我们进行视频内容的规划和执行。脚本策划和视频剪辑的技巧同样不可或缺，它们能让我们的视频内容更具吸引力和传播力。

第一节　视频运营概述

本节主要阐述视频运营的定义并对比短、中、长三种视频的区别，提出视频运营的

SSEP 模型。通过本节学习，你将对视频运营有所了解。

一、视频运营的定义

视频运营是指对视频内容进行系统性的策划、制作、剪辑、投放和优化，以实现品牌宣传、产品推广、用户互动等目的的过程。视频一般划分为短视频、中视频、长视频三类。下面从视频时长、生产模式和展现形式三个角度对比长、中、短视频的区别，明确短视频的定义（见表 9-1）。本章重点阐述以短视频为主的视频运营。

表 9-1 长、中、短视频对比

类　别	短视频	中视频	长视频
视频时长	5 分钟之内	5～30 分钟	30 分钟以上
生产模式	用户生产内容为主	专业生产内容为主	职业生产内容为主
展现形式	竖屏为主	横屏为主	

（一）视频时长

时长是划分长、中、短视频一个最直接的因素，也是视频内容逻辑的分水岭。从时长角度，我们可以直观区分长、中、短视频。

（1）长视频在 30 分钟以上。在短视频没有兴起之前，人们关于长视频的印象是一集 40 分钟左右的电视剧、综艺、纪录片，是一部两小时左右的电影，需要花专门时间来获取放松体验。关于它的时长界定，有人认为是在 15 分钟以上，有人认为是在 30 分钟以上。随着中视频、长视频的时长争论尘埃落定，它被界定在 30 分钟以上。

（2）短视频在 5 分钟之内。从时长角度来说，之所以称它为"短视频"，是因为视频的时长短。行业内，短视频平台快手认为"竖屏 57 秒"是短视频行业的工业标准；最初的抖音是以音乐短视频为主，定位为专注年轻人的 15 秒音乐短视频社区；今日头条认为 4 分钟是短视频主流的时长，也是合适的播放时长；社会化商业网（Social Beta）认为短视频时长以秒计数。一些学者认为短视频一般时长在 15～60 秒之间。中国互联网信息中心给出了清晰、明确的界定：短视频的时长一般在 5 分钟以内。

（3）中视频在 5～30 分钟。虽然按照长、中、短的顺序排列，中视频位于第二，实际上是先有长、短视频的时长划分后，再有中视频的时长划分出现。关于中视频的时长划分，众说纷纭。爱奇艺认为其时长是 7～10 分钟；知乎认为其时长是 3～5 分钟；西瓜视频是中视频概念的先行者之一，认为其时长在 1～30 分钟之内。当前得到人们普遍认同的是中国互联网信息中心界定的中视频时长在 30 分钟之内。

"短"是一个主观性和模糊性都很强的概念。在市场的大浪淘沙下，过短的视频承载信息过少，过长的视频承载信息过多，两者都呈走低之势。1～5 分钟的视频时长适中，内容相对完整，条理比较清晰，逐渐成为较受欢迎的视频形式。因此，综合对比长、中、短视频的时长，本书采用中国互联网信息中心的界定，认为短视频的时长在 5 分钟内，通常以秒或分钟计算。

（二）视频生产模式

时长是长、中、短视频的表面差异，生产模式则是生产内容主体的差异。

（1）长视频以职业生产内容为主。相较于短视频，长视频主要由职业化公司拍摄、剪辑，创作时间较长，内容篇幅较大，制作较为精良，花费成本较高，具备观赏性和引人思考的深度，以电影、综艺、电视剧为主，通过广告和会员变现。长视频平台是综合实力的比拼，包括片库的丰富度、内容的新颖度、内容创意机制、人才储备、行业关系等多方面的实力。国内实力雄厚的长视频平台包括腾讯、爱奇艺、优酷等。

（2）中视频以专业生产内容为主。中视频是"拉长的短视频"，也是"缩短的长视频"，在创作者主体上呈现长视频的职业化、兴趣爱好的专业化、短视频的草根化。例如，哔哩哔哩平台教育类的中视频既有高校教授参与，也有研究生、博士生等学生群体分享。这些博主在某一个教育学科上有较深的积累，相比普通用户了解更多。他们或是从事该学科教育，或是研究该学科，或是对该学科感兴趣等。中视频专业化制作的内容深度、知识广度、精细程度是普通短视频所不能及的。同时，从事长视频领域的专业创作群体借助积累的职业经验，参与到中视频的制作中去，产生的作品更为凝练。可见，中视频呈现专业深度化和精致凝练化的状态。

（3）短视频以用户生产内容为主。长视频和中视频的准入门槛高，短视频则是普罗大众的狂欢。短视频生产制作的难度不及长视频和中视频，普通人懂得智能终端的基本操作也可以制作短视频。短视频更像一片生态完整的森林，里面既有时长短的职业化生产内容和专业化生产内容，也有用户生产内容，还有企业自媒体生产内容。各种各样的内容在这片森林中繁衍生息。其中最多的内容则是用户生产的内容，主要包括新奇、日常、创意、幽默等题材。由于时长短，每秒的含金量更高，因此有所谓的"黄金三秒"法则。

（三）视频展现形式

目前，视频内容的主要展现形式有两种：横屏和竖屏。

（1）长、中视频以横屏展现为主。在短视频未出现之前，人们习惯于横屏观看电影、电视剧。首先，这是因为横屏可以展示完整、合理的叙述和立意，也可以体现视频内容的逻辑关系、场面环境等元素。其次，横屏既方便传播信息、观点，也能唤起人们由于长时间观看电视所形成的横屏体验。而且，长、中视频的内容深度和广度也契合于横屏的沉浸式观看。最后，长视频的横屏展现形式无疑是区别于短视频的。"中视频伙伴计划"提出"一分钟以上横屏视频"作为中视频的定义，表明长、中视频在展现形式上与短视频泾渭分明。

（2）短视频以竖屏展现为主。竖屏颠覆了长视频长期霸占横屏的传统。首先，和横屏全面展示画面内容不同，竖屏重要的特点是真实，它的展现空间有限，允许孤立的画面呈现，仿佛在面对面交流一般，能拉近视频中博主与用户之间的关系。其次，观察抖音、快手等短视频平台，它们除了支持竖屏展现内容之外，还增加了无文案遮挡的专注模式。当用户双指在屏幕上向外滑动，然后松开便会进入更加完整的视频画面，从而获得沉浸式体验。

综上所述，结合短视频在国内外的发展，参考学界、业界人士的观点，从用户角度出发，本书对短视频的概念界定为：短视频是一种时长在 5 分钟内，通常以秒或分钟计算，以用户生产内容和竖屏为主的内容呈现形式和信息传播方式。

二、视频运营 SSEP 模型

随着互联网技术的发展，视频内容逐渐成为人们获取信息和娱乐的主要方式。视频运营作为连接品牌、产品与用户的桥梁，其重要性日益凸显。脚本（script）、拍摄（shoot）、剪辑（editing）、投放（put in）四个主要方面，即 SSEP 模型，构成了视频运营的核心（见图 1-6）。

（一）脚本

脚本是视频运营的起点，它规定了视频的主题、情节、人物关系等核心元素，在视频创作中起着至关重要的作用。首先，一个优秀的脚本能够引发观众的情感投入，使他们在观看过程中产生共鸣和情感投射。其次，脚本有助于演员理解和塑造角色，从而更好地演绎出角色的性格和情感。再次，脚本也为拍摄提供了明确的方向，确保拍摄过程与预期效果保持一致。最后，脚本还为剪辑提供了基础素材及明确的思路，使剪辑师能够根据脚本要求对素材进行裁剪和编辑，呈现出完整的视频作品。

（二）拍摄

拍摄是将脚本转化为视觉画面的过程，摄影师借助摄影器材和拍摄技巧，将文字描述的场景和情节转化为具体的画面。拍摄是视频创作的重要环节，它影响着视频的质量和风格。拍摄需要考虑光线、角度、摄影器材等多种因素，以呈现高质量的画面。同时，拍摄过程中，人们还需要注意与脚本的契合度，以及演员的表现力。摄影师需要精准运用镜头和光线来营造出独特的氛围和情感，让观众沉浸在故事中。此外，拍摄还需要考虑到预算、时间等因素，确保拍摄进度和质量。

（三）剪辑

剪辑是对拍摄完成的素材进行后期处理的过程。它包括对画面的裁剪、音效的处理、特效的添加等。剪辑的目的是使视频内容更加生动、有趣，同时符合观众的观看习惯。剪辑需要考虑观众的观看习惯和心理预期，通过剪辑技巧来呈现更好的视频效果。剪辑还需要与摄影师和演员合作，完善视频内容，使视频更加符合脚本的要求。此外，剪辑也需要考虑视频的节奏和氛围，为观众打造出独特的观看体验。

（四）投放

投放是对视频内容进行推广，从而面向更多观众的关键步骤。运用合理的投放策略和技巧，人们可以有效地提高视频的曝光率和点击率，实现品牌推广和产品销售的目的。投放需要综合考虑目标受众、平台特点、预算等因素，进而制定有针对性的投放策略。

第二节　脚 本 策 划

本节主要阐述脚本策划的相关内容，包括脚本的分类、组成要素、前期准备、创作原则及公式。通过本节学习，你将熟练掌握脚本策划技巧。

一、脚本的分类

短视频脚本主要有提纲脚本、分镜脚本和文案脚本三类（见图 9-1）。

（一）提纲脚本

所谓"提纲"，即"大纲"，是指规定方向。提纲脚本被视为一种"指导性脚本"，它适用于纪实性的拍摄任务，例如 Vlog 记录、旅游景点解说、街头随机访谈、店铺探访或美食制作展示等。在编

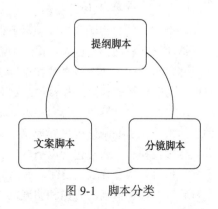

图 9-1　脚本分类

写此类脚本时，关键在于对拍摄实地可能出现的情况进行预测和规划，列出捕捉的内容和场景，形成提纲并按此提纲进行拍摄。创作这类脚本的第一步是明确主题。在开始拍摄之前，人们需要清晰确定视频的核心主题和创作方向，同时对可能的拍摄环境进行预估，思考可能会遇到的情况或事件。接下来是信息整理阶段。在这一阶段，人们需要提前收集和学习与拍摄地点或事件相关的知识，确保在拍摄过程中能够提供连贯、有逻辑的解说，避免言之无物或离题万里。最后一步是确定具体的拍摄方案。方案应涵盖时间规划、拍摄地点和具体场景，确保拍摄流程顺畅、内容丰富。

（二）分镜脚本

分镜脚本是一种独特而精致的创作形式，它通过细致入微的描述将视频场景转化为一系列连贯的镜头，相比提纲脚本要详细和精致得多。这种脚本形式不仅提供了整个视频的蓝图，还为每个镜头注入了丰富的细节和情感。在分镜脚本中，景别的选择至关重要。不同的景别可以传达不同的信息和情感。例如，远景可以展现广阔的场景，近景则可以聚焦细节和表情。拍摄的方法与技巧也是创作过程中人们需要考虑的重要因素。例如，使用推轨镜头可以营造出平稳流畅的视觉效果，手持摄像则可以增加画面的动感和真实感。每个镜头都需要精心设计，包括时长、画面内容、背景音效和字幕等。镜头的时长需要根据情节需要和观众的注意力来调整，画面内容则需要根据主题和情节来选择合适的场景和元素。背景音效可以为画面增添情感和氛围，字幕则可以提供额外的信息和解释。分镜脚本的创作需要人们投入大量的时间和精力，但这也是为了确保每个镜头都能够完美地呈现故事情节和情感。通过精心设计和策划，分镜脚本可以为观众带来独特而深刻的视觉体验，同时为视频制作提供有力的指导和支持。

（三）文案脚本

文案脚本是一种通过文字来呈现的脚本形式，如口播文案脚本。文案脚本的结构通常包括开场白、主体内容和结束语。开场白用于吸引听众的注意力，引导他们进入主题；主体内容是信息传递的核心部分，需要条理清晰、逻辑严密；结束语则起到总结和提升的作用，对信息进行提炼和升华。在创作文案脚本时，人们需要注意语言的运用和节奏的控制。文案语言应当简洁明了，避免冗长和复杂的表达；同时，语言还需要具有韵律感和节奏感，便于出镜人进行口播。文案脚本还需要根据不同的媒体平台和受众特点进行调整和优化，以满足不同的传播需求。

二、脚本的创作

（一）脚本组成要素

一个完整的短视频脚本，须具备以下三个关键要素，让三类人明确拍摄任务，以确保拍摄活动的顺利进行。首先，摄影师需要明确知道拍摄的内容、方法和技巧，以及拍摄的地点和时间。这有助于摄影师在拍摄过程中保持连贯性和高效性。其次，演员需要清楚了解他们的表现形式、语气和台词。这有助于演员更好地理解和诠释角色，为观众呈现出生动、真实的表演。最后，剪辑师需要知道每个镜头的画面时长、特效和使用的音乐。这有助于剪辑师在后期制作中更好地调整和组合镜头，以呈现出一个完整、流畅的视频作品。因此，短视频脚本通常包含以下内容：镜号、景别、拍摄地点、画面内容、时长、台词、字幕、拍摄方式、音效、备注、旁白等（见表9-2）。这些元素共同构成脚本的骨架，为整个视频制作提供清晰的方向和明确的指导。

表 9-2　脚本要素

镜号	景别	拍摄地点	拍摄方式	时长	画面内容	台词	字幕	旁白	备注	音效
1	全景		定	10s	起床				镜头置于房间角落	欢快的音乐
2										
3										
4										

（1）镜号。镜号是指每个镜头的编号，用于拍摄和后期制作过程中对镜头进行管理和识别。通常使用数字或字母表示镜头的顺序和类型。

（2）景别。景别是指拍摄对象在画面中呈现出的范围大小。常见的景别包括远景、中景、近景和特写等，不同的景别可以表达不同的视觉效果和情感。

（3）拍摄地点。拍摄地点是指视频拍摄的具体位置，包括室内、室外、城市、乡村等。拍摄地点的选择对于营造氛围、呈现背景等非常重要。

（4）拍摄方式。拍摄方式是指拍摄过程中采用的具体方法和技术手段，包括推、拉、摇、移、跟等多种形式。不同的拍摄方式可以产生不同的视觉效果和情感表达，对于营造氛围、呈现场景等非常重要。

（5）时长。时长是指每个镜头或片段的持续时间。时长由视频节奏、情节发展等因素来决定，同时需要考虑观众的注意力集中时间。

（6）画面内容。画面内容是指视频中需要呈现的具体内容，包括人物、物体、场景等。画面内容需要根据视频主题和目标受众来选择，同时需要考虑画面构图、色彩等因素。

（7）台词。台词是指演员在视频中需要说的台词或对话。台词是视频内容的重要组成部分，对于表达情感、推动情节发展等非常重要。

（8）字幕。字幕是指在视频中添加的文字说明或注释。字幕的作用是补充画面信息、强调重点、提供背景资料等。字幕需要根据视频内容和目标受众来添加，同时需要考虑字体、颜色、位置等因素。

（9）旁白。旁白是指在视频中以画外音的形式添加的解说或叙述。旁白的作用是提供背景信息、解释情节发展、引导观众等。旁白需要根据视频内容和目标受众来添加，同时需要考虑声音、语速等因素。

（10）备注。备注是指在脚本中添加的一些额外说明或注意事项。备注的作用是补充脚本中的信息，提醒拍摄团队注意某些细节或要求。备注可以根据实际情况添加和调整，以确保整个视频制作过程的顺利推进。

（11）音效。音效是指视频中添加的背景音乐、环境声音等。音效的作用是增强氛围、强化情感表达等。音效需要根据视频内容和目标受众来添加，同时需要考虑它与画面内容的协调性。

（二）创作前期准备

创作脚本之前，我们需要明确整个视频的内容思路和流程，以确保拍摄的顺利进行和最终呈现的效果符合预期。

（1）明确拍摄定位。我们需要明确自己要制作的短视频类型和定位。这包括确定视频的主题、风格、受众等，如是美食制作、时尚穿搭、生活技巧推荐还是剧情短片。明确的定位有助于我们更好地选择拍摄内容、场景和表现方式。

（2）确定拍摄主题。主题是短视频的灵魂，它赋予内容以独特的个性和风格。在确定主题时，我们可以选择与当前热点、趋势或个人兴趣相关的主题。例如，如果选择服装穿搭，可以确定一个具体的搭配风格或场合，如休闲、正式或运动等。

（3）确定拍摄时间。确定拍摄时间有两个主要目的：一是与摄影师或其他团队成员协调时间，确保拍摄进度顺利；二是确保拍摄计划的可落地性，避免拖延或其他不可控因素。

（4）选择合适的拍摄地点。拍摄地点对短视频的效果和质量有着重要影响。我们需要根据主题和内容选择合适的拍摄地点，无论是室内还是室外场景。例如，如果拍摄美食制作，可以选择家庭厨房或开放式餐厅作为拍摄地点。

（5）参考样片和素材。有时候，我们可能无法用言语准确描述想要的拍摄效果，这时我们可以寻找同类型的样片或素材与摄影师沟通。这样可以帮助摄影师更好地理解我们的需求，并尽可能地达到我们的期望效果。

（6）选择合适的背景音乐。音乐是短视频的重要组成部分，它可以加强视频氛围的营造，促进情感表达。我们需要根据视频主题、风格和受众选择合适的背景音乐。例如，如果视频主题是时尚穿搭，可以选择快节奏、动感的音乐；如果视频主题是温馨的家庭生活，可以选择轻柔、舒缓的音乐。

（三）脚本创作原则

在短视频平台上，一个爆款视频往往能够获得极高的关注度和讨论度。这些爆款视频背后蕴含着一些原则，如黄金开头、钩子定律、标签原则等。这些原则不仅可以帮助我们更好地理解用户的需求和喜好，还可以指导我们创作出更受欢迎的短视频。

1. 黄金开头

黄金开头是爆款视频的重要因素之一。用户在观看视频时，往往会在前几秒钟内决定是否继续观看。因此，我们必须在开头展现出视频的核心内容和亮点。无论是通过引人入胜的开场、有趣的故事情节还是震撼的画面效果，我们都应该在最短的时间内吸引用户的注意力，让他们产生继续观看的兴趣。

2. 钩子定律

钩子定律也是爆款视频的关键要素。一个好的脚本，应该设置一些"钩子"，也就是能够吸引用户继续观看的元素。这些钩子可以是反转、悬念、彩蛋、冲突等手法，让用户在观看过程中始终保持高度的关注和兴趣。通过设置钩子，我们可以提高视频的完播率，让用户在不知不觉中看完整个视频，并留下深刻的印象。

3. 标签原则

标签原则也是制作爆款视频时需要注意的。在制作短视频内容时，我们应该有意识地植入自己的个人标签，形成自己独特的风格和特点。这样不仅可以与其他账号形成差异化竞争，还可以加深粉丝的印象和认知。我们也要保持内容的聚焦和统一性，不要频繁更换内容类型和风格。

4. 视觉原则

视觉原则，即打造视觉锤。将其应用于短视频中时，不仅涉及画面的设计，还与视频中的声音、色彩、动作等方面紧密相关。如通过独特的声音创造出强烈的个性特征，从而让观众对你产生独特的印象；通过设计统一的标准动作，让视频内容更具辨识度；通过使用特定的色彩组合和造型，营造出独特的氛围和情感；通过保持统一的视觉风格，强化品牌形象。这包括背景布置、道具选择、服装风格等。

早在20世纪60年代,美国的产品就开始了同质化,到了20世纪70年代,竞争更加激烈,令人们在购买消费品时有了极大的选择余地,同时也在选择时产生了困惑。此时,营销界出现了"品牌形象"理论,即消费者选择时所运用的理性越少,描绘品牌形象就越重要。因此,借助一个令人印象深刻的品牌名,以及准确有效地反映产品定位的宣传口号——语言钉,能够刺激我们大脑中负责处理声音的左脑,更深刻地留下记忆。而将语言钉植入消费者心智的工具,就是"视觉锤"(visual hammer)。将以语言表述的概念植入消费者的心智,结合了视觉,就会具备感性诉求,被人们更快接受并留下更深刻的印象。我们的左脑处理声音,右脑处理视觉图像。我们所看到的文字,首先会作为视觉进入右脑,被解码后传输到左脑,再被转换成声音,这一过程需要大约40毫秒的时间。而右脑能立刻识别视觉符号,因此,我们在交通信号灯转变颜色的时候会快速做出反应。另外,相比文字,图像会带给人们更多情感上的反应,你很少看到有人在读书时一会儿哭一会儿笑,而看电影时情绪起伏的幅度很大。即便是相同的故事,看电影和阅读带给人们的情感反应也会不一样。如今,视觉符号在我们的日常交流中占据了越来越多的空间,而且这一趋势还将持续下去。

资料来源:哈佛商业评论,王晓红. 攻占心智:市场竞争的终极战场[EB/OL]. (2017-05-25)[2024-04-01]. https://mp.weixin.qq.com/s/6UUg0_olOt3KT47zTxf6ag.

(四)脚本创作公式

在短视频创作中,脚本的重要性不言而喻。一个好的脚本能够吸引观众的注意力,提高视频的完播率和互动率。为方便创作脚本,我们总结出以下七个公式。

1. 提出问题+解决方案+展示总结

创作知识教学类短视频的主要目的是解决问题,让用户学到东西。因此,脚本创作公式可以简化为:提出问题+解决方案+展示总结。在提出问题阶段,我们需要明确要解决的问题是什么,以及这个问题对用户的重要性。例如,如果我们要解决用户拍摄视频时遇到的问题,可以提出问题:"拍摄视频时,如何避免画面抖动?"这个问题对用户来说是比较常见的,因此他们会想要了解更多的解决方案。在解决方案阶段,我们需要给出具体的解决方案。这个解决方案可以是我们的产品、服务或者技巧。例如,我们可以给出如下解决方案:"使用三脚架拍摄可以避免画面抖动。"这个解决方案非常简单明了,用户可以很容易地理解和操作。在展示总结阶段,我们需要凸显这个解决方案的重要性,并再次强调我们解决的问题。

2. 场景+意外转折+另一意外转折

搞笑段子类的短视频需要吸引用户的目光,因此反转是非常重要的。脚本创作公式可以简化为:场景+意外转折+另一意外转折。设定场景时,我们首先为用户描绘一个生动的背景,使他们能迅速沉浸其中。随后,当故事看似朝着某个方向发展时,我们巧妙地引入第一个意外转折,打破用户的预期,给他们带来惊喜。紧接着,在第二个意外转折阶段,我们再次颠覆用户的想象,通过一个更加出人意料的结局,让故事达到高潮,为用户带来双重震撼。

3. 故事情境+金句亮点+总结

心灵鸡汤类或励志类的短视频需要让用户感动,因此需要做到情景交融。脚本创作公式可以简化为:故事情境+金句亮点+总结。在故事情境阶段,我们需要讲述一个感人的故事，让用户产生共鸣。在金句亮点阶段，我们需要给出一些有启发性的金句，让用户产生深刻的印象。在总结阶段，我们需要总结这个故事的意义和价值，并再次强调我们的主题。

4. 抛出问题 + 分析原因 + 引导互动 + 具体讲解

这种脚本模板适用于任何行业、任何领域。首先，列出行业的通病或普遍面临的问题，然后把问题抛出来，再告诉用户遇到这种问题不是你的错，是因为这个行业的乱象问题，不是因为你不聪明、不仔细，而是这个行业有不为人知的潜规则，大多数外行人会中招，随后再引出自己的方法论和干货内容。这种方法可以让观众觉得你是在为他们着想，从而更容易接受你的观点和建议。例如，"你知道只刷抖音也能分钱吗？99%的人都还不知道，赶紧点赞收藏"。这种方法可以让人们感觉到你的价值，然后再通过讲解和案例证明来增加说服力。它可以让人们快速对你产生信任感。例如，"如果你还在亲自给视频配音手动添加字幕和音乐的话，那你就大错特错了，高手们都在用××××"。这种方法可以让人们感觉到你的专业性，提供的方法具有实用性，同时通过引导互动来增加观众的参与感和黏性。

5. 技巧价值放大化 + 不劳而获 + 具体讲解 + 案例证明

这种方法利用了人们想要不劳而获的心理。通过展示一个简单技巧或者方法工具，运营者可以达到惊人的效果，让人们感觉到你的价值。例如，"只需要三分钟，让你成为抖音视频制作的达人。不需要专业的设备，不需要高超的技巧，只需要一部手机和一个简单的工具"。然后详细讲解这个工具的使用方法和效果，再通过案例证明这个工具的强大功能。这种方法可以让人们快速对你产生信任感。

6. 疑问抛出 + 数据佐证

这种方法通过抛出一个问题或者疑点来吸引人们的注意力，然后通过数据来佐证你的观点。例如，"你知道吗？抖音视频制作中，背景音乐的选择是至关重要的。那么，如何选择合适的背景音乐呢？数据显示，选择节奏与视频内容匹配的音乐可以提高视频的完播率和互动率"。这种方法可以让人们感觉到你的专业性和可信度。

7. 指出错误 + 给到方法 + 引导互动

这种方法是先指出一个错误或者问题，然后给出正确的方法和建议来解决问题。例如，"很多人在抖音视频制作中犯了一个错误，那就是没有提前规划好视频的内容和结构。其实，一个好的抖音视频需要有一个清晰的框架和逻辑。那么，如何规划好抖音视频的内容呢？欢迎在评论区留言，分享你的经验和看法"。这种方法可以帮助用户更好地理解和解决问题，同时通过引导互动来增加观众的参与感和黏性。

第三节 脚 本 拍 摄

脚本创作完成之后，我们需要拍摄脚本时，便会涉及拍摄设备、横屏与竖屏的选择、景别选择、构图技巧、运镜技巧等内容。

一、拍摄设备

在拍摄时，人们使用一些辅助设备可以提高拍摄效果和效率，以下是常见的拍摄辅助设备及其作用介绍。

（一）手持云台（智能稳定器）

手持云台是手机拍摄中非常重要的辅助设备之一（见图9-2）。它通过承载手机，在拍摄过程中保持画面稳定，减少画面抖动，让拍摄出来的视频更加流畅。手持云台通常具备自动追踪、拍照延时等实用功能，这些功能可以大大提高拍摄的效率和效果。在选择手持云台时，建议选择三轴云台，因为三轴云台可以更好地平衡手机的重量和重心，提供更加稳定的拍摄效果。

（二）三脚架

运用三脚架（见图9-3），人们可以将手机固定在一个位置，获得稳定的拍摄效果。尤其是在延时摄影、静物摄影、拍摄星空等需要长时间曝光的场景中非常实用。使用三脚架人们可以避免因为手持抖动或者移动导致的画面不稳定，提高画面的质量。同时，三脚架还可以提供多种角度和高度的调节，适应不同的拍摄需求。

图9-2　手持云台

图9-3　三脚架

（三）收音麦克风/耳麦

收音麦克风或带麦克风的夹领耳麦可以提高录音质量，减少周围环境噪声的干扰（见图9-4）。专业的麦克风如支架麦、无线麦克风等，可以针对不同场景进行拾音。麦克风有定向和全向之分，个人使用一般选用定向无线。在户外拍摄或者环境嘈杂的情况下，使用收音麦克风可以更好地捕捉声音，提高录音效果。

（四）手机蓝牙遥控器

手机蓝牙遥控器是一种方便远距离自行操控手机的设备。通过蓝牙连接手机和遥控器，人们可以实现远程拍照、录像等目标。它在一个人拍摄短视频或者需要远程控制的情况下非常有用。

（五）LED补光灯

LED补光灯可以在光线不足的情况下提供额外的光源，改善画面的曝光效果，使画面更加清晰、明亮（见图9-5）。特别是在夜间或者室内光线不足的情况下，使用LED补光灯，人们可以有效地提高画面亮度，减少噪点，增强画面质量。

图9-4　麦克风

图9-5　补光灯

（六）手机广角/微距镜头

通过为手机镜头加装广角和微距镜头，人们可以拓宽手机的拍摄视野，实现广角拍摄、更近距离的微距拍摄等效果。广角镜头可以拍摄更宽广的画面，适合风景拍摄；微距镜头则可以拍摄更近距离的细节，适合微观世界的拍摄。这些镜头可以大大提高手机的拍摄效果，满足不同场景的拍摄需求。

二、横屏 VS.竖屏

（一）横屏的优点与缺点

横屏拍摄的优点主要有：（1）宽广的视野。横屏拍摄能够捕捉到更宽广的画面，使得画面内容更加丰富，为观众提供更全面的视觉体验。（2）适应多种显示设备。由于电视、显示器等大部分屏幕设备是横屏显示，因此横屏拍摄的视频在这些设备上播放时能够保持画面完整，不会出现裁剪或变形的情况。（3）符合人眼的视觉习惯。横屏构图更符合人眼的视觉习惯，能够提供更好的视觉平衡和舒适度。（4）后期编辑灵活。横屏视频在后期剪辑、特效添加、字幕处理等方面具有更大的灵活性，能够实现更多的创意效果。

横屏拍摄也存在一些局限：（1）手机握持不稳定。在横屏拍摄时，手机握持方式相对不太稳定，容易造成画面抖动，影响拍摄效果。（2）不适用于部分社交平台。一些社交平台在移动端更倾向于竖屏视频，如抖音、快手等，因此横屏拍摄的视频在这些平台上可能不太受欢迎。

（二）竖屏的优点与缺点

竖屏拍摄的优点包括：（1）适应移动设备观看。竖屏拍摄更符合人们在手机、平板等移动设备上的观看习惯，让观众能够更加舒适地握持设备。（2）适合社交平台分享。抖音、快手等社交平台在移动端以竖屏视频为主，因此竖屏拍摄的视频在这些平台上更容易获得关注和进行分享。（3）操作稳定。手机竖屏拍摄时更容易实现稳定的握持和操控，减少画面抖动的可能性。

竖屏拍摄也存在一些局限：（1）画面受限。由于竖屏画面的宽度有限，因此在构图上可能相对单调，画面元素较少。（2）不利于后期编辑。竖屏素材在后期剪辑时可选择内容相对较少，尤其是在与横屏素材混剪时，可能会遇到一些困难。

尽管没有找到准确可信的数据源，但从直觉和周边观察来看，横屏内容消费被挤压已经是不争的事实。回想一下，你已经多久没认真一倍速看完一部电影了，而多久之前刚刷完抖音、快手，再看看屏幕使用时间，我想答案不言而喻。从图文、视频这两大内容形态来看，图文消费几乎全是竖屏，长视频当下依然以横屏为主，但其时长份额被疯狂蚕食的现状不容易改变。利用全屏瀑布流的形态使得竖屏也具有了极强的沉浸式体验，竖屏在手机时代的霸主地位无可撼动。而将目光放长远，我个人觉得横竖屏的争端可能会消失。一个先决判断：手机作为人与互联网交互主要媒介的时代，横竖屏的使用占比会走向进一步失衡，竖屏优势巨大。而我们皆知，未来一定是 AR 与 VR 的时代。在那个时代，屏幕的概念被消解，横与竖都会作为内容展现的一种形式并存，而且因为没有屏幕存在，内容展现与我们人眼所见范围一致，横屏反倒可能迎来机会，抢回竖屏内容所占据的一部分时间。只不过，这股风还要很久才能吹来。

资料来源：互联网菜鸟产品进阶之路，随心将夜. 横屏 vs 竖屏，一场注定的溃败[EB/OL]. (2021-04-11) [2024-04-01]. https://mp.weixin.qq.com/s/JeEZYObh6s6RzQzmD8pO1w.

(三)横屏与竖屏的选择

拍摄主题、观看设备和投放平台是人们选择横屏还是竖屏拍摄时需要考虑的重要因素。

(1)拍摄主题。如果拍摄主题是风景、建筑等宽阔的场景,横屏拍摄能够更好地展现这些场景的广阔和细节。对于动物或运动场景,横屏拍摄也可以更好地展现对象的动态和速度感。如果拍摄对象是静态的物品或细节,竖屏拍摄则可以更好地突出主体,营造出更加聚焦的氛围。

(2)观看设备。观看设备的屏幕尺寸和人们的观看习惯也是需要考虑的因素。在电视、显示器等大屏幕设备上观看,横屏拍摄能够提供更完整的画面。在手机、iPad等移动设备上观看,竖屏拍摄的画面可能更适合这些设备的屏幕尺寸和观众的观看习惯。人们也需要考虑设备的性能和画质。如果观看设备具有高分辨率和高清晰度,那么它将更加适合横屏拍摄的高清画面。如果设备性能有限或画质较低,那么可能更适合竖屏拍摄,因为竖屏视频在画质要求不高的情况下更容易被观众接受。

(3)投放平台。投放平台也是人们选择横屏或竖屏拍摄时需要考虑的因素。如果投放平台主要是面向年轻观众或时尚潮流人群,那么可能更适合竖屏拍摄,因为竖屏视频在年轻观众中更受欢迎。如果投放平台主要是面向专业领域或高端人群,那么可能更适合横屏拍摄,因为横屏视频在专业领域中更被认可。

除了以上因素,人们还要考虑其他一些因素来辅助做出决策。例如,如果需要使用无人机或其他特殊设备进行空中拍摄,那么可能更适合横屏拍摄,因为横屏视频可以更好地展现宽广的视野和具体的细节。如果拍摄过程中需要使用稳定器或其他防抖设备来减少画面抖动,那么可能更适合竖屏拍摄,因为竖屏视频在防抖方面具有更好的效果。

三、景别选择

景别指的是拍摄画面在取景器内所呈现的范围大小。被摄物体离镜头越近,画面范围越小,景别越小,反之,则景别越大,由此产生"小景别大人物,大景别小人物"的口诀。景别一般有远景、全景、中景、近景和特写五种(见图9-6)。

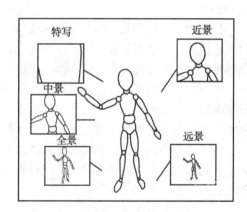

图9-6 景别图

(1)远景。远景是表现宏大场景和辽阔风光的主要手段,它通过广阔的视角展现出画面的整体气势。在拍摄远景时,摄影师通常会使用广角镜头捕捉更多的画面内容,并通过线条和构图的运用来突出场景的壮观和美丽。例如,在拍摄壮丽的山川风光时,远景可以展现出山川的辽阔和连绵起伏,让观众感受到大自然的壮美和神秘。

(2)全景。与远景相比,全景更注重于展示画面主体与环境之间的关系。全景的拍摄范围稍小,但仍然能够清晰地展现出主体的全貌。在拍摄全景时,摄影师需要将主体放置在画面中的显眼位置,以便观众能够轻松地识别出主体并理解其与周围环境的关系。例如,在拍摄人物的风光照片时,全景可以展现出人物与自然环境的和谐关系,让观众感受到人与自然的亲密联系。

（3）中景。中景是一种介于全景和近景之间的景别，它通常用于拍摄人物的上半身或全身。中景能够展现出人物的姿态和动作，同时也能够展示出一些背景信息。在拍摄中景时，摄影师需要注意对人物姿势和表情的刻画，以及画面的构图和光线的运用。例如，在拍摄人像照片时，中景可以展现出人物的姿态和表情，让观众感受到人物的个性和情感。

（4）近景。近景则更进一步地聚焦主体，通常用于拍摄人物的脸部或特写。近景能够强调人物的面部表情和细节特征，让观众更加深入地了解主体的内心世界。在拍摄近景时，摄影师可以使用较大的光圈来创造出浅景深的效果，从而突出主体并虚化背景。

（5）特写。特写是五种景别中最具冲击力和表现力的一种。它通常用于拍摄人物的五官或某个局部细节，以强调其独特之处和美感。在拍摄特写时，摄影师需要非常注重光线的运用和细节的捕捉，以确保画面的清晰度和质感。

除了以上五种景别外，还有一些其他的景别，如大特写、超特写等。人们可以根据不同的主题和创作需求灵活运用这些景别。总的来说，五种景别各有特点和适用场景。摄影师可以根据自己的创作意图和主题需求选择合适的景别进行拍摄。通过灵活运用这些景别，摄影师可以创造出丰富多样的视觉效果，表达多元化的情感，从而让观众更加深入地理解和感受照片所传达的信息与情感。

四、构图技巧

优质的视频拍摄构图对于提高视频质量、增加观众关注度、提升艺术表现力以及增加创作乐趣都具有显著的好处。构图主要有9种技巧。

（1）中心构图法。中心构图法是一种常见的构图方法，它将画面元素置于画面的中心位置，以突出主题和重点。这种构图方法能够增强画面的稳定感和对称感，使观众的视线自然地集中在主体上。在短视频拍摄中，中心构图法非常适合用来突出主体，增加视觉冲击力。

（2）引导线构图法。引导线构图法是一种通过引导线将画面分成几个部分，让观众的目光自然地从一个部分移动到另一个部分，让其注意到主体或重要元素，让人有身临其境的感觉，产生画面代入感，从而增加画面的层次感和视觉吸引力。

（3）框架式构图法。框架式构图法是一种常见的构图方法，通过将画面分割成不同的框架来限定画面内的元素，突出主体或重点。这种方法可以根据需要灵活运用，比如采用多个小框架来表现细节，或者采用一个大框架来突出整体。

（4）S形构图法。S形构图法是通过画面元素的方向和形状创造出流畅的S形曲线，使画面更加优美，有助于引导观众的目光流动。这种方法更多的是用在画面的背景布局中和空镜头的拍摄中。

（5）九宫格构图法。九宫格构图法是一种将画面分成9个小格的构图方法，它可以更好地组合画面元素和布局。将画面重要元素放置在九宫格的交会点上，可以使得画面更加有层次感、稳定感和美感。

（6）对称构图法。对称构图法是一种以对称形式安排画面元素的构图方法。它可以增加画面的平衡感和美感，让画面看起来更加稳定和有序。在短视频拍摄中，对称构图法能够显著突出主体，增加视觉焦点，同时营造出和谐、平衡的画面氛围。

（7）垂直线构图法。垂直线构图法以垂直线条为主，能充分展示景物的高度和深度。垂直线构图法将画面分成上、下两个部分，强调画面的垂直方向。在视频拍摄中，利用垂直线构图法，人们往往用来表现被摄体自身就有很明显的向上发展的张力。垂直线构图法的应用能够将这种张力最大化地表现出来，给人以高大的效果，再配合广角镜头，更能凸显被摄体的深远，具有很强的戏剧性。

（8）水平线构图法。水平线构图法是一种常见的构图方法。它将画面分为左、右两个部分，突出画面的水平方向。在视频拍摄中，水平线构图法的应用能够增强画面的稳定感和平衡感，同时强化画面的水平方向感，再配上合适的运镜技巧，往往能营造出宽广、开阔的视觉效果，引导观众的情绪快速入戏。同时，利用水平线的特性，人们可以更好地交代环境特征与主体之间的关系，让整个画面呈现出一种平稳的态势，从而更好地突出主体，增加主体的凸显效果。

（9）对角线构图法。对角线构图是一种经典的构图方法。通过将画面分为两条对角线，它可以增强画面的动感和流畅感。在视频拍摄中，对角线构图法的应用能够有效地引导观众的目光，营造动感和流畅感，同时增加画面的层次感和视觉趣味性。

五、运镜技巧

（1）平移。平移是指在拍摄过程中沿水平轴线移动手机，使画面产生水平移动的效果。平移运镜常用于跟随拍摄移动中的物体或展示宽阔的场景。通过沿水平轴线移动手机，人们可以使画面产生流畅的横向运动效果，增强观众的视觉体验，营造出一种动态的视觉效果。例如，在拍摄行驶的车辆、行走的人群等时，人们可以使用平移运镜来跟随拍摄，使观众感受到运动的节奏和速度。

（2）升降。升降运镜分别是指手机在垂直轴线上向上或向下移动，使画面产生垂直移动的效果。升镜可以使画面中拍摄的物体或场景显得更加高大宏伟，常用于展示建筑物、山川等高耸入云的景象。俯视拍摄则可以从高处向下拍摄，使画面中的物体或场景显得更加渺小，营造出一种被压迫的感觉。例如，在拍摄城市全景或高楼大厦时，人们可以使用升镜来展现建筑物的宏伟、壮观；在拍摄地面上的小景时，则可以使用俯视拍摄来营造出一种被压缩的感觉。

（3）拉近/拉远。拉近和拉远是指通过手机的变焦镜头来改变画面的视距，使画面有拉近或拉远的效果。拉近可以让观众关注到画面的某个细节部分，突出重点，常用于拍摄特写镜头。例如，在拍摄人像时，可以使用拉近运镜来突出人物的表情和特征。拉远则可以让观众了解画面的整体环境，展示出更多的背景信息。例如，在拍摄风景时，可以使用拉远运镜来展现整个景色的广阔和壮丽。

（4）推进/拉出。推进和拉出是指在拍摄过程中将手机整体向前或向后移动，以达到拉近或拉远画面的目的。与拉近/拉远不同，推进/拉出是通过改变手机与拍摄对象的距离来实现效果，具有更强烈的立体感。推进可以使得画面中的物体或场景更加突出，产生视觉上的冲击力；拉出则可以逐渐展现出更多的背景和环境信息，使画面更加丰富和完整。例如，在拍摄人像时，可以使用推进运镜使人物更加突出和立体；而在拍摄风景时，则可以使用拉出运镜逐渐展现出更多的自然景观。

（5）跟拍。跟拍是指将手机沿某一水平方向平滑地移动，以实现与拍摄对象保持同步的画面效果。跟拍常用于拍摄运动中的物体或人物，如行走、跑步、骑车等。跟拍可以呈现出流畅、自然的画面感觉，使观众仿佛身临其境地感受到运动的速度和节奏。同时，跟拍也可以展现出不同角度的视觉效果。如第一人称视角的跟拍效果，可以使观众更加深入地体会到拍摄对象的视角和感受。

（6）旋转。旋转是指手机以其所在位置为中心进行转动，使画面产生旋转的效果。旋转运镜可以用于表现画面的旋转效果，如旋转镜头、旋转摄像等。通过旋转手机，人们可以营造出一种动态的视觉效果，增强画面的表现力和张力。旋转也可以用于展现拍摄对象的其他角度和细节，如旋转拍摄人像、物品等。

（7）绕拍。绕拍是指将被拍摄对象置于所在位置的中心进行环绕，使被拍摄对象处于画面的中心位置，可将被拍摄对象的多个角度进行展示的同时背景画面也进行移动。绕拍具有很强的动态表现力，可以对整个场景进行360度展示。通过环绕拍摄可以展现出被拍摄对象的多个角度和细节，同时也可以展示出背景环境的不同视角和变化。例如，在拍摄风景时，人们可以使用绕拍来展示出整个景色的不同视角和细节；在拍摄建筑物时，可以使用绕拍来展示出建筑物的多个角度和细节。

（8）疲劳模糊。疲劳模糊是指手机摇晃、抖动，呈现颠簸、混乱的场景和紧张情绪。此时手机被手持而非安置在三脚架或稳定器上。通过模拟手持拍摄时的摇晃和抖动效果，人们可以营造出一种紧张、混乱的视觉效果。它常用于战斗场面、运动场景等需要强调紧张氛围的镜头中。这种运镜技巧可以使画面产生一种不稳定的视觉效果，增强观众的紧张感和期待感。

（9）定拍。定拍是指将手机固定在三脚架或稳定器上，保持静止不动，以拍摄静态的场景或物体。定拍是一种常见的拍摄技巧，常用于拍摄风景、建筑物、静物等静态场景。人们将手机固定不动，可以确保画面的稳定性和清晰度，避免因为手机抖动而产生的模糊效果。定拍也可以使观众更加专注于画面中的主体部分，营造出一种宁静、平和的视觉效果。

（10）延时。延时摄影，又称缩时摄影，一般常见于拍摄时间快速流逝、云朵快速移动的效果。通过长时间拍摄多张照片并快速播放，人们可以将一段时间内的变化压缩成短时间的展示，使观众更加直观地感受到时间的流逝和自然的变化。例如，在拍摄日出日落、云朵流动等场景时，人们可以使用延时摄影来展现出更加震撼和生动的视觉效果。

（11）甩拍。甩拍是指将正在正常拍摄的摄影机以急快的速度进行位移，创造一种快速、动态的视觉效果。通过急速地移动手机，人们可以在画面中创造出一种瞬间变化的效果，增强画面的冲击力和张力。例如，在拍摄快速运动、瞬间反应等场景时，人们可以使用甩拍来突出画面的速度感和紧张感。甩拍也可以用于在两个镜头之间创造一种过渡效果，使画面更加流畅和连贯。

第四节　视　频　剪　辑

本节主要阐述剪辑视频的工具，以及对画面、声音进行剪辑的方式。通过学习本节内容，你将掌握剪辑视频的一些基础知识。

一、剪辑工具

剪辑工具多种多样，每个平台都开发了自己的剪辑工具，此外，有的平台发布时也自带视频剪辑功能。这里主要介绍三种常用的剪辑工具。

（一）剪映

剪映作为一款由抖音官方推出的手机视频编辑工具，不仅具备全面的剪辑功能，还提供了丰富的特效、滤镜和音乐资源。它不仅适用于专业的视频制作，也适合普通用户进行日常的视频编辑。剪映的操作简单直观，用户选择模板后可以直接上传素材，快速生成视频。剪映还提供了专业的剪辑工具，如切割、变速、倒放等，满足用户对视频剪辑的各种需求。此外，剪映提供了多种滤镜和美颜效果，可以让用户轻松地对视频进行美化。在视频创作学院中，剪映提供了丰富的课程，涵盖脚本构思、拍摄、剪辑、调色、账号运营等多种主题，满足了不同阶段用户的需求。无论你是初学者还是专业人士，都可以在剪映中找到适合自己的课程。

（二）美图秀秀

美图秀秀是一款功能强大的图片编辑和视频剪辑软件。它拥有智能识图、人像分割、背景虚化等功能，可以快速对图片进行美化、调整和优化。美图秀秀还提供了丰富的滤镜效果和特效，可以让用户轻松地为图片添加各种风格的艺术效果。在视频剪辑方面，美图秀秀支持视频剪辑、裁剪、拼接等功能，并提供了多种转场效果和背景音乐，方便用户制作出属于自己的专属视频。美图秀秀也提供了海量的素材和模板，用户可以根据自己的需求选择合适的素材和模板，快速生成各种风格的图片和视频。

（三）爱剪辑

爱剪辑是一款功能强大的视频剪辑软件，它具有多种剪辑工具、海量滤镜和特效、强大的字幕功能，以及精准的音频编辑功能等。无论是初学者还是专业人士，都可以使用爱剪辑轻松制作出高质量的视频作品。爱剪辑的操作简单直观，用户选择合适的模板后直接上传素材进行编辑。爱剪辑还提供了多种输出格式供用户选择，满足用户不同的需求。爱剪辑也支持云端存储和多人协作，方便用户随时随地进行视频编辑和分享。

二、剪辑步骤

剪辑是视频运营重要的一环。进行剪辑时，人们可以按照下列步骤进行。

（1）熟悉素材。开始剪辑之前，熟悉所有的素材是非常重要的。人们需要观看所有的视频片段，了解每个镜头的长度、内容、角度、光线等，如此才能更好地确定哪些镜头需要保留，哪些需要删除。同时，熟悉素材也有助于人们理解整个故事的内容和结构，从而在剪辑时保持故事的连贯性和流畅性。

（2）整理思路。熟悉完素材后，人们需要结合这些素材和脚本整理出剪辑思路。这意味着，需要明确剪辑的目标和方向，确定剪辑的风格和节奏，考虑使用什么样的剪辑手法，如何通过镜头和剪辑来表达故事的主题与情感。这个步骤非常重要，决定剪辑作品的整体风格和效果。

（3）镜头分类筛选。对素材进行筛选与分类是一个非常重要的步骤。人们可将不同场景的系列镜头分类整理到不同文件夹中，这样在剪辑过程中可以更方便地查找和选择。同时，你也可以根据镜头的质量、内容等因素进行筛选，保留最好的镜头，删除不合适的镜头。

（4）粗剪。在粗剪阶段，人们需要按照分类好的戏份场景进行拼接剪辑，挑选合适的镜头将每一场戏份镜头流畅地剪辑下来，然后按照剧本叙事方式拼接起来。这个步骤主要是为了让故事情节连贯起来，让观众理解整个故事内容。

（5）精剪。精剪是对视频节奏及氛围等做精细调整的阶段。在这个阶段，人们需要对视频进行更加精细的修剪，去掉不必要的部分，让视频更加紧凑。同时，也需要考虑如何通过剪辑来表达故事的主题和情感，如何通过镜头的选择和剪辑来营造氛围和带动节奏。

（6）添加配乐、音效。合适的配乐可以给视频加分。配乐是整部片子风格的重要组成部分，对视频的氛围、节奏也有很大影响。因此，在添加配乐时，你需要考虑配乐的风格和节奏是否与视频的整体风格和节奏相匹配。音效也是非常重要的元素之一，它可以增强观众的观感和听感。

（7）制作字幕及特效。视频剪辑完成后，人们需要给视频添加字幕，制作片头、片尾特效。字幕可以增强观众的观影体验，让观众更好地理解视频的内容和情节。片头、片尾特效则可以为视频增加特色和亮点，让观众更加喜欢你的作品。

（8）输出视频成品。完成所有步骤后，人们需要输出最终的视频成品。在输出之前，人们需要仔细检查整个视频，确保没有错误或问题。同时，也需要考虑视频的格式、质量、封面设置是否符合你的要求和目标受众的需求。

三、剪辑技巧

剪辑短视频时，有以下技巧。

（1）视频素材的选择。挑选画质清晰、无抖动的素材是非常重要的。如果视频素材质量不佳，观众可能会因为画质不清晰而选择忽略或快速划过。因此，在选择素材时，要确保它们能够清晰地展示主题，并且画面稳定。

（2）视频节奏。视频节奏对于观众的观看体验至关重要。如果视频节奏过快或过慢，观众可能会感到枯燥或难以理解。因此，人们要根据视频内容调整剪辑节奏，保持画面与音乐节奏协调一致。通过合适的剪辑手法，如切换镜头、调整画面长度等，来控制视频节奏，观众能够更好地理解和感受视频的主题和情感。

（3）转场效果。使用适当的转场效果可以增添画面的生动感，但需要注意避免过多或过于复杂的转场导致画面杂乱和花哨。常见的转场效果有淡入淡出、交叉溶解、平滑切换等，人们可以根据具体情况选择合适的转场效果。同时，也要注意转场效果的自然过渡，不要过于突兀或生硬。

（4）文字与动画添加。在适当的位置添加文字说明、字幕、图形等元素，可以方便观众理解视频内容。这些元素可以是静态的，也可以是动态的。例如，在某些重要信息出现时，人们可以通过文字或动画的形式进行强调。同时，也要注意文字和动画的排版与设计，使其与视频的整体风格和氛围相匹配。

（5）音频处理。根据主题和画面内容选择合适的音乐音效，调整背景音乐与原音的音量平衡，是使音乐与画面和谐统一的关键。背景音乐要与视频的整体氛围相匹配，同时也要注意不要盖过原声或过于突兀。此外，还要注意音频的清晰度和质量，确保观众能够听清楚每个细节，获得较好的声音效果。

（6）调色与滤镜。根据视频风格和氛围进行调色处理，添加合适的滤镜效果，可以让视频更加生动、吸引人。例如，在拍摄风景时，可以通过调整色彩饱和度和对比度来增强画面的美感。在拍摄人物时，可以通过添加柔光、美颜等滤镜来提亮人物的肤色，增强质感。同时，注意调色和滤镜的使用要适度，不要过于夸张或失真。

（7）保存与输出设置。在输出视频时，人们需要选择合适的格式、分辨率、比特率等，以确保视频画质与文件大小平衡。一般来说，根据视频的用途和播放平台选择合适的格式和分辨率即可。如果需要保留原汁原味的画质和音质，人们可以选择无压缩的格式进行保存。此外，还要注意输出设置中的其他参数，如帧率、码率等，也要根据实际情况对它们进行合理调整。

四、配乐与音效

配乐是指给视频配上连续或短暂的有歌词的歌曲或纯音乐。音效是指给视频的某个节点、动作配上适合的声音。

（一）配乐的作用

（1）强调气氛。配乐能够强化视频的氛围，使观众更加深入地感受到视频传达的情感。例如，在紧张的剧情中，配乐通常会采用快节奏、高音量的音乐，以增强紧张感。在温馨的场景中，配乐则可能采用柔和、慢节奏的音乐，以营造温馨的氛围。

（2）引导观众情绪。通过配乐的节奏和旋律，创作者可以引导观众的情绪，使他们在观看过程中产生共鸣。例如，悲伤的旋律可能会引导观众进入悲伤的情绪，欢快的旋律则可能使观众感到愉悦。

（3）凸显重点。配乐可以在关键时刻为视频添加高潮，突出重要的情节或角色。例如，在视频的高潮部分，配乐通常会采用强烈的节奏和音乐元素，以强调高潮的到来。

（4）提升画质感。合适的配乐可以为视频的画面增添质感，使画面更加生动。配乐的音色、节奏和旋律都要与画面相呼应，为画面增添更多的层次感和生动感。

（二）配乐的选择

如何正确选择适合短视频的音乐？主要有以下几个方面。

（1）了解视频风格。如果你正在制作一部浪漫爱情片，那么选择柔和、浪漫的音乐作为配乐会更加合适。如果是动作片，那么选择节奏快、充满活力的音乐会更合适。如果是恐怖片，那么选择紧张、神秘的音乐会更加引人入胜。

（2）考虑情感表达。配乐应该能够与视频的情感相匹配。例如，如果视频中的角色正在经历悲伤的时刻，那么选择悲伤的音乐会更加增强情感的表达。相反，如果角色正在经历快乐的时刻，那么选择欢快的音乐会更加合适。

（3）试听音乐。你可以通过在线音乐平台、音乐库或音乐制作人的网站来试听不同的音乐。在试听时，注意音乐的情感表达、节奏和旋律是否与你的视频相匹配。还可以尝试将不同的音乐片段与你的视频片段相结合，看看哪些音乐与你的视频融合得最好。

（4）考虑音乐与画面的协调性。配乐应该与画面内容相协调。例如，如果画面正在展示一个美丽的自然景观，那么选择柔和、宁静的音乐会更加合适。如果画面是紧张的打斗场景，那么选择快节奏、充满活力的音乐会更合适。

（5）避免过度使用。配乐虽然很重要，但过度使用也会影响观众的观感。因此，要控制配乐的使用量和使用时机，不要在整个视频中都使用配乐，而是在关键时刻使用。例如，在重要的情节转折点、高潮或关键的对话场景中使用配乐，可以更好地引导观众的情绪。

（6）考虑音乐版权。在选择和使用配乐时，要注意音乐的版权问题，确保你使用的音乐是合法的，避免侵犯他人的版权。如果你想要使用特定的音乐作为配乐，可以与音乐制作人或版权所有者联系，获得授权后再使用。

（7）参考其他视频。选择配乐时，可以参考其他类似的视频作品，观察它们如何使用配乐来增强情感和营造氛围，这可能会带给你一些启示和灵感。

（8）与他人合作。如果你对选择的配乐不太确定，可以与专业的音乐制作人或作曲家合作。他们可以根据你的需求和视频风格来创作适合的配乐。

（9）不断调整和优化。在视频的后期制作过程中，你可能会发现某些配乐与视频不太匹配或不够理想，此时不要害怕调整和优化你的配乐选择。这可能会是一个迭代的过程，确保最终的配乐与视频相匹配。

（三）音效的作用

（1）营造氛围。音效是营造氛围的重要手段之一。在悬疑视频中，突兀的声音、尖锐的叫声等音效可以增加观众的紧张感和恐惧感。音效的选择和运用可以直接影响观众的情感体验，使观众更加深入地投入视频的情境之中。

（2）表现动作和物体。音效可以增强视频中动作和物体的真实感与存在感。例如，在动作片中，使用脚步声、关门声、打斗声等音效，可以增加观众对动作场景的真实感和紧张感。音效还可以配合画面变化，帮助塑造视频的整体感觉和氛围。

（3）强调镜头切换和节奏。合适的音效可以强调某个特定的镜头切换或者画面变化，提高观众对故事发展的关注度。例如，在镜头切换时，使用平滑的过渡音效，可以让观众更加自然地接受画面的变化。在快节奏的场景中，使用紧张、刺激的音效可以增强观众的紧迫感和兴奋感。

（4）引导观众的注意力。在特定时刻加入音效，可以引导观众的注意力，使观众关注到视频中重要的信息或者情感转折点。例如，在关键时刻使用激昂的音效，可以吸引观众的注意力，让他们更加关注故事发展。音效还可以用于掩盖或突出某些声音效果，例如掩盖环境噪声或突出人物对话等。这些都可以引导观众的注意力，使视频更加生动、有趣和引人入胜。

巨量引擎商业算数中心采取定量研究的方式，对"抖音中音乐对视频和广告的影响力"这一问题进行研究后发现，对比大盘数据，音乐可提高短视频20%左右的播放量、互动量。而且，相较于普通短视频，这种效应在广告视频中更加明显：援引上述研究，音乐对广告视频播放量、互动量的提升最高达 300%。一直以来，短视频平台创作的核心都在于"让用户看下去"，无论长短，第一眼印象非常重要。5 秒划走或 10 秒划走都意味着视频内容不够吸睛，或因为画面、人物无吸引力，开篇语无法引起共鸣/好奇，又或是背景音乐用得违和。如果在开始几秒内没有让用户建立起一种期待，那用户很可能会转入下一个视频。相应地，建立第一眼期待的手段也和画面、音乐等有关。目前短视频平台的音乐其实与视频内容有强绑定关系。这种强绑定关系意味着音乐一响，大家就会知道视频属于哪一类内容。励志型音乐可以告诉用户，这个视频接下来可能"很燃"，煽情的音乐可能让用户建立起"接下来会比较感人"的期待。类似地，诙谐、有节奏感、欢快、土味等元素的音乐，都能够和内容进行强绑定。

资料来源：HIFIVE 音加加. 背景音乐和短视频的关系，比你想象中还要紧密[EB/OL]. (2023-08-25)[2024-04-01]. https://mp.weixin.qq.com/s/W8pUIA4TO6ua4lHxAHSlEg.

（四）音效的选择

（1）与画面内容相匹配。选择音效时，首先要确保音效与画面内容和情感基调相符。音效与画面的协调性是营造沉浸式体验的关键。例如，在一个紧张、恐怖的氛围中，人们应该选择低沉、紧张的音效，如尖锐的叫声、刺耳的乐器声等，以增强观众的恐惧感。在一个轻松愉快的场景中，人们应该选择明快、轻松的音效，如清脆的乐器声等，以营造欢乐的氛围。

（2）音效的可信度。选择音效时，人们要确保音效的真实性。使用高质量、逼真的音效素材能够增强观众的代入感，使观众更加相信视频中的情境。如果使用不真实的音效，可能会给观众带来不适感，甚至影响观看体验。因此，选择音效时，要尽量选择与现实世界相符的音效，避免使用过于夸张或失真的音效。

（3）注意音量和混音。在添加音效的过程中，人们要注意音效的音量。过大的音量可能会掩盖对话或其他重要的声音元素，过小的音量则可能使音效难以被观众听到。因此，要根据画面情境和情感表达来调整音效的音量。同时，还需关注音效和配乐之间的混音平衡，确保各种声音元素之间和谐共存。

第五节　流量投放

流量投放，又称"投流"，是视频运营重要的一环。本节主要阐述流量投放的逻辑、目的、时机和策略。通过本节内容的学习，你将掌握流量投放的基础内容，有助于你运营全媒体。

一、投流的逻辑

付费流量，是一种通过购买获得的流量，其推送逻辑主要依赖数据分析和精准定位。通过付费投放，系统会根据提供的人群数据进行快速匹配，从而帮助账号找到潜在的目标用户。如此一来，既刺激免费流量的产生，同时也提高了转化率。在实操层面，首先，基于性别、年龄、地域等基本信息进行初步筛选；然后，深入行为、兴趣标签，通过关键词来锁定目标人群；最后，考虑电商属性，例如点击购物车、下单或咨询等行为。基于基本信息、兴趣标签和电商属性的数据，系统选定兴趣标签作为变量，基本信息和电商属性作为定量，便可以进行排列组合，制订出多条投放计划，然后通过投放计划提供的数据，筛选出转化率最高的计划，进一步优化投放策略。

与付费流量相对的是免费流量。免费流量主要是通过优质内容、社交媒体互动等方式获得的。它的核心在于吸引用户的关注和参与，进而提高品牌知名度和用户黏性。在免费流量的获取过程中，人们需要创造有价值的、能吸引目标用户的内容。关键词优化也是人们获取免费流量的重要手段。通过合理地使用关键词，我们可以提高内容在搜索引擎中的排名，从而吸引更多的用户浏览内容。整体而言，付费流量和免费流量在推送逻辑上存在明显的差异。付费流量更侧重于精准定位和数据分析，通过精准推送实现高转化率；免费流量则更依赖于优质内容的创作和社交媒体的互动，通过提高品牌知名度和用户黏性来获取。

二、投流的目的

投流的主要目的有测试、撬动、纠正和获取。

（1）测试。付费投放流量的第一个目的是测试。在全媒体运营中，内容的合规性和质量是至关重要的。通过付费投放流量，人们可以对内容进行初步测试，观察其是否违反平台规定，以及内容质量是否达到预期。这种测试不仅有助于确保内容的合规性，还可以为后续的优化提供参考依据。当作品播放量数据较低，只有十几个时，人们可通过投流方式测试内容是否违规。

（2）撬动。付费投放流量的第二个目的是撬动更大的自然流量。作品是有流量期限的，一般而言，当天的作品有较好的流量，则第二天、第三天会有更好的流量，从第四天、第五天开始，推流速度会减缓。在推流速度减缓之时进行付费投放流量，此时效果相比在推流集中的第二天、第三天进行付费流量投放则会差许多。撬动更大的自然流量，可在第一天、第二天进行付费投放。

（3）纠正。第三个目的是纠正账号的粉丝模型，使账号的人群标签更加精准。在运营过程中，有时账号的粉丝模型会出现偏差，这时通过付费投放流量，可以引入更精准的目标用户，从而纠正账号的粉丝模型。经过一段时间的数据分析和优化，账号的人群标签将更加精准，为后续的运营打下坚实基础。如通过账号后台数据分析，人们发现当前账号的目标人群并不符合账号定位，则可以通过付费投流，选择达人定向或自定义，从而纠正账号的粉丝模型。

（4）获取。第四个目的是获取更多精准用户，提高转化率。付费投放流量正是获取精准用户的有效手段。通过数据分析，人们可以找到目标用户的兴趣点，并针对这些兴趣点进行付费投放。精准用户被引入后，提高转化率便有了可能。

三、投流的时机

根据不同时机制定投流策略，人们可以更精准地触达目标受众，提高内容的表现力。以下是投流的五个关键时机。

（1）时机一。当作品发布后的 30 分钟内，如果点赞/播放比在 8%左右，可以考虑投流；如果数据表现优异，达到 12%～15%，可以进行小额投流。此外，当作品发布 30 分钟后，播放量卡在 500、1000、5000、10000 等边缘池时，通常表示视频在初始流量池中表现不佳。这时，可以选择直接投流来推进视频到下一个流量池。

（2）时机二。在作品发布后的 1 小时内，观察作品的自然流量表现。如果自然流量超过 3000，可以投流；如果自然流量低于 1000，则不建议投流。此外，作品发布 1～2 个小时后，点赞率达到 5%～10%，转发率、评论率达到 1%，说明视频已经具备了爆款苗头。此时，直接投流可以进一步助推视频成为热门内容。

（3）时机三。在作品发布后的 2～4 小时内，如果点赞/播放比达到 3：10 或更高，可以进行投流。此外，在作品发布 3 小时后，如果满足特定的播放量和粉丝量条件，如播放量大于 3000 且粉丝量小于 1 万，或发布 3 小时后，播放量大于 12000 且粉丝量在 1 万～10 万之间或粉丝量大于 10 万，可以选择直接投流，进一步提高视频的曝光量和互动性。对于粉丝量较少的账号，投流可以吸引更多潜在受众，增加视频的曝光量和观看次数；对于粉丝量较大的账号，投流则可以进一步扩大视频的影响力，提高互动率和转化率。

（4）时机四。在作品发布后的 12 小时内，综合考虑赞播比、播转比和播粉比等指标。如果赞播比大于 5%，播转比大于 0.3%，播粉比大于 0.7%，则可以进行投流。

（5）时机五。在作品发布后的 24 小时内，观察完播率和点赞比。如果完播率超过 30%，点赞比超过 5%，则可以进行投流。

四、投流策略示例

在读者了解以上关于投流内容的基础上，本节以抖音平台为例，详细阐述投流策略，以便帮助读者更深入地理解投流。

（一）抖音投流工具介绍

（1）Dou+。Dou+是短视频内容加热工具，可在手机端进行操作。短视频内容测试中，验证"内容模型"的带货能力，便是从 Dou+开始的。其人群定向包括基础定向，即性别、年龄、地域；兴趣定向，主要以类目标签进行划分，从类别到子类目，相对颗粒度较粗；达人定向，基于达人粉丝的定向投放。人群定向组合常见的几种投放策略包括基础定向，即主要选择性别和年龄，人群相对放宽；基础+兴趣定向，有利于提高精度；基础+达人定向，精度级别较高。

（2）内容服务。内容服务是抖音平台版的内容加热工具，官方版的 Dou+，以媒体排期的形式下单，支持优化千次展现出价（OCPM）模式的人群圈选策略，人群精细度更高。不过，它不支持品牌自主圈选，只能把圈选人群的逻辑，以表格的形式提供给官方，由抖音官方完成人群圈选和下单。内容服务与 Dou+ 互斥，不能同时投放，一般以 Dou+ 小规模投放进行，若 Dou+ 模型优秀，后续可安排内容服务用于大规模放量。

（3）达人竞价。OCPM 投放是人群颗粒度细、精度高的投放，其有四大人群策略：云图策略、莱卡策略、达人策略、智能策略。OCPM 投放有两种形态，一种是广告信息流，大家较为熟悉；另一种是达人竞价，即 KOL 原生信息流。达人竞价结合 KOL 与原生信息流的长处，避其二者的短处，投放实现品效合一。

（4）随心推。随心推是"巨量千川"的手机简化版，操作模式与 Dou+ 类似。随心推流量池为千川流量池，流量质量更优。但由于是千川简化版，它的流量规模小于 Dou+。随心推为深度转化模型，以成交为投放目标。因此，在投放上更加简单，直奔投资回报率（ROI）结果。

（5）千川。千川投放主要分为两种形态：一种是短视频投放，另一种是直播间投放。千川短视频是抖音闭环版的达人竞价（AD），没有冷启动，快速起量，跑量规模更大，计划生命周期更长。同随心推一样，它为深度转化模型，以成交为投放目标，依然适用于随心推的投放策略。

（二）抖音投流策略介绍

1. Dou+投放策略

（1）标准投法。在标准投法中，投放时间通常设定为 24 小时。首先，需要观察内容的自然流量消耗情况，当自然流量在 3 天内消耗完毕时，品牌需要基于 Dou+ 模型进行投放。在投放过程中，需要监测单日的 ROI，并根据次日投放效果进行优化。这种投法旨在通过精准的人群定向和投放策略，实现品牌的有效曝光和转化。

（2）实时投法。实时投法注重实时数据的监测和调整。品牌通常设定 24 小时的投放时间，并利用淘宝联盟的实时 ROI 数据进行调整。在出单高峰或 ROI 高峰时段，品牌会加大投放力度，选择 2 小时或 6 小时的加投时段。这种投法需要根据实时出单和 ROI 情况进行不断优化，以实现最佳的投放效果。

（3）爆单投法。爆单投法适用于粉丝量级相对较高的 KOL。它需要监测发布视频 2 小时内的成交数据，并计算 Dou+ 模型。如果 Dou+ 模型较高，品牌会进行 Dou+ 投放。在保持爆单状态下，品牌需要实时优化并持续加投 Dou+。这种投法的当日目标通常是投出 10 万+，以实现品牌在抖音平台上的高曝光和高转化。

2. 内容服务投放策略

（1）头部 KOL 投放策略。在品牌与头部或超头 KOL 的合作中，为了确保投放顺利进行，人们需要在脚本样片阶段提前进行广审。这样做可以避免内容问题导致的投放障碍。如果对 KOL 的带货能力有较高的预判，或者在第一天发布视频后观察到"流量 ROI 模型"数据表现如预期，可以直接开启内容服务投放。

（2）电商大促投放策略。在临近大促或大促期间，人们可以利用内容服务提前一个月锁定大促流量，避免在大促期间有预算却投不出去的尴尬情况。可以选择最近 3 个月有良好投流 ROI 表现的视频进行排期，在大促期间通过内容服务进行放量。如果运用得当，内容服务将成为一些品牌在电商大促期间抢量的重要手段。

3. 达人竞价投放策略

（1）云图策略。云图策略是一种基于抖音人群包的扩展投放策略，类似于抖音版的数据管理平台（DMP）。其核心打法是通过品牌已购人群包（种子包）来拓展相似人群。这种策略可以帮助品牌更精准地定位目标受众，提高投放效果。

（2）莱卡策略。莱卡策略是抖音官方给出的投放策略名称，即抖音行为兴趣（关键词）投放策略。在莱卡策略中，我们会从五大维度进行关键词的圈选，包括品类词、搜索词、竞品词、功效词和场景词。这种策略可以帮助品牌更精准地触达潜在受众，提高品牌曝光度和转化效果。

（3）达人策略。达人策略是通过圈选优质达人粉丝，叠加用户互动行为，用于提高投入产出比的策略。在投放模式中，人们可以选择抖音号（粉丝覆盖）和用户行为圈选（已关注、视频互动、商品互动、直播互动、商品点击、直播互动、商品下单）的组合。这种策略可以帮助品牌更精准地触达潜在受众，提高品牌曝光度和转化效果。

（4）智能策略。智能策略即通投策略，是基于抖音"大漏斗"逻辑，依靠算法，通过人群反馈，反推有效人群的投放策略。在投放模式中，人们可以选择基础定向（性别、年龄、地域）加上系统推荐的方式。然而，我们不建议使用这种策略，因为其效果可能不如其他更精准的投放策略。

4. 随心推投放策略

在投放过程中，人们首先要进行不定向的测试，这样可以帮助人们了解哪些 KOL 具有较高的权重，并且带来良好的跑量效果。对于权重较低的尾部或 KOC，人们需要开始设置定向来提高投放效果。通过先测不定向，再测定向的方式，人们可以更全面地了解不同 KOL 的权重和跑量效果，从而制定更精准的投放策略。随心推是千川的简化版投放工具，类似于竞价的单条计划。因此，在使用随心推时，人们需要采取多订单、小金额的投放策略。通过多订单、多计划的投放方式，人们可以更好地测试不同投放策略的效果，从而找到最佳的投放方式。同时，小金额的测试也有助于控制风险，避免大量投入导致的不必要损失。如果某个 ROI 良好的跑量计划表现出色，可以考虑加大预算来进一步扩大投放效果，让更多的潜在受众接触到我们的产品或服务。同时，如果一个计划表现良好，还可以复制该计划并将其投放给更多的人群。这样不仅可以提高投放效果，还可以降低风险。

思考题

1. 不同平台（如短视频平台、直播平台、长视频平台）的视频运营策略有何异同？
2. 相较于图文形式，视频在传播和表达方面具备哪些独特优势？
3. 视频运营 SSEP 模型包含哪些元素？请分别进行阐述。
4. 脚本有哪些创作原则及公式？
5. 给视频配上音乐有什么作用？

本章实训

1. 请与你亲密的朋友携手合作，组成一个创意小组，共同构思并创作一个富有创意和吸引力的短视频脚本，确保内容既有趣又富有深意。随后，进行精心拍摄与剪辑，将你们的创意呈现在屏幕上，在课堂上进行展示，与同学分享你们的创作成果，共同交流学习心得。

2. 请选择你心中喜爱的企业作为研究对象,深入剖析其视频运营现状。基于你的分析,为企业提供具体的运营建议,帮助它在视频领域取得更好的成绩。

典型案例

从淄博到"村超",短视频助力网红城市流量转化为经济发展增量

第十章 全媒体直播运营

【学习目标】
- 掌握直播运营的定义
- 了解直播的优势及分类
- 掌握直播运营的 PSPCP 模型
- 掌握用户直播购买决策过程模型

淘唐传媒基于抖音强大的线索经营能力和工具,协助君瀚律所布局后端转化体系,通过小风车引流+专人客服+标准化服务流程的协同,形成一套完整的变现链路,达成案源线索转化闭环,有效撬动成交增量。在直播场景中,君瀚律所搭载小风车等留资工具,通过客服、小程序等引导用户点击"立即预约",将线索转化为潜在客户,针对高意向用户,还可直接推动对应的商品服务链接,促进购买转化。在注重服务专业性和个性化的法律服务行业,私信一对一回复是实现转化的关键环节。君瀚律所设置私信专人回复,精准对接私信用户的个性化需求,解决自动回复信任度降低的问题,直接带动成交率提升。在整体业务服务层面,君瀚律所搭建起案件的标准化、可视化流程。个人属性较强的律师 IP 账号,由账号律师承接和消化案源线索,促进成单转化;基于律所主账号,搭建后链路销售团队,以法律顾问形式进行案源线索回访和案件筛选,精准匹配对应的服务产品,促进线下到店转化;针对容易交付、流程简单的非诉业务,匹配实习律师,可直接在线上批量完成服务交付,高效提升转化效率。

资料来源:抖音企业号小助手. 矩阵 IP 化、运营精细化、服务标准化,传统律所数字化三板斧实现获客增长[EB/OL]. (2024-01-12)[2024-04-01]. https://mp.weixin.qq.com/s/VYVHbXl3_XEOWrueXR-SpA.

直播已成为企业与消费者互动的重要桥梁。君瀚律所与淘唐传媒的合作案例,便展示了直播运营的巨大潜力和价值。通过抖音平台,君瀚律所不仅利用小风车等留资工具吸引潜在用户,还通过直播形式与用户实时互动,形成了一个高效的线索转化闭环。这一过程中,直播运营的核心要素——PSPCP 模型及用户直播购买决策过程模型得到了深度应用。通过精准对接用户需求,提供专业且个性化的服务,君瀚律所成功提升了成交率。这一案例为我们深入学习和实践直播运营提供了宝贵的启示。本章主要学习直播运营相关内容,如直播分类、优势等,核心内容是掌握直播运营的 PSPCP 模型及用户直播购买决策过程模型。

第一节 直播运营概述

本节主要阐述直播的优势、分类、起号类型,并详细阐述贯穿本章的 PSPCP 直播要素模型、用户直播购买决策过程模型。

一、直播的定义与优势

（一）直播的定义

直播是一种实时传输影像和声音的形式，能让用户与主播进行实时互动。与传统的电视直播相比，网络直播更加灵活，用户可以随时随地地点击直播间，进入直播间观看，并且与主播实时互动，参与感更强。直播也能够传递丰富的信息，包括人物表情、声音变化等，让用户体验到更为真实和生动的场景。直播还具有很高的即时性，能够让观众第一时间获取到新的信息。

（二）直播的优势

直播与图文、视频等内容呈现形式有明显的区别，其优势在于能够实时互动、受众广泛、成本较低、社区感强。

（1）实时互动。直播能够实现主播与用户之间、用户与用户之间的实时互动。主播可以回答用户的问题、回复评论，甚至进行实时投票、问答活动、PK 连麦等，使用户更加愿意参与其中。对于企业而言，这种即时反馈机制有助于及时了解消费者需求和动态，进而优化产品和营销策略。

（2）受众广泛。直播依托社交媒体平台庞大的用户基础，在算法的干预下，其内容能够触及更广泛的受众。因此，通过直播，品牌可以迅速扩大知名度，提升影响力。

（3）成本较低。直播无须像传统广告制作那样在场地租赁、设备购置和人员薪酬上花费大量的资金。多数情况下，主播只需一部手机和稳定的网络连接即可开播。这为品牌节省了大量的成本，使得直播成为一种高性价比的营销手段。

（4）社区感强。直播的用户可以实时地互相交流、分享观点和体验，形成一种强烈的社区感。这有利于品牌建立起稳定的用户群体，增强用户忠诚度。直播的发展趋势由"叫卖型"向"内容型"转变。在"内容型"的直播间中，用户的购买更加趋于理性，愿意分享、推荐。

直播也有其劣势，如当前"叫卖型"直播忠诚度低，一些主播为了追求高流量和关注度，可能会夸大其词或进行不实宣传等。

二、直播分类

随着直播的发展，各类型的平台都对用户开放直播功能。根据平台类型不同，产生的直播类型也不同。当前主要有社交媒体平台直播、电商购物平台直播、其他平台直播。

（一）社交媒体平台直播

社交媒体平台直播主要依托社交媒体平台进行直播活动，如抖音、快手、微信视频号、小红书、微博等。这些平台的直播功能为内容创作者和企业提供了一个直接与粉丝或潜在消费者互动的机会。其特点是用户基础较大，但同时竞争也较为激烈。主播通常会通过创作独特的内容或表演精彩的才艺来吸引用户。与电商购物平台直播相比，社交媒体平台直播更注重个性和创意，许多主播凭借其独特的魅力或特色内容而走红。由于它同时是一个社交平台，因此用户在观看直播的同时，也可能在平台上与朋友互动、浏览其他内容等。

（二）电商购物平台直播

电商购物平台直播，如淘宝直播、拼多多直播、京东直播等，主要是为了促进产品销售。这类直播通常有明确的产品推荐和销售目标，主播会详细介绍产品的特点、使用方法等，甚至进行试穿或试用。与社交媒体平台直播相比，电商购物平台直播的商业氛围更为浓厚。它的主要目的是引导用户购买产品,因此主播的推荐和销售技巧尤为重要。同时,电商购物平台直播也更注重产品展示和用户体验。

随着徐闻菠萝的走红,"徐闻模式"逐渐在广东省推广。此前,拼多多与广东省农业农村厅签订合作框架协议,共同助力广东特色农产品进城,并且联合孵化 50 个广东省特色农产品品牌,全面助力广东省数字农业"新基建"。从开平鸭蛋、遂溪红薯、岭南荔枝到惠来鲍鱼、梅州蜜柚、潮州茶叶,在这些农特产崛起的背后,我们都能看到拼多多的身影。数据显示,仅 2020 年,拼多多就开展了总计超过 240 场的助农直播,覆盖全国 29 个省(自治区、直辖市),共计超过 430 位市、县、区主要负责人进入助农直播间推介本地农(副)产品,累计催生 6.7 亿笔助农订单,销售农(副)产品总计超过 41.2 亿斤,帮扶农户 113 万户。未来,拼多多还将持续通过资源倾斜、供应链优化等举措,加速粤货出村进城,推动广东农特产标准化、品牌化、数字化发展。

资料来源:政事儿. 拼多多一场田头直播给"菠萝的海"带来哪些改变?[EB/OL]. (2024-03-04)[2020-04-01]. https://mp.weixin.qq.com/s/7eP0CzHx4x6-D6ia7aMMnoA.

(三)其他平台直播

除了社交媒体直播平台和电商购物直播平台外,还有许多其他类型的直播平台,如游戏直播平台、教育直播平台、音乐直播平台等。这些平台通常针对特定的用户群体或内容类型。例如,虎牙直播主要关注游戏比赛和实时互动。这类平台更加专业化或细分化,能够满足特定用户群体的需求和喜好。

三、直播运营的定义与模型

(一)直播运营的定义

随着直播行业的不断发展,直播运营的作用和价值越来越突出。直播运营,简言之,是指在抖音、快手、小红书、淘宝、拼多多等平台上,通过一系列有组织、有协调的管理和运营活动,确保直播活动的顺利开展,提高用户的参与度、满意度和忠诚度,最终实现特定的商业目标的过程。与直播运营密切相关的两个模型分别是 PSPCP 直播要素模型和用户直播购买决策过程模型。

(二)PSPCP 直播要素模型

成功的直播不仅仅是一个人在镜头前说话那么简单,它涉及多个要素的协同作用。这就是 PSPCP 直播要素模型的重要性所在,它涵盖了人员(people)、场景(scene)、产品(product)、内容(content)和玩法(playing method)五个核心要素(见图 1-7)。

(1)人员。人员在这里涉及的主要角色有主播、用户和运营团队。主播是直播的核心,他们需要具备良好的沟通技巧、专业知识,并对产品有深入了解。他们还需要与用户建立良好的关系,营造亲切、互动的氛围。用户是直播的参与者,他们的参与度、互动度和忠诚度直接影响到直播的效果。运营团队负责整个直播的策划、推广和运营,他们需要具备丰富的经验和创新思维。

(2)场景。场景是直播发生的地点和环境。一个合适的场景可以提升用户的沉浸感,增强直播效果。场景的选择和设计需要考虑用户的视觉感受和心理预期,创造出令人愉悦和富有吸引力的环境。例如,美妆直播通常会在明亮的环境下进行,以展现产品的颜色和质地；美食直播则可能会选择厨房或餐厅等环境，让用户更直观地感受到食物的美味。

（3）产品。产品是直播的核心内容。它可以是实物产品，也可以是虚拟产品，如服务、课程等。产品需要有吸引力和竞争力，同时也要符合主播的形象和风格。为了吸引用户，产品还需要通过精心设计和包装来提升其吸引力。除了选择适合直播销售的产品外，人们还要考虑产品的组合和排列，以满足不同用户的需求。此外，强调产品的独特性和优势，以及展示产品在不同情境下的应用，有助于激发用户的购买欲望。

（4）内容。内容是直播的具体展现形式。它可以是主播的讲解、演示、互动等，也可以是用户的提问、评论等，此外还包括品牌故事、企业文化、热点话题等。通过丰富多样的内容，能够吸引并保持用户的注意力，同时传递品牌价值观，建立品牌形象。优质的内容可以吸引用户的注意力，提高他们的参与度，进而提升直播效果。

（5）玩法。玩法指的是直播中的互动方式和策略。通过有趣的互动方式，如抽奖、优惠券、问答等，主播可以激发用户的兴趣和参与意愿，增强他们对直播的忠诚度，也可以创造更多和用户交流的机会，提升直播的社交属性。同时，合理的销售策略，如限时折扣、限量抢购等，也能有效提升销售额。

（三）用户直播购买决策过程模型

直播购物已经成为一种新兴的购物方式。在直播购物中，用户的购买决策过程与传统的购物方式有所不同。下面将具体阐述用户直播购买决策过程模型。该模型将用户直播购买过程分为六个阶段：进入、停留、互动、购买、等待和分享（见图1-8）。

（1）进入。用户通过各种渠道了解到直播信息，如社交媒体、广告推送、刷视频等，点击链接、扫码或直接进入直播间。这个阶段，吸引用户进入直播间的因素主要包括主播的知名度、直播主题的吸引力、直播呈现的画面，以及直播预告的推广效果等。为了吸引更多用户进入直播间，主播和商家可以通过合作推广、SEO优化、广告投放等手段增加直播的曝光度和知名度。

（2）停留。用户进入直播间后，会首先观察直播的环境、背景、主播形象等。这个阶段，用户会根据自己的兴趣和需求，评估是否继续观看直播。为了吸引用户停留，主播需要营造一个舒适、专业的直播环境，提供有趣、有价值的内容。同时，通过设置吸引人的标题、封面等吸引用户的注意力，提高用户的留存率。

（3）互动。如果用户对直播内容感兴趣，他们会主动与主播互动，例如发送弹幕、点赞、评论等。这个阶段，用户会逐渐深入参与到直播中，与主播和其他用户建立联系。为了增强用户的互动参与感，主播可以设置互动环节，如问答、投票、抽奖等，鼓励用户发表自己的观点和意见。同时，及时回复用户的评论和问题，与用户建立良好的沟通与互动。

（4）购买。在互动过程中，用户可能会对产品或服务产生兴趣，进而产生购买意愿。这个阶段，用户可能会询问产品细节、价格、优惠活动等信息，以进一步了解和评估购买价值。为了激发用户的购买意愿，主播可以重点介绍产品的特点、优势和使用体验，以及价格和优惠活动。同时，提供详细的购物指南和产品说明，帮助用户更好地了解和评估产品价值。

（5）等待。购买完成后，用户需要等待产品发货和收货。在这个过程中，用户可能会关注产品的物流状态和实际使用效果。为了提升用户的购物体验，商家需要确保产品的发货速度和物流的稳定性；同时，提供实时的订单查询服务，让用户随时了解产品的物流状态。在产品使用过程中，提供必要的售后服务和支持，以满足用户的需求和解决可能出现的问题。

（6）分享。使用产品后，用户会根据自己的满意度和体验给出反馈，如分享直播间链接、分享产品使用心得等。这个反馈不仅会影响其他用户的购买决策，还为主播和商家提供了宝贵的改进意见。为了鼓励用户分享反馈，主播和商家可以设置评价系统和奖励机制，例如积分兑换、优惠券等。同时，积极回应用户的评价和建议，不断改进产品和服务质量，通过用户的口碑传播和推荐，扩大品牌知名度和市场份额。

第二节　直播前运营

本节主要阐述直播前需要准备的工作，主要有明确方向、确定人员、搭建场景、规划产品、准备话术、直播预告等。通过学习本节内容，你将了解和掌握直播前的运营工作。

一、明确方向

明确方向是指明确直播间的起号方式。直播间起号主要有平播起号、福利起号、视频起号、付费起号、内容起号等方式。

（1）平播起号。平播起号是一种相对稳健的起号方式，主要依赖自然流量和产品品质。在直播过程中，主播通过自然的语言和产品介绍，将产品的特点、优势和价值传递给用户。这种方式需要主播具备较高的专业素养、产品了解和沟通能力，能够有效地吸引和转化用户。同时，直播间需要注重打造良好的购物环境和氛围，提供优质的客户服务，确保用户有良好的购物体验。产品策略为引流爆款 + 主推产品 + 搭配产品。

（2）福利起号。福利起号是一种利用福利活动吸引用户的起号方式。在直播过程中，主播会推出各种福利活动，如限时折扣、赠品、抽奖等，吸引用户参与并刺激购买。这种方式需要产品具备较高的性价比和价格优势，能够吸引用户的注意力并激发他们的购买欲望。同时，主播需要具备良好的互动能力和销售技巧，能够快速地将用户的参与转化为购买行为。产品策略为低价福利品 + 中价引流款 + 高价主推款。

（3）视频起号。视频起号是一种通过短视频内容吸引用户的起号方式。在直播前，主播需要制作优质的短视频内容，展示产品的特色和优势，吸引用户的关注和兴趣。这种方式需要注重视频内容的质量和创新性，能够快速抓住用户的注意力并激发他们的购买欲望。同时，主播需要具备较高的视频制作能力和创意能力，能够制作出吸引人的视频内容。产品策略为视频爆款 + 搭配款。

（4）付费起号。付费起号是一种结合自然流量和付费流量的起号方式，通过投放千川等付费流量渠道，直接提高直播间的曝光率，增加用户数量。这种方式需要主播具备较强的流量承接能力和销售技巧，能够将付费流量转化为实际的销售额。同时，需要合理控制投放预算和规模，确保投放的效果和收益达到最佳状态。产品策略为引流爆款 + 主推产品 + 搭配产品。

（5）内容起号。内容起号是一种通过优质内容吸引用户的起号方式。在直播过程中，主播需要提供有趣、有价值、有深度的内容，满足用户的需求和兴趣。这种方式需要主播具备较强的内容策划和创作能力，能够打造出吸引人的直播内容。同时，需要注重内容的实用性和针对性，能够为用户提供实实在在的价值和帮助，通过优质的内容吸引用户并促进转化，实现直播间的成功运营。产品策略为引流爆款 + 主推产品 + 搭配产品。

二、确定人员

一场直播需要各种角色相互配合，来确保它的顺利进行。进行直播前，人们需要明确各个人员的角色、职责。从主播、助播、场控到直播策划和客服，每个角色都有其独特的职责和重要性。小型的直播间一般有主播、助播、场控、直播策划和客服。本节主要阐述小型直播间的人员职责，大型的直播间涉及的人员较多，岗位较细，具体人员的职责见表 10-1。

表 10-1　大型直播间人员角色和职责

岗位角色	角色介绍	岗位职责
主播	直播核心人物，展示产品，营造氛围	熟悉流程与产品，直播时解说产品
助播	协助主播，解答粉丝问题	熟悉流程与产品，直播时辅助解说与答疑
经纪人	负责主播直播安排与活动对接	安排直播排期，对接活动资源
运营	推进直播工作，提升直播效果，策划直播活动，争取活动资源	提炼产品卖点，策划直播玩法与官方活动
场控	提升直播间互动氛围，吸引粉丝停留与购买	管理直播间氛围，提高粉丝参与度
直播策划	设计直播间	制定直播流程、脚本与台词
运营助理	协助直播运营工作	记录直播数据，分析竞争对手
招商	利用各种渠道招募直播产品，寻找优质产品商家并合作	负责招募直播产品，开发优质商家资源，达成合作协议
选品员	试用、评估、筛选招商产品	确认直播选品，保证产品质量
视频策划	观察行业趋势，策划短视频内容	设计短视频玩法与拍摄计划
摄影师	负责直播和短视频拍摄	完成短视频与直播拍摄任务
灯光师	负责短视频拍摄或直播时的光线调控	确保拍摄与直播光线效果
剪辑师	负责短视频剪辑工作	编辑短视频内容，提升观赏性
店铺运营	负责抖音小店日常运营工作	管理店铺活动、物流、客服等事务
活动运营专员	策划店铺各类活动的人	策划与执行店铺各类活动
售前客服	解决用户下单前的问题	提供用户下单前的咨询服务
售后客服	解决用户下单和收货后的问题	提供用户下单后的售后服务与支持
设计师	负责店铺、直播、短视频的视觉设计工作	创造各类视觉设计元素
美工	负责店铺的电商设计工作	制作店铺主图、详情页等电商素材
导演	大型直播活动的协调与效果保障	规划大型直播活动流程，确保直播效果
制片人	大型直播的内容统筹与前期筹备	负责大型直播的内容、预算与团队组建
导播	负责直播现场的摄像机调度与切换	根据直播情况调整摄像机机位
明星主播	特殊主播类型，通常是艺人身份	同主播职责，需了解产品与直播流程
明星经纪人	负责明星的日程安排与活动对接	管理明星时间，协调活动资源
化妆师	负责明星的化妆工作	确保明星形象符合直播要求
安保人员	负责明星行程的安全保障	确保明星行程安全（通常由主办方聘请）

（1）主播。主播是直播中的核心人物，相当于舞台上的主角。他们的工作涉及开展直播、与消费者互动、引导消费者等。主播的任务是掌控直播间的节奏和流程，确保销售目标的实现。他们需要具备优秀的口才、产品知识和应变能力，能够有效地吸引和留住用户。在直播过程中，主播需要回答消费者的问题，展示产品特点和优势，并引导消费者下单。他们还要调节直播间的气氛，创造一个愉悦的购物环境，激发消费者的购买欲望。

（2）助播。助播是主播的得力助手，主要负责协助主播开展直播工作。他们的工作内容包括与主播互动、带动直播间的气氛、提醒促销活动、引导关注等。助播需要具备与主播相似的产品知识和口才，以便在直播中为消费者提供详细的产品介绍和解答疑问。助播还需要关注直播间的互动情况，及时回应用户的问题和反馈，确保直播间的交流畅通。在某些情况下，助播还需补充主播的不足之处，协助提升直播效果。

（3）场控。场控是掌控直播全过程的角色，负责中控台的相关操作。他们需要提前进行软硬件调试,确保直播过程的顺利。场控的职责包括管理产品上下架、发送优惠信息、调整产品价格等。在直播过程中,场控还需要监控实时数据,如在线人数峰值和产品点击率等,以便及时发现异常情况并反馈给运营团队。场控也需要协调团队成员的工作,确保直播流程的顺畅进行。在遇到问题时,场控需要及时调整策略并与主播、助播等沟通,确保直播效果不受影响。

(4)直播策划。直播策划是负责直播内容规划和团队协调的角色。他们需要根据主题确定货品搭配,规划开播时间段、流量来源和直播玩法等。直播策划还需要协调团队内外的工作,包括封面图拍摄、设计制图、产品抽样等外部协调工作,以及协调团队成员关系、调节情绪和解决直播问题等内部协调工作。在直播结束后,直播策划需要组织团队进行复盘,根据人员表现和消费者反馈进行分析总结,提出合理的建议,为下一次直播做好准备。

(5)客服。客服在带货直播中扮演着重要的角色。他们负责处理消费者在购买产品时遇到的各种问题,包括订单处理、物流查询、售后服务等。客服需要具备良好的沟通能力和服务意识,能够及时解答消费者的疑问,处理相关问题。在直播过程中,客服还需要关注消费者的反馈和意见,及时向团队反馈并进行改进。一个优秀的客服能够提高消费者的满意度和忠诚度,进而带动整个团队的销售额。

三、搭建场景

搭建场景主要有直播场地、直播背景、直播音乐、直播环境、产品陈列、直播设备、直播灯光七大要素。选择直播场地时,要测试场地的隔音和回声情况,控制场地范围大小;直播背景一般选择简洁、明亮的风格,并与整个直播氛围相适应;选择的直播音乐应避免过于单调或喧宾夺主,应适合主播节奏,配合直播氛围,如大促或福利阶段选择激昂的音乐;直播环境布置遵循的基本原则是摆放整齐,根据品类、主播类型不同有所变化,应与直播主题相一致;产品陈列时,应突出产品,产生视觉冲击力。直播设备与直播灯光是场景搭建的主要内容,下面将详细阐述。

(一)直播设备

直播可分为手机直播、电脑直播、专业效果直播,每类直播所使用的设备有所区别。

1. 手机直播

手机直播适合户外、普通用户、预算不足的企业等,一般较为简单,主要设备有手机、背景板、手机支架、普通的补光灯等(见表10-2)。

表10-2 手机直播设备

设备分类	设备特点
手机	摄像头像素高、内存充足、电池续航能力强、性能稳定
背景板	背景清晰、成本较低,可打印海报
声卡	音质好、声音清晰、小巧便捷、随走随播
麦克风	质感好、音质音效清晰、性价比高
外置摄像头	广角/微距/鱼眼手机摄像头
手机支架	带补光灯的手机直播支架
监听耳机	在直播中监听直播的声音,以便及时做出调整
灯光	及时补充光线、保证直播效果
其他设备	设备电源线、充电器、排插
其他所需	桌椅、道具、提示白板

2. 电脑直播

电脑直播适合预算较多、视觉效果要求较高的企业（见表 10-3）。随着经验积累，企业有较充足的资金积累，可以在原有基础上购买更多、更好的设备，如可由手机直播换成相机直播，呈现更好的视觉和主播状态，以提高直播效果。

表 10-3　电脑直播设备

设 备 分 类	设 备 特 点
摄像	不低于 4K 清晰度的相机、128G 内存卡、2 电 1 充、固定机位的脚架
音频	小蜜蜂、声卡、简易调音台
灯光	至少拥有主光、辅光、背景光 3 个布光点，需搭配灯架购买
推流	推流电脑（配置越高越好）、不低于 4K 的视频采集卡
其他设备	后台电脑、直播背景、直播手机、提示白板

为更好地呈现创意，打造与众不同的直播间，人们可以搭建绿幕直播间。绿幕直播不受场景限制，设备较少，但要求较高（见表10-4）。

表 10-4　绿幕直播设备

设备分类	设 备 特 点
摄像	直播摄像头尽量采用高清设备，采集颜色位深越高越好
绿幕	绿幕抠像最佳距离是 1.5m 左右，以绿幕背景上没有影子为主（减少主体投影，可使背景抠图更加精确）
直播镜头	直播镜头光圈收小，减少人物和背景之间的景深和边缘虚化
灯光	绿幕抠像直播常规灯光配置是主灯光、辅助光、轮廓光、背景光

3. 专业效果直播

专业效果直播适用于大品牌、大企业的自有直播间或成熟的 MCN 机构，如交个朋友、无忧传媒等企业。除一般设备外，它还包括提词器、导播台、调音台、监视器等设备（见表 10-5）。

表 10-5　专业效果直播设备

设 备 分 类	设 备 特 点
背景大屏幕	5m×8m 的 5K LED 大屏幕
摄像	主机位（电影机、电影镜头、镜头转接环）、副机位（摄像机）
切换台	导播台
视频录机	监视器
灯光	补光灯、柔光布、格栅、遮光布
声音	调音台（16 路数字调音台）、收音设备（小蜜蜂）
调色	调色台
电脑	调色电脑、推流电脑、切换大屏信息电脑、产品上下架电脑

（二）直播灯光

1. 灯光的作用

灯光在直播间中的重要性不言而喻。一个恰当的灯光布局，不仅能为主播塑造良好的形象，展现品牌和产品的特点，还能有效地调节直播氛围，提升用户的观看体验。

（1）提升主播的整体形象。在直播中，主播形象是吸引用户的重要因素之一。适当的灯光照射，可以突出主播的面部特征，使其肌肤看起来更加光滑细腻，增强整体的美感。同时，灯光还能为主播打造出合适的造型，突出其个人风格和特点，给用户留下深刻的印象。

（2）展现品牌和产品的高光亮点。在直播中，品牌和产品的展示是重中之重。通过合理的灯光布局，人们可以突出产品的特点，让用户更加清楚地看到产品的细节和质感。同时，灯光也能为品牌营造出独特的氛围，增强品牌的辨识度，提升用户对品牌的认知和信任。

（3）改变直播间氛围。直播间的氛围对于用户的观看体验有着至关重要的影响。通过调节灯光的明暗、色温等，人们可以创造出不同的氛围和情感效果。例如，暖色调的灯光可以营造出温馨、舒适的氛围，适合展示柔美的产品；冷色调的灯光则能带来清爽、明亮的感觉，适合展示科技类产品。

2. 灯光的类型

灯光分为主光、辅助光、轮廓光、顶光、背景光五种类型（见图10-1）。

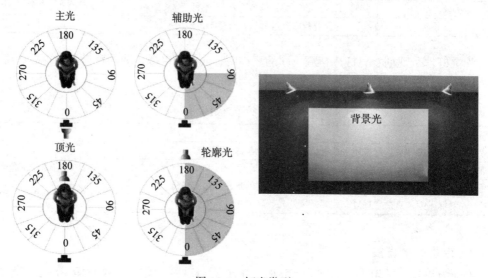

图 10-1　灯光类型

（1）主光。主光负责为场景提供主要照明，使用户的视线聚焦在主体上。在直播场景中，主光通常设置在主播的前方，为的是突出主播形象，强调其特点。主光的颜色和亮度可以根据需要进行调整，以达到最佳的视觉效果。

（2）辅助光。辅助光与主光不同，它的作用是补充主光，为主光创造更加丰富的层次感和立体感。辅助光通常采用柔光灯，其光线柔和，不会产生明显的阴影，使画面看起来更加自然。辅助光的颜色和亮度可以根据需要进行调整，以适应不同的场景和氛围。

（3）轮廓光。轮廓光，顾名思义，是专门用来勾勒主播轮廓的，为其增添立体感。它通常设置在主播的背后，逆光照射，使主播从背景中分离出来，更加突出。轮廓光的运用可以使画面更加有层次感，增强视觉效果。

（4）顶光。顶光，是从上方照射下来的光线。在直播场景中，顶光主要用于照亮主播的头部和面部，使主播看起来更加立体。顶光的光线较强，可以产生明显的阴影效果，但同时也需要注意避免产生过多的阴影，以免影响画面的美感。

（5）背景光，也称环境光，主要用于照亮整个直播场景，使画面看起来更加协调和统一。背景光的设置需要考虑场景的氛围和主题，以使背景与主体相得益彰。同时，背景光的颜色和亮度需要与主光、辅助光等其他光源相配合，以达到最佳的视觉效果。

3. 灯光的布置

合理运用各种光源和光照方法，不仅可以为主播创造一个舒适且吸引人的直播环境，还可以为用户提供更好的观看体验。通过选择合适的光源和调整参数，人们可以使直播画面更加生动、立体、协调，从而达到最佳的视觉效果。灯光的布置主要有六种方法。

（1）立体轮廓法（见图10-2）。这种方法主要用于增强主播的轮廓立体感。它通过斜上光的方式，从主播头顶左右两边45°斜上方打下的光线，使主播的面部产生明暗对比，从而突出其脸部骨骼结构。这种布光方法不仅能让主播看起来更加立体，还能强调其鼻子的立体感和脸部的宽度感。

（2）蝴蝶光瘦脸法（见图10-3）。这是另一种广受欢迎的光照方法，主要用于瘦脸。通过在主播头顶偏前的位置布置光源，主播的颧骨、嘴角和鼻子等部位的阴影拉长，从而在视觉上产生瘦脸效果。但需要注意的是，这种方法并不适合所有主播，特别是脸型较长的主播。

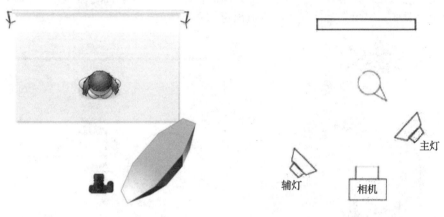

图10-2　立体轮廓法　　　　　　　图10-3　蝴蝶光瘦脸法

（3）顺光照明法（见图10-4）。这种方法能为主播提供均匀的照明，非常适合拍摄脸型匀称、年轻的主播。从主播的左右两侧或后方投射光线，可以避免产生明显的阴影，同时突出主播脸部的水平线条，从而营造出更加和谐、平衡的视觉效果。

（4）侧光照明法（见图10-5）。这是一种能够产生强烈阴影效果的光照方法。将主播的主光与摄像镜头大约呈90°的方向投射，可以创造出一种戏剧性的效果。侧光照明能够强调主播脸部的水平线条，使脸部看起来更瘦、更长。它还可以强调主播脸部的垂直线条，从而营造出更加立体的效果。

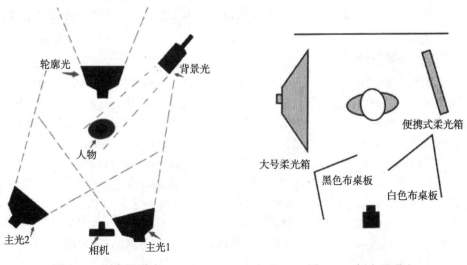

图10-4　顺光照明法　　　　　　　图10-5　侧光照明法

（5）伦勃朗光法（见图10-6）。这是一种专门用于拍摄人像的特殊用光技术。将脸部阴影一侧对着镜头，并照亮脸部的四分之三，可以创造出一种戏剧性的效果。这种光照方法能够强调主播脸部的水平线条，使脸部看起来更瘦、更长。它还可以强调主播脸部的垂直线条，从而营造出更加立体的效果。此外，伦勃朗光法可以突出主播的眼睛，使其看起来更加炯炯有神。

（6）三点照明法（见图10-7）。三点照明法是直播间内常用的布光技巧。巧妙设置主光、辅光和轮廓灯这三个主要灯光，可以有效提升画面的层次感和立体感。主光主要用于照亮主播面部，强调其轮廓和特点，使用户能够更加清晰地看到主播的表情和动作。辅光用于补充主光的光线，平衡阴影部分，提升画面整体质感，使画面更加自然。轮廓灯则从主播的侧面照射，突出其身体线条，营造出更加立体的效果。

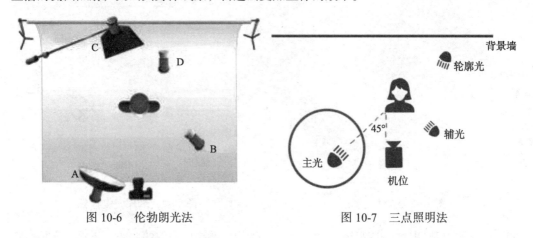

图10-6　伦勃朗光法　　　　图10-7　三点照明法

四、规划产品

规划产品主要包括店铺准备、选品标准、排品策略、卖点提炼四个方面。

（一）店铺准备

进行直播前，需要登录官方网站，提交相关资料，进行验证，缴纳保证金，从而完成店铺开通。店铺开通完成之后，还要创建好产品类目、产品类型、产品标题、图文信息、产品详情、发货模式、产品规格、价格库存、订单库存、相关服务等内容。以上大部分内容比较简单，主要困难点在于产品标题设计与产品头图设计。以下将重点阐述这两方面的内容。

1. 产品标题设计

常见的错误标题主要包括：（1）堆砌品类词，即将众多不相关的品类词堆砌在标题中，使标题丧失核心关键词。如"××品牌男士经典款羽绒服保暖男女同款夹克外套"中，"羽绒服"与"夹克外套"为不同品类却堆砌在一起。（2）蹭品牌流量，即在标题中加入其他品牌名称。如"新款正品软皮百搭斜挎单肩小方包 CK-Y069"中，加入"CK"品牌，蹭"CK"品牌流量。（3）品类与主图不符，如主图为短裤，标题却是长裤。

好的标题可分为基础组合、营销组合、拓展组合。基础组合公式为"品牌词+类目词+核心词+属性词"，如"××品牌2024春季新款个性西装男大学生"；营销组合公式为"营销词+核心词+卖点词+修饰词"，如"××品牌折扣法式西装修身男大学生"；拓展组合公式为"热搜词+核心词+精准词+修饰词"，如"××品牌修身黑色西装学院风高个子男大学生"。

2. 产品头图设计

制作好的产品头图时，人们应考虑以下关键要素和设计原则。

（1）关键要素

①有卖点。在头图中明确突出产品的核心卖点，这些卖点应该是产品独特的优势或特点，能够吸引消费者的注意并激发他们的购买欲望。

②有促销。如果正在进行促销活动，应在头图的明显位置标示出来。这可以提醒消费者抓住优惠机会并促使他们更快地下单购买。

③有场景。在头图中呈现与产品相关的使用场景，可以让消费者更好地了解产品的实际应用效果，并增加代入感。

④有背书。如果产品获得了权威认证、奖项或者知名人士的推荐，应在头图中突出展示这些信息，以增加消费者对产品的信任度。

（2）设计原则

①主体突出。在头图中，产品本身、品牌标志或重点信息应成为突出的元素。这可以通过放大产品、使用亮眼配色或增加光影效果等手法来实现。突出产品：产品应是头图中的主角，占据足够的空间并成为视觉焦点；突出品牌：品牌标志和名称应清晰可见，有助于强化品牌形象；突出重点：对于促销活动、卖点等信息，应使用醒目的字体和颜色加以强调。

②构图干净。头图的构图应简洁明了，避免过多的元素和细节。画面用色应协调一致，线条和布局应保持整洁，以提高整体的美观度和清晰度。

③清晰美观。头图的画质和文字排版应保持清晰，颜色搭配和元素组合应美观、协调。字体、标志和文案的排版布局应简洁明了，易于阅读和理解。

（3）内容要求

①避免与产品无关的内容。确保头图中的所有元素都与产品直接相关，避免添加与产品无关的图片、文字或图形。

②避免恶意诱导点击内容。避免使用过于夸张或误导性的文字或图片来诱导消费者点击，确保所有的信息都是真实和有意义的。

③避免夸大或虚假宣传内容。不要在头图中夸大产品的效果或做出不实的宣传，确保所有的描述和宣传都是基于事实的。

④避免违反法律法规内容。遵守相关法律法规，确保头图中不包含任何违法或违规的内容。

（二）选品标准

直播选品标准可以从以下几个方面进行考虑。

（1）通品普适。选择大众化的产品，能够覆盖更广泛的目标客户群体。这样的产品通常具有普遍的吸引力，能够满足大多数人的需求和喜好。在直播中，人们可以通过展示产品的通用功能和适用场景，突出其普适性，激发更多用户的兴趣。

（2）价格适中。产品的价格定位要考虑到目标客户的消费能力和预期。选择价格适中的产品，能够让更多的潜在客户觉得可以接受并产生购买的意愿。同时，在直播中，可以通过展示产品的性价比、突出其超值之处来吸引用户的关注。

（3）符合趋势。选择产品时，要考虑当前的市场趋势和平台用户的口味，选择符合潮流趋势的产品，增加直播的吸引力和用户的参与度。可以通过研究市场动态、了解行业热点以及观察平台用户的行为和喜好，来选择符合趋势的产品。

（4）产品搭配。人们要根据产品的属性和特点，进行合理的搭配销售，提高销售效果和客户满意度。例如，可以将互补的产品搭配在一起销售，提供更多附加价值；或者将相关的产品组合在一起，形成套餐优惠，以吸引更多客户购买。在直播中，主播可以通过展示产品的搭配效果和使用场景，来促进用户做出购买决策。

（5）品质保证。产品的品质是吸引客户长期购买的重要因素。选择品质可靠的产品，能够建立消费者的信任感和忠诚度。在直播中，人们可以通过展示产品的质量、性能和细节，来证明产品的品质有保证。此外，也可以通过提供售后保障、退换货政策等措施，进一步增强消费者的购买信心。

（6）卖点突出。卖点突出是直播选品标准中的重要一环，它关乎产品在直播中的吸引力以及转化率。卖点是指产品区别于其他同类产品的独特优势或特点，是促使用户产生购买决策的关键因素。在直播选品过程中，选择具有明显独特卖点的产品，能够更好地吸引用户的注意力并激发他们的购买欲望。可从差异化竞争优势、解决痛点问题、创新性功能、可视化展示等方面评估产品是否具备突出的卖点。

（三）排品策略

1. 产品类型

在直播带货中，不同的产品承担着不同的角色和功能。根据作用不同，人们可将其分为关于福利款、性价比款、自留款、利润款。

（1）福利款。福利款的主要作用是吸引用户注意并提升互动性。它的价格通常较低，旨在吸引大量用户进入直播间，提高用户参与互动。福利款可以帮助提升直播间的用户活跃度和互动率，为后续的销售转化打下基础。福利款适合在直播开始阶段使用，以吸引用户的注意力并提高直播间的曝光度。它也可以在直播过程中适时推出，以保持用户的兴趣和参与度。

（2）性价比款。性价比款是那些价格适中但性能优越的产品，适合用来兜底销售额。这种产品通常能够满足用户的实际需求，价格也相对合理，因此受到用户的青睐。性价比款可以提升用户的购买意愿和忠诚度，为直播间带来更多的销售额和口碑传播。性价比款适用于各种类型的直播带货场景，特别是那些以日常用品、生活必需品等为主的直播间。这种产品能够满足大多数用户的实际需求，促进销售转化的实现。

（3）自留款。自留款通常是主播根据自己的喜好、风格或定位来选择的。主播通过选择自留款，可以展示自己对产品的深入了解和挑选能力，提升在用户心目中的专业形象。在直播带货中，有时主播会先介绍一些高价的自留款，再引出性价比更高的产品，形成对比，为销售做铺垫。

（4）利润款。利润款是指那些价格较高、质量较好的产品。在直播带货中，利润款的作用是提高直播间的整体利润水平。通过销售利润款，商家可以获得更高的利润空间，从而保证盈利能力的可持续性。利润款适用于那些对产品质量和利润空间要求较高的直播间。这种产品通常具有较高的附加值和品牌价值，能够满足特定用户群体的需求和期望。

2. 排品逻辑

在直播运营过程中，排品逻辑是至关重要的。它决定了直播间产品的上架顺序和搭配方式，直接影响到用户的购买决策和直播间的销售效果。以下是不同阶段的排品逻辑。

（1）起号阶段。在起号阶段，也就是账号建立初期，7～15天是非常关键的。这个阶段的主要目标是提高直播间的人气、互动、停留时间和关注度。为了实现这一目标，福利款产品成为一个重要的策略。福利款产品通常具有较高的性价比，能够吸引大量用户进入直播间，提高他们的参与度和互动性。因此，在排品时，应将福利款产品放在前面，并给予更多的展示机会。同时，为了提高用户的停留时间和关注度，人们可以选择一些有趣、有吸引力的福利款产品，如特价产品、赠品等。在这个阶段，人们不应追求过高的销售额或利润率，而是通过福利款产品来提高直播间的曝光率和关注度，为后续发展打下坚实的基础。

（2）拉升阶段。进入拉升阶段，也就是账号建立后的 1~3 个月，策略需要进行一些调整。在这个阶段，性价比款成为主推产品，占比达到 70%。性价比款通常具有高流量、高转化率和高销售额的特点，能够快速提高直播间的知名度和销售额。因此，在排品时，应将性价比款产品放在前面，并给予更多的展示机会。同时，为了提高转化率和销售额，可以选择一些与性价比款搭配的产品，如相关配件、配套产品等。这个阶段也需要关注直播间的人气、互动、停留和关注度等数据，以确保直播间的持续发展。

（3）稳定阶段。进入稳定阶段，也就是账号建立后的 3~6 个月，策略需要进行进一步的调整。在这个阶段，各分层的产品数据需要保持平衡，这意味着不同类型的产品都需要有稳定的销售表现。因此，在排品时，应根据产品特点和销售数据进行合理的搭配和排序。例如，可将性价比款与利润款搭配，福利款与性价比款搭配，福利款与性价比款、利润款搭配，以及连续性价比款等，以提高整体的销售额和利润率。同时，为了促进直播间的持续发展，需要重点关注直播间的整体数据和产品的供应链管理。在排品时，应选择一些品质稳定、供应量充足的产品，确保直播间的持续运营。

（四）卖点提炼

卖点提炼是商品营销中非常重要的一环，它需要将商品的特点、优势以及带给消费者的利益点精炼地表达出来。主要从以下几个方面入手。

（1）品牌介绍/店铺介绍。品牌历史与文化：如果品牌有独特的历史或文化背景，可以强调其传承的价值；店铺信誉：展示店铺评价、口碑或获得的荣誉，提升消费者对店铺的信任感。

（2）产品卖点。独特性：强调产品与其他同类产品的区别，例如设计、材料、功能等方面的独特之处；解决问题：说明产品能够解决消费者的哪些痛点或问题，以及如何满足他们的需求；使用体验：描述产品使用起来的感觉、效果或体验，让消费者有更直观的感受。

（3）售卖价格。价值感：强调产品的高性价比，说明价格与产品质量的匹配度；优惠活动：如果有任何折扣、满减或赠品活动，确保消费者知道，以刺激其购买欲望。

（4）购买权益。退换货政策：明确告知消费者退换货的政策和流程，减少购买的后顾之忧；售后服务：提供详尽的售后服务支持，如维修、保养等，显示对消费者的关心。

（5）注意事项。适用人群/场景：说明产品适用于哪些人群或场景，不适合哪些情况，避免误解；温馨提示：对于产品的使用或保养给出建议或提醒，增加产品的专业感。

五、准备话术

话术一般分为留人话术、互动话术、产品介绍话术、催单话术、成单话术、结束话术，共六种。

（1）留人话术。留人话术的逻辑是通过福利活动，留住用户和意向用户。随着用户不断进入，主播需重复循环留人话术，并及时回复用户的提问。一般来说，从开播到结束，留人话术都贯穿全场，间隔 5~10 分钟重复提醒一次。如："亲爱的家人们，欢迎来到我的直播间！别离开哦，因为有好东西等着你们。在直播过程中，我会不定期地送出福利，还有更多惊喜等着你们！"通过这样的方式，主播可以吸引用户的注意力，并鼓励他们留下来观看直播。

（2）互动话术。互动话术包括提问式互动、选择式互动、刷屏式互动和引导式互动四种方式。提问式互动，如"你们对这款产品有什么疑问吗？可以在聊天区提问，我会尽快回复你们"；选择式互动，如"想要 1 号链接扣 1，想要 2 号链接扣 2"；刷屏式互动，如"喜欢的家人们公屏打'喜欢'"；引导式互动，如"我们准备 100 个福利，想要的家人们，左上角点点关注呀"。

（3）产品介绍话术。产品介绍话术有三种方式，分别是：产品举证，即出示产品的信任背书和可信证明等，如荣誉证书；专业话术，即围绕产品进行全方位的介绍，如功能、价格、材质，并且列举一些数字、科学实验、研究结论等，越专业，越显得有说服力；场景展现，即通过话术描述，展现产品的使用场景、用户的痛点场景，让用户真实感受，看到真实效果的呈现。

（4）催单话术。催单话术在于不断强调产品的真实效果有多好、产品价格有多优惠，并通过倒计时、环境音乐氛围衬托营造出紧迫感，促使用户下单。

（5）成单话术。成单话术主要有三个步骤，分别是：打消用户顾虑，即以自身使用经历、产品荣誉、名人代言等为信任背书，证明产品是有效的，从而提升用户信任感；合理引导消费，即以产品价值为核心，引导用户为产品价值付费；限时限量限地，即通过"最后一分钟，抢完就没有啦""库存还剩下 10 件""只有在我们的直播间才有这个优惠价"等类似的话术制造稀缺感，从而引导用户下单。

（6）结束话术。直播将要结束时要强调产品已经售完，限制产品数量，再通过提问互动方式，激发用户购买的欲望，进而补充少量库存，再次制造稀缺感。

六、直播预告

当所有工作完成之后，人们需要设置直播预告。直播预告设置到位，能够有效吸引用户进入直播间。主要从以下四个方面入手。

（1）明确预告信息。一是预告中明确包含直播的日期、时间和主题，以便用户能够准确了解直播内容，并计划观看。二是考虑目标受众，选择适合的时间段进行直播。例如，如果受众主要是上班族，晚上或周末可能是更合适的时间。三是确保预告信息简洁明了，避免过多冗余内容，以便用户能够快速抓住关键信息。

（2）优化封面与标题。标题是吸引用户点击的第一要素，应使用简短、直接、有趣的词汇，激发用户的好奇心。例如，使用疑问句或引人注目的描述。封面是与标题相辅相成的元素，选择与直播主题相关的图片，并确保其色彩鲜艳，视觉冲击力强。此外，确保标题、封面设计与品牌形象保持一致，以加强品牌识别度。

（3）多渠道发布预告。一是充分利用微博、抖音、微信等社交媒体平台发布预告。每个平台都有自己的用户群体和特点，因此可以针对不同平台定制不同的预告内容。二是与其他领域的网红、博主或媒体合作，共同宣传直播活动，可以扩大用户群体。三是在适当的平台上付费投放，可以迅速提高直播的知名度和观看率。四是鼓励已关注的用户、进入社群的用户，通过分享、转发等方式将直播预告传播至社交圈。

（4）引导参与和互动。在预告中鼓励用户提前提问或参与投票，提高用户在直播中的参与度，也能帮助主播更好地了解用户的兴趣和需求。在直播中设置抽奖、问答等互动环节，可以增加直播的趣味性，同时也能吸引更多用户观看和参与。对于积极参与互动的用户，可以设置一些奖励措施，如优惠券、小礼品等，以提高用户的参与积极性。

综上所述内容，我们将其制作成流程化的表格，则形成一个具体到事、责任到人、时间到分的脚本，如表 10-6 所示。

表 10-6　直播脚本

直播目标		
人员分工	主播	
	助理	
	场控	
	运营	
直播时段	17:00—22:00	
素材	短视频/图片/原生画面	
直播话题		
直播主题		
物料准备	直播设备	手机直播：手机、支架
		电脑直播：高配置电脑、推流软件、直播插件、高清摄像头
	灯光设备	球形灯、平布灯、美颜灯（环形灯）
直播产品	产品1	
	产品2	
	产品3	
	产品4	
	产品5	
时间段及流程（细化到分钟）	17:00—17:15	开场、暖场、氛围营造
	17:15—17:30	整体介绍、福利发放规则
	17:30—18:00	介绍产品1/2/3
	18:00—18:30	抽奖、发福利、拉新粉丝
	……	
产品卖点	产品1	
	产品2	
	……	
重点话术		
优惠信息活动		

第三节　直播中运营

本节主要阐述当用户进入直播间后，如何使用户停留、如何进行互动进而购买的内容。通过学习本节内容，你将掌握直播过程中的工作内容。

一、直播间的推流逻辑

直播间与短视频的推流逻辑在一定程度上是相通的，都是基于账号和内容的各种标签、特性以及属性进行精准推荐。对于那些刚开始直播的新账号，平台往往会给予一定的初始流量，让其在同等级别和领域的直播间中开展竞争。这一阶段的推流主要是为了观察新直播间的实际表现和产生的数据。在初始流量被分配之后，平台会开始密切地监控直播间的各项数据。这些数据包括用户留存率、互动率以及转化率等。这些关键数据的高低将决定直播间是否能够获得更多的推流（见图10-8）。

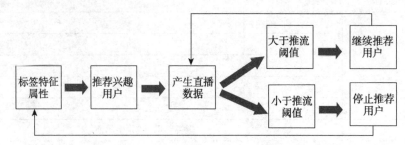

图10-8　直播间的推流逻辑

如果直播间在这些核心数据上的表现相当出色，达到了平台设定的某一标准，那么平台会毫不犹豫地加大推流力度，吸引更多的潜在用户进入。反之，如果直播间的数据表现不尽如人意，那么平台可能会减少推流或者直接停止推流。除了与同领域的直播间竞争之外，每一个直播间还需要与自己的过往数据进行竞争。这种竞争在每个时间段的数据上都有所体现。比如，一个5分钟的直播数据会直接影响下一个5分钟的自然流量进入。这种对时间段的精细考量有助于更好地评估直播间的实时表现。在考核数据方面，直播间推流主要关注两大类数据：用户的停留数据和直播间的成交数据。这两大数据是评估直播间表现的核心指标，也是决定推流量的关键因素。

停留数据包括用户进入直播间的速度、用户在直播间的停留时长、点赞数、分享数、评论数、新增关注数等。这些数据能够反映直播间的吸引力和用户的活跃度。成交数据包括但不限于直播间产品交易总额（GMV）、支付人数、转化率、UV价值（直播间产品交易总额/直播间观看人数）等。这些数据能够反映出直播间的商业价值和变现能力。一个优秀的直播间应当在停留数据和成交数据方面都表现出色。这不仅意味着它能够吸引大量的用户，还意味着能够有效地将这些用户转化为实际的购买力。通过深入分析和优化这两方面的数据，主播和运营者能够更好地调整策略，提高直播间的整体表现。

二、用户停留

促使用户在直播间停留可采取以下四个技巧：人景留人、产品留人、内容留人、玩法留人。

（一）人景留人

人景留人是通过优化直播间的场景布置和主播形象，提升用户的观看体验，从而吸引他们留在直播间。它主要涉及主播形象、画面设置、场景呈现三个方面。

（1）主播形象。主播是直播间的重要组成部分，他们的形象和表现直接影响用户在直播间的意愿。主播的形象应该与直播间的风格相匹配，能够展现出产品的特点和价值。同时，主播的言谈举止应该得体、专业，能够赢得用户的信任和好感。

（2）画面设置。直播间在屏幕上呈现的画面主要有四个部分：贴片区、背景区、中景区、前景区。贴片区主要设置贴片及文案，让画面更有层次感，并且通过文案吸引用户停留。背景区主要通过设置背景海报吸引用户停留。中景区主要呈现主播，此时主播的面容、神态、服装等都是吸引用户停留的因素，需要做好主播的服化道设置，如一些主播穿着奇特或是穿上古装衣服等。前景区主要设置陈列品、道具，如福利引导的字体道具等。

（3）场景呈现。直播场景应该根据产品特性和风格进行布置，营造出舒适、美观的氛围。例如，家居用品，可以采用温馨、舒适的家居风格进行布置；时尚服装，可以采用简约、时尚的风格进行布置。也可以进行创意设计，如佰草集将直播场景布置成古装宫廷风格，一些直播间设置在雪山、户外、生产线，甚至打造神话故事的蟠桃宴风格等。同时，注意细节的把握，如灯光、背景音乐等，提升用户观看体验。

（二）产品留人

产品留人是通过产品展示和功能体验，增强产品的吸引力和竞争力，从而促使用户留在直播间。要实现产品留人，可以从以下几个方面入手。

（1）突出产品的特点和优势。在直播过程中，要突出产品的特点和优势，让用户对产品有更全面的了解和认识。可以通过对比、演示等方式，展示产品的独特之处和优势所在。

（2）强调产品的品质和细节。品质和细节是用户选择产品的关键因素。在直播过程中，主播要重点强调产品的品质和细节，如材料、工艺、品质认证等，以增加用户对产品的信任感和购买意愿。

（3）提供试用和体验机会。提供试用和体验机会可以让用户亲身感受产品的特点和优势，从而增加用户对产品的认知和信任感。如果条件允许，可以在直播过程中提供试用和体验的机会。

（三）内容留人

内容留人是通过提供有趣、有价值的内容吸引用户的注意力，促使用户留在直播间。有趣、有吸引力的内容能够吸引用户的注意力并激发他们的兴趣。如可以根据产品特性和受众群体需求，创作有趣的故事情节、幽默的对话等增加内容的吸引力。提供有价值的信息和知识可以增加用户对产品的认知和理解。例如，可以请专业人士进行产品讲解、分享行业趋势和知识等，增加内容的价值和用户黏性。如东方甄选直播间邀请各行各业的名人进行分享，如冯唐、倪萍、莫言等。

（四）玩法留人

玩法留人是通过创新互动玩法，提升用户的参与感和黏性，从而促使用户留在直播间。要实现玩法留人，可以从以下几个方面入手。

（1）引入互动环节。在直播过程中引入互动环节，如问答、投票、抽奖、领福袋等，可以让用户参与到直播中来，增加他们的参与感和黏性。同时，通过互动环节，主播可以更好地了解用户需求和反馈，优化直播内容。

（2）设计有趣的游戏和挑战。设计有趣的游戏和挑战可以让用户更加积极地参与到直播中来。例如，可以设计一些与产品相关的游戏，或者发起一些挑战让用户参与，获胜者可以得到奖励或优惠。这样的玩法可以激发用户的竞争心理和参与热情。

（3）利用社交媒体和粉丝群体。利用社交媒体和粉丝群体可以让直播间的互动更加丰富和有趣。人们可以通过社交媒体平台发起话题讨论、投票等活动，让用户在直播外也能够参与到互动中来，增加他们对直播间的关注度和忠诚度。

三、用户互动

用户停留在直播间，大部分处于观望阶段，并没有产生互动行为。互动行为主要包括两部分：一是语言上的回应，二是动作上的回应。由此产生促使用户互动的两种技巧：一是话术互动，二是福利互动。

（一）话术互动

话术互动是一种通过话语交流来激发用户参与的方式。常见的话术互动包括提问互动、话题讨论、实时反馈等。

（1）提问互动。主播可以通过提问的方式引导用户参与讨论。问题可以是关于产品的、用户需求的，或者是与直播主题相关的一般性问题。这种互动方式可以让用户感到被关注和重视，同时也能为主播提供反馈信息。

（2）话题讨论。主播可以发起一个话题讨论，让用户在直播间发表自己的看法和观点。话题可以是有争议的、有趣的或者是与产品相关的。通过这种方式，用户可以参与到直播内容的创作中来，同时也能与其他用户交流互动。

（3）实时反馈。主播可以在直播过程中根据用户反馈实时调整内容。例如，如果用户对某个话题特别感兴趣，主播可以增加对这个话题的讨论时间；如果用户对某个产品有疑问，主播可以详细解答用户的疑问。这种实时反馈能够让用户感受到自己的意见被重视，从而增加他们的参与感。

（二）福利互动

福利互动是一种通过提供福利或奖励来吸引用户参与的方式。常见的福利互动包括抽奖活动、答题赢奖、发优惠券或红包、发放福袋等。

（1）抽奖活动。主播可以在直播过程中设置抽奖环节，让用户通过发送弹幕参与抽奖，获得奖品或优惠。抽奖活动可以刺激用户的参与欲望，增加用户在直播间的停留时间和互动频次。

（2）答题赢奖。主播可以设置答题环节，让用户回答与直播内容相关的问题。用户答对问题可以获得奖励或积分。这种互动方式既可以增加用户的参与感，也可以为主播提供一种评估用户知识水平或认知程度的方式。

（3）发优惠券或红包。主播可以在直播过程中发放优惠券或红包，让用户在购买产品时享受优惠或减免。这种福利可以刺激用户的购买欲望，增加销售量。

（4）发放福袋。根据目的不同，福袋可以分为控屏福袋、留人福袋、加团福袋、逼单福袋。主播配合口令设置、话术引导点击等方式发放福袋，往往取得较好的效果，如引导用户点击小黄车、点击关注、点击屏幕领取福袋等。

四、用户购买

促使用户在直播间产生购买行为主要有传递价值、优惠折扣、主播魅力、互动交流、娱乐体验、心理契约、数据引导七个技巧。

（一）传递价值

在直播间中，传递价值是至关重要的一环。主播需要清晰地展示产品的独特性和优势，让用户明白购买该产品能够带来的实际价值。这不仅仅是对产品功能的介绍，更是对产品背后所代表的生活方式、品位或问题解决能力的传达。主播可以通过试用、对比、案例分享等方式，将产品的价值具象化，让用户感受到拥有产品后的改变和提升。主播的专业知识和经验也是传递价值的重要部分，他们的权威性和可信度能够直接影响用户的购买决策。

（二）优惠折扣

优惠折扣是直播间吸引用户购买的常用手段。主播可以通过限时抢购、限量优惠、满减、赠品等方式，为用户提供具有吸引力的价格优惠。这种方式能够激发用户的购买欲望，促使他们尽快做出购买决策。主播还可以通过设置不同的优惠层级，引导用户增加购买量或选择更高价位的产品。优惠折扣不仅能够提升销售额，还能够增强用户的忠诚度和黏性。

（三）主播魅力

主播的个人魅力对直播间的吸引力有着不可忽视的影响。一个具有亲和力、专业度和个人特色的主播，更容易赢得用户的信任和喜爱。主播可以通过分享个人经历、展示专业知识、展现独特个性等方式，提升自己在用户心中的形象。主播还需要具备良好的沟通能力和互动技巧，能够与用户建立真挚的情感联结，让他们在轻松愉快的氛围中产生购买欲望。

（四）互动交流

互动交流是直播间中提升用户参与度和购买意愿的有效方式。主播可以通过问答、投票、话题讨论等形式，鼓励用户积极参与直播内容。这种互动不仅能够增强用户的参与感和归属感，还能够让主播更好地了解用户的需求和反馈，从而调整直播内容和产品推荐策略。主播还可以通过设置互动奖励，如优惠券、小礼品等，激励用户更加积极地参与互动，从而在互动中增强用户购买意愿。

（五）娱乐体验

在直播间中提供娱乐体验是吸引用户关注并激发他们购买欲望的重要手段。主播可以通过才艺展示、游戏、趣味挑战等方式，为用户带来轻松愉快的观看体验。这种娱乐元素不仅能够增加直播间的趣味性，还能够让用户在享受娱乐的过程中对产品产生好感。主播还可以通过与用户的实时互动，将娱乐体验与产品推广相结合，引导用户在愉悦的氛围中产生购买行为。

（六）心理契约

心理契约是指主播与用户之间建立的一种隐性的信任和承诺关系。主播需要通过诚信经营、优质服务、持续关怀等方式，与用户建立起稳固的心理契约。当用户感受到主播的真诚和关怀时，他们会更愿意信任并支持主播推荐的产品。心理契约的建立需要时间和耐心，一旦形成，将对直播间的长期发展和用户的持续购买行为产生积极影响。

管理心理学上有一名词叫作"心理契约"，是指在组织中每个成员和不同的管理者，以及其他人之间，在任何时候都存在的没有明文规定的一整套期望。一些企业出现"留不住人才"现象，背后原因主要在于员工与企业的心理契约不协调。而娃哈哈的"不裁45岁员工"就是这样一种心理契约。这份契约不仅是一份庄严的誓言，更是一份深厚的信赖。它凝聚了娃哈哈的全体员工，将他们凝结成一个集体。当然，这一"契约"不等同于到了45岁就可以躺平。对于能力出众、热情依旧的员工，自然是保持岗位。而对于那些能力不够的员工，则会被优化。在今年1月，"35岁危机"入选2023年劳动热词。35岁，一个既需要顾家又需要个人成长突破的转折点，却成了中国职场人的一道"坎"。相较于其他国家的"50岁危机"，中国职场人的危机来得更早。一些企业认为超过35岁的员工"狼性"不够，不如更年轻的员工有活力、有创新。甚至有用人单位认为，员工过了35岁，"人力资源"便会逐渐垮塌为"人力成本"。而在娃哈哈，即使是45岁，也不是职业生涯的终点，而是一个新的起点。在这里没有因年龄的增长而降低期待值，每个人都拥有展现自我价值、实现个人成长与事业发展的平等机会。

资料来源：瓴菁学院，小青. 宗庆后——"我不裁45岁以上员工"的管理智慧[EB/OL]. (2024-02-29)[2024-04-01]. https://mp.weixin.qq.com/s/qFrO-wgNnr4yQSnUz2-3dA.

(七)数据引导

数据引导是一种有效的销售策略,它通过提供客观、可量化的信息来增加用户对产品的信任度。在直播间中,主播可以利用各种数据来证明产品的可靠性和优势,从而说服用户做出购买决策。主播可以展示产品的销量数据或者销售趋势图,让用户看到产品的销售量正在不断增加,从而增加用户的信心,让他们相信产品的质量和受欢迎程度。主播也可以展示用户对产品的评价和反馈,让用户了解其他用户对产品的积极评价。这种展示可以增强用户的信任感,让他们更加放心地购买产品。主播也可以通过价格对比来引导用户购买。在直播间中,主播可以展示相同或类似产品的价格对比,让用户看到自己销售的产品具有价格优势。这种价格对比可以刺激用户的购买欲望,让他们觉得现在购买是物有所值的。需要注意的是,数据引导需要真实、准确和及时。如果主播提供虚假或夸大的数据,会损害用户的信任感,对直播间的长期发展产生负面影响。因此,主播需要确保数据的真实性和可靠性,同时也要注意数据的更新和展示方式,以保持用户的兴趣和关注度。

第四节 直播后运营

本节主要阐述直播后的用户跟进、售后服务、直播复盘等主要内容。在后续章节中,我们将会详细阐述用户运营、图文运营、视频运营及直播运营的数据分析。

一、用户跟进

在直播中,用户受到引导,从而加入粉丝团,部分直播间会通过表单收集意向用户的相关信息。在直播后,人们需要对新加入粉丝团的用户进行社群运营并跟进表单信息。

(一)社群运营

社群运营是维护和增强粉丝团关系的关键手段,主要目标是增强粉丝的归属感和参与感。对于新加入的粉丝,初次接触社群可能感到陌生,因此社群管理员需要通过发送欢迎语、介绍社群规则、分享直播回顾等方式,让新粉丝快速融入社群。同时,定期发布与直播主题相关的内容,增加粉丝的活跃度和留存率。在社群运营过程中,管理员还需要注意维护社群秩序,及时处理可能出现的负面言论或广告行为,保证社群的健康环境。为了更好地服务和管理粉丝,人们可以对社群进行分层管理,识别超级用户,运营心理学相关知识指导社群运营。

(二)跟进表单信息

跟进表单信息是一个重要的后续动作,它能够帮助人们了解用户的兴趣和意向,从而为用户提供更具个性化的服务。表单收集的信息可能包括联系方式、关注点、需求等,这些信息有助于人们制定更精准的营销策略。例如,根据用户的地理位置,可以推荐附近的线下活动;根据用户的年龄和性别,可以推送适合的产品或活动。在跟进表单信息时,人们需要注意保护用户隐私,确保收集和处理的用户数据符合相关法律法规的要求。同时,及时反馈和处理用户的询问与需求,增强用户的信任感和满意度。此外,表单信息用户可能还没有进入社群中,可在交流中引导他们进入社群,便于后续产品对接,培养忠诚用户。

二、售后服务

当用户完成购买并在等待产品的过程中,售后服务显得至关重要。它不仅可以与用户建立起信任关系，还可能促成重复购买和口碑分享。

（一）常见的售后问题

1. 物流问题

物流问题是售后中一类常见的问题。由于物流公司的失误，如延误、丢失或损坏，用户收不到商品或收到的商品已经损坏。这种情况下，用户会感到非常不满，并对产品甚至品牌失去信任。为了解决这一问题，售后人员需要及时与物流公司沟通，确认商品的位置和状况，同时向用户提供必要的解释和补偿。

3月1日，《快递市场管理办法》（已下简称《办法》）正式开始施行。《办法》规定：如果有未经用户同意代为确认收到快件，未经用户同意擅自使用智能快件箱、快递服务站等方式投递快件，抛扔快件、踩踏快件的行为，由邮政管理部门责令改正，予以警告或者通报批评，可以并处1万元以下的罚款；情节严重的，处1万元以上3万元以下的罚款。对于新规的实施，消费者十分期待。但在3月1日——新规实施第一天，不少消费者表示，快递依然未经允许直接投递至快递柜。北京用户王明（化名）对记者表示，"新规施行第一天，在家里等快递，最后只等来了取件码短信"。上述用户表示，他购买的8盆芍药在未经沟通的情况下都被快递员放在了丰巢快递柜中，由于商品都是盆栽需要搬运好几趟，对于手受伤的王明而言，非常不便。对此，王明表示愿意多支付一些费用，"养花人最怕快递时效慢、暴力运输和驿站距离远"。

资料来源：央视网.新规施行首日，你的包裹送上门了吗？[EB/OL]. (2024-03-02)[2024-04-01]. https://mp.weixin.qq.com/s/RBFdUVOdS7G5mOd3f_-ckg.2024.03.02.

2. 质量问题

产品质量问题可能是由生产过程中的缺陷、使用过程中的不当或者物流运输中的损坏等导致的。当用户发现产品存在质量问题时，他们会觉得受骗或者感到失望。为了处理这类问题，售后人员需要耐心聆听用户的投诉，进行核实，然后尽快提供解决方案，如退换商品、维修或赔偿等。

3. 退换问题

退换问题主要涉及用户对产品的满意度和需求变化。有些用户可能收到商品后觉得不满意，或者在购买后发现有更喜欢的款式，此时售后人员需要明确退换货政策，并为用户提供方便、快捷的退换货服务。售后人员还需要注意退换货过程中的沟通、商品检查和物流跟踪，确保用户顺利完成退换货流程。

4. 态度问题

态度问题主要涉及售后服务人员的专业性和沟通技巧。如果售后人员态度冷漠、不专业或者沟通不畅，会给用户带来不好的体验。为了解决这一问题，企业需要对售后服务人员进行专业培训，提升他们的沟通技巧和服务意识，确保他们能够为用户提供友好、专业的服务。

5. 保障问题

保障问题主要涉及售后服务期限、保修政策等。如果售后保障政策不明确或不公平，用户可能会对品牌失去信任。因此，企业需要制定合理的售后保障政策，明确保修期限、保修范围以及退换货政策，并向用户清晰地解释这些政策。企业还需要及时更新这些政策，以适应市场和用户需求的变化。

（二）遵循的服务原则

在售后服务中，快速响应、真诚道歉、耐心十足和明确方案是企业应遵循的非常重要的原则。

1. 快速响应

快速响应是提供优质售后服务的基础。用户在遇到问题时，希望第一时间得到解决。如果企业能够迅速回应，不仅可以让用户感受到品牌的重视，还可以及时阻止问题的扩大。例如，当用户反馈物流问题时，售后团队应立即与物流公司取得联系，了解具体情况，并给予用户一个初步的答复，告知他们正在积极处理。

2. 真诚道歉

当产品出现问题时，用户可能会感到不满或失望，此时真诚地向用户道歉是缓解他们情绪的关键。道歉不仅仅是口头上的表达，更是一种态度和责任的体现。通过真诚的道歉，企业可以表明对用户的关注和关心，并为自己的失误或不足向用户表示歉意。这样能够重建用户信任，并为解决问题打下良好的基础。

3. 耐心十足

处理售后问题时，耐心是必不可少的品质。用户在描述问题时可能不够专业或详细，售后人员需要耐心聆听、引导，并确保完全理解问题所在。此外，在解决问题过程中，售后人员可能会遇到各种复杂的情况或反复的问题，他们需要有足够的耐心去应对和解决。这样能够让用户感受到企业的专业性和责任心，增强他们的信任感。

4. 明确方案

解决问题时，提供明确的方案是至关重要的。用户不仅需要知道问题出在哪里，还需要知道如何解决。售后人员需要给出具体的操作步骤或解决方案，让用户明白接下来该怎么做。同时，方案中还需要包含可能的风险和注意事项，以便用户做出明智的决策。这样能够让用户感受到企业对自己的关心和负责，提高他们的满意度和忠诚度。

三、直播复盘

直播复盘主要从流程复盘、产品复盘、流量复盘三个方面进行。

（一）流程复盘

流程复盘主要是对直播过程的各个环节进行回顾和评估，以发现存在的问题和需改进的地方。流程复盘主要从以下几个方面进行：（1）时间安排，即检查直播开始和结束时间，是否准时开播，以及直播时长是否合适；（2）内容安排，即回顾直播中的主题、话题和讨论内容，检查是否符合目标受众的兴趣和需求；（3）互动环节，即评估互动环节的设置，如问答、投票等，是否有效调动观众参与度；（4）节奏控制，即检查直播过程中的节奏是否流畅，是否有过多的中断或延误；（5）后勤保障，即评估场地布置、设备运行、网络连接等后勤保障工作是否到位等。

（二）产品复盘

产品复盘主要是对直播中展示和推广的产品进行评估和分析，以了解产品的市场表现和用户反馈。产品复盘主要从以下几个方面进行：（1）产品展示，即评估产品在直播中的展示效果，如清晰度、角度、细节展现等；（2）产品性能，即了解用户对产品性能的评价，如实用性、耐用性、功能丰富度等；（3）产品价格，即分析用户对产品价格的接受度和敏感度，以评估定价策略的有效性；（4）购买意愿，即了解用户在直播后的购买意愿和购买行为，评估转化率；（5）用户反馈，即收集用户对产品的意见和建议，以改进产品或调整推广策略等。

（三）流量复盘

流量复盘主要是对直播的观众流量进行分析，以评估直播的传播效果和受众特征。流量复盘主要从以下几个方面进行：（1）观众数量，即统计直播的观看人数、同时在线人数等数据，了解直播的受欢迎程度；（2）流量来源，即分析观众是通过什么渠道或平台进入直播间的，以了解各渠道的引流效果；（3）停留时间，即统计观众在直播页面的平均停留时间，了解直播内容的吸引程度；（4）互动数据，即分析观众在直播中的互动情况，如评论、点赞、分享等，了解观众参与度；（5）流量趋势，即观察直播流量的变化趋势，如峰值、谷值出现的时间段，以优化直播时间安排等。

思考题

1. 直播的优势与分类分别有哪些？
2. 直播前需要做哪些工作？
3. 直播间的推流逻辑是什么？
4. 如何让用户在直播间频繁与主播互动？
5. 直播复盘涉及哪些内容？

本章实训

1. 请选择一家你心仪的企业，深入其直播间，全程观看其直播过程。在观看过程中，请仔细记录并总结该企业直播的优点，如主播表现、互动环节、产品展示等方面做得好的地方。同时，也要客观指出其不足之处，如直播内容缺乏新意、互动不够频繁或产品介绍不够详细等。

2. 请你与亲密的朋友携手，共同组成直播小组，利用自己的账号开展为期一个月的直播活动，并制订详细的直播方案。

典型案例

金牌厨柜如何做到单月留资破万？

第十一章

全媒体用户运营

【学习目标】
- 了解全媒体用户运营的定义
- 熟悉用户画像、分层模型的运用
- 掌握超级用户的特点及运营
- 掌握社群运营的定义、社群分类及管理

　　无糖饮料已经成为水饮消费新趋势，在电商的销售份额也显示倍速上升。在此背景下，一直在积极布局全球无糖赛道的百事可乐面临着重重挑战。结合品牌排位分析，发现无糖饮料细分市场内零度可口可乐市场占比极高，达到35%以上，远超市场后续品牌。百事品牌如何抢占无糖用户市场，提高用户渗透率，是其生意增长的关键。为此，它提出构建用户分层模型，完成数据洞察+差异化执行+监控反馈全域闭环，实现用户增长和逐层渗透客群。此次营销通过对品牌核心人群、类目新客人群以及竞品人群洞察，数据侧针对现有人群的表现，进行差异化分层，细分为跨类目核心人群、跨类目常规人群、核心竞品品牌组、潜在扩充竞品品牌组、自身核心资产人群、品牌老客，从而完成品牌整体人群分层与差异化。

　　资料来源：数字营销市场，虎啸奖. 案例分享丨做好用户分层运营，成就品牌正向增长！[EB/OL]. (2023-09-18) [2024-04-01]. https://mp.weixin.qq.com/s/uZcMBgaLRQFzBZDk0UuVNA.

　　百事可乐在面对无糖饮料市场的挑战时，展现出创新的战略眼光。他们不仅关注到了市场的趋势，还通过用户洞察来深化对消费者的理解。这种洞察不仅仅是简单的市场调查，而是深入每个消费者的行为和需求中，从而构建出精确的用户画像。这些画像不仅仅是静态的，还是动态的，会随着消费者的变化而调整。通过这些画像，百事可乐成功地将用户分层，每一层都有其特定的需求和特点。这样的分层运营，使得他们能够为不同的用户提供更加精准的产品和服务，从而提高了用户的渗透率和忠诚度。用户分层是用户洞察的重要内容，用户洞察是用户运营的关键点，用户运营是全媒体运营的核心策略，在全媒体运营中发挥重要作用。但全媒体语境下的用户运营与传统的用户运营有所区别。通过本章学习，你将了解全媒体语境下用户运营的定义、用户运营模型、用户洞察、超级用户、社群运营等重要内容。

第一节　用户运营概述

　　本节主要阐述全媒体语境下用户运营的定义、用户运营相关模型，并在过往用户运营模型的基础上，结合全媒体语境，提出适合全媒体语境下用户运营的沙漏模型。

一、用户运营的定义

全媒体语境中的用户活跃在公域中。何谓"公域"？何谓"公域流量"？自身拥有之外的，则是公域，公域分为付费公域和免费公域。付费公域即需要花钱才能在这个公域内获取流量；免费公域则不需要花钱，而是需要通过裂变分享获得。白如金和张璐（2023）认为，公域流量是指通过公开渠道购买或直接获取的流量，如某一品牌或商家在淘宝、百度、京东、微博、抖音、快手、拼多多等公众平台，以及线上各大付费平台上获取的新用户。以公众号为例，企业将内容做好，获得更多用户的分享、转发，则可以在公众号这个免费的公域内获取流量。在公域获取到的用户通常会被企业纳进私域，在私域进行留存、变现。私域的本质是将公域流量私有化，即"私域流量"，并且建立企业与用户之间的强信任关系。上海交通大学薛可认为："私域流量是指基于信任和利益而建立起来的封闭性流量池。它是一种自主控制、免费推广、重复利用、直接触达用户的渠道方式，也是互联网营销的重要工具。"

传统的用户运营以为移动应用获取更多用户为主，通过用户获取、用户激活、用户留存、用户转化、用户分享实现用户对于 App 的长时间使用。基于传统的应用场景，有人说"用户运营是指通过各种手段和策略，提升和维护用户的活跃度和忠诚度，以达到增加用户价值和增长业务的目的"，也有人说"用户运营，是指以用户为中心，通过搭建用户体系、针对目标用户开发需求产品、策划内容与活动，同时严格控制实施过程与结果，最终达到甚至超出用户预期，进而帮助企业实现运营目标"。在全媒体语境中，用户运营是指企业经过用户洞察，在公域中通过兴趣驱动用户产生购买行为，从而进入企业私域，再通过企业社群运营促使用户对企业产生信任，成为企业超级用户的过程。

二、用户运营模型

与用户运营相关的模型包括 AARRR 模型、RARRA 模型、五度循环模型。本节主要介绍上述模型，并结合全媒体语境提出适用于全媒体用户运营的沙漏模型。

（一）AARRR 模型

AARRR 漏斗模型（见图 11-1）是 Dave McClure 在 2007 年提出的客户生命周期模型。由于其掠夺的增长方式，AARRR 模型也被称为"海盗模型"。AARRR 模型解释了实现用户增长的 5 个指标，即获客（acquisition）、活跃（activation）、留存（retention）、变现（revenue）、传播（referral）。获客是运营一款移动应用的第一步，其关注的指标是日新登用户数（DNU），即首次登录或启动 App 的用户。第二步则是活跃用户。许多用户是由于广告等渠道被动进入的，需要运营者将被动的用户转化为活跃用户，关注的指标有活动用户的数量，以及用户使用频次、停留时间的数据，如日活跃用户数（DAU）、周活跃用户数（WAU）、月活跃用户数（MAU）等。第三步则是用户留存。用户留存用于衡量用户黏性和质量、App 质量、用户规模，关注的指标有次日留存率、三日留存率、七日留存率、日流失率、周流失率、月流失率等指标。第四步则是用户变现，也叫获取收益、付费、转化。变现的途径有应用付费、应用内功能付费、广告收入、流量变现等，主要考核指标有客单价（ARPU）。第五步是传播，也称推荐、病毒式传播，指用户向其朋友推荐应用，主要关注的指标称为 K 因子，即 K=每个用户向他的朋友发出的邀请数量 × 接收到邀请的人转化为新用户的转化率。AARRR 模型在互联网移动应用的用户增长中应用时，呈现漏斗形状。

图 11-1　AARRR 模型

（二）RARRA 模型

AARRR 模型主要应用于获客成本较低的阶段。随着流量越来越贵，获客成本上升，用户留存成为企业增长的重要方式。在此背景下，托马斯·佩蒂特和贾博·帕普优化 AARRR 模型，更加重视用户留存，提出 RARRA 模型，即留存（retention）、活跃（activation）、传播（referral）、变现（revenue）、获客（acquisition）。RARRA 模型从重视弱用户关系向重视强信任用户关系的转变，也让企业更加清晰地认识到自身产品的核心价值所在。

2013 年，Gillian Morris 和两位联合创始人推出了 Hitlist。这是一个旅游省钱推荐平台，致力于世界旅游推荐和降低旅游费用，可以帮助喜欢旅行的朋友以最少的开销完成到各地旅游的心愿。用户只需在 Hitlist 上输入想要去的地方，应用就会替你盯紧多个旅游网站，告诉你什么时候去最划算。Hitlist 发布后，它很快引起了媒体的广泛关注，用户的反响也非常积极，许多用户都在不遗余力地为这款产品叫好。成千上万的新用户涌入 Hitlist 平台，但存在一个大问题——用户流失率太高。Hitlist 在三个月后召开了新闻发布会，只有不到 5% 的用户保持活跃状态。在这个阶段，一些 Hitlist 的投资者开始推动 AARRR 模式，指示 Gillian Morris 在 Facebook 上做广告，希望以此拉新获客。幸运的是，部分投资者力挺 Gillian Morris 摒弃 AARRR 模式，转而推动 RARRA 模式。如果在留存率低迷的情况下仍然花钱拉新用户，那么其实就只是在租用流量而已，根本就算不上是真正的获客。好在当时 Hitlist 团队开始关注用户留存。他们优化了用户体验（初始设计中最受欢迎的功能），并添加了更有利于买家下单付费转化的元素。在推出新版本后，Hitlist 2.0 获得了成功。

资料来源：席文奕.派克流.AARRR 过时后，以留存为核心的 RARRA 成为驱动引擎[EB/OL].(2019-05-16) [2024-04-01]. https://mp.weixin.qq.com/s/U2RMITkt-XDJbhIIr_mZFw.

（三）五度循环模型

五度循环模型（见图 11-2），即 AAARRR 模型，也称 3A3R 策略模型，其在 AARRR 模型中增加一个"A"，即洞察（awareness），用户洞察（awareness）、获客（acquisition）、活跃（activation）、留存（retention）、变现（revenue）、传播（referral）。徐小磊在《运营之路：数据分析+数据运营+用户增长》一书中认为，3A3R 策略模型的线性状态没有实现闭环和自洽，于是将其由线性状态进化为环形状态，称为五度循环圈。五度循环圈以用户洞察为中心，获客、活跃、留存、变现、传播环绕周围，表示在用户运营的过程中需要实时分析用户画像和特征，并且最后的传播与开始的获客首尾相连，以适用于全媒体的用户增长场景。

图 11-2　五度循环模型

（四）沙漏模型

在全媒体语境中，用户的行为特征发生了显著的变化。AARRR 模型、RARRA 模型和五度循环模型在全媒体语境中显得有些"力不从心"，因为这些模型没有充分考虑到用户在全媒体语境中的行为特征。为了更好地适应全媒体语境，我们提出了一种新的用户运营模型——沙漏模型（见图1-9）。沙漏模型是一种基于全媒体语境的用户运营模型，它关注的是在用户洞察下如何将用户从公域引导到企业私域，并在私域中通过社群运营等方式，提高用户的信任度、复购频率、分享频率。

全媒体运营的一般情境中，企业在社交平台上通过公众号文章、短视频等形式呈现优质内容，并在内容中植入商品的购买方式，如抖音短视频挂载链接、直播间挂载小黄车、公众号文章中插入小程序链接、小红书笔记附上商品链接等，让用户因内容而产生兴趣，因兴趣而一键触达商品页面，快速地产生购买行为，继而从公域进入企业的抖音社群、小红书社群、微信社群等企业私域内，经过社群运营促使用户与企业产生深度的信任关系，成为企业的超级用户，从而实现复购、传播。在这个过程中，企业需要关注用户的反馈和需求，及时调整运营策略，以保持用户的信任度。在此情境基础上形成沙漏状的模型，称为"沙漏模型"。该模型结合了全媒体语境中的公域、私域概念，企业视角的用户洞察和社群运营，以及用户视角从兴趣、初购、关注到信任、复购再到分享的行为特征，体现企业私域的用户数量由多到少，但经过社群用户自传播又由少到多的变化。沙漏模型为用户运营提供了新的视角和思路，可以帮助企业在全媒体语境中更好地实现用户运营目标，从而提升企业的竞争力和可持续发展能力。

第二节　用户洞察

用户洞察的关键在于用户画像的描绘及通过用户画像对用户进行分层，从而针对性地开展运营。在众多用户当中，超级用户尤为重要。通过本节学习，你将掌握用户画像的描绘、用户分层模型以及超级用户的运营策略。

一、用户画像

（一）用户画像的定义

用户画像是用户运营的重要工具，是用户运营者的运营抓手。通过用户画像，用户运营者可以明确目标人群的特征。用户画像又称"用户角色"，由现代交互设计之父 Alan

Cooper（1998）提出，他认为用户画像是真实用户的虚拟代表，是建立在一系列属性数据之上的目标用户模型。在全媒体语境中，用户画像是指运营者洞察用户在全媒体平台所呈现的特征、行为、偏好、需求、价值等内容并将其标签化，如内容偏好、形式偏好、使用习惯等，从而抽象并描绘出用户的全貌，用于内容创作、广告推荐、营销活动等场景中。

用户画像并非一成不变的。在全媒体运营中，运营者需要对目标人群进行宏观分析以确定目标人群所聚集的平台，而后聚焦到某一个平台中，深入洞察并描绘出该目标人群在平台的用户画像，基于此用户画像进行内容创作，促使用户关注。用户关注之后，账号会形成粉丝模型，也称为粉丝画像。运营者需常常观测账号的粉丝画像，确保关注账号的人群符合企业的需要。社交平台基于算法推荐，会优先将账号的新内容推送给关注账号的人群，并根据此类人群的反馈，如点赞、停留、评论、转发等互动数据判断该内容是否应进入下一级流量池内。因此，如果账号的粉丝画像出现偏差，会影响账号内容的流量等级，此时运营者需要对账号的粉丝画像进行调优，如清除账号非目标用户的粉丝、进行内容调整、付费投流获取目标用户等。这些是用户运营的范畴，也是用户运营中极易忽略的工作。

（二）用户画像的描绘

描绘用户画像的核心工作是给用户打上标签，标签的集合形成用户的虚拟模型。

1. 标签的类型

标签可分为用户特征、用户行为、用户偏好、用户需求以及用户价值五类一级标签。对一级标签进行细分，形成二级标签；对二级标签进行细分，可以形成三级标签（见表11-1）。

表11-1 标签层级分类

一级标签	二级标签	三级标签
用户特征	基本信息	性别、年龄、职业等
	位置信息	区域、国家、城市等
	人群属性	学历水平、收入水平等
用户行为	上网习惯	上网频次、时段分布等
	娱乐习惯	娱乐形式、娱乐的时长等
	互动习惯	点赞、评论、转发、关注、弹幕等
用户偏好	内容偏好	图文、视频、剧情、选题等
	产品偏好	价格、品类、包装等
用户需求	功能性需求	获取干货、获取资讯等
	情感需求	解乏、开心、共鸣等
	社交需求	交流、交友等
用户价值	互动频次	点赞次数、评论次数、交流次数等
	购物频次	在店购买频次、购买产品频次等

（1）用户特征。每一个账号代表着一个用户画像，账号的用户特征是用户画像的基础。通过分析全媒体平台账号的历史数据，运营者可以获取用户的基本信息、位置信息、人群属性等，如年龄、性别、地理位置、职业、收入水平等。这些特征可以帮助企业了解用户的基本背景和特点。

（2）用户行为。用户行为是指用户在全媒体平台的上网习惯、娱乐习惯和互动习惯，主要包括上网的时间段、娱乐形式，以及用户浏览文章、笔记、视频等产生的点赞行为、搜索行为、转发行为、评论行为等。通过分析用户行为，企业可以了解用户的兴趣爱好、行为模式等。

（3）用户偏好。用户偏好是指用户对全媒体平台的产品、内容或服务的喜好和倾向。用户偏好可以涉及产品特性、品牌偏好、价格敏感度、购物习惯、内容选题偏好、内容形式偏好等方面。了解用户的偏好可以帮助企业更好地定位目标用户群体，提供符合用户期望的产品、内容和服务。

（4）用户需求。用户需求是指用户对全媒体平台的产品、内容或服务的需求和期望。用户需求包括功能性需求、情感需求、社交需求等。通过了解用户需求，企业可以优化产品设计、内容选题、内容呈现方式、视频时长、文章长短、图片设计、封面选择等，以满足用户的期望并提高用户满意度，促使用户与账号互动。

（5）用户价值。用户价值是指用户对于账号的重要性和贡献度。用户价值可以根据用户的点赞行为、评论行为、转发行为、停留时长、购物频次等指标来衡量。通过评估用户的价值，企业可以针对不同的用户群体制定差异化的运营策略，从而提高用户对账号的黏性及信任度。

2. 用户画像设计路径

用户画像设计路径有确定目标用户、获取用户标签、标签归类赋权、形成用户画像四个步骤（见图11-3）。

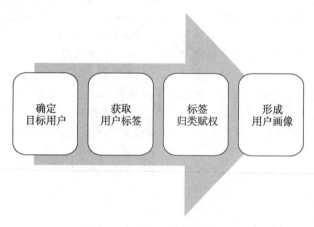

图 11-3　用户画像设计路径

（1）确定目标用户

确定目标用户，即在全媒体平台众多用户中，确定企业运营针对的客户群。企业确定自身目标用户可先定位一个较大的用户群，对用户群再进行细分，细分之后根据实际情况选择一类或多类目标用户。

（2）获取用户标签

确定了目标用户之后，我们需要通过多种方式获取用户标签。这些方式包括但不限于前期的问卷调查、访谈、人群报告，以及第三方数据平台，如蝉妈妈、卡思数据等。通过这些方式，我们可以获取目标用户在平台上的各种数据，例如他们的浏览记录、购买记录、互动记录等。

（3）标签归类赋权

接下来，我们需要对这些所获取的用户标签进行归类和赋权。这些标签可以按照用户特征、用户行为、用户偏好、用户需求以及用户价值进行分类。在分类的基础上，我们需要对每个标签的属性进行定义，并赋予它们相应的权重。例如，因为内容主题的偏好、内容呈现形式的偏好以及社群活动的偏好等标签，它们对于用户运营有很大的影响，所以我们应该赋予它们较高的权重。

（4）形成用户画像

最后，经过系统整理和归纳，我们可以运用可视化工具将完整的用户画像呈现出来，用于指导全流程的用户运营工作。这些用户画像可以包括用户的特征、行为、偏好以及需求等信息，帮助我们更好地了解目标用户，制定更加精准的用户运营策略。

综上所述，标签体系的设计是一个系统性的过程，需要我们对目标用户进行细分并选择适当的方式获取他们的标签。在分类和赋权的基础上，我们可以通过可视化工具呈现完整的用户画像，用于指导全流程的用户运营工作。通过这样的方式，我们可以更好地了解目标用户，制定更加精准的用户运营策略，提高用户黏性和转化率。

基于大数据与人工智能技术获取用户信息、构建用户画像，是场景构建中的常用手段。构建用户画像的第一步就是对数据进行标签化处理。运用大数据与人工智能技术，人们可以多渠道地采集信息。这些信息不仅包括传统营销可以采集到的结构化数据，更重要的是包括非结构化数据，例如语音、人脸等生物信息、移动轨迹等行为信息。数据采集后，系统即可根据业务需求和应用场景梳理标签指标体系。在人工智能参与的用户画像构建中，人们需要注意数据挖掘类标签的建立。同时，在标签指标体系的基础上，梳理数据/任务之间的关系，打通数据仓库与各业务系统的接口，构建出画像的逻辑框架。在逻辑框架基础上，对用户画像进行产品化。用户画像产品化与应用需要画像开发负责人与业务人员、技术开发人员对接特定场景下消费者的触点，以及满足触点的产品功能实现形式。该阶段需要根据具体业务场景设计解决方案，因此业务人员的参与尤为重要。用户画像开发过程中，数据人员关注数据表、数据之间的相关关系等，业务运营和客户服务人员关注用户的圈定、数据标签的定义等，只有业务人员是画像产品的真实用户，他们应用画像数据、画像产品满足特定场景下的需求。

资料来源：李高勇，刘露. 场景数字化：构建场景驱动的发展模式[J]. 清华管理评论，2021(6): 87-91.

二、用户分层

（一）用户分层的定义

随着从公域进入企业私域的用户越来越多，用户群体特征越来越显著，在此情况下，会衍生出许多小群体，所谓"物以类聚，人以群分"。因此，运营者的运营策略也要发生变化，采用分层方式，针对性地服务某一类具有共同特征的群体。用户分层是精细化运营思维的体现，简单理解即根据不同维度划分出不同层级的用户，划分的维度一般有用户生命周期、重要程度、互动频率等。

（二）用户分层模型

用户分层模型有一维用户分层模型、二维用户分层模型、三维用户分层模型。

1. 一维用户分层模型

一维用户分层模型即采用一个维度对用户进行分层，通常形态是金字塔、漏斗等形状。在全媒体语境中，采用关注活跃度一个维度，可将关注账号的粉丝进行分层，即关注活跃度由低到高，划分出潜水粉丝、活跃粉丝、积极粉丝、忠实粉丝。潜水粉丝即关注账号后没有与账号产生连续的互动，一般 15 天内与账号产生一次互动。活跃粉丝即关注账号后 7 天内与账号产生一次互动。积极粉丝即关注账号后 3 天内与账号互动一次。忠实粉丝即关注账号后每天与账号产生互动。此类分层方式适合每天更新账号内容的企业。此外，根据用户与账号的联结程度，即从内容、产品联结到情感联结，由低到高，可划分为目标用户、付费用户、VIP 用户、裂变用户，其中 VIP 用户、裂变用户称为"超级用户"。还有许多分层方式，运营者可根据账号实际情况，采用不同维度对关注账号的粉丝进行运营维护。

2. 二维用户分层模型

二维用户分层模型，顾名思义，就是采用两个维度对用户进行分层运营，常见的形态为四象限的形状。例如，将关注活跃度与账号联结程度作为两个维度，可划分出潜水目标用户、付费活跃用户、VIP 积极用户、忠实裂变用户。潜水目标用户即关注活跃度低、账号联结程度低的"双低用户"。付费活跃用户即关注活跃度处于中间水平、账号联结程度处于中间水平的"双中用户"。VIP 积极用户即关注活跃度中上、账号联结程度中上的"双上用户"。忠实裂变用户即关注活跃度高、账号联结程度高的"双高用户"。

3. 三维用户分层模型

三维用户分层模型，即采用三个维度对用户进行分层。典型的三维用户分层模型即 RFM 模型，适用于传统的私域成交场景。它采用最近一次消费、消费频率以及消费金额三个维度。在全媒体语境中，三维用户分层模型可采用关注活跃度（active）、账号联结程度（link）、消费金额（monetary）三个维度对全媒体语境中的用户进行分层，即 ALM 模型（见表 11-2），不仅适用于公域账号运营场景，也适用于私域社群运营场景。该模型划分出 8 种用户：重要价值用户、重要发展用户、重要保持用户、重要挽留用户、一般价值用户、一般发展用户、一般保持用户、一般挽留用户。其中重要价值用户、重要发展用户是超级用户，重要保持用户、重要挽留用户是潜在超级用户。8 种用户的成交等级也有所不同，重要价值用户、重要发展用户的成交等级为 A 级，重要保持用户、重要挽留用户、一般价值用户、一般发展用户的成交等级为 B 级，一般保持用户、一般挽留用户的成交等级为 C 级。

表 11-2　ALM 模型

价值级别	A–关注活跃度	L–账号联结程度	M–消费金额	成交等级
重要价值用户	高	高	高	A 级
重要发展用户	高	低	高	A 级
重要保持用户	低	高	高	B 级
重要挽留用户	低	低	高	B 级
一般价值用户	高	高	低	B 级
一般发展用户	高	低	低	B 级
一般保持用户	低	高	低	C 级
一般挽留用户	低	低	低	C 级

三、超级用户

（一）超级用户的定义

通过用户分层，人们可以分类出超级用户。超级用户是企业的核心用户。易涛在《超级用户》一书中将其定义为："对产品或者服务超级认可，有超级驱动力，从而投入了时间、资金乃至资源，与企业实现共同价值的一部分用户叫超级用户。"在全媒体语境中，超级用户是指认可账号定位、人设、内容等，频繁与账号互动，愿意进入账号社群，并积极发言、分享，发自内心地希望账号越来越好的忠实用户。

超级用户符合二八定律，即20%的用户提供账号80%的收入来源，部分账号可实现10%的用户提供账号90%的收入来源。超级用户具备以下特点：（1）高认可，即高度认可账号内容所呈现的价值观；（2）高活跃，即频繁与账号产生互动行为，如点赞、评论、分享、购买等；（3）高联结，即用户与账号运营者产生高度的联结，如经常私信交流、分享所见所闻所想等；（4）高复购，即用户对账号所提供的产品具有高度需求，经常产生复购行为等；（5）高消费，即用户具备相应的财力基础，经常在账号直播间送虚拟礼物、购买账号提供的商品等；（6）高忠诚，即用户对账号产生依赖，不会因为账号运营中发生的一些危机事件而放弃，转而投向其他账号，相反会积极和账号进行内容共创，为账号提供选题建议、内容优化建议等。

可口可乐之所以能够成为经典品牌，深受用户喜爱，其背后必然有着深刻的原因。在可口可乐看来，品牌营销的关键不是喊两句口号，而是在用户、粉丝的生活中更深入、更牢固地加强联系，建立良好的消费者关联性。有效的消费者关联性，能使品牌不再高高在上，反而成为消费者身边的"陪伴"。只有在这样的情况下，那部分"超级用户"才会给予积极反馈，对可口可乐品牌实现从尊重到喜爱，最终成为挚爱品牌的过程。前几年的可口可乐昵称瓶和歌词瓶，用消费者自己的语言和它们沟通，极大地拉近了品牌和消费者的距离。消费者也在潜移默化间完成了和品牌的多次联动。在社交网络上的发声和表态，都是对可口可乐品牌拥护和喜爱的宣言。一间咖啡馆，30年里，从380万发展为市值超过840亿美元的国际品牌。星巴克成功的基础要素就是好咖啡、好客户体验、快速高效的供应链。首先，星巴克对它的"超级用户"的需求了解得特别清楚。星巴克认为，人们需要一个除了家和工作场所以外的"第三场所"。所以，现在你能在星巴克看到各种各样的消磨时间的方式：聊天、看书、工作等。其次，星巴克为了给"超级用户"提供一个他们更喜欢的氛围，光在店内环境的设计上就有很多考量。

资料来源：m三六零.品牌如何找到"超级用户"？[EB/OL].（2023-10-06）[2024-04-01]. https://mp.weixin.qq.com/s/T5otcOm_u11CGYla8bEu8A.

（二）超级用户运营

超级用户是最好的代言人和传播体。在全媒体运营中，如何更好地实现超级用户的运营？主要有三个步骤：找到超级用户、了解超级用户、满足超级用户。

首先，找到超级用户。超级用户与其他用户有明显的区别。通过超级用户高认可、高活跃、高联结、高复购、高消费、高忠诚等特点，企业可从账号运营的点赞、评论、私信、购买等数据，以及社群发言频率、发言内容中等找到超级用户。此外，通过全媒体矩阵，企业还可以多渠道获取超级用户。

其次，了解超级用户。用户画像贯穿全媒体运营过程，找到超级用户之后，企业应当对超级用户进行深层次的画像描绘，了解超级用户的动机和需求，为超级用户形成具备个人特色的用户档案。

最后，满足超级用户。用户之所以成为账号的超级用户，是因为账号能给予用户其他账号所不能给予的价值。账号运营者可与超级用户建立私人关系，聆听超级用户的想法、建议，展示自身所能提供的超预期价值。如账号内容具备独特性，能提供超级用户思考价值和情绪价值，社群服务能让超级用户的尊重需求、自我需求得到满足等。

第三节 社群运营

社群是一种组织形态,由一群具有共同目的或兴趣爱好的人组成。在这个组织内,成员可以进行信息交流、情感联结。社群的核心是建立企业与用户之间的信任关系。社群运营是指在社交媒体平台上,如微信、抖音、小红书等,通过建立社群的方式,聚拢目标受众,并运用恰当的运营策略建立企业与用户之间的信任关系,促使用户主动复购、主动分享的过程。通过本节学习,你将掌握社群的分类、社群运营的筹备工作,以及如何应用心理学知识运营社群。

一、社群的分类

人们一般将社群分为引流群、快闪群、粉丝群和福利群。腾讯在《超级连接》一书中根据社群定位和运营模式将社群分为营销型社群、内容型社群、服务型社群。

(一)营销型社群

营销型社群的特点是营销频率高,主要以营销活动、优惠分享和销售转化为直接目标,适合大部分企业。在营销型大类下,人们又可细分出折扣型社群、裂变型社群和通知型社群。折扣型社群以强折扣、抢购、秒杀等活动为主要特征。裂变型社群主要承载着拼团、砍价、助力等作用。以百草味为例,其将主流消费人群划分为学生、宝妈族、城市上班族和"VIP族"等群体,有针对性地根据人群属性设置裂变机制。比如针对宝妈社群的拼团,增加甜食、水果类零食比重;对于上班族,侧重的则是饼干等办公室休闲零食。在一整套标准化手段之下,社群营销更精准,裂变效率更高。两种社群在运营中经常交叉使用或组合起来以获得更优效果。适用品类的消费者大多对价格比较敏感,追求性价比。通知型社群,顾名思义,就是传递与企业相关信息的社群,例如企业举办大型活动、周年庆优惠、发放福利等信息。

(二)内容型社群

内容型社群以打造品牌内容为主,可细分为教程信息类社群、话题讨论类社群和直播短视频类社群。社群运营者通过在群内有计划地发布教程、话题、视频等方式,触达用户并持续解决疑问、满足需求,维持群内成员的活跃度和互动性,进一步寻求销售转化。内容型社群在母婴、运动、服饰、美妆等行业的运用较为突出。作为知识密集型的品类,母婴行业的消费者对孕前、孕中、产后育儿等全链路的知识有着强烈需求。以孩子王为例,它根据育龄阶段进行社群划分,为不同社群的新手妈妈提供差异化的知识和经验分享。此外,服饰行业的消费者注重上身试穿的实际搭配与效果展示;美妆行业的消费者则希望获得时下流行的妆容趋势,学习各类妆容的化妆技巧和知晓产品使用效果等。诸如此类的行业都较为适合内容型社群。

百丽国际旗下滔搏国际控股有限公司是中国最大的运动鞋服经销商,其面临的问题之一,是如何调动导购的积极性,完成高效建群和可持续的群运营。首先,滔搏通过提供简单易用的数字化工具,设置合理的激励机制,保障导购可以主动顺畅地参与到企业的数字化转型中来。在内部沟通协作上,滔搏通过在门店推广企业微信等工具实现组织在线化,从信息传达、任务下达到运营培训，都可以在这条敏捷的沟通通路中完成。为让导购积极、主动地参与，滔搏对导购管理机制也做了游戏化设计，通过"派发任务"和"游戏竞技"的形式，调动导购的参与兴趣，提升运营效率。其次，通过滔搏小程序，导购可调用各种模板，快速编辑生成不同主题的优质内容，如推荐商品、门店活动等，一键分享到不同兴趣社群，辅以适当的激励促进社群成员互动。同时，小程序还支持在图片内容中添加产品标签和关联产品，会员可以随时一键下单进行购买。除此之外，滔搏还持续推出围绕兴趣的线上互动和线下活动，激发产生优质的 UGC 口碑素材，进而形成社交裂变。针对各类社群推出专属权益和福利，进而吸引特定消费者到店，也成为提升复购的有效方式。

资料来源：m 三六零. 社群营销到底怎么玩？三种典型模式解析[EB/OL]. (2021-10-07) [2024-04-01]. https://mp.weixin.qq.com/s/Zo3JU9OhBtntGkPZwd0UtA.

（三）服务型社群

服务型社群以咨询为导向，为用户提供售前服务、售后服务，适合家电、3C 行业。社群运营者的主要工作是完成售前咨询促进成交，并在订单完成之后为用户提供售后答疑解惑服务，从而促进用户复购。服务型社群的核心功能便是服务，其与营销型社群相比，在建立企业和用户之间的信任关系上发挥的作用更大。但在实践中，企业往往也容易忽略对用户的售后服务，并且常常在钱货两清之后解散社群，甚至对用户的诉求置之不理或处理缓慢，用户体验感不佳。企业不仅要做好营销型社群、内容型社群的运营，也应重视服务型社群在用户复购、分享中发挥的重要作用。

二、社群运营的筹备工作

社群运营的筹备工作主要包括确定社群愿景、制定社群规则、设置社群角色、策划社群活动。

（一）确定社群愿景

社群愿景是社群文化的一部分，其明确了社群期望的样子及最终想要实现的目标，解决社群最终走向的问题，同时彰显了用户在社群中能获得的价值。社群愿景应当清晰且可感知，忌模糊不清。社群愿景还应限定实现的时间，应当具有可持续性。在确定社群愿景时，社群运营者要明确社群服务于什么人、什么群体、创造什么价值。"罗辑思维"是社群运营的典范，其愿景是"自由人的自由联合"。米粉社群在小米手机的发展中起到重要作用，其秉承着"和用户交朋友，做用户心中最酷的公司"的愿景，为用户创造超预期的价值。樊登读书会以"帮助越来越多的中国人养成阅读习惯，通过知识传播去改变社会"为愿景，践行读书分享。

（二）制定社群规则

社群规则主要包括加入规则、入群规则、言行规则、惩罚规则四个方面的内容。加入规则即制定加入的门槛，一般有：（1）邀请式，即群主或群管理员邀请加入；（2）推荐式，即群内用户主动分享、推荐而加入；（3）活动式，即参加某项活动，扫描二维码加入社群；（4）付费式，即通过缴纳费用获得进入社群的许可。入群规则即制定欢迎语、群昵称格式、群公告等内容。制定欢迎语，能让新加入社群的用户感受到社群的热情，从而产生好感。群昵称格式，一般可以显示地域、职业等信息，主要让群内用户相互辨认，也方便群主管理。群公告即发布相应的通知、规章制度，便于群内用户第一时间知晓。一些高质量的社群，通常在用户进入社群后，要求用户发一些代表心意的福利。言行规则即规范群内用户的言行举止，避免不利于社群的行为发生。通常有以下规则：禁止发布广告；禁止语言暴力；禁止刷屏行为；禁止探讨无关话题；禁止私加群内其他用户等。惩罚规则主要包括禁言、退群、罚钱等内容。惩罚不是目的，而是实现建立良好社群环境的手段，毕竟没有规矩不成方圆。

（三）设置社群角色

社群规模越来越大的时候，也需要相应的社群组织架构来保障社群的正常运行。一般而言，社群角色包括群主、群管理员、群超级用户、活跃分子、潜水者。群主主要负责维护群内秩序、发起话题、组织活动和群成员维护。群管理员主要负责维护群规，维护群内正常秩序，对于违规者提出警告或者移出群聊，发起与群主题相关的话题，配合群主的话题和活动。群超级用户是社群的 KOL，起到增强其他成员对社群信任和依赖的作用。活跃分子，顾名思义，要活跃社群气氛，不至于社群鸦雀无声。潜水者，在社群内较少发言，但社群活动对其有价值时，也会积极参与。以上是较为典型的社群角色。在不同的社群中，人们可以设置不同的角色、不同的等级，方便更好地管理社群和活跃社群。如游戏行业的社群可以根据活跃度设置青铜、白银、黄金、铂金等。

（四）策划社群活动

社群活动不能局限于日常的运营维护，偶尔也需要策划一些线上线下的社群活动。社群活动一般分为活跃类活动、主题类活动、福利类活动和裂变类活动。活跃类活动以保持社群活跃度、增强用户黏性为目标，因此社群运营者可以不定期发起趣味游戏、答题比赛、体验分享社群打卡等活动。主题类活动以推进客户营销转化为目标，社群运营者可结合节日、会员日等发起不同主题的营销活动，吸引更多用户参与，推进流量转化变现。福利类活动以感受社群价值、提高用户对社群的认可度和品牌忠诚度为目标，可不定期在社群内发放专属福利，如红包、抽奖等。裂变类活动以裂变拓客、增加销量为目标，可策划邀请有礼、多人拼团、分销返佣、分享裂变等活动。

三、社群运营的心理学应用

心理学指导下的社群运营可从认知层面、情感层面、意志层面和行为层面进行。

（一）认知层面

社群运营者通常面临运营的第一个难题——如何让公域的用户进入私域的社群，这便涉及认知。认知是指从外部世界接收到信息，进行加工和应用的状态和过程。运营者让用户认知并主动进入社群，可借助以下三大心理学效应。

1. 首因效应

如果你是用户，你为什么会被吸引？且不说社群是否有价值，仅是社群二维码的呈现能否让用户为你驻足停留便是首先要解决的问题。若只是一张黑白线条的二维码图片，会让用户有驻足停留的想法吗？显然不会。因此，把二维码嵌入精美的海报中，才能达到用户驻足停留的目的。这是美观的要求。此外，还要实用。如果你是用户，被吸引了，如何心动？那就是实用价值。运营者要向用户传达出能解决用户痛点的信息。例如，产品太贵了，那便入群打折扣；知识付费，那就入群免费等。首因效应指第一印象给人的感觉，运营者通过美观与实用两方面给用户留下美好的第一印象，那么用户想更进一步了解社群，便是水到渠成的事情。

2. 晕轮效应

要让更多用户知道并且有欲望尝试进入社群，除了运用首因效应外，还要让社群用户进行传播、拉新，这就是晕轮效应。社群用户的朋友看见是自己朋友发出来的信息，由于信任或者该朋友身上的其他光环，人们觉得值得信赖，产生"他推荐的社群必然是有价值的东西"的想法，从而吸引更多用户进入社群。明星作为产品形象代言人、专家为产品背书等，都是这种效应的运用，而在社群中，用户便充当了社群形象代言人。

3. 安慰剂效应

安慰剂效应是指病人虽然获得无效的治疗，但由于其"预料"或"相信"治疗有效，而让症状得到舒缓的现象。应用在社群中，则是通过多次的暗示，让用户相信社群有价值。高明的猎人会以猎物的姿态出现，对于运营者而言也是如此。运营者不必鼓吹社群有多好，更不必明说自己的社群多有价值。应以猎物姿态出现，暗示未进入社群的用户。如何暗示？把其他用户在社群获益的信息整理成图片或其他形式发布在朋友圈里，让参与社群的用户也进行传播。循环往复的暗示，潜在用户会产生一种好奇心理，真的有这么好吗？潜在用户产生好奇心理，加上晕轮效应的作用，进入社群是大概率的事情。

（二）情感层面

当社群运营者通过三大心理学效应让用户主动进入社群之后，要让用户与社群产生情感联结。情感是指具有稳定的、持久的、深刻的社会意义的感情，为此，运营者可借助以下心理学效应让用户与社群产生深层次的情感联结。

1. 名片效应

名片效应是指表明自己与对方的态度、价值观、经历、爱好、出身等相似，因此在社群运营中，运营者设置好社群的愿景、使命、目标、目的等，使之与社群中的用户画像相一致。例如，社群的目的是花最少的钱拼最多的东西，那么就要始终如一地围绕实现这个目的开展运营；如果社群的愿景是互帮互助，那么就把"人人为我、我为人人"放在社群第一位。这个就是名片效应的运用，通过相似度创造社群与用户的情感联结。

2. 角色效应

相信大部人在童年的时候都有"过家家"的体验，社群中也有"过家家"。简单来说，其实就是角色分封、身份认同。社群里面的大多数用户来自天南海北、四面八方，因此社群对用户而言是一个全新的环境。在这种情况下，社群运营者为每一个用户提供对应的身份角色，让用户按照对应的角色在社群里进行社交，用户就会产生认同感、归属感。

3. 皮格马利翁效应

简单而言，即使用赞美的力量。社群也是社交，在社交中，人们希望得到认可、尊重。社群如何让用户感受到认可和尊重？一个是寻找与社群目标符合的超级用户，在社群分享一些成功操作，社群运营者引导其他用户为其称赞。这样既可以留住深度用户，也可以激励其他用户。另一个是社群运营者为社群用户制定一些小目标，在社群用户达到目标后，社群运营者便引导社群其他用户给予认可。

（三）意志层面

意志是指自觉地确定目的并为实现目的而支配和调节行为的心理过程，在社群中表现为用户坚持长时间地完成某一项任务，例如打卡等。

1. 鸟笼效应

在生活中，常有这样的现象发生。当人们有一个鸟笼子，但是里面没有小鸟，一部分人会扔掉鸟笼子，一部分则会买一只小鸟放入其中。如果是一个贵重的鸟笼子，绝大多数人会为鸟笼购买一只小鸟。将其运用在社群中，运营者可以给予社群用户看似鸡肋但又扔之可惜的优惠券、会员、徽章、集卡等，作为用户收集、打卡等行为的引子，从而使用户为下一步的习惯养成做铺垫。

2. 过程奖励

鸟笼效应是给了社群用户一个引子，皮格马利翁效应着重结果，过程奖励更看重过程。在社群用户每天进行打卡、收集等持续性行为的过程中，给予用户实实在在的奖励，才能让用户产生动力，在群里积极活跃。奖励可以是完成收集徽章，给予一个大优惠；每天打卡，给予优惠券等，形式不限，越多越好。21天可以养成一个习惯，社群用户经过长时间的行为，就会将打卡、收集等行为沉淀为习惯。

3. 路径依赖

相较于鸟笼效应和过程奖励作用下的习惯养成，路径依赖更具价值，因为它强调使社群用户从心底对社群产生认可和归属。例如，有许多小众软件并不为人所熟知，但是依旧得以存活，是因为它针对的是小众群体，让小众群体对其产生归属感。随着抖音、小红书等平台的发展，大部分人已经不用搜索引擎进行搜索了，遇到问题则先去抖音、小红书等社交媒体平台进行检索。可见用户对搜索引擎的认可和归属渐渐降低。因此，让社群用户对社群产生认可和归属，归根结底还是要做好社群定位，提供独一无二的价值，让社群用户一有需求就在本社群内活动。

（四）行为层面

社群运营者让用户进入社群，产生对社群的情感依赖，归根结底是希望产生变现行为。在变现的过程中，社群运营者可使用以下心理学技巧。

1. 锚定效应

大部分社群在运用锚定效应，但是处于初级阶段。他们通常都是很直白地给用户设置一个价格锚点，例如"原价×××，活动期间×××"等字眼，难以让用户信服，因为没有塑造产品的价值。社群运营者可在前期通过软文、漫画、视频等形式讲述品牌故事、产品故事作为铺垫，塑造出产品的价值；中期可将产品和其他产品进行价格对比；后期借助社群的忠实粉丝进行引导，从而顺其自然引出"原价×××，活动期间×××"。这样便有因有果，理由充足，让用户购买顺理成章。

2. 标杆效应

标杆效应，通俗地讲，就是要在社群中树立榜样。运营者可以让忠实的粉丝进行产品试用，然后将产品试用效果告知社群用户。标杆一定是社群用户信任度高的粉丝，即前文所提到的"超级用户"。这里面包含"明星效应""晕轮效应"的运用。运营者可以将其作为典型案例重复使用，既可发送到朋友圈，也可发送到群里，还可以发送到公域，作为吸引用户的素材。

3. 福格行为

福格行为可用一个公式来解释：行为=动机+能力+触发。动机是指运营者要通过多种方式，例如"明星效应""晕轮效应"等让社群用户产生购买动机。有了动机，还必须有购买能力。运营者可通过社群用户的文字、表情、朋友圈等判断该用户有没有购买的能力。没有的话，运营者就要通过一些方式，例如上述的"过程奖励""锚定效应"等为社群用户减轻些许压力，达到触发购买行为的条件。

思考题

1. 全媒体时代的用户运营与传统的用户运营有什么区别？
2. 五度循环模型与沙漏模型的区别与联系是什么？
3. 用户洞察主要包括哪些内容？请分别详细阐述。
4. 企业如何运营好超级用户？
5. 如何将心理学知识应用在社群运营中？

本章实训

1. 请根据本章学习内容，选择一个你感兴趣并喜欢的企业，深入研究其市场定位、产品特性以及潜在用户群体等信息。基于这些信息，为其制作一份详细的目标用户画像。

2. 请根据本章学习内容，选择一个你青睐的企业，结合其业务特点、市场趋势和目标用户需求，为其制订一份社群运营方案。

典型案例

完美日记的超级社群运营方法

第四篇

保 障 篇

第十二章

全媒体运营数据分析

【学习目标】

- 了解全媒体运营数据的定义、类型及思维
- 掌握全媒体运营数据采集工具
- 掌握全媒体运营数据分析方法

Renta 集团是一家芬兰公司,于 2016 年开始运营,专注于建筑机械和设备的租赁。Renta 在北欧的 8 个国家开展业务,在 136 个办公网络中拥有 1500 多名员工。租赁设备涵盖建筑工地使用的各种机器和设备,以及相关服务。除建筑机械外,该公司还提供建筑工地、脚手架气象保护服务和建筑工地服务。数据和分析是 Renta 数字化战略的核心。在定制的全球数据和分析解决方案的支持下,Renta 能够有效地统一来自每个运营国家的独立运营管理和财务系统的信息。Renta One 是一个基于浏览器的管理视图,它将公司的数据以统一的形式呈现给所有运营层和员工。在该解决方案的帮助下,公司可以在几乎实时监控业务的能力范围内对其在各个国家、地区的全球数据进行比较。该解决方案基于 AFRY 的金融中心和管理中心解决方案概念。Renta One 和其他基于 Qlik 的数据分析解决方案支持对机器租赁业务的日常实时管理。

资料来源:AFRY,流程工业. 案例研究:Renta 集团——数据分析引领企业智能决策新时代[EB/OL]. (2024-02-09) [2024-04-01]. https://mp.weixin.qq.com/s/nR90rVVfckPmku8RbJ4DDg.

在数字化时代,数据已经成为企业运营决策的关键要素。Renta 集团通过整合全球数据和分析解决方案,实现了对来自各运营国家信息的统一管理和实时监控,展现了数据在提高企业竞争力方面的重要作用。企业在全媒体运营中会产生众多数据,如何对这些数据进行收集、分类、分析及应用,提升企业在全媒体运营中的竞争力呢?本章围绕这一个问题,对全媒体数据展开详细阐述。在本章中,你将掌握全媒体运营数据采集工具及全媒体运营数据分析方法,还有详细案例帮助你深入理解全媒体运营数据。

第一节 全媒体运营数据概述

本节主要阐述全媒体运营数据的定义、价值、类型、思维及分析步骤。通过本节内容的学习,你将对全媒体运营数据产生初步的认识。

一、数据与全媒体运营

(一)全媒体运营数据

数据作为现代信息社会的基石,其定义已经远远超越了传统的范畴。简单来说,数据

是对真实世界（包括对象、事件、概念等）的一种符号化描述，描述的方式包括文本、图像、声音、视频和数字等形式。艾考夫（1989）提出了DIKW模型（见图12-1），在该模型中，数据居于最底层，越往上，数据价值越得到深度体现。由数据往上一层是信息，即经过处理的数据；再往上一层则是知识，即基于对信息的理解，构建起对世界的认知；最后一层是智慧，即通过对知识的理解、分析和应用，从而达到见微知著、知行合一的地步。在现实生活中，随着数字经济的发展，数据成为除土地、劳动、资本、技术以外的第五种生产要素，并且在企业经营中成为企业资产、企业核心竞争力的重要组成部分。在全媒体语境中，全媒体运营数据是指在全媒体平台收集和处理的数据。在全媒体平台上，如抖音、快手、公众号、微博等，用户的每一次点击、浏览、评论、分享等行为，都可以被记录下来，转化为可供分析的数据。这些数据不仅代表了用户的兴趣、行为习惯和需求，还为全媒体运营提供了宝贵的洞察。

图 12-1　DIKW 模型

（二）数据与全媒体运营的关系

数据不仅仅是全媒体运营的基础，更是驱动其决策的关键因素。

（1）数据为全媒体运营提供方向。在信息爆炸时代，如何找到与目标用户相匹配的内容和渠道是至关重要的。数据正是这个指南针，它可以帮助运营者判断哪些内容更受欢迎，哪些渠道更有效。通过数据的分析，运营者可以了解到用户的兴趣点、行为模式和偏好，从而制定出更加精准的运营战略和运营策略。

（2）数据是优化全媒体运营的引擎。在全媒体运营过程中，数据的反馈和分析是不断调整和优化策略的关键。例如，如果发现某个渠道的用户转化率较低，可以通过分析该渠道的用户行为和偏好，有针对性地调整发布内容或推广策略；如果发现用户的留存率有所下降，可以通过分析用户反馈和市场变化等因素，及时调整产品和服务等。

（3）数据驱动全媒体运营的决策。在传统的媒体运营中，决策往往基于经验或直觉，但在今天数据驱动的运营环境中，决策更多地依赖于事实和数据。数据不仅告诉我们"是什么"，还告诉我们"为什么"，从而为决策者提供了有力的依据，使得决策更加科学、合理。

二、全媒体运营数据类型

全媒体运营数据从投入产出的视角，可分为投入数据和产出数据。投入数据是指在进行全媒体运营过程中需要投入的人力、物力、财力、品牌、媒体资源等所形成的数据。我们这部分重点阐述产出数据，即在执行全媒体运营策略时产生的数据，主要涉及图文数据、视频数据、直播数据和用户数据等（见表 12-1）。这些数据能够反映运营策略的具体执行情况和效果。

表 12-1　全媒体运营产出数据一览表

类型	指标
图文数据	阅读量、点赞量、分享量、评论数等
视频数据	播放量、点赞评论数、转发、完播率、2S跳出率、5S完播率、涨粉率、均播值等
直播数据	GMV、千次成交、UV价值、看播转化率、点击转化率、停留时长、互动次数、互动率、增粉及增粉率等
用户数据	用户特征、用户行为、用户偏好、用户需求、用户价值等

（一）图文数据

图文数据是指阅读量、点赞量、分享量、评论数等指标，反映图文内容的质量和吸引力；用户在图文内容上的停留时间、互动情况等指标，反映用户对内容的兴趣和参与度；用户对图文内容的反馈和评论，反映用户的关注点和需求点等。以公众号图文数据为例，单篇图文数据涉及转化率、折线趋势数据、用户分布数据、阅读量、点赞量、在看量等数据。转化率等于阅读人数除以送达人数，送达人数指关注公众号的粉丝，阅读人数包括粉丝及非粉丝的阅读人数。如果转化率高于100%，则表明文章的内容质量、传播质量都较好，吸引了许多用户的阅读。由此可以分析文章的内容质量，如标题设置、选题策划、正文内容等。

（二）视频数据

视频数据一般包括播放量、点赞评论数、转发、完播率、2S跳出率、5S完播率、涨粉率、均播值等。如果在视频中挂上小黄车等带货工具，还涉及商品点击率、转化率、销售额等。下面以播放量和完播率为例介绍。播放量体现内容处于平台的哪一个流量等级。抖音的流量池分为8个等级：初始流量池，推荐播放量为200~500；千人流量池，推荐播放量为3000~5000；万人流量池，推荐播放量为1万~2万；十万人流量池，推荐播放量为10万~15万；三十万人流量池，推荐播放量为30万~70万；一百万人流量池，推荐播放量为100万~300万；五百万流量池，推荐播放量为500万~1200万；顶级流量池，推荐播放量在3000万以上。完播率是核心的数据指标，指用户观看时长占整个视频时长的比例，不同的视频时长有不同的完播率要求（见表12-2）。一般而言，完播率越高，说明内容在选题、节奏上把握较好，内容质量较高，可以进行进一步的付费投流，以助推作品进入更大的流量池。

表 12-2　不同时长视频数据指标要求

	7~15秒作品		15~25秒作品
点赞率	6% (点赞量/播放量)	点赞率	5% (点赞量/播放量)
赞评率	3% (评论量/点赞量)	赞评率	2% (评论量/点赞量)
转发率	2% (转发量/播放量)	转发率	1% (转发量/播放量)
关注率	2% (关注量/播放量)	关注率	2% (关注量/播放量)
	25~40秒作品		40~60秒作品
点赞率	5% (点赞量/播放量)	点赞率	4% (点赞量/播放量)
赞评率	2% (评论量/点赞量)	赞评率	2% (评论量/点赞量)
转发率	1% (转发量/播放量)	转发率	1% (转发量/播放量)
关注率	2% (关注量/播放量)	关注率	1.5% (关注量/播放量)

（三）直播数据

直播复盘包括流程复盘、产品复盘和流量复盘。在每一次直播完成后，人们可以通过表格记录好每个部分的数据，以便复盘（见表 12-3）。表格涉及的数据主要是产品复盘和流量复盘。在产品复盘中，涉及 GMV、千次成交、UV 价值、看播转化率、点击转化率、老粉成交占比率、成交 Top 商品、成交件数、成交人数、退款率、退款 GMV、退款人数等数据。在流量复盘中，涉及场观、峰值（开场、下播、人气、平均）、流速（开场、场中、下播）、停留时长、互动次数、互动率、增粉及增粉率、增团及增团率、老粉数及老粉占比、流量来源等指标。以流量来源为例，通过自然推荐、广场、短视频、千川、随心推、关注、搜索等流量来源的对比，人们可以得出各渠道的占比，从而做好渠道优化。

表 12-3　直播数据复盘

数据概览	账号		开播日期		开播时长		直播时间段	
	观众总数		付款总人数		付款订单数		销售额	
直播内容质量问题分析							
直播间吸引力指标		关联因素		问题记录		复盘结论		
最高在线人数		流量精准度 选品吸引力 产品展现力 营销活动力 主播引导力						
平均停留时间								
新增粉丝数量								
新增粉丝团数								
关注转化率								
粉丝团关注率								
评论人数								
互动率								
销售效率指标		关联因素		问题记录		复盘结论		
转化率		流量精准度 选品吸引力 产品展现力 营销活动力 主播引导力						
订单转化率								
客单价								
UV 价值								
GPM								
商品曝光率								
商品点击率								

（四）用户数据

在图文数据、视频数据和直播数据中，均涉及与用户相关的数据，但从用户运营策略的视角来看，该部分的用户数据囊括范围更大，是专门就用户相关数据进行统一采集、整理、分析。它主要涉及的数据包括：用户特征，如年龄、收入等；用户行为，如上网频次等；用户偏好，如价格等；用户需求，如互动交友等；用户价值，如购物频次等。在前文中，企业就用户相关数据描绘出相应的标签层级体系，划分出重要价值用户、重要发展用户、重要保持用户、重要挽留用户、一般价值用户、一般发展用户、一般保持用户、一般挽留用户，进行分层级运营。

三、全媒体运营数据思维

一谈到数据思维，部分人会认为其较为抽象，实则不然。数据思维，简而言之，是指使用数据提出问题、分析问题与解决问题的思维模式，具体体现在数据意识、数据工具、数据方法三个层面（见图 12-2）。

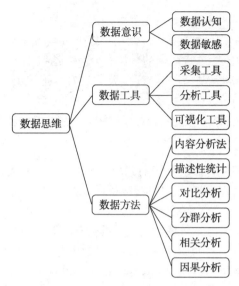

图 12-2　数据思维

（一）数据意识

数据意识是指对数据的认知及敏感程度，是全媒体运营人员必备的思维方式之一。在全媒体运营中，数据无处不在，从用户行为、内容传播到营销效果等方面都有大量的数据产生。数据意识要求运营人员能够认识到数据的重要性，关注数据的来源、质量和变化趋势，从而更好地把握运营的规律和趋势。例如，在微信公众号运营中，运营者可以通过分析用户的行为数据，了解用户的阅读习惯、兴趣爱好和消费习惯等信息。通过对这些数据的分析，运营者还可以发现用户的痛点和需求，为内容创作和营销策略提供有力支持。同时，数据意识还要求运营人员具备敏感度，能够及时发现数据中的异常和变化，及时调整策略，保证运营效果最大化。

传媒的公信力是传媒机构或传媒人在新闻报道和信息传播过程中所展现出的可信度和形象，它是传媒生存和发展的基础。传媒人的数据意识则是指在新闻报道和信息传播过程中对数据的处理、分析和利用的意识与能力。一个具有公信力的媒体可以吸引更多受众，并且使受众更加信任媒体的报道。这种公信力不仅来自媒体的报道内容，还与传媒人的专业素养、道德水平、数据意识等密切相关。传媒人需要具备对数据的敏感性和处理能力，能够从数据中发现新闻价值，并且用清晰、准确的语言将数据呈现给受众。同时，传媒人也应具备高尚的职业道德，不受利益诱惑，坚持客观、公正的报道原则。在当前的数字化时代，数据已经成为一种重要的新闻资源。传媒人需要学会从海量的数据中挖掘出有价值的新闻信息，并且运用数据可视化等手段将数据呈现给受众。传媒人还应意识到数据可能存在的误差和偏见，并尽量避免这些问题的出现。只有具备良好的数据意识和数据素养，传媒人才能更好地利用数据为受众提供更准确的新闻报道。

资料来源：新闻研究导刊. 研究论文|传媒的公信力与传媒人的数据意识研究[EB/OL]. (2024-01-18) [2024-04-01]. https://mp.weixin.qq.com/s/-VyCB34BGF—BnKmsgzJKw.

（二）数据工具

数据工具是指数据采集、分析、可视化的工具，是全媒体运营人员进行数据分析的重要手段。随着技术的发展,越来越多的工具涌现出来,为全媒体运营人员提供了强大的支持。例如,在小红书运营中,运营者可以使用小红书自带的数据分析工具和第三方工具,如 SPSS、生成式人工智能等进行数据的采集和分析。这些工具可以帮助运营人员了解账号的粉丝画像、传播路径和互动情况等信息,从而更好地把握用户需求和行为特点。同时,通过可视化工具,如简道云、花火数图、Echart、Tableau 等,运营者可以将数据分析结果以图表、报表等形式呈现出来,更加直观地展现数据的规律和趋势。

(三)数据方法

数据方法是指对数据进行深层分析的方法,是全媒体运营人员必须掌握的技能之一。常用的数据分析方法有内容分析法、描述性统计、对比分析、分群分析等。在全媒体运营中,数据量庞大、种类繁多,人们需要进行有效的筛选和处理才能得出有价值的结论。数据方法可以帮助运营人员从海量数据中提取关键信息,揭示潜在规律和趋势,为决策提供有力支持。例如,在抖音运营中,运营者可以通过数据分析发现用户的兴趣点和行为模式,进而制订相应的内容策略和营销计划。具体来说,通过对用户观看视频的时间分布、点赞和评论等行为进行分析,发现用户的兴趣点和需求点;通过分析同行业或同类型账号的数据表现和内容特点,发现潜在的市场机会和竞争对手的优势与不足;通过分析用户的地域分布和年龄结构等信息,制定更加精准的营销策略和推广渠道等。

四、全媒体运营数据分析步骤

全媒体运营数据分析主要有 5 个步骤,分别是设定目标、采集数据、处理分析、得出结论、调整优化。

(1)设定目标。在全媒体运营数据分析起始阶段,明确分析目标是至关重要的。目标的设定需基于企业战略需求和市场状况,例如提升品牌知名度、增强用户黏性、提高转化率等。只有明确了目标,才能有针对性地采集和处理数据。

(2)采集数据。采集数据是全媒体运营数据分析的关键环节,数据的准确性和完整性直接影响后续分析的可靠性。数据来源包括各类媒体平台、社交媒体、用户反馈等。采集数据需要运用科学的方法和工具,以保证数据的实时性和准确性。数据采集工具可根据需要选择内容工具、外部工具或内部工具和外部工具相结合。

(3)处理分析。采集到大量原始数据后,运营者需要对其进行处理和分析才能提炼出有价值的信息。处理分析包括数据的清洗、筛选、整合等步骤,以及运用描述性统计、对比分析、分群分析、相关分析和因果分析等方法进行深入挖掘。在这个阶段,数据分析师需要运用专业的技能和工具,将原始数据转化为可理解的信息,为决策提供支持。

(4)得出结论。经过处理分析后,运营者将得出有关全媒体运营的结论。这些结论可能包括用户画像、内容偏好、渠道效果等,它们将揭示全媒体运营的内在规律和问题所在。在这个阶段,运营者需要特别注意结论的可靠性和实用性,以确保其对企业决策具有指导意义。

(5)调整优化。根据得出的结论,企业需要对全媒体运营策略进行调整优化。调整优化可能包括调整内容选题、优化作品节奏、改变内容输出形式等措施。这个阶段需要持续关注数据变化和用户反馈,不断调整优化策略以提高运营质量。

第二节　全媒体运营数据采集工具

本节主要阐述全媒体运营数据采集工具。数据采集工具多种多样,按照获取数据的来源,可分为账号后台、官方平台和站外平台。

一、账号后台

账号后台是指账号自带的数据分析界面。全媒体运营者无须借助官方平台或站外平台，可以直接在账号后台查看数据、分析数据。其优势在于实时更新，运营者可以随时随地进行查看，跟踪数据变化；劣势在于提供的数据量有限，时间范围有所受限。如小红书平台"创作中心"有一个数据中心界面，里面提供账号概览数据、笔记分析数据、粉丝数据。在账号概览界面，人们可以清晰看到账号的基础数据，并且从折线图中看到账号的涨粉趋势、账号诊断情况、观众来源等。在笔记分析界面，可以清楚看到每篇笔记的阅读数、点赞数、评论数、转发数、收藏数、近7日观看趋势等。在粉丝数据界面，可以清楚看到近7日及近30日新增粉丝数、流失粉丝数、总粉丝数、忠实互动粉丝、粉丝画像等。

基本上所有的账号都具备部分数据分析功能，满足运营者日常实时观测内容、评价运营效果的需要。如微信公众号后台具备内容分析、用户分析、菜单分析等，抖音账号作品数据详情界面具备播放分析、互动分析、观众分析等功能（见图12-3）。除应用端账号后台外，它们还有网页版的账号后台。相比应用端的账号后台，网页版的账号后台能提供的数据更多，时间跨度更大，分析也较为细致。网页版账号后台既有创作者中心，也有专业号中心，或者企业号服务，能够满足不同类型的账号需求。

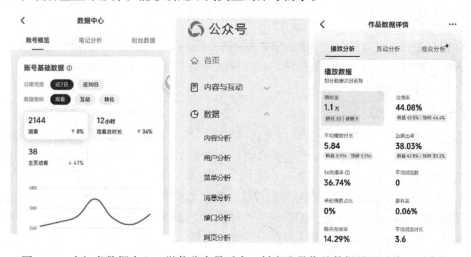

图12-3 小红书数据中心、微信公众号后台、抖音账号作品数据界面（从左至右）

二、官方平台

除了账号后台外，全媒体运营者还可以通过各大媒体平台的官方平台采集数据。通过官方平台，运营者可以获取到更多维度、更为详细和全面的数据，从而更好地制定和调整运营策略。本节介绍部分常见的官方平台，涵盖微信公众号、微信视频号、小红书、快手、抖音、哔哩哔哩。

（1）微信指数。微信官方提供的数据分析平台——微信指数，可以监测关键词在微信生态中的热度，包括公众号文章、朋友圈等。通过微信指数，运营者可以了解自己公众号的受众和传播效果，助力精准营销。

（2）视频号助手。视频号助手是微信官方提供的数据分析工具，可以帮助运营者监测视频的传播效果、互动数据等，优化自己的内容策略和推广方式。

（3）蒲公英。小红书的官方平台蒲公英提供一站式的平台服务，如数据趋势、用户画像分析、流量指标拆分、品牌合作等。

（4）磁力聚星。快手的官方平台磁力聚星连接达人、MCN、代理商、客户，提供分析创作者粉丝画像、作品数据、内容表现、30天涨粉情况等功能，实现投放前、投放中、投放后对数据的实时监测。

（5）抖音电商罗盘。为商家和达人提供抖音电商全域数据洞察，涵盖内容场和货架场。该平台智能诊断与策略推荐，助力运营优化，从内容、人群到商品交易，提供全链路数据洞察。

（6）抖音巨量算数。巨量引擎旗下的内容消费趋势洞察平台，提供内容、产业和广告策略的洞察与数据分析工具，如算数指数、榜单和垂类等，助力运营者做出决策。

（7）抖音灵机。抖音官方直播数据平台，满足创作者各类数据需求，实时反映直播间互动情况，提供实时数据大屏、直播复盘和优秀主播学习等功能，助力直播运营水平提升。

（8）抖音热点宝。抖音官方热点分析工具，追踪平台热点趋势，预测热点走向。它设置多个榜单，如热点榜、视频榜等，便于及时发现热门内容和用户情况。通过设置垂类、数据和时间范围，有助于运营者精准搜索热门内容，助力内容创作和营销推广。

（9）新站。新站是哔哩哔哩官方提供的数据分析工具，提供实时数据、排名、粉丝画像等功能，帮助运营者了解自己在B站中的位置和传播效果。

三、站外平台

除账号后台、官方平台外，第三方的站外平台也可以帮助全媒体运营者进行细致、深入的分析和洞察。本节介绍主流媒体的站外数据采集工具，包括微信公众号、小红书、微信视频号、抖音和哔哩哔哩等。

（一）微信公众号

微信公众号作为中国最大的社交媒体平台之一，拥有庞大的用户基数和广泛的影响力。对于全媒体运营者来说，微信公众号的数据采集工具至关重要。以下是几个常用的微信公众号数据采集工具。

（1）新榜。新榜是微信公众号领域权威的数据监测平台之一，提供实时数据、排名、分析等功能，如公众号粉丝数、阅读量、点赞数、文章分析、公众号文章排行榜、关键词搜索趋势、地域分布、设备分布、年龄分布等。此外，它作为一个新媒体大数据平台，也提供抖音、小红书、B站、快手等主流内容平台的数据。

（2）清博指数。清博指数是一个综合性的新媒体大数据平台，提供微信公众号的排名、分析、数据挖掘等服务，有助于运营者了解自己在行业中的位置和提升公众号质量。并且根据清博创建的WCI公式，基于微信公众号的阅读量、点赞数等多个数据维度，运营者可以综合考量微信公众号传播指标。

（3）西瓜数据。西瓜数据是一个专业的微信公众号数据分析平台，它支持实时监测公众号，一键生成监测和诊断报告，提供公众号排名、阅读量、地域分布等多维度数据。除了上述功能外，西瓜数据还提供数据监控、公众号之间的对比分析、广告删文监测和投放分析等功能。通过西瓜数据，运营者可以更深入地了解受众需求和行为习惯，提升内容质量和传播效果。

（二）小红书

小红书是一个以用户生成内容（UGC）为主的社交电商平台，用户群体以年轻人为主，活跃度高且购买力强。以下是几种常用的小红书数据采集工具。

（1）新红。新红是专门针对小红书的数据分析工具，属于新榜旗下数据工具。其提供实时数据、排名、受众画像等功能，帮助运营者监测竞品数据和发现新的内容趋势。

（2）千瓜。千瓜是另一个小红书数据分析平台，提供粉丝画像、内容分析、舆情监测等服务，此外，具备追踪热门内容趋势、监控行业品类动态等功能。通过千瓜数据，运营者可以深入了解受众需求和行为特征，优化自己的内容策略。

（3）蝉妈妈。蝉妈妈是一个短视频领域的数据分析工具，同时也提供小红书的数据监测功能。通过蝉妈妈，运营者可以监测竞品的发布情况、互动数据等，为自己的内容创作和推广提供参考。

在信息爆炸的今天，蝉妈妈以人为本，拥抱云服务和开源技术，致力于营销领域的大数据与人工智能赋能，助力品牌在内容电商时代实现数智化经营，驱动品牌新增长。蝉妈妈将平台建设视为一个系统性工程，主要围绕"技术+人+场景"三个核心元素。技术是支持解决问题的手段，人才是战略落地的关键，而场景是蝉妈妈要解决的问题和为用户带来的价值。以全域兴趣电商为例，其核心模型分为"兴趣电商"和"货架电商"，前者通过内容激发交易，后者则类似于超市，用户一般直接搜索购买商品。其内容电商的核心关系模型可以抽象为一个综合的关系模型。在技术方面，蝉妈妈的产品，如蝉魔方，提供品牌营销决策支持、电商带货提效、内容创作提效、深度市场洞察等服务。蝉妈妈设计了大规模实时计算+大规模离线计算+AI 算法模型等，以满足基础技术要求。蝉妈妈坚信，技术方案需要 Trade-off，合适最重要。因此，蝉妈妈选择了拥抱开源技术和云服务，以满足实际需求。蝉妈妈的数据平台架构基于 Lambda 架构思路和开源技术还有云的能力，其中包括 Kafka+Spark+HBase+ES+SR+Flink+EMR+OSS，等等。蝉妈妈还自研了 Spark Insight 等工具，用于诊断任务并推动优化工作。

资料来源：蝉妈妈招才官，蝉妈妈 HR. 蝉妈妈：兴趣电商场景的万亿级数据处理平台的架构实践[EB/OL]. (2023-11-10) [2024-04-01]. https://mp.weixin.qq.com/s/5ppPf9lfWp9IfZhU7tuDUw.

（三）微信视频号

微信视频号是微信生态中的短视频平台，为全媒体运营者提供新的内容形式和传播渠道。以下是几个常用的微信视频号数据采集工具。

（1）新视。新视是微信视频号的数据分析平台，提供权威的视频号垂直类榜单，以及视频号动态搜索查找、热门话题、优质脚本等全面数据服务。

（2）友望数据。友望数据是一款全面的新媒体数据检索与分析工具，提供矩阵式的互联网数据监测分析及全面、准确的数据，帮助客户解决在运营管理、数据分析、舆情监测等方面的需求。同时，还提供多种定制化的服务，如数据 API 接口服务、数据挖掘分析报告产品等，以满足不同客户的需求。

（四）抖音

抖音作为全球最大的短视频平台之一，拥有庞大的用户基数和高度活跃的用户群体。以下是几个常用的抖音数据采集工具。

（1）新抖。新抖是抖音全场景人工智能数据平台，不仅提供热门的视频和话题等抖音创意素材，还提供直播监测、短视频种草带货、热卖商品、品牌营销等全面的短视频在线数据服务。

（2）抖查查。抖查查对抖音、快手等短视频平台的全量直播数据和短视频数据，通过数据接口进行抓取、解析、汇总和整理可视化，可用于分析短视频平台上的流行趋势，挖掘热门内容，追踪用户行为等。

（3）卡思数据。卡思数据是一个综合性的视频大数据平台，提供抖音等各大短视频平台的数据监测和分析功能。通过卡思数据，运营者可以了解视频传播效果和受众需求等信息。

（五）哔哩哔哩

哔哩哔哩（B 站）是一个以动画、漫画、游戏（ACG）为主的视频分享平台，用户群体以年轻人为主，活跃度高，忠诚度强。以下是几个常用的哔哩哔哩数据采集工具。

（1）火烧云。火烧云是一个专注于哔哩哔哩的数据分析平台，提供竞品分析、内容创意、粉丝增长情况分析等功能。通过火烧云数据，运营者可以深入了解受众需求和行为特征，为自己的内容创作和推广提供参考。

（2）飞瓜数据。飞瓜数据是一个综合性的视频大数据平台，提供哔哩哔哩等各大视频平台的数据监测和分析功能。通过飞瓜数据，运营者可以了解视频的传播效果和受众需求等信息。不仅如此，它还提供短视频及直播电商的数据查询和监控服务，包括短视频达人查询、电商数据查询、直播推广效果监控等实用功能。

第三节　全媒体运营数据分析方法

本节主要阐述全媒体运营数据分析方法，将结合全媒体运营数据重点阐述内容分析法、描述性统计、对比分析和分群分析等分析方法。

一、内容分析法

内容分析法是一种实证性的研究方法，主要针对文本内容进行深入剖析，以揭示文本所包含的隐性信息（见表 12-4）。这种方法常用于新闻传播、社交媒体分析、品牌形象研究等多个领域。在全媒体运营中，内容分析法可被应用于内容偏好分析、传播效果评估、对标账号分析。

表 12-4　对某类公众号的内容分析法应用

变量类型	变量维度	作用因素	赋值说明	数据来源
条件变量	信源（S）	推送频率	特定时间段内公众号发文数	公众号信息收集
		影响因子	期刊影响因子	
		传播主体	公众号传播主体如高校为1，部门为2	
	信息（M）	文章类型多样性	通过梳理总结文章类型，得出某一公众号文章类型数（文章类型如知识科普类、活动通知类）	
		文章内容丰富度	内容形式包括文字、图片、视频、音频等；1=只有一种内容形式，2=两种内容形式，3=三种内容形式	
	通道（C）	界面功能设计	根据结果区分	
		公众号服务多样性	1=只开通消息，2=开通消息与服务，3=开通消息、服务与视频号	
结果变量	信宿（R）	读者反馈效果	WCI指数[或者指数的整体传播力（o）维度]	公众号信息收集+清博指数计算

（1）内容偏好分析。对目标受众的内容消费行为进行分析，了解其喜好和兴趣点，从而策划生成更符合受众口味的媒体内容。例如，根据用户在社交媒体上的互动情况，确定哪些主题和话题更受欢迎，然后以此为依据制定未来的内容策略。

（2）传播效果评估。对发布的媒体内容进行量化分析，了解其传播范围、受众反馈等信息。例如，统计某个公众号一个月的文章主题、发文数量、阅读量、点赞数、评论数等数据，评估该内容的传播效果和影响力。

（3）对标账号分析。分析对标账号的内容，了解其策略和优势，从而优化自己的运营策略。例如，对比不同品牌在社交媒体上的发文频率、主题分布、内容形式、内容情节、内容的开头与结尾等信息，找出自身的不足和改进方向。

二、描述性统计

描述性统计是一种对数据进行整理、简化和概括的方法。通过描述性统计，人们可以将原始数据转换成易于理解和分析的形式，从而更好地揭示数据的特征和规律。常用分析方式包括频数分析、集中趋势分析、离散程度分析和分布形态分析。

（1）频数分析。频数分析是对数据分布频率的统计，通常用于揭示各组数据在总体数据中所占的比例。例如，对账号粉丝兴趣进行频数分析，发现对生活、美食、娱乐感兴趣的粉丝较多，则可以据此对内容主题进行调整（见图12-4）。

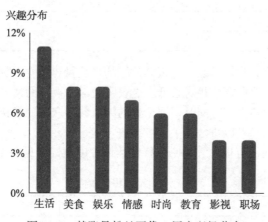

图12-4　某账号粉丝画像：用户兴趣分布

（2）集中趋势分析。集中趋势分析是描述数据向中心集中的趋势，常用指标有均值、中位数、众数等。均值，即所有数值相加后除以数值的数量，表示数据的平均水平，衡量数据的总体平均值。中位数，即将数据从小到大排序后位于中间位置的数值，反映数据的整体情况。众数，即出现次数最多的数值，反映数据的普遍趋势或多数人的观点。

（3）离散程度分析。离散程度分析是描述数据离散程度的指标，常用指标有标准差、方差等。标准差，即各数值与均值之间差的平方的平均值再开方，表示数据的离散程度，反映数据波动情况。方差，即各数值与均值之间差的平方的平均值，表示数据的离散程度。

（4）分布形态分析。分布形态分析是描述数据分布形态的指标，常用指标有偏度、峰度等。偏度，表示数据偏斜的程度，如账号发布内容的偏度为0.5，说明数据分布形态向右偏斜。峰度，表示数据分布形态的陡峭程度，如发布内容的峰度为1.2，说明数据分布形态较为尖锐。

为方便读者理解，以下是关于描述性统计的举例。

假设某教育类账号在一个月内发布了30个视频内容，并收集了每个视频的播放量、点赞数、评论数和分享数。以下是该账号的运营数据。

频数分析：根据数据，我们可以统计每个播放量区间的视频数量（见表12-5）。

表 12-5　该教育类账号数据

播放量区间	视频数量
0～10000	5
10000～20000	8
20000～30000	7
30000～40000	4
40000 以上	6

可以看出，大部分视频的播放量集中在10000～20000区间，说明观众对于该区间的视频内容比较感兴趣。运营人员可以进一步优化该区间的视频内容，提高播放量和观众喜好度。

集中趋势分析：我们可以计算每个指标的集中趋势指标（见表12-6）。

表 12-6　集中趋势指标

数据指标	均值	中位数	众数
播放量	22333	21500	18500
点赞数	187	175	155
评论数	62	58	52
分享数	43	41	37

通过比较这些指标，我们可以发现视频的平均播放量、平均点赞数和平均评论数相对较高，众数播放量和众数点赞数相对较低。这表明大部分视频的播放量和点赞数低于平均水平，需要进一步优化和推广。同时，评论数的中位数和众数比较接近，说明大部分视频的评论数在这个范围内，可以进一步关注和改进。

离散程度分析：我们可以计算每个指标的离散程度指标（见表12-7）。

表 12-7　离散程度指标

数据指标	方差	标准差
播放量	16250000	4066.67
点赞数	1444.44	38.95
评论数	6149.99	78.83
分享数	625	25.82

通过比较这些指标，我们可以发现播放量和评论数的离散程度较大，点赞数和分享数的离散程度较小。这表明不同视频的播放量和评论数差异较大，需要针对个别视频进行优化和改进。同时，标准差的值也较小，说明数据比较集中，大部分视频的表现比较接近平均水平。

分布形态分析：运营人员可以通过绘制直方图或箱线图等，直观地展示数据的分布情况和形态特点。如可以绘制播放量的直方图，观察播放量的分布是否呈现偏态或峰态等。

基于以上描述性统计分析结果，运营人员可以得出一些初步的结论和建议。如发现某些视频内容在播放量上表现不佳，可能需要增加推广力度或优化内容质量；某些视频在点赞数和评论数上表现较好，说明观众对这些内容比较感兴趣，可以进一步加大投入和创作力度等。

三、对比分析

在全媒体运营中，对比分析是一种至关重要的数据分析方法。对比分析是通过比较不同数据之间的差异和联系，以揭示其内在规律和趋势的一种数据分析方法。对比分析的核心是将不同数据源或时间段的数据进行比较，从而揭示差异。对比分析方法的优势在于可以帮助我们发现运营效果的变化趋势，了解数据的分布和特征，发现异常值和潜在问题，以及不同数据之间的关联性和规律性。对比分析的主要特征是比较和对照，常用的对比方式是 A/B 测试、环比、同比等。

（1）A/B 测试。A/B 测试用于比较两种或多种不同的方案（如封面设计、标题设置等），以确定哪一种方案更有效。例如，某账号想要测试两种不同的标题风格对文章点击率的影响，它可以将用户随机分成两组，分别展示风格 A 和风格 B 的标题。通过收集和分析点击数据，人们可以确定哪种标题风格更能吸引用户点击。这就是 A/B 测试在全媒体运营中的一个典型应用。

在字节跳动，A/B 测试是业务决策的基础，产品功能上线前都需要做一个小流量的验证。所有的团队也都倾向于把每一个想法去做一个假设，用一个个的 A/B 测试不断地去验证或者是推翻、修正、再验证大家提的想法和假设，持续地进行迭代，最终推动业务的增长。小到一条站外推送的消息，大到整个技术底层架构的一些优化修改，这些其实都是会做实验进行验证。在字节跳动常用的有这几类：内容推荐、营销活动、运营策略、产品功能、技术优化。可以说，在字节跳动内部文化中，万物是可以 A/B 测试的。就比如抖音、西瓜这两个产品的取名，就是通过 A/B 测试测出来的。可能跟大家之前预想的不一样的是，当时抖音做这个名称实验时，发现"抖音"这个名称并不是实验组中数据最好的那一组，相比最好的一组，产品团队认为"抖音"这个名称更符合产品长期的调性和它的理念（因为跟音乐相关），因此就采纳了这个名称。

资料来源：DataFunSummit，李惠. 字节跳动基于 A/B 测试的业务突破[EB/OL]. (2023-08-06) [2024-04-01]. https://mp.weixin.qq.com/s/MZK03sIKZw2a fRvwnD3qPg.

（2）环比。环比分析通常用于比较相邻时间段的数据变化。例如，某账号运营者想要了解其视频内容在最近两个月的表现变化趋势，它可以比较这两个月的观看次数、点赞数、评论数等指标。通过环比分析，运营者可以迅速发现哪些内容类型或发布策略在近期表现更佳，从而及时调整内容策略。

（3）同比。同比分析用于比较同一时间段内不同年份的数据变化。这对于识别季节性趋势或长期增长趋势非常有用。例如，某账号运营者想要评估其去年夏季与今年夏季的广告收入表现，它可以比较这两个时段内的广告收入数据。通过同比分析，运营者可以了解广告收入的变化趋势，从而制定更为精准的广告承接策略。

四、分群分析

分群分析是指将具有相似特征或行为模式的用户划分为不同的群体，并对每个群体进行深入分析和研究。分群分析的核心是找到分群的依据并进行针对性运营，维护好每一个群体。分群分析的优势在于它可以帮助运营者更好地了解用户的属性和行为特征，发现不同用户群体之间的差异和联系，从而更加精准地定位目标用户群体。

为便于读者理解，以下是关于分群分析的举例（见表 12-8）。

表 12-8 用户分群

分群标准	年龄	性别	地域	浏览行为
群体 A	18～25 岁	女性	南方	时尚、美妆
群体 B	26～35 岁	男性	北方	科技、财经
群体 C	36～45 岁	女性	南方	生活、旅游
群体 D	46～55 岁	男性	北方	健康、养生

假设一个全媒体平台拥有大量的用户数据，包括用户的年龄、性别、地域、浏览行为等信息。运营人员想要了解不同用户群体的特点和需求，可以进行以下分群分析。

确定分群标准：根据平台的业务特点和运营目标，选择合适的分群标准。例如，可以选择年龄、性别、地域等作为基本分群标准，再结合用户的浏览行为、消费习惯等信息进行细分。

收集用户数据：通过平台的数据统计功能，收集用户的各项信息数据。

进行分群：根据选定的分群标准，将用户分为不同的细分群体。例如，可以将用户划分为年轻女性群体、中年男性群体、北方用户群体等。

分析群体特征：针对细分群体，分析其特征和需求。例如，年轻女性群体可能更关注时尚、美妆等内容，中年男性群体可能更关注科技、财经等信息。

制定运营策略：根据分析结果，针对细分群体制定个性化的运营策略。例如，为年轻女性群体更多推送时尚、美妆的内容，为中年男性群体提供科技、财经等方面的专业资讯。

通过分群分析，运营人员可以更加精准地了解用户需求和市场趋势，为制定精细化、个性化的运营策略提供有力支持。

五、相关分析

相关分析是一种统计学方法，用于研究两个或多个变量之间是否存在关系，以及这种关系的强度和方向。两变量的相关关系有三种，分别是正相关、负相关、不相关。如果变量 y 随变量 x 的增大而增大，则变量 x 和变量 y 是正相关关系；如果变量 y 随变量 x 的增大而减小，则变量 x 和变量 y 是负相关关系；如果变量 y 的变化没有引起变量 x 的变化，则变量 x 与变量 y 不相关。相关系数是衡量两个变量相关程度的指标，一般用字母 r 表示，其值在 -1 到 1 之间。当 $r>0$ 时，两变量是正相关；当 $r=0$ 时，两变量不相关；当 $r<0$ 时，两变量是负相关。在全媒体运营中，相关分析被广泛应用于研究各种数据指标之间的关系，如产品销售分析、店铺商品运营、热门内容分析、提升内容质量等。

（1）产品销售分析。在全媒体运营中，产品销售是核心业务之一。通过相关分析，我们可以研究产品销售与各种因素之间的关系。例如，分析销售额与广告投入、用户参与度、产品价格等因素的相关性，了解哪些因素对销售额有显著影响，这有助于制订更有效的销售策略和营销计划。

（2）店铺商品运营。店铺商品运营是全媒体运营的重要组成部分。相关分析可以用于研究商品销售量与商品类型、价格、促销活动等因素的相关性。例如，通过分析哪些因素与热销商品有显著的正相关关系，我们可以更好地调整商品结构和库存管理。

（3）热门内容分析。全媒体平台上的热门内容是吸引用户的关键。通过相关分析，我们可以研究哪些因素与热门内容有关联。例如，分析内容类型、发布时间、标题等因素与内容点击率、分享数等指标的相关性，从而优化内容生产方向和发布策略。

（4）提升内容质量。内容质量是全媒体运营的核心竞争力。通过相关分析，我们可以了解内容质量与用户行为之间的关系。例如，可以分析内容质量与用户参与度、留存率、转化率等指标的相关性，发现提升内容质量的潜在机会和改进点。这有助于提高用户满意度和忠诚度，促进业务长期发展。

六、因果分析

相关分析旨在确定变量之间是否存在某种关联以及关联的程度，因果分析则更进一步试图确定一个变量是否导致另一个变量的变化，即建立因果关系。相关分析的主要特征是关联性研究，因果分析的主要特征是建立因果关系。相关分析可以通过计算相关系数、绘制散点图等方式来评估变量之间的关联程度，因果分析通常需要借助一系列统计方法，包括回归分析、时间序列分析、结构方程模型等。这些方法可以帮助识别并量化变量之间的因果关系，同时考虑潜在的混淆因素和中介变量。在实际的全媒体运营中，相关分析和因果分析往往需要结合使用。例如，可以先通过相关分析发现内容呈现形式与账号流量之间存在正相关关系，然后通过因果分析进一步验证内容呈现形式是否确实导致了账号流量的增加。这种综合应用有助于更全面地理解运营数据之间的关系，制定更有效的运营策略。

为便于读者理解，以下是关于因果分析的举例。

假设某个教育类账号想要通过直播课程提高用户的学习效果和留存率，运营人员可以通过以下步骤进行因果分析。

确定自变量和因变量：将直播课程的观看时长作为自变量，用户的学习效果和留存率作为因变量。

设计实验组和对照组：将一部分用户设置为实验组，观看直播课程；将另一部分用户设置为对照组，不观看直播课程。

收集数据：一段时间后，收集实验组和对照组用户的学习效果和留存率数据。

进行统计分析：使用回归分析、时间序列分析等方法，对收集到的数据进行分析。

确定因果关系：如果数据显示实验组用户的学习效果和留存率明显高于对照组，并且这种差异在统计学上是显著的，那么可以初步认为直播课程与用户学习效果和留存率之间存在因果关系。

优化策略：基于这一因果关系，运营人员可以制定优化策略，如增加直播课程的数量，提高其质量，以增强用户的学习效果，扩大留存率。

第四节 全媒体运营数据复盘

本节主要阐述图文运营、视频运营和直播运营相关数据指标的含义、关系及决策方向。通过本节内容的学习，你将掌握全媒体运营数据复盘的基本逻辑。

一、图文数据复盘

图文数据指阅读量、点赞量、分享量、评论数等基础指标，由基础指标经过组合，人们可以得出点击率、互动率、涨粉率、赞粉比等指标。虽然图文平台的数据指标在名称上有所差异，但本质是一致的。本节以小红书平台为例，借助账号后台的数据工具，具体阐述数据指标的含义、关系及决策方向。

在小红书账号中选择"创作者中心"，点击"数据中心"，运营者可进入账号后台的数据界面。此界面有三个部分，分别是"账号概览""笔记分析"和"粉丝数据"（见图12-5）。

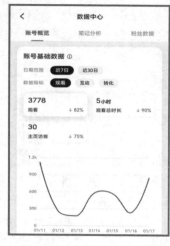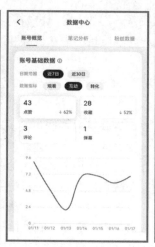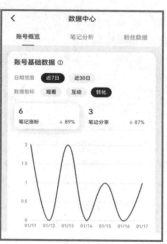

图12-5　小红书账号后台基础数据界面

（一）账号概览分析

账号概览界面与数据相关的部分账号基础数据与观众来源分析。

1. 账号基础数据

账号基础数据是衡量账号表现的关键指标，包括观看、互动和转化等。观看反映多少用户点击笔记、阅读笔记、浏览主页情况，互动体现内容质量和用户共鸣，转化则反映账号笔记涨粉、笔记分享的情况。为了优化内容，运营者需要关注近7日或近30日的数据变化，以便及时调整封面、选题和内容方向。同时，可以计算互动率和赞粉比来评估内容质量和涨粉效果。

（1）互动率。互动率=（点赞+收藏+评论+弹幕）/观看量，由此公式可知体现互动的数据指标是点赞、收藏、评论和弹幕。点赞的本质是用户认可内容，收藏的本质是内容对用户有用，评论和弹幕的本质是内容与用户产生共鸣。一般而言，互动率低于5%可能意味着内容质量不够优质，需要在选题是否被认可、内容是否有用、是否与用户产生共鸣等方面进一步优化。

（2）赞粉比。赞粉比=（点赞+收藏）/涨粉量。赞粉比可以反映账号的涨粉效果和内容定位是否垂直，过高或过低的赞粉比可能提示需要调整内容定位或增强人设感。一般而言，赞粉比数值越小，体现内容的转化较好，内容较为优质，再根据互动情况，确定内容是在认可层面、有用层面还是共鸣层面给用户带来价值。赞粉比越高，说明该账号可能借助热点或付费投流等方式产生爆款笔记，但账号本身对用户没有产生价值，笔记产生的流量是泛流量。

在账号基础数据部分，有一个"近7日账号诊断"的界面（见图12-6），统计了账号近7日观看、互动、涨粉、发文活跃度情况，并与同行账号进行比较。若数据情况不好，该界面也给出了相应的提高策略。

2. 观众来源分析

观众来源分析可以用于判断账号是否被限流，以及优化内容推广策略。正常的观众来源一般由首页推荐、个人主页、搜索和其他来源组成（见图12-7）。首页推荐占比是重要的指标，它反映了内容被平台推荐的力度。如果首页推荐占比过低，可能意味着账号被限流或者内容不够优质。个人主页比例过高可能意味着粉丝黏性较强，但缺乏系统推荐的流量。搜索和其他来源占比高，说明赛道热度高或者关键词优化得好。因此，需要关注首页

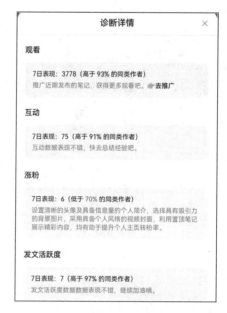

图 12-6 小红书"近 7 日账号诊断"界面

图 12-7 小红书账号观众来源分析界面

推荐的比例,并努力提升这一比例,以获得更多平台推荐的流量。同时,根据不同来源的比例,针对性地优化内容质量和推广策略,提升账号表现和用户关注度。

(二)笔记数据分析

笔记数据分析部分主要关注笔记基础数据和诊断板块。

(1)笔记基础数据(见图 12-8)。笔记基础数据包括观看量、人均观看时长、点赞、互动、收藏、评论、笔记涨粉和笔记分享等指标。这些数据可以帮助运营者评估笔记的质量和效果。笔记基础数据界面还附带内容发布后 7 日观看数趋势折线图,便于运营者更直观了解内容观看趋势。

(2)诊断板块(见图 12-9)。在笔记诊断板块,点击率=阅读量/曝光量,它是一个重要的指标。运营者可以通过查看点击率的提示来优化选题、封面和标题。笔记发布后的观看量增长情况,可以间接反映点击率的情况。如果观看量增长迅速,说明封面、标题、选题比较吸引人;如果没有同类选题的爆款,说明选题可能比较小众,需要放弃同类选题。除点击率外,诊断板块还有完播率、笔记涨粉、内容丰富度等内容,可以互相结合、对比,从而优化内容。

图 12-8　小红书笔记基础数据分析界面

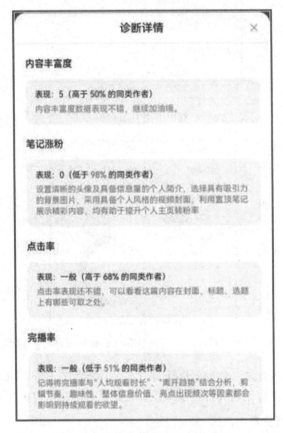

图 12-9　小红书单篇笔记诊断板块

（三）粉丝数据分析

粉丝数据分析界面有粉丝基础数据，如新增粉丝、流失粉丝、总粉丝等数据，并且配备了折线趋势图，此外还有近 7 日及近 30 日的忠实粉丝名称、新增粉丝来源、粉丝画像等数据（见图 12-10）。在这部分，需要注意的是，粉丝增长折线图有起有落是正常现象，如果一直下降或下降较多，此时需要格外注意近期的内容质量、内容所体现的价值观等。新增粉丝来源一般包括发现页笔记、搜索账号、搜索笔记及其他来源，尤其需要关注发现页笔记的来源是否占大多数，这反映内容流量是否正常。粉丝画像包括粉丝的性别分布、城市分布、兴趣分布，如果粉丝画像与账号所要触达的人群画像不一致，则需要进一步进行目标用户分析，调整内容方向。

第十二章　全媒体运营数据分析

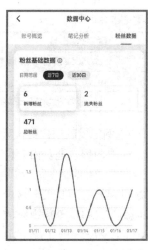 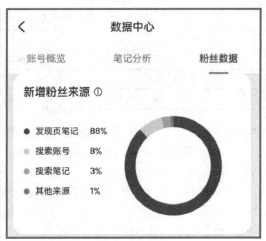

图 12-10　小红书账号粉丝数据界面

二、视频数据复盘

视频数据涉及的指标较多，如播放量、完播率、2s 跳出率、5s 完播率、涨粉率、均播值、商品点击率、转化率、销售额等。但无论是图文数据抑或是视频数据，在数据指标的解读上存在一定的重合，如粉丝数据分析，以及点赞、评论和分享背后的本质等。基于此，本节重点阐述视频数据复盘中核心的数据指标，即完播率、跳出率、平均播放时长、互动率，并结合视频引流咨询、视频带货场景，增加对咨询率、引流率、商品点击率、商品成交率的具体阐述。其中，完播率、跳出率、平均播放时长并不需要进行计算，在账号后台数据中心中有实时更新数据。

（1）完播率。完播率是衡量视频完整播放完成率的指标，即用户将视频从头到尾完整播放的比例。抖音平台在整体完播率的基础上还设置了 5s 完播率，更加强调内容的吸引力（见图 12-11）。完播率越高，说明视频内容越吸引人，用户越愿意看完整个视频。为了提高完播率，人们可以将视频时长控制在 15～40s 内，或者采用热门音乐和特效等手段提高视频的吸引力。同时，制作精良的视频封面和标题也是吸引用户观看的关键。不同视频时长对 5s 完播率的要求如表 12-9 所示。

图 12-11　抖音作品数据界面

表 12-9　不同视频时长对 5s 完播率的要求

7~15 秒作品		15~25s 作品	
完播率	65%(视频 5s 完播率)	完播率	50%(视频 5s 完播率)
25~40 秒作品		40~60s 作品	
完播率	40%(视频 5s 完播率)	完播率	35%(视频 5s 完播率)

（2）跳出率。跳出率是指用户在观看视频过程中离开的比例，反映用户对视频是否感兴趣和满意。所谓 1s 看开头第一句，2s 看视频场景、画面，5s 看内容选题。由此可见，当 2s 跳出率较高时，需要对内容的场景、画面，即所谓的"视觉锤""听觉锤"进行调整和优化。

（3）平均播放时长。平均播放时长是指用户平均观看视频的时间长度。这个指标可以帮助运营者评估视频内容的吸引力，以及用户对视频的满意度。如果 100s 视频的平均播放时长达到 90%，则意味着大部分用户在这个视频上观看停留了 90s，可见内容的选题、观点都极具吸引力。为了提高平均播放时长，运营者可以增加视频的有趣性和信息量，让用户更愿意继续观看。

（4）互动率。互动率是衡量用户与视频互动程度的指标，它反映了用户对视频内容的兴趣和参与度。互动率越高，说明用户对视频内容越感兴趣，越愿意参与互动。互动率的构成涉及点赞、评论和转发等行为，这些行为都可以在视频中引导用户进行。通过设置悬念、抛出诱因等方式，运营者可以增加用户参与互动的兴趣，进一步提高互动率。

（5）咨询率。咨询率=咨询人数/观看人数，是指通过视频内容引导用户进行咨询的比例。咨询率是衡量视频内容与用户需求相关度的指标之一。如果咨询率较高，说明视频内容与用户需求高度相关，可以进一步转化为用户咨询或购买等行为。为了提高咨询率，运营者可以在视频中提供联系方式或在线咨询入口等引导，方便用户进行咨询或了解更多信息。

（6）导流率。导流率=导流人数/观看人数，是指通过视频内容引导用户进入其他页面或平台的比例。导流率是衡量视频内容引导作用的指标之一。如果导流率较高，说明视频内容具有较强的引导作用，可以吸引用户进入其他页面或平台进行深入了解或购买商品等。为了提高导流率，运营者可以在视频中提供其他页面或平台的链接或二维码等引导方式，使用户更容易地进入目标页面或平台。

（7）商品点击率。商品点击率=商品点击次数/观看人数，是指用户通过视频内容点击商品的比例。商品点击率是衡量视频内容与商品相关度的指标之一。如果商品点击率较高，说明视频内容与商品高度相关，可以进一步转化为商品购买等行为。为了提高商品点击率，运营者可以在视频中展示商品的详细信息和使用场景等，吸引用户点击购买。

（8）商品成交率。商品成交率=商品成交人数/观看人数，是指用户通过视频内容引导成交的商品比例。如果商品成交率较高，说明视频内容具有较强的引导作用，可以促进商品销售。为了提高商品成交率，运营者可以采取提供优惠券、限时促销等手段吸引用户购买。

三、直播数据复盘

（一）直播核心数据

直播过程中产生的数据较多。在这众多的数据当中，运营者需要把握核心数据，即产品数据，如销售额、转化率、UV 价值等；流量数据，如总场观、平均在线人数、平均观众停留时长、新增粉丝/转粉率、互动率等。

1. 产品数据

（1）销售额。销售额是衡量直播带货效果的重要指标。观察一段时间内的销售额和销量,运营者可以评估主播的带货力及效果稳定性。

(2)转化率。转化率=下单人数/观看总人数,反映直播间观众的真实购买力和主播带货能力。转化率不佳时,需分析原因并调整策略。主要原因有直播标签不精准、主播逼单能力不足、选品排品出现问题、场景没有吸引力、直播流程不合理等。

(3)UV 价值。UV 价值=销售额/总场观。UV 价值越高,体现用户带来的价值越高。当 UV 价值等于 1 时,表明销售额与总场观相等,属于及格线;低于 1,表明直播间较差;高于 1,表明直播间还不错。

2. 流量数据

(1)总场观。直播观看人数反映了直播间的流量规模。总场观越大,意味着直播间受到的关注度越高,流量规模越大。通过提升内容质量和进行付费推广,运营者可以有效提升总场观。

(2)平均在线人数。它主要衡量直播间同时在线观看人数的平均值,反映了直播间的带货能力和转化潜质。如果直播间平均在线人数达到 50 人以上且保持稳定,体现主播具备初级带货能力。

(3)平均观众停留时长。用户在直播间的平均停留时间,反映直播间的内容质量和留存效果。用户停留时长越长,直播间的人气越高。

(4)新增粉丝/转粉率。新关注用户的数量与总场观的比例,反映直播间的拉新能力。转粉率大于 5%为优秀;低于 3%且低于带货转化率时,运营者需调整策略。

(5)互动率。直播间互动次数与总场观的比例,影响直播间人气和观众参与度。正常值范围为 3%~10%。通过活动、提问等方式和话术鼓励观众互动,可提高互动率。

(二)直播数据整体分析

"五维四率"是巨量创意开发的一种直播整体分析工具,即通过对直播间成交链路的 9 个数据进行分析,从而找到流量不佳的原因,为决策优化提供方向(见图 12-12)。"五维"

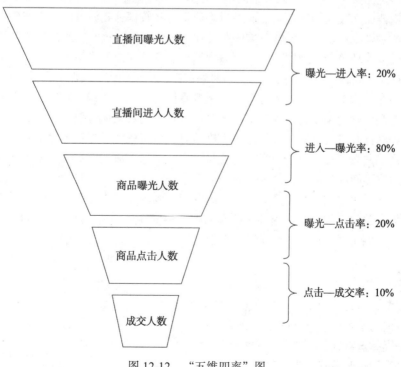

图 12-12 "五维四率"图

分别指直播间曝光人数、直播间进入人数、商品曝光人数、商品点击人数和成交人数。"四率"分别指：曝光—进入率，标准不低于20%；进入—曝光率，标准不低于80%；曝光—点击率，标准不低于20%；点击—成交率，标准不低于10%。

（1）曝光—进入率。曝光—进入率=直播间进入人数/直播间曝光人数，影响因素包括直播间视觉画面、是否进行付费投流等。如果没有达到标准，可优化直播间视觉效果，如场景美观度、主播形象等，提高直播间的吸引力；考虑采用付费投流策略，增加直播间曝光量，引导更多用户进入直播间。

（2）进入—曝光率。进入—曝光率=商品曝光人数/直播间进入人数，影响因素包括主播话术、商品展示方式、购物车商品展示等。如果该标准不达标，可提升主播话术质量，引导用户点击购物车或查看正在讲解的商品；优化商品展示方式，突出商品特点，增加用户对商品的认知度；增加购物车商品展示和正在讲解功能的使用频次。

（3）曝光—点击率。曝光—点击率=商品点击人数/商品曝光人数，影响因素包括商品详情页的设计、商品主图美观度、价格竞争力等。如果该标准不达标，可优化商品详情页设计，使其更符合用户浏览习惯，提升用户点击率；提高商品主图的美观度，突出商品特点，吸引用户点击；提升价格竞争力，与其他商家的同类商品相比更具性价比，吸引用户购买。

（4）点击—成交率。点击—成交率=商品成交人数/商品点击人数，影响因素包括直播间氛围、用户信任度、商品质量等。如果该标准不达标，可营造紧张的抢购氛围，增加用户的购买欲望；提高用户对商品的信任度，如充分解答用户问题，展示商品质量等。

（三）直播数据局部分析

直播数据局部分析包括时段局部分析、流量来源分析、产品复盘与用户分析等。

（1）时段局部分析。在直播的不同时段，各项数据呈现出动态变化的特点。通过对不同环节、时段的精细对比，我们能够洞察到影响成单转化率的诸多因素，进而采取有针对性的优化措施。例如，观众进入直播间的高峰期、互动频率波动、购买转化的集中时段等，都是我们需要密切关注的数据点。通过对比分析这些数据，我们可以发现特殊值或特殊点值，如某个时段观众流失率异常高或购买转化率突然下降。这些特殊的地方往往对应着直播流程中的某个环节存在问题，如主播表现不佳、商品介绍不吸引人、互动环节设计不合理等。针对这些问题，我们需要及时调整策略，进行优化流程，以保持直播间的稳定表现。

（2）流量来源分析。流量来源分析是提升直播间效果的关键一环。通过分析不同渠道的流量来源和转化效果，我们能够了解哪些渠道带来的观众质量更高，购买意愿更强。这些信息可以帮助我们在有限的预算下更精准地进行付费投流，提高流量利用效率。

（3）产品复盘与用户分析。产品复盘与用户分析是直播数据局部分析中不可或缺的部分。通过对直播间产品的销售数据与对应的话术进行深入剖析，我们可以了解哪些商品更受欢迎，哪些话术更能打动观众。同时，结合用户画像和购买偏好分析，我们能够更准确地判断直播间的目标用户群体是谁，他们的需求和偏好是什么。这些信息对于优化选品、调整话术以及制定更精准的营销策略至关重要。

思考题

1. 数据、信息、知识、智慧之间是什么关系？
2. 数据与全媒体运营之间是什么关系？
3. 全媒体运营数据有哪些类型？
4. 全媒体运营数据采集工具有哪些？

5. 全媒体运营数据分析方法有哪些？

本章实训

1. 请挑选一位你喜欢的博主，深入其账号，对其粉丝数量、点赞数、转发量及评论数据等关键指标进行全面分析。通过分析这些数据，你可以了解该博主在社交媒体平台上的影响力、受众互动程度以及内容受欢迎程度等方面的表现，进而为后续的账号优化提供数据支持。

2. 完成数据分析后，请你根据所得结论，针对性地制定一套账号优化方案。该方案应包含提升粉丝活跃度、增加点赞和转发量、优化评论互动等具体措施，旨在进一步提升该博主账号在社交媒体平台上的表现。最后，请在课堂上展示你的账号优化方案，与同学分享你的分析和优化思路，共同交流学习心得。

典型案例

微信公众号制造焦虑的机制探究——以求职类微信公众号为例

第十三章

全媒体职业素养、行业与法律规范

【学习目标】
- 了解全媒体运营从业者职业素养现存问题
- 掌握全媒体运营从业者职业素养提高路径
- 了解全媒体行业现存问题及掌握规范路径
- 了解全媒体运营法律问题及全媒体运营法

　　李琳是鲜果公司的一名员工,担任企划高级主管的她,主要工作内容是商品宣传。为了更加创新高效地宣传产品,李琳决定搭上互联网这辆"快车"。2018年3月,李琳用自己的个人信息实名注册了两个新媒体账号。一个用来发布她的私人生活视频,呈现其个人形象;对于另一个"生鲜美味"账号,她向公司申请了资源投入。公司许可后,李琳即通过企业微信建立了工作群聊,在群聊中组织其他工作人员讨论选题、策划文案、调配公司资源。同年4月开始,"生鲜美味"账号就在团队的运作下发布了一系列视频,视频内容大部分为简易的懒人生鲜食品制作教程。这些视频均在公司拍摄,其中并未出现李琳的个人形象,而是由团队成员轮流戴面具出镜。视频清新的风格与健康的内容很快就吸引了一批固定"粉丝"。团队通过在账号中进行视频定位、留言评论等方式,向公司官方账号导流,以宣传公司产品。一年多后,李琳与公司解除了劳动关系,公司要求李琳完成"生鲜美味"账号运营的交接。李琳虽在离职后的社交媒体中表示将把该账号归还给公司,但并未实际履行,而是改了账号名称,还在账号中发布了其他类型的视频。失去了团队运营的账号,粉丝量、视频传播、点赞率都大幅下降,账号的价值受到了贬损。鲜果公司因此向法院提起诉讼,请求法院确认该账号的使用权属于公司。

　　资料来源:上海一中法院. 离职后,员工名下的网红账号属于谁? [EB/OL]. (2024-02-02)[2024-04-01]. https://mp.weixin.qq.com/s/AD68VVv_oYZ_QwZPu1Jzdg.

　　在全媒体时代,运营从业者的职业素养不仅关乎个人形象,更与企业利益紧密相连。李琳作为鲜果公司的企划高级主管,在负责商品宣传时,虽然借助互联网成功打造了"生鲜美味"账号,但在离职后未按照约定归还账号,导致公司利益受损。这一案例既暴露了从业者职业素养的缺失,也凸显了全媒体行业在法律规范方面的不足。作为全媒体运营从业者,我们应该意识到职业素养的重要性,不断提高自身专业能力,遵循行业规范,恪守职业道德。行业也应加强自律,完善相关法律法规,为从业者提供明确的行为准则。只有这样,我们才能共同推动全媒体行业健康发展,实现企业与个人的双赢。接下来,我们将深入学习全媒体运营从业者的职业素养内容、行业现存问题以及法律规范,以期为从业者提供更有价值的指导。

第一节 全媒体运营职业素养

　　本节主要阐述全媒体运营从业者的职业素养及存在问题。通过本节内容的学习,你将掌握全媒体运营职业素养的定义、现存问题、重要性，以及如何提高全媒体职业素养。

一、全媒体运营职业素养的定义

职业素养是一个人在职业生涯中表现出的综合素质，即从事某一职业所必须具备的品质和技能。在具体语境下，全媒体运营职业素养由表至里、由浅入深，分别为全媒体运营职业技能、全媒体运营行为习惯、全媒体运营职业能力和全媒体运营职业道德。这四个方面共同构成全媒体运营职业素养的核心体系（见图13-1）。

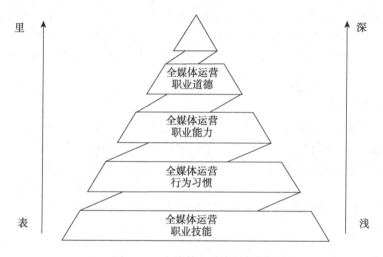

图 13-1　全媒体运营职业素养

（1）全媒体运营职业技能。即从业者在实际工作中所需掌握的各种技能，如文案撰写技能、海报设计技能、视频拍摄剪辑技能、使用生成式人工智能的技能等。

（2）全媒体运营行为习惯。即从业人员在工作中应养成的一种职业习惯，如保持对热点的敏感性、对内容的复盘和迭代、对素材的积累、对同行账号的跟踪、对用户习惯的了解等。

（3）全媒体运营职业能力。即从业人员应该具备的从事该行业的能力，如内容策划能力、创意思考能力、数据分析能力、团队协作能力、危机公关能力等。

（4）全媒体运营职业道德。即从业人员应该遵守的行业道德规范，如诚信、敬业、尊重版权、具备社会责任感、遵纪守法等。抄袭内容、违法刷单等行为是不尊重版权、违法的表现。

二、全媒体运营职业素养的重要性

全媒体运营职业素养的重要性不言而喻，我们可从个人层面、团队层面、企业层面对其进行理解。

（一）个人层面

在全媒体运营领域，职业素养是不可或缺的品质。一个具备良好职业素养的全媒体运营者，不仅具备敏锐的信息判断能力，还能够创作出有价值、有吸引力的内容。他们具备自我管理能力，能够高效地完成工作任务，同时也具备团队协作精神，与其他部门和团队成员进行良好的沟通和合作。通过培养和提高职业素养，全媒体运营从业者能够不断提升自己的品质和技能，提高自己在行业中的竞争力。同时，职业素养也是个人职业规划和人生目标实现的重要保障，能够帮助从业者更好地实现个人价值和梦想。

（二）团队层面

职业素养对于全媒体运营的团队协作至关重要。全媒体运营往往涉及多个部门和多方利益，需要团队成员之间进行高效的沟通和协作。具备良好职业素养的运营者，通常具备良好的团队协作精神，能够与其他团队成员建立良好的工作关系，共同完成工作任务。一个具备团队协作能力的运营者，能够更好地理解团队目标和工作计划，明确自己的职责和角色。他们积极参与团队讨论和决策，为团队提供有价值的意见和建议。同时，他们也具备有效沟通的能力，能够清晰地表达自己的观点和想法，并尊重他人的意见和看法。具备良好职业素养的团队成员还能够提高整个团队工作的效率和质量。他们的工作态度和责任心能够感染和带动其他团队成员，形成积极向上的工作氛围。这种氛围有助于团队成员互相学习和成长，提升整个团队的创新能力和竞争力。

（三）企业层面

从企业层面来看，职业素养对于企业的形象塑造和发展具有重要意义。一个具备良好职业素养的运营者，不仅能够传递企业文化和价值观，还能够提高企业的社会形象和声誉。他们的工作表现和专业素养能够赢得客户的信任和支持，为企业带来更多的商业机会和合作伙伴。同时，具备良好职业素养的运营者还能够在工作中不断创新，为企业带来更多的价值。他们具备问题解决能力，能够针对不同的问题提出有效的解决方案，推动企业不断向前发展。

三、全媒体运营职业素养现存问题

全媒体运营中存在一些问题，这些问题的出现反映部分全媒体运营从业者职业素养缺失、职业素养不高。主要问题有创作能力不足、辨别能力较弱、缺乏团队协作、版权意识淡薄、碎片解读内容、迎合低俗娱乐、道德水准较低等。

（1）创作能力不足。部分全媒体运营从业者缺乏保持学习的意识，以至于他们没有足够的创作能力，无法提供引人入胜、有趣或有深度的内容。面对平台和市场的变化，他们故步自封，创作逐渐流于形式，最终被用户抛弃。

（2）辨别能力较弱。部分全媒体运营从业者的辨别能力不强，无法有效地筛选信息并核实其真实性和准确性，以至于传播错误或虚假的信息，对用户造成误导或伤害。例如，一些社交媒体账号转发未经证实的消息或谣言，这些消息可能会在短时间内迅速传播，给社会带来负面影响。

（3）缺乏团队协作。团队协作能力不足也是全媒体运营中常见的问题之一。一些从业者可能无法与其他部门或团队成员进行有效的沟通和合作，导致工作流程不畅、任务延误或质量下降。例如，编辑和设计师之间的沟通障碍可能会导致最终呈现的内容与预期不符，影响用户体验，损害品牌形象。

（4）版权意识淡薄。部分全媒体运营从业者的版权意识薄弱，未经授权便使用他人的作品或创意。这不仅侵犯了他人的权益，也可能导致法律纠纷和罚款。例如，一些媒体账号直接转载他人的文章或图片，而未注明来源或未经授权。

报业版权困局经历"三个阶段"。报业遭遇版权困扰由来已久，大体可分为三个阶段：1.0时代，可追溯到平面媒体繁荣时期，主要是因平面广告设计造成的图片或图案侵权，后以报社购买正版图片库为结束。2.0 时代，各地报业纷纷借助公共网络平台或自建网站、电子报等形式，积极拥抱互联网。但互联网的巨大"宝藏"也引发了"借鉴"之风，照搬、抄袭或模仿他人的新闻创意、图片等信息行为时有发生，部分机构借助互联网可以远程取证的特点，针对报业网站提起版权诉讼。不少报社在交了不菲的"学费"后，侵权现象得到一定遏制。3.0 时代，即新媒体时代。报社（报业集团）创办了微信公众号等新媒体，初期由于急于扩大影响吸引流量，纷纷转发其他平台的热点和爆款，忽视了版权风险。待版权所有人举起维权大旗后，一批微信公众号等新媒体纷纷"中招"，沦为版权诉讼"重灾区"。从北京互联网法院受理的相关诉讼情况看，"被告席"上几乎全是微博、微信等新媒体用户。2019 年，某地市报社 9 起版权侵权诉讼案件，有 7 起侵权主体为媒体微信公众号。

资料来源：全媒体探索，褚大志. 传媒法治|融媒体时代报业版权风险及应对策略刍议[EB/OL]. (2021-09-02)[2024-04-01]. https://mp.weixin.qq.com/s/MC44q_Js3QKbDOLK0w8w3w.

（5）碎片解读内容。迎合快节奏的阅读习惯，部分全媒体运营从业者在账号只提供内容的片段或简要概述，而不是完整的报道或分析。这种做法导致用户对内容的误解或片面的理解。例如，某些自媒体账号只提供新闻事件的片段，而不提供完整的背景和后续报道。

（6）迎合低俗娱乐。为了吸引更多的关注和点击，部分全媒体运营从业者选择低俗、煽情或耸人听闻的内容。这种做法虽然在短期内可能带来高流量，但长期来看，有损账号的公信力和品牌形象。

（7）道德水准较低。对全媒体运营从业者而言，坚守职业道德是基本素养，但部分全媒体运营从业者为了追求点击率而忽视事实真相，部分全媒体运营从业者未经官方允许便使用官方账号发布舆论性、偏袒性、虚假性信息，有的全媒体运营从业者甚至在离职后清空官方账号数据，泄露官方账号信息，如密码、运营策略等。

四、全媒体运营职业素养提高路径

提高全媒体运营职业素养需要从全媒体运营职业技能、行为习惯、职业能力和职业道德四个层面入手。

（一）全媒体运营职业技能层面

全媒体运营职业技能是提高职业素养的必备条件。首先，全媒体运营从业者需要掌握各种文案撰写技能，能够撰写具有吸引力和可读性的标题、正文等内容。其次，需要掌握海报设计技能，能够设计出符合品牌形象和用户体验的海报与宣传资料。再次，需要掌握视频拍摄和剪辑技能，能够制作出高质量的视频内容。最后，使用生成式人工智能的技能也是未来发展趋势之一，它能够提高内容创作的效率，实现多样性。通过不断学习和实践，全媒体运营从业者能够掌握各种职业技能，提升自己的专业水平和竞争力。

（二）全媒体运营行为习惯层面

良好的行为习惯是提高全媒体运营职业素养的重要保障。全媒体运营从业者需要养成对热点的敏感性，及时发现和捕捉热点话题，提高内容传播效果。同时，需要养成对内容的复盘和迭代习惯，不断优化和改进内容质量。此外，需要积累素材，关注行业动态和用户需求，为内容创作提供丰富的素材资源。另外，需要跟踪同行账号，了解行业动态和竞争对手情况，不断提升自己的专业水平。了解用户习惯和需求也是重要的行为习惯之一，它能够提高用户的满意度和忠诚度。

（三）全媒体运营职业能力层面

全媒体运营职业能力是提高职业素养的核心。首先，全媒体运营从业者需要不断学习和提升自己的内容策划能力，根据市场需求和目标受众确定有吸引力的内容策略。其次，需要培养创意思考能力，能够创作出有趣、有价值的优质内容。最后，需要掌握数据分析能力，通过数据分析和优化，提升运营效果。另外，团队协作能力和危机公关能力也是重要的职业能力，它能够促进团队高效协作和应对危机事件。

（四）全媒体运营职业道德层面

首先，全媒体运营从业者需要树立正确的价值观和职业操守，遵守职业道德规范。其次，要始终保持诚信、敬业、尊重版权、遵纪守法的原则，不得抄袭内容、违法刷单等。最后，要具备强烈的社会责任感，传播正能量，维护社会稳定。通过遵守职业道德规范，全媒体运营从业者能够树立良好的形象和信誉，赢得受众和客户的信任。

第二节 全媒体运营行业规范

本节主要阐述全媒体运营行业规范的定义，指出全媒体行业存在的问题，提供行业规范路径，以期帮助全媒体运营行业良性发展。

一、全媒体运营行业规范的定义

行业规范是指某一行业内普遍接受的行为准则和道德标准，用于指导和约束行业内企业和从业者的行为，以确保行业的正常运转和发展。在全媒体运营语境下，行业规范是指全媒体运营行业中普遍认可的职业道德、行为准则和工作标准，通常以行业协会制定行业自律公约的形式进行规范。在行业协会方面，近年来，随着全媒体运营的发展，各地区纷纷成立行业协会，如三亚市短视频协会、天津市短视频协会、乐山市短视频直播电商协会、安徽省电子商务协会、娄底市短视频协会、杭州市直播电商协会等；在行业自律公约方面，抖音、快手等平台发布《网络直播和短视频营销平台自律公约》《抖音直播健康分试行公告》，宜兴市陶瓷行业协会发布《紫砂直播自律公约》，北京广告协会发布《北京明星广告代言活动自律公约》，广州市律师协会和直播电子商务行业协会发布《直播电商营销与售后服务规范》等。整体而言，无论是行业协会还是行业自律公约都只在某一领域、某一方面施行，缺乏全国性的、全领域的行业协会和统一的、普遍适用的行业自律公约，并且没有相应的惩罚措施、监督措施，发挥作用较小。

12月29日，生态城"直播电商产业联盟"在北科建·生态城直播电商产业园举办揭牌仪式。30余家直播电商企业代表汇聚一堂，共绘产业发展蓝图。该联盟是由生态城直播电商企业共同组成的促进区域直播电商资源联动发展的合作组织，将共同打造集资源共享、交流对话、合作洽谈为一体的服务平台，深挖直播电商潜力，推动生态城乃至天津市直播电商行业健康发展。目前，联盟成员包括北科建天津城市公司、中新天津生态城投资开发有限公司等多家会长及秘书长单位，天津芊诺文化传媒有限责任公司、天津晟丰供应链管理有限公司、天津殷诺新零售有限公司、一乡一品（天津）科技产业发展有限公司等多家副会长企业。联盟成立后，将进一步整合区域内直播运营机构、电商企业、供应链企业资源，推动成员企业间形成互补优势，助力构建业态丰富、人才聚集、创新驱动的直播电商产业生态圈。

资料来源：中新天津生态城发布. 生态城直播电商产业联盟正式成立[EB/OL]. (2023-12-30)[2024-04-01]. https://mp.weixin.qq.com/s/WlXuG7Kdhx3ZySduxEwj0w.

二、全媒体运营行业现存问题

全媒体运营行业在迅速发展的过程中，面临着许多问题和挑战。这些问题不仅影响了用户的体验，还阻碍了行业的健康发展。问题主要聚集在内容质量、用户隐私、运营效果、企业用人、行业标准等方面。

（一）内容质量问题

随着全媒体运营的普及，大量的内容被快速生产出来，但部分内容质量不高，缺乏深度和价值，甚至存在虚假信息传播的情况。部分运营者过于追求流量和关注度，忽视了内容的真实性和价值。同时，缺乏有效的内容审核机制也导致质量下降。

（二）用户隐私问题

用户隐私是全媒体运营过程中必须关注的重要问题。在数字化时代，用户数据成为企业获取竞争优势的关键资源。全媒体运营过程涉及用户数据的收集、存储和使用，但这些数据的安全风险却不容忽视。一些运营者不当地收集、泄露或滥用用户隐私数据，给用户带来安全威胁，如个性化广告、诈骗等。

（三）运营效果问题

运营效果的问题主要反映在代运营中。部分机构声称能帮助企业打造账号、个人IP，从而帮助企业通过全媒体获取利润增长。但在签订合同后，代运营机构运营效果却不尽如人意，如通过不合理、非法的手段，即购买粉丝、购买点赞、刷评论等方式制造虚假账面数据。如此行为，不仅没有给企业带来实际的利润增长，反而助长违法的刷评论、刷单行为。

（四）企业用人问题

企业用人的问题主要存在两个方面。一方面，是全媒体运营需要不同领域的人才，但目前行业的人才结构、技能和素质参差不齐。部分企业招聘的全媒体运营人员缺乏必要的专业技能和经验，导致运营效果不佳。另一方面，是企业在用人时常常一岗多用并且薪资分配不合理，致使从业者对职业产生倦怠。

（五）行业标准问题

全媒体运营尚未形成统一的行业标准和规范，导致市场竞争混乱和不良行为的出现。不同平台之间的内容格式、发布规则等存在差异，增加了运营者的工作量和难度。同时，由于缺乏有效的监管措施和合作机制，一些自媒体账号存在抄袭、造假等行为，破坏了行业的公平竞争环境。

三、全媒体运营行业规范路径

随着全媒体运营行业的快速发展，规范行业行为、提升整体水平已成为迫切需求。人们可采取以下路径规范全媒体运营行业。

（一）建立行业协会

行业协会是行业自我管理、自我约束的重要组织形式。通过建立全国性的、全领域性的全媒体运营行业协会，人们可以汇集各地区业内精英，共同探讨行业发展方向，制定完整、统一且适用的行业标准和规范，加强企业间的合作与交流。行业协会可以定期举办会议、论坛等活动，提供交流平台，促进信息共享和经验传递。行业协会还可以发挥桥梁、纽带的作用，加强与政府、其他相关行业的沟通与合作，共同推动全媒体运营行业健康发展。

（二）制定标准规范

制定统一的标准和规范是全媒体运营行业规范发展的基础。在行业协会的指导下，全媒体运营应制定内容创作、发布、评估等方面的标准和规范，明确行业准入门槛和行为准则。通过制定标准规范，人们可以约束企业行为，防止不良竞争和违规操作，提升行业的整体水平。同时，标准规范也可以为企业提供明确的操作指南，促进企业规范化运作，提升服务质量。

（三）建立诚信体系

诚信是全媒体运营行业健康发展的基石。建立全媒体运营行业的诚信体系，有利于保障双方的合法权益，提升代运营机构的信誉度和美誉度。诚信体系应包括诚信档案、诚信评价、诚信公示等方面。企业诚信档案，记录企业的诚信表现；诚信评价，对企业的信用状况进行评估；诚信公示，让人们了解代运营机构的信用状况。同时，对失信代运营机构采取相应的惩罚措施，维护市场的公平竞争环境。

（四）发挥引领作用

行业领军企业在全媒体运营行业中具有重要的地位和影响力。发挥领军企业的引领作用，可以带动其他企业共同发展，形成良好的行业生态。领军企业应积极探索创新模式，引领行业发展方向；与其他企业分享成功经验和技术成果，促进信息交流和资源共享；积极参与行业标准和规范的制定与推广，推动行业规范化发展。同时，政府和社会也应支持领军企业发展，为其提供必要的政策和资源支持。

（五）引导健康内容

内容是全媒体运营的核心。引导形成健康的内容生态是行业规范发展的重要任务。全媒体运营行业协会应制定内容审核标准，明确内容合法性、真实性、价值观等方面的要求。企业应加强对内容的自我审查和管理，确保发布的内容符合法律法规和社会公德。同时，应鼓励优质内容的创作和传播，打击低俗、虚假内容的生产和传播。通过引导形成健康的内容生态，人们可以提升全媒体运营行业的整体质量和社会形象。

（六）强化监督管理

强化监督管理是保障全媒体运营行业规范发展的重要手段。政府应加强对全媒体运营行业的监管力度，建立健全的监管机制和体系。政府应定期开展专项整治行动，打击违规行为；完善举报机制，鼓励社会各界积极举报违法违规行为；加强对企业的日常监督检查，督促企业规范运作。政府还应建立与全媒体运营行业协会、企业的沟通机制，及时了解行业发展动态和问题，共同推动行业健康发展。

（七）提升从业素养

全媒体运营行业的从业素养是影响服务质量的重要因素。提升从业素养应从多个方面入手。首先，应建立完善的培训体系。如定期开展培训课程、组织培训班等，加强对从业人员的培训和教育，提高他们的专业知识和技能水平。其次，应加强职业道德建设，培养从业人员的职业道德观念和责任意识，让他们树立良好的职业形象和信誉。再次，还应建立科学的评价机制，对从业人员的专业能力、工作表现等进行评价和考核，激励他们不断提升自身素养和服务水平。最后，对于表现优秀的从业人员给予相应的奖励，进行表彰，树立榜样作用。提升从业素养，可以增强全媒体运营行业的服务质量和竞争力，促进行业可持续发展。

第三节　全媒体运营法律规范

本节主要阐述全媒体运营过程中涉及的法律法规及法律风险，并结合法律相关知识，阐述全媒体运营法的设计构想。

一、全媒体运营法律法规

全媒体正在深度重塑信息传递的方式和社会交流的模式，但其与所有新兴领域一样，在取得进展的同时，也面临着诸多问题和挑战。其中，法律法规的制定与执行问题尤为突出。全媒体运营涉及的法律问题较为复杂，包括数据保护、版权、隐私权、虚假信息的传播以及网络欺凌等。这些问题的解决需要依赖一套全面、有效的法律法规体系来规范全媒体运营行为，保护消费者的权益，并确保社会公共利益不受损害。为此，我国在现有法律法规中增加了与全媒体运营相关的内容，并发布相关的法律法规（见表13-1、表13-2）。如《中华人民共和国反不正当竞争法》规定，禁止在短视频平台上发布虚假广告和虚假宣传的内容；《中华人民共和国著作权法》规定，短视频平台上的内容需要保护著作权人的合法权益；《中华人民共和国广告法》提到要规范直播带货中的商业广告行为等。

表 13-1　与短视频相关的法律法规

法律法规名称	内容
《中华人民共和国网络安全法》	网络运营者必须加强用户信息保护，保护用户隐私等内容。禁止发布含有暴力、淫秽、恐怖等内容的网络信息
《中华人民共和国网络视听节目服务管理规定》	对于短视频平台的内容进行了管理。短视频平台应当对用户上传的内容进行审查，确保不传播违法信息
《中华人民共和国反不正当竞争法》	禁止在短视频平台上发布虚假广告和虚假宣传的内容
《中华人民共和国著作权法》	短视频平台上的内容需要保护著作权人的合法权益。短视频平台应当采取措施保护视频创作者的版权
《网络信息内容生态治理规定》	对于网络信息内容的生产、传播、使用等活动进行了规范，明确了网络信息内容生态治理的原则、目标、主体、责任、措施等。短视频平台的内容应当遵守该规定的要求，不得发布违反社会主义核心价值观、危害国家安全、破坏社会稳定、侵害他人合法权益等的信息内容
《网络直播营销管理办法（试行）》	对于通过互联网站、应用程序、小程序等，以视频直播、音频直播、图文直播或多种直播相结合等形式开展营销的商业活动进行了规范，明确了直播营销平台、直播间运营者、直播营销人员等主体的责任和义务，以及监督管理和法律责任等内容。短视频直播营销的活动应当遵守该办法的规定，不得有欺骗、误导用户、虚假宣传、流量造假、传销诈骗等违法违规行为
《中华人民共和国广告法》	短视频商业广告应当遵守该法规的规定，不得发布虚假、误导性、违法或者不良的广告，不得损害消费者的合法权益，不得侵犯他人的商业信誉和商品声誉
《互联网广告管理办法》	2023年5月1日施行。规定互联网广告应当具有可识别性，能够使消费者辨明其为广告

表 13-2 与直播相关的法律法规

序号	发布机关	效力级别	发布时间	法律规范名称	从哪些方面规范直播带货行为
1	全国人大	法律	2015年4月24日	《中华人民共和国广告法》	规范直播带货中的商业广告行为（广告行为，即指通过一定媒介直接或间接地介绍自己所推销的商品或者服务）
2		法律	2018年8月31日	《中华人民共和国电子商务法》	规范直播销售商品服务行为（电子商务，即指通过网络销售商品或服务的活动）
3		法律	2016年11月7日	《中华人民共和国网络安全法》	规范直播中的网络安全问题，即各直播参与主体的个人信息、网络数据安全
4		法律	2011年1月8日	《中华人民共和国互联网信息服务管理办法》	规范直播中的网络信息服务，包括信息内容合规要求、网络信息安全
5		法律	2017年11月4日	《中华人民共和国反不正当竞争法》	规范直播中的不正当竞争行为，包括扰乱直播市场竞争秩序，通过直播损害其他经营者或者消费者的合法权益
6		法律	2018年12月29日	《中华人民共和国产品质量法》	规范直播带货中的产品/服务质量问题
7		法律	2013年10月25日	《中华人民共和国消费者权益保护法》	规范直播中商品经营者与消费者的交易活动，包括经营者销售商品或服务的行为和消费者的购买行为，侧重于保护消费者权益
8		法律	2021年4月29日	《中华人民共和国食品安全法》	规范直播带货商品的卫生与安全
9		法律	2019年4月23日	《中华人民共和国商标法》	规范直播中的商标使用和保护
10		法律	2020年11月11日	《中华人民共和国著作权法》	规范直播中的版权（文字、美术、音乐、视频等作品）使用和保护
11		法律	2020年10月17日	《中华人民共和国专利法》	规范直播中的专利使用和保护
12		法律	1998年5月1日	《中华人民共和国价格法》	规范直播中商品或服务的价格行为（定价、调价、价格促销）
13	国务院	行政法规	2016年2月6日	《中华人民共和国税收征收管理法实施细则》	规范直播活动中各主体的纳税义务及税收管理要求
14	国家互联网信息办公室	部门规章	2019年12月15日	《网络信息内容生态治理规定》	侧重直播带货中的内容监管：内容生产者、内容服务平台、内容使用者、行业组织的内容合规要求
15		部门规范性文件	2020年11月13日	《互联网直播营销信息内容服务管理规定（征求意见稿）》	最终发布版本应该是《网络直播营销管理办法（试行）》，有较大调整
16		部门规范性文件	2021年2月9日	《关于加强网络直播规范管理工作的指导意见》	侧重直播带货中的内容监管，基本上是对《网络信息内容生态治理规定》的扩充
17		部门规章	2021年4月16日	《网络直播营销管理办法（试行）》	涉及直播带货监管：详细规定直播营销平台、直播间运营者、直播营销人员、直播营销人员服务机构的违规行为和责任，涉及的电子商务行为由《中华人民共和国电子商务法》调整

续表

序号	发布机关	效力级别	发布时间	法律规范名称	从哪些方面规范直播带货行为
18	国家市场监督管理总局	部门规章	2020年10月29日	《规范促销行为暂行规定》	规范直播中的促销行为:价格促销、有奖促销等
19		部门规范性文件	2020年11月5日	《关于加强网络直播营销活动监管的指导意见》	侧重直播带货监管:带货平台(电子商务平台经营者)、商品经营者、网络直播者、广告行为、直播营销中的各种违法行为
20		部门规章	2021年3月15日	《网络交易监督管理办法》	规范网络社交、网络直播等信息网络活动中销售商品或者提供服务的经营活动。提出"网络交易经营者"概念,包括平台经营者、平台内经营者、自建网站经营者、其他网络交易经营者
21	文化部(现文化和旅游部)	部门规范性文件	2016年12月2日	《网络表演经营活动管理办法》	侧重规范网络秀场直播监管,直播带货如涉及现场进行的文艺表演活动也要接受同样监管
22	国家广播电视总局	部门规范性文件	2020年11月12日	《国家广播电视总局关于加强网络秀场直播和电商直播管理的通知》	侧重规范网络秀场直播监管,电商直播带货中涉及与售卖商品无关的视听节目或者举办主题电商活动涉及视听节目等内容,也接受同样监管
23	中国商业联合会	行业规定	2020年6月8日	《视频直播购物运营和服务基本规范》	规定了视频直播购物经营的范围、术语和定义、总体要求、从业人员、商品质量、运营管理、服务、监督管理等要求
24		行业规定	2020年6月8日	《网络购物诚信服务体系评价指南》	行业内首部全国性社团标准,对形成行业服务标准有一定指引价值
25	中国广告协会	行业规定	2020年6月24日	《网络直播营销行为规范》	涉及商家、主播、平台、MCN等各方行业主体的自律规范,可能会成为各大直播平台制定平台规则的参考,同时也会影响政府监管的方向,有较高参考价值
26		行业规定	2021年3月18日	《网络直播营销选品规范》	同上。对直播选品中主播和MCN机构需要注意的商家资质、商品资质进行了详细规定,有很强的参考价值
27	中国银行保险监督管理委员会	机关工作综合规定	2020年10月28日	《关于防范金融直播营销有关风险的提示》	金融产品的直播营销需要有特定金融从业资质,提示公众注意此类直播风险
28	最高人民法院	司法解释	2022年3月1日	《最高人民法院关于审理网络消费纠纷案件适用法律若干问题的规定(一)》	关于网络消费纠纷的裁判思路,规定了电子商务平台/网络直播营销平台、电子商务平台内经营者/直播间运营者的侵权责任

二、全媒体运营法律风险

全媒体运营涉及的法律主要有著作权法、商标法、广告法、知识产权法、网络安全法、反不正当竞争法、侵权责任法等。

（1）著作权法。著作权法主要是为了保护文学、艺术和科学作品的作者权益，防止他人盗用或未经授权使用作品。全媒体运营涉及的著作权问题主要表现在未经授权使用他人作品、盗用他人的创意或设计等方面。

（2）商标法。商标法主要是为了保护商标注册人的权益，防止他人侵犯商标权。全媒体运营涉及的商标问题主要表现在未经授权使用他人商标、恶意抢注商标等方面。

（3）广告法。广告法主要是为了规范广告活动，保护消费者的合法权益。全媒体运营涉及的广告问题主要表现在虚假广告宣传、违规广告投放、使用极限词、损害未成年人身心健康等方面。

（4）知识产权法。知识产权法包括专利法、实用新型法、外观设计法等，主要是为了保护知识产权人的合法权益。全媒体运营涉及的知识产权问题主要表现在盗版侵权，即未经版权人许可擅自复制、发行、表演、展示或播放其作品等行为。如某科技自媒体公众号发布了一篇关于新型技术的文章，但未注明该技术已获得专利保护，侵犯了他人的专利权等。

（5）网络安全法。网络安全法主要是为了保障网络空间的安全，维护网络主体的合法权益。全媒体运营涉及的网络安全问题主要表现在非法获取个人信息、网络攻击和数据泄露等方面。

（6）反不正当竞争法。反不正当竞争法主要是为了维护市场的公平竞争秩序，防止经营者采取不正当手段获取竞争优势。全媒体运营涉及的不正当竞争问题主要表现在虚假宣传和误导消费者、商业诋毁和恶意攻击等方面，如采取恶意评价、虚假举报、散布对手的负面消息和谣言等。

信息网络传播权与不正当竞争时有交叉。在深圳市腾讯计算机系统有限公司诉运城市某光文化传媒有限公司、广州某视网络科技有限公司侵害作品信息网络传播权及不正当竞争纠纷案中，广州互联网法院认为，在符合一系列有伴音或者无伴音的画面组成的特征，并且可以由玩家通过游戏引擎调动游戏资源库呈现出相关画面时，《王者荣耀》游戏的整体画面宜认定为类电作品。认可游戏用户的独创性使相关游戏用户有可能垄断其展示的操作技巧与战术，影响其他用户的利益，有悖于著作权法的立法精神，故游戏用户对《王者荣耀》游戏的整体画面不享有著作权。被告某光公司未经原告许可，将包含原告《王者荣耀》游戏画面的短视频以公之于众的方式展示在开放性的、不特定任何人均可浏览的西瓜视频平台上，使公众可以在其个人选定的时间和地点获得涉案《王者荣耀》游戏画面，该行为构成对原告信息网络传播权的侵害。被告某光公司未经许可，鼓励、引诱和帮助游戏用户在西瓜视频平台上传《王者荣耀》游戏进行传播并从中获利，的确有违诚实信用原则和商业道德，属于不正当竞争。被告某视公司作为信息网络空间服务提供者，未侵害原告对《王者荣耀》游戏整体画面的信息网络传播权，亦不构成不正当竞争。

资料来源：锦天城西安律师事务所，张妮. 研究|网络直播销售中常见的不正当竞争行为及建议[EB/OL]. (2023-11-02)[2024-04-01]. https://mp.weixin.qq.com/s/kBqtAIEtgYXu9LL1jMMgfg.

（7）侵权责任法。侵权责任法主要是为了保护民事主体的合法权益，维护社会秩序。全媒体运营涉及的侵权责任问题主要表现在侵犯消费者权益、侵犯他人人身权和财产权等方面。如在发布内容时，可能会涉及他人的人身权和财产权，如名誉权、肖像权、著作权等。

除以上法律外，还涉及其他法律，如税法，一些企业、博主获取的收入不依法纳税，偷税、漏税、逃税等。需要注意的是，不同国家和地区的法律法规可能存在差异，因此在开展跨国或跨境业务时,需要了解和遵守当地的法律法规,以避免法律风险。此外,全媒体运营从业者还应该加强与法律专业人士的合作与交流,建立长期稳定的法律顾问关系,以便及时获取法律意见和帮助,确保在运营过程中合规、合法。

三、全媒体运营法的设计构想

(一)中国法律体系

中国特色的社会主义法律体系,是以宪法为统帅,以法律为主干,以行政法规、地方性法规为重要组成部分,由宪法及其相关法、民法商法、行政法、经济法、社会法、刑法、诉讼与非诉讼程序法等多个法律部门组成的有机统一整体(见图13-2)。

图13-2 我国法律体系

(1)宪法及其相关法。宪法是国家的根本大法,具有最高的法律效力,是制定其他法律的依据,一切法律法规都不得同宪法相抵触。宪法相关法是与宪法相配套、直接保障宪法实施的法律规范的总和。这类法律规范主要是关于国家机构设置、职权分配、实体权利、义务和程序协调等问题的法律规范。

(2)民法商法。民法商法是调整作为平等主体的公民之间、法人之间、公民与法人之间的财产关系和人身关系的法律规范的总和。民法调整公民之间、法人之间以及公民与法人之间的财产关系和人身关系。商法是调整商事法律关系主体和商业活动的法律规范的总称。它是在民法基本原则的基础上适应现代商事活动的需要逐渐发展起来的,主要包括公司、破产、证券、期货、保险、票据、海商等方面的法律规范。

(3)行政法。行政法是规范行政主体及其相互关系的法律规范的总称。行政法主要对行政主体做出明确界定,规定其职权与职责以及法律责任,同时规定行政权的取得与行使的方式及条件,并对行政关系中的各种重要事务做出规范。目前,全国人大及其常委会已经制定了包括行政处罚法、行政许可法在内的多部行政管理法律。这些法律涵盖了行政主体法、行政处罚法、行政许可法、行政强制法等多个方面,是规范行政管理活动的基本法律规范。

(4)经济法。经济法是国家在宏观上对经济活动进行管理和规制的一系列法律的概括。目前全国人大已经通过了反不正当竞争法等多部经济法律。这些法律主要对市场经济中的各种问题进行规范,如反不正当竞争、反垄断、产品质量监督等,以保障市场经济健康发展。

(5)社会法。社会法是指调整有关劳动关系、社会保障和社会福利关系的法律规范的总和。目前全国人大及其常委会已经制定了劳动法等多部社会方面的法律。这些法律主要涉及劳动权益保障、社会保障体系建设等方面的内容,是保障社会弱势群体权益和维护社会稳定的重要法律依据。

(6)刑法。刑法是规定犯罪和刑罚的法律规范的总称。目前全国人大已经通过了刑法典和其他刑事方面的专门法律规定。刑法典对犯罪和相应的法定刑做出了明确规定,为打击犯罪提供了明确的法律依据。同时,全国人大常委会还制定了有关刑事方面的专门法律规定,如惩治走私、贪污贿赂等方面的规定。这些法律规定对于打击犯罪和维护社会治安发挥了重要作用。

(7)诉讼与非诉讼程序法。诉讼与非诉讼程序法是调整民事诉讼、行政诉讼和刑事诉讼程序方面的法律规范的总称。目前全国人大及其常委会已经制定了民事诉讼法等多部程序方面的法律。这些法律规定了各种诉讼程序的基本原则和制度,为当事人维护自身权益和司法机关公正处理案件提供了重要保障。

(二)全媒体运营法

在媒体融合发展环境下,知识产权侵权问题愈发严重,呈现方式多样化、手段技术化、隐蔽化、主体复杂化的特征。侵权行为取证难,维权成本高,对知识产权的保护提出了新挑战。普通大众的知识产权意识薄弱,媒体内容的传播容易遭遇知识产权陷阱。为此,全国人大代表别必亮于2021年3月向全国两会提交建议,希望尽快制定"全媒体运营法",明确划分不同媒体主体在参与媒体活动时的法律责任与权利,并针对不同群体广泛开展媒体使用的普法宣传,以维护全媒体的良性发展。由于没有关于全媒体运营法的具体框架和内容,本节试图为全媒体运营法搭建框架体系。

1. 全媒体运营法的定义

全媒体运营法,旨在全面规范和管理各类媒体活动,核心目标在于保护知识产权,明确媒体主体的法律责任与权利,维护全媒体的良性发展,隶属经济法部门。全媒体运营法不仅仅局限于传统的媒体法律规范,而是将各类媒体活动、平台和参与者都纳入其中。这意味着无论是个体发布者、社交媒体平台还是大型新闻机构,都在全媒体运营法的管辖范围内,都需要遵循同样的法律标准和规定。

2. 全媒体运营法的设计构想

随着媒体技术的迅速发展和媒体形态的多样化,全媒体运营已经成为传媒行业的核心趋势。然而,这一过程也伴随着诸多法律问题,尤其是知识产权保护、法律责任界定等。为了规范全媒体运营行为,保障各方权益,制定一部全媒体运营法显得尤为重要。

(1)立法目的和原则。明确全媒体运营法的立法目的,如保障信息传播自由、维护市场秩序、保护用户权益等。同时,确定立法的基本原则,如公正、公平、公开、透明等,为全媒体运营提供指导和规范。

(2)定义和范围。明确全媒体运营法的适用范围,包括全媒体运营的定义、范围、相关主体等。这有助于界定全媒体运营行业的法律地位和责任义务。

(3)信息传播规范。规定全媒体运营者在信息传播方面的行为准则,包括信息的真实性、准确性、公正性等。这要求全媒体运营者遵循真实、客观、公正的原则,确保传播的信息具有权威性和可信度。同时,要避免传播虚假信息、谣言和有害内容,维护良好的信息传播秩序。

（4）版权保护。明确全媒体运营者在使用和转载他人作品时的版权保护要求，规定相关的权利义务和法律责任，加强知识产权保护，防止侵权行为发生。

（5）道德伦理规范。规定全媒体运营应当遵循的社会公德和职业道德，要求全媒体运营者尊重他人权益，遵守社会公德和道德伦理规范。同时，要尊重个人隐私和合法权益，不侵犯他人合法权益和社会公共利益。

（6）监管和处罚机制。建立有效的监管机制，明确监管主体和职责，加强对全媒体运营行业的监督和管理。同时，规定对违规行为的处罚措施和处罚程序，形成有效的威慑力。

（7）行业自律和社会监督。鼓励全媒体行业建立自律组织，制定行业自律公约，加强自我约束和管理。同时，引导社会公众参与监督，建立健全的信息举报机制，鼓励公众对违规行为进行举报和投诉。

（8）国际合作与交流。加强与其他国家和地区的合作与交流，共同打击跨国全媒体运营违法行为，维护全球信息传播秩序。

思考题

1. 全媒体运营职业素养有哪些方面？
2. 如何提高自身的全媒体运营职业素养？
3. 全媒体运营行业现存哪些问题？
4. 全媒体运营行业规范路径是什么？
5. 运营全媒体时如何避免法律风险？

本章实训

1. 请根据全媒体运营职业素养的丰富内涵，为自己精心策划一个全面提升全媒体运营职业素养的规划方案。

2. 请为企业制订一个规范全媒体运营从业者的培训方案，帮助企业员工更规范地运营全媒体平台。

典型案例

AI生成图片相关领域著作权第一案

第五篇

发 展 篇

第十四章

生成式人工智能与全媒体运营

【学习目标】
- 了解生成式人工智能的定义、核心特征
- 掌握生成式人工智能使用的模型及技巧
- 掌握提示词的本质、框架及技巧
- 全面了解 AI 数字人及直播应用

生成式人工智能的最初推动领域是内容创作,即修改现有内容和/或创作独特全新内容的能力。对于文本创作形式,既可以是简单的电子邮件,也可以是文章、博客、诗歌或故事等复杂形式。针对音频格式,生成式人工智能的响应形式可以是语音回复、生成一系列声音,甚至是完整的歌曲。针对图像格式,可以是逼真或奇幻的图片、图形设计,以及创建或删除图片中的元素。这些功能还可扩展至视频格式,也就是一系列图像再加上音频,视频内容形式可以是游戏、电影、合成的游戏角色,甚至是完整的元宇宙环境。生成式人工智能还将使创建教育资产不再烦琐。例如,医疗专业人员可以将生成式人工智能用于病人康复训练,教育工作者可以利用生成式人工智能制订优化学习计划。设计领域有着巨大的生成式人工智能应用潜力。生成式人工智能能够结合材质信息、风格、环境信息以及工程知识来设计服装、汽车、消费品和建筑等。这让任何企业在设计任何尺寸或形状的产品时,有望实现独特或定制设计,缩短产品上市时间,提高灵活性和可靠性,同时为 DIY 项目提供全新工具。

资料来源:高通中国. 将为人们生活带来深刻影响的 5 大生成式 AI 用例[EB/OL]. (2024-03-04) [2024-04-01]. https://mp.weixin.qq.com/s/lvu2T-IXXtkjMKeR4IAEZQ.

随着技术的不断进步,生成式人工智能已逐渐成为全媒体运营领域的重要推动力。它不仅能够创作文本、音频、图像和视频等多样化内容,还能在教育、医疗、设计等多个领域发挥巨大作用。生成式人工智能的核心特征在于其强大的内容生成和创新能力,它能够通过深度学习和自然语言处理等技术,生成高质量、独特且富有创意的内容。在全媒体运营中,生成式人工智能的应用不仅限于内容创作,还扩展到了直播、数字人等多个领域。利用生成式人工智能,我们可以实现更加高效、个性化的内容生产,提升用户体验和互动性。同时,掌握生成式人工智能使用的模型及技巧,以及提示词的本质、框架等内容,将帮助我们更好地应用这一技术,推动全媒体运营的创新与发展。

第一节　了解生成式人工智能

本节主要阐述生成式人工智能的定义、与决策式人工智能的对比、核心特征、大模型对比、使用模型、使用技巧,以及生成式人工智能在全媒体运营中的应用情况。

一、生成式人工智能的定义

内容创作模式经历专业制作（PGC）、用户创作（UGC）、人工智能辅助用户创作（AIUGC）之后，迎来人工智能创作（AIGC）。人工智能（AI）指能够进行智能行为的技术，生成式人工智能（生成式 AI，即 GenAI）是人工智能一种特定的类型，由生成式人工智能生成内容的创作模式则是 AIGC。关于生成式人工智能的定义，众说纷纭。鉴于生成式人工智能通过算法模型生成文案、图片、视频、音频、编码等，2023 年 4 月，中国国家网信办在发布的《生成式人工智能服务管理办法（征求意见稿）》中，将生成式人工智能定义为："基于算法、模型、规则生成文本、图片、声音、视频、代码等内容的技术。"生成式 AI 能够学习并模拟数据生成的过程，从而创造出新的、与训练数据类似的内容，其核心在于能够从大量无标签的数据中学习数据的潜在分布和模式，进而生成与原始数据具有相似特性的新数据。目前，典型的生成式人工智能应用有文心一言、智谱清言等，主要应用于文本、代码、图像、语音、视频、3D 等领域中。

二、生成式人工智能的核心价值

（一）生成式人工智能与决策式人工智能

生成式人工智能和决策式人工智能是人工智能领域的两种重要技术，它们虽然不同，但相辅相成，各自具有独特的功能和应用。生成式人工智能主要根据用户的需求和偏好，生成个性化的内容和服务，如文本、图像、音乐、视频等，从而为用户提供更多的选择和便利。决策式人工智能则主要是根据用户的数据和分析，为用户做出最优的决策和行动，如推荐、搜索、交易等。人们可从认知层面、技术路径、成熟程度、应用方向等方面对二者加以理解和区分。

1. 认知层面

人类的认知过程是一个逐步深化的过程，从基础的数据和信息开始，然后通过逻辑和哲学的思考，最终形成个人的信仰和价值观。在这个过程中，生成式人工智能和决策式人工智能扮演着不同的角色。生成式人工智能聚焦在"逻辑"层面，体现数据、信息、知识在逻辑层面产生的创新成果，决策式人工智能聚焦在"知识"层面，体现数据、信息形成的知识总结和判断。由此产生二者在技术路径、成熟程度、应用方向上的不同。

2. 技术路径

决策式人工智能主要依赖数据分析和挖掘等技术，通过算法和模型的计算和推理，从数据中挖掘出有用的信息和知识，并加以分类和打标签，从而做出最优的决策和行动。生成式人工智能主要依赖机器学习和自然语言处理等技术，通过大量的数据训练和模型优化，自动地学习和模拟数据的分布与模式，从而生成相似的内容和服务。

3. 成熟程度

生成式人工智能和决策式人工智能目前都处于不断发展和完善的过程中，但相对来说，决策式人工智能在商业应用和市场接受度上更为成熟。许多企业和组织广泛采用决策式人工智能技术进行数据分析和商业智能应用。生成式人工智能也有一定的应用场景，如自动写作、语音合成等，近些年来有较大的发展，如生成式人工智能的不断迭代、国内众多大模型出现等。

4. 应用方向

决策式人工智能广泛应用于商业智能、金融风控、医疗诊断等领域，为用户提供智能化的决策支持和服务。生成式人工智能主要应用于内容生成和自动化创作领域，如新闻媒体、广告创意、艺术创作等。

（二）生成式人工智能的核心特征

生成式人工智能的核心特征是创造性。创造性并非简单地对既有信息的处理和重组，而是通过深度学习和理解，创造出全新的、具有独特性的文本、图像、音乐等内容。这一特性使得生成式人工智能在诸多领域具有巨大的应用潜力和价值。它主要体现在多轮对话能力、内容生成能力、知识转化能力、解决问题能力等方面。

（1）多轮对话能力。生成式人工智能能够进行连续的多轮对话，并在对话过程中对人类的输入内容提出质疑或确认，甚至承认自身的错误。这种能力显著提升了交流的效率和自然度，使得机器与人的交互更加接近真实的人与人之间的交流。相较于传统的聊天机器人只能进行预设的、机械的回应，生成式人工智能的对话能力更具智能性和人性化。

（2）内容生成能力。生成式人工智能能够处理超长文本，支持长形式的内容创建、扩展会话、文档搜索等功能。这意味着，它不仅可以用于回答问题、提供咨询服务，还可以辅助完成创作小说、编写新闻稿、生成报告等需要人类创造力的任务。这种强大的生成能力极大地提高了内容创作效率，同时释放了人类的创造力，使人类能够将更多精力投入更高层次的思考和创造中。

（3）知识转化能力。与传统的搜索引擎只能提供海量信息不同，生成式人工智能不仅能够获取和存储大量的知识，更重要的是，它能够将这些知识以新的方式应用到实际场景中。例如，在教育领域，生成式人工智能可以根据学生的学习情况和需求，制订个性化的学习计划，提供有针对性的教学资源，从而提高学生的学习效率和兴趣。这种能力使得知识不再是静态的、孤立的信息，而是动态的、可灵活应用的资源。

（4）解决问题能力。面对复杂的问题和挑战，生成式人工智能能够通过创新性的思维找到解决方案。它不仅可以处理大量的数据和信息，还能够从中发现隐藏的规律、趋势和关联，进而提出新的见解和策略。这种能力在科研、商业决策、医疗诊断等领域具有广泛的应用前景，有望为人类带来更高效的解决方案和更准确的决策支持。

人类进入"数智时代"的标志性事件就是人工智能创新潜能的释放。经过一年多的喧嚣与骚动、震惊与迷茫的"百模大战"，人们对基于大模型的生成式人工智能（以下简称"生成式AI"）的认识开始逐渐回归理性。因此，有必要对在此过程中出现的对生成式AI创新潜能的各种误解进行重新辨析，以便能够更加清晰地明确人工智能创新的发展方向。在评估生成式AI创新潜能时，我们至少应遵循以下三个重要标准：其一，关注其"创造性"，即AI具有能够创意、创意及其表现的能力。这主要评估其在多大程度上能够打破传统的框架，实现从无到有、人无我有的创造。其二，考察其"准确性"，即指AI在人机互动、辅助生成的过程中，能够准确实现用户的创新意图，并根据提示词生成符合预设创新效果的能力。这种准确性是衡量AI能否有效协助用户完成创新的关键因素。其三，关注其"自主性"，这指的是AI在创新过程中能够降低或减少人工干预的程度，实现一键生成的能力。这种自主性体现了AI在创新中的独立性和自主决策能力。

资料来源：有思想的学术. 曾军：生成式人工智能的创新潜能：三个误解及其衍生问题[EB/OL]. (2024-02-04)[2024-04-01]. https://mp.weixin.qq.com/s/gKcT_R0ti6HDy2eSQnV1AA.

三、生成式人工智能大模型对比

2023年被誉为"生成式人工智能元年"，生成式人工智能成为这一年全球人工智能产业的核心焦点。资料显示，我国目前百亿级参数规模以上的大模型超过 10 个，十亿级参数规模以上的大模型接近 80 个，整体上看，大模型数量位居世界第一梯队。以文心一言、通义千问、智谱清言、讯飞星火等为代表的国产人工智能大模型，在自然语言处理、文本生成等领域进步迅速。基于 2023 年国内外大模型的发展趋势和综合效果，SuperCLUE 团队通过构建多层次的评测基准，形成了相对完善的大模型能力测评框架（见图 14-1），并基于该测评框架，发布了《中文大模型基准测评 2023 年度报告》。本节所使用的数据均来自 SuperCLUE。

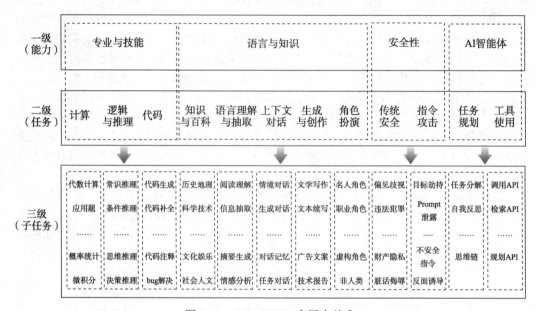

图 14-1　SuperCLUE 多层次基准

（一）了解 SuperCLUE

中文语言理解测评基准，即 CLUE（the Chinese language understanding evaluation），它是致力于科学、客观、中立的语言模型评测基准。SuperCLUE 是大模型时代 CLUE 基准的发展和延续。在本节中，为更真实反映大模型能力，测评采用多维度、多视角的综合性测评方案，由多轮开放问题 SuperCLUE-OPEN 和三大能力客观题 SuperCLUE-OPT 两部分测评结果组成。评测集共 4273 题，其中 1060 道多轮简答题（OPEN）、3213 道客观选择题（OPT），选取了国内外有代表性的 26 个大模型在 2023 年 12 月的版本进行测评。

（二）SuperCLUE 模型象限

SuperCLUE 根据基础能力和应用能力两个维度，构建了大模型的四个象限，分别代表大模型所处的不同阶段与定位。其中，基础能力，包含专业与技能、语言与知识（不包括角色扮演）、传统安全；应用能力，包括工具使用、角色扮演。四个象限分别指"潜力探索者"，即正在技术探索阶段拥有较大潜力；"技术领跑者"，即聚焦基础技术研究；"实用主义者"，即场景应用上处于领先地位；"卓越领导者"，即在基础和场景应用上处于领先位置（见图 14-2）。

（三）总体表现

测评结果显示，GPT4-Turbo 总分 90.63 分，国内模型文心一言 4.0（API）总分为 79.02 分（见图 14-3）。在综合能力方面，我国在 2023 年有所进步，其中超过 GPT 3.5 和 Gemini-Pro 的模型有 11 个，如文心一言 4.0、通义千问 2.0、Qwen-72B-Chat、AndesGPT、智谱清言、云雀大模型等。

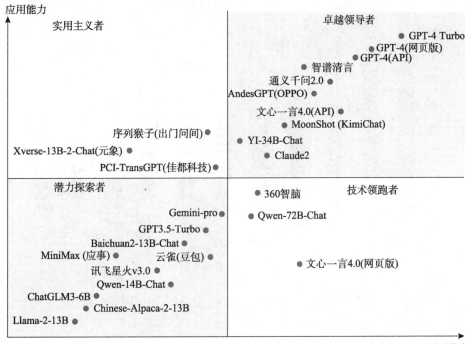

图 14-2　SuperCLUE 模型象限

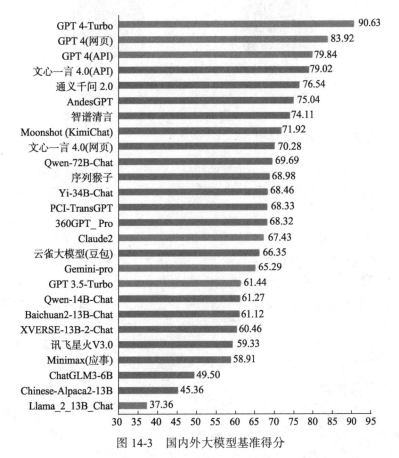

图 14-3　国内外大模型基准得分

另外，国内开源模型在中文上的表现要好于国外开源模型，如百川智能的 Baichuan2-13B-Chat、阿里云的 Qwen-72B-Chat、Yi-34B-Chat 均优于 Llama-2-13B-Chat（见图 14-4）。

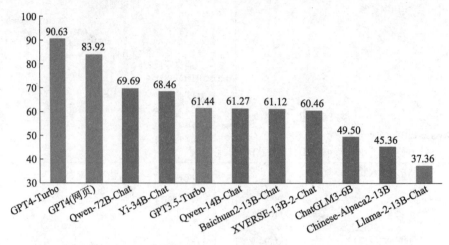

图 14-4　开源竞争格局

在平均成绩上，国外模型的平均成绩为 69.42 分，国内模型的平均成绩为 65.95 分，二者的差距在缩小（见图 14-5）。

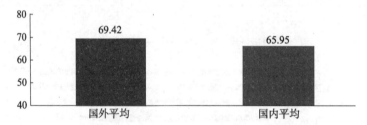

图 14-5　国外模型平均成绩 VS 国内模型平均成绩

四、生成式人工智能四化模型

生成式人工智能四化模型是一个重要的框架，用于指导如何有效地使用生成式人工智能。生成式人工智能四化模型包括资料成库化、提示结构化、训练特色化和迭代速度化四个方面（见图 1-10）。

（一）资料成库化

资料库是生成式人工智能的基础，它提供了生成式人工智能所需的数据和素材。为应对生成式人工智能、决策式人工智能的发展，每个企业都应该建立自己的资料库。资料库应该包含各种与业务相关的素材，如文本、图片、视频、表格、音频等，并且要保证这些素材的质量和多样性。同时，资料库还需要根据实际需求去除重复、无关或错误的数据，并进行分类和标签化，以便生成式人工智能进行更精细的学习、分类及后续训练。建立资料库需要投入大量的人力、物力和时间，以确保其质量和可用性。

（二）提示结构化

在生成式人工智能的应用中，提示词（prompt）的结构化至关重要。随着生成式人工智能的广泛应用，提示词工程师的岗位应运而生。提示词是引导生成式人工智能理解和回答问题的关键信息。使用结构化的提示词，有助于生成式人工智能准确地理解需求，提供相应的反馈。提示词有一些结构化的思维框架，如 RTF（角色、任务、格式）、CTF（背景、任务、格式）、TREF（任务、要求、期望、格式）、PECRA（目的、期望、背景、请求、行动）、GRADE（目标、请求、行动、细节、示例）、BRTR（背景、角色、任务、要求）等。在下文中，我们将详细阐述提示词的相关内容。

（三）训练特色化

不同的行业和应用场景具有各自的特点和需求。通过训练具有行业特色的生成式人工智能，可以使其更好地理解和满足用户的需求，提高其生成内容的质量。在训练过程中，生成式人工智能需要深入了解行业的特点和需求，并针对这些特点进行专门的训练和优化，如将行业特定的术语、知识、逻辑引入训练过程中，使人工智能更好地理解行业特性和需求；根据不同的业务场景，定制不同的人工智能模型和回答策略；收集用户对生成式人工智能回答的意见和建议，持续优化模型。

（四）迭代速度化

由于技术和数据的变化都很快，生成式人工智能需要不断进行迭代和优化。迭代速度化能够使企业或组织快速地适应技术和市场的变化，从而更好地满足用户的需求和提高自身的竞争力。迭代的过程包括资料库的更新、提示词的灵活运用、加强训练的特色化等方面。例如，运用实时监测工具，追踪生成式人工智能领域的发展和用户反馈，并组织资源快速进行相应变化。

五、生成式人工智能使用技巧

探索和使用生成式人工智能的过程中，有以下技巧：指令清晰、提供参考、去繁化简、充分"思考"、借助工具。

（1）指令清晰。指令清晰是指清晰地表达出自己的需求，让生成式人工智能理解、明白你所要表达的信息。究其根本，是将话讲清楚。将提示词结构化是遵循指令清晰原则的方法之一，此外还有一些小技巧。如使用分隔符表示要区别对待的内容；明确指定完成任务所需的步骤；使用 markdown 语法，使文本内容具备一定的格式，如标题、列表、链接、图片等；设定 temperature 值，temperature 值越高，输出的创造力越高；引导思维链输出，即让生成式人工智能在回答时显示推理过程等。

（2）提供参考。借助参考文本帮助生成式人工智能更好地理解我们的意图和需求。参考文本可以是一段相关的文字描述、一个具体的例子或信息量大的文档。参考文本为生成式人工智能提供一个上下文环境，使其能够更好地理解我们的指令并生成相应的内容。

（3）去繁化简。当问题较为复杂、模糊不清时，人们要将问题分解为更简单、更易于处理的子问题。这种去繁化简的方法不仅有助于降低问题的难度和复杂性，还可以提高生成式人工智能的处理效率和准确性。

（4）充分"思考"。充分"思考"是指为生成式人工智能提供足够的时间来处理和生成输出。这并不意味着要无限制地等待生成式人工智能的响应，而是要确保其有足够的时间来"思考"并得出最佳的答案。这种"思考"过程可能包括数据检索、模型推理和结果验证等步骤，如指示生成式人工智能得出结论前，先寻找自身的解决之道。

（5）借助工具。为了更好地利用生成式人工智能的功能和优势，人们可以借助各种外部工具和资源来增强其性能和准确性。例如，可以使用搜索引擎提供额外的信息和验证生成式人工智能的输出，可以使用数据库存储和管理大量的数据，可以调用其他 API 扩展生成式人工智能的功能和适用性。

六、生成式人工智能在全媒体运营中的应用

生成式人工智能与全媒体运营关系密切，为全媒体运营提供强大的支持。它主要体现在账号基建、图文运营、视频运营、直播运营、用户运营、数据分析等方面。

（1）账号基建。在账号基建方面，生成式人工智能可以帮助运营者快速创建和部署各种媒体平台的基建内容。生成式人工智能可以通过学习大量对标账号的名称、头像、背景图、简介、定位等，为账号提供差异性的名称、头像、背景图、简介、定位等，并通过生成式人工智能生成相应的内容。单凭人力，处理三四十个对标账号已然有些吃力，但通过生成式人工智能，人们可以轻而易举实现对上百个对标账号的分析。

（2）图文运营。生成式人工智能可以根据不同的主题和需求，自动生成具有吸引力和可读性的图文内容。通过机器学习和自然语言处理技术，生成式人工智能可以学习和模仿人类的写作风格与表达方式，生成高质量的图文内容，从而吸引更多的读者和用户。不仅如此，生成式人工智能可以通过大量的爆款标题分析，挖掘其中的逻辑，为内容制定具备吸引力的标题，也可以通过人与生成式人工智能的不断对话，产生选题思路、策划思路。

（3）视频运营。生成式人工智能可以帮助运营者快速生成高质量的视频内容。通过分析大量的视频数据和模式，生成式人工智能在明确需求之后，可以自动生成提纲脚本、分镜脚本、文案脚本，并识别和提取有用的信息和元素，如场景、人物、音乐等，将其组合成完整的视频内容，省去创作、拍摄、剪辑的人力成本和时间成本。

（4）直播运营。生成式人工智能可以帮助运营者自动管理直播内容。通过分析用户的喜好和行为数据，生成式人工智能可以帮助运营者选品、排品、自动选择和调整直播的主题、安排内容和时间，形成完整的直播脚本，提高直播的互动性和用户参与度。当直播完成后，生成式人工智能还可以帮助运营者识别和分析直播中的问题与不足，并提供及时的反馈和建议。此外，随着生成式人工智能的成熟，数字人在直播、视频中得到广泛应用，下文将详细展开对数字人的介绍，以帮助读者掌握发展趋势。

（5）用户运营。生成式人工智能可以帮助运营者更好地了解和满足用户的需求和喜好。通过分析用户的行为、反馈等相关数据，生成式人工智能可以形成用户画像，并根据提供的信息，对用户进行分层，提供针对性的运营思路，从而更好地识别和维护超级用户。

（6）数据分析。全媒体运营涉及大量数据的收集、处理和分析。这些数据包括用户行为数据、内容数据、流量数据等，对于运营者来说具有重要的价值。生成式人工智能可以自动化地处理和分析这些数据，并提取有用的信息和趋势，为运营者提供数据支持和决策依据。例如，对内容数据进行挖掘和分析，可帮助运营者了解内容传播情况和受众特征，为内容创作提供参考。

第二节　提示词与全媒体运营

运用生成式人工智能进行全媒体运营的账号基建、图文运营、视频运营、直播运营、用户运营及数据分析，人们都要熟练运用提示词。提示词在全媒体运营者与生成式人工智能之间起到中介作用。本节主要阐述提示词的相关内容，如定义、本质、思维、框架及优化技巧等。通过本节内容的学习，你将全面了解提示词，掌握与生成式人工智能互动的技巧，从而助力全媒体运营。

一、提示词的定义及本质

（一）提示词的定义

提示词，即"prompt"，在人们使用生成式人工智能的过程中至关重要。它通常为一段文字、一组代码或一条指令，甚至是单个词语或多个词语等，用于引导生成式人工智能输出相应的内容，直接影响生成式人工智能生成内容的质量。使用同样的生成式人工智能应用，由于提示词的详略程度、技巧使用等不同，所生成的内容质量会有所差异。与提示词相关的另两个词分别是提示工程与提示工程师。提示工程是一门学科，专注于提示词的开发和优化，帮助用户在各场景与研究领域理解与运用大语言模型（large language model，LLM）。提示工程师是一种职业、一个岗位、一个角色，主要工作是设计、优化提示词等内容。这需要他们深入理解生成式人工智能的工作原理，掌握根据需求有效构建提示词的能力，并根据模型测试的反馈，进行分析和优化，编写出高质量的提示词。

（二）提示词的本质

提出一个问题远比分析和解决一个问题更加重要。当问题被提出的那一刻，人们往往就解决了一大半问题。提示词的本质便是提出问题，而生成式人工智能负责解决问题。用户往往重视解决问题，而忽视提出问题。随着生成式人工智能的发展，要真正发挥其潜力，需要善于提出高质量的问题。只有能够提出精准、深入的问题时，生成式人工智能才能根据这些问题，给出有价值的答案和建议。因此，随着生成式人工智能的进步，善于提问的人将能够更好地利用这一工具。这不仅因为他们能提出高质量的问题，还因为他们懂得如何与生成式人工智能协作，如何从人工智能的答案中获取更深层次的知识和洞见。

《哈佛商业评论》上发表了一篇文章"AI Prompt Engineering Isn't the Future"，作者为哈佛大学创新科学实验室的研究员Oguz A. Acar。文章立足ChatGPT席卷全球后，生成式人工智能引发了人们对于未来的畅想和隐忧，讨论了未来世界中类似于ChatGPT这样的新人工智能语言模型也必将经历升级与被替代，对于人类来说，培养出能够使人类不断利用生成式人工智能潜力的能力要比简单地学会使用ChatGPT更重要。这种能力就是问题表述的能力，即识别、分析和描述问题的能力。为什么问题表述能力如此重要？生成式人工智能的重点是通过选择适当的单词、短语、句子结构和标点符号来制作最佳的文本输入。相比之下，人类的问题表述能力强调的是通过描绘问题的焦点、范围和边界来定义问题，这需要对问题领域的全面理解和提炼现实世界问题的能力。两者之间不论在深度还是维度方面都有着巨大差异。

资料来源：托特科学天津中心. 思考|生成式AI不能代表未来，人类的问题能力才是关键[EB/OL].(2023-10-06)[2024-04-01]. https://mp.weixin.qq.com/s/6iocKbeAUqJUMjvFZVBLmg.

二、提示词思维框架

提示词思维框架能帮助生成式人工智能清晰、明确地了解对话者的需求。以下介绍6种提示词思维框架，分别是RTF（角色、任务、格式）、CTF（背景、任务、格式）、TREF（任务、要求、期望、格式）、PECRA（目的、期望、背景、请求、行动）、GRADE（目标、请求、行动、细节、示例）、BRTR（背景、角色、任务、要求）。

（一）RTF 框架

角色（role）：确定生成式人工智能在任务中的角色，如文章作者、编辑等。

任务（task）：明确需要完成的具体工作，如撰写一篇文章、编辑一段文字等。

格式（format）：明确任务的输出格式，如 Word 文档、Markdown 格式等。

示例

角色：你是一名全媒体运营师。

任务：详细介绍抖音、小红书、视频号的流量推送机制，对比三者有什么不同，总结出三者的优势，字数在 1500 字以上。

格式：Word 文档。

（二）CTF 框架

背景（background）：提供任务的上下文信息，有助于生成式人工智能理解任务的背景和情境。

任务（task）：明确需要完成的具体工作。

格式（format）：明确任务的输出格式。

示例

背景：你接受了一份抖音账号的运营工作，现在账号还没有启动，你的领导要你提交一份账号运营策划案。

任务：请简述抖音账号运营策划案的撰写步骤，提供账号策划案示例。

格式：Word 文档。

（三）TREF 框架

任务（task）：明确需要完成的具体工作。

要求（requirement）：对于任务完成的详细要求，如准确性、篇幅等。

期望（expectation）：对于任务完成的期望效果，如涵盖故事、可读性强、说服力强等。

格式（format）：明确任务的输出格式。

示例

任务：请根据我所提供的信息，撰写两篇企业品牌宣传新闻通稿。

要求：确保内容准确无误，语言严谨。两篇新闻通稿中，一篇要求适合公众号发布，字数在 800 字以上、1000 字以内；另一篇要求适合小红书的风格，加上表情符号，字数在 400 字以上、500 字以内。

期望：结构清晰，语言流畅，能够吸引读者阅读并引发思考。

格式：Word 文档。

（四）PECRA 框架

目的（purpose）：明确任务目的。

期望（expectation）：对于生成式人工智能完成任务的期望效果，如准确度、条理性等。

背景（background）：提供任务的上下文信息，有助于生成式人工智能理解任务的背景和情境。

请求（request）：明确需要完成的具体工作。

行动（action）：指导生成式人工智能具体执行任务。

示例

目的：撰写一份用于直播带货的口播脚本，推广一款新型智能音箱。

期望：口播言辞流畅，能够生动展示智能音箱的特点优势和使用场景。

背景：这款智能音箱拥有高音质、智能语音助手等功能，适合家庭使用。

请求：请编写一份适用于直播带货的口播脚本，介绍智能音箱的特点、优势和使用场景，并引导观众购买。字数控制在500字以内。

行动：首先，了解产品的详细信息，包括但不限于功能、特点、优势和使用场景等；其次，根据直播带货的场景和目标受众，设计言辞和表达方式；最后，撰写口播脚本并反复修改完善，确保言辞流畅、生动，能够吸引观众的注意力。

（五）GRADE 框架

目标（goal）：明确任务目标。

请求（request）：明确需要完成的具体工作。

行动（action）：指导生成式人工智能具体执行任务，例如查找相关资料、分析数据等。

细节（detail）：提供任务的详细要求，如数据范围、资料来源等。

示例（example）：提供与任务相关的示例，有助于生成式人工智能更好地理解任务。

示例

目标：为年轻职场人策划一个微信视频号账号，提供职场技能和经验分享。

请求：为该视频号账号起一个简洁、易记的名称，设计一个清晰、美观的头像，撰写一个准确反映账号主题的简介，并确定内容方向为职场技能和经验分享。

行动：首先，分析年轻职场人的需求和兴趣，确定内容方向；其次，选择一个简洁、易记的名称，设计一个清晰、美观的头像；再次，撰写一个准确反映账号主题的简介；最后，根据内容方向提供10个创作主题。

细节：确保账号名称简洁、易懂，头像清晰、美观，简介准确反映职场技能和经验分享的主题，创作主题符合年轻职场人的需求和兴趣。

示例：参考类似主题的视频号账号，如"阿宝姐讲职场"，以便更好地理解策划要求。

（六）BRTR 框架

背景（background）：提供任务的上下文信息，有助于生成式人工智能理解任务的背景和情境。

角色（role）：确定与任务相关的角色，例如文章作者、编辑等。

任务（task）：明确需要完成的具体工作，如撰写一篇文章、编辑一段文字等。

要求（requirement）：对于任务完成的详细要求，如准确性、篇幅等。

示例

背景：在当前的数字化时代，随着智能手机和移动互联网的普及，人们对健康饮食和健身越来越关注。

角色：作为公众号的内容创作者，人们需要深入了解目标受众的健康饮食和健身需求，以及他们对健康生活的态度和观念。

任务：撰写一篇关于健康饮食和健身的爆款文章，介绍健康饮食和健身的重要性，分享实用的健康饮食和健身知识，提供简单、易行的操作方法。

要求：文章需要具有吸引力和可读性，使用通俗易懂的语言，同时结合生动有趣的案例或故事。文章需要包含具体的建议和技巧，以便读者能够将其应用到日常生活中。此外，文章还需要符合公众号的内容风格和排版要求，确保读者拥有良好的阅读体验。字数在1200字以上。

三、提示词优化技巧

提示词的优化主要涉及五个参数。通过调整这五个参数，人们可以引导生成式人工智能生成更精准的内容。这五个参数分别是最大令牌数、温度、Top-p 采样、存在惩罚及频率惩罚。

（1）最大令牌数。最大令牌数决定生成文本的最大长度。令牌即文本最小单位，如单词、字符等。通过设置最大令牌数，人们可以限制生成内容的长度。例如，将最大令牌值设置为 30，模型将生成最多包含 30 个令牌的响应。

（2）温度。温度是用于控制输出随机性和多样性的参数。较高的温度值，如 0.8，会使输出内容更加随机和多样化；较低的温度值，如 0.2，则会让生成的内容更接近训练数据的内容。

（3）Top-p 采样。Top-p 采样是一种控制输出结果多样性的方法。在生成每个令牌时，生成式人工智能会为所有可能的令牌分配一个概率值。Top-p 采样意味着从概率值之和累积到 p 的候选令牌中随机选择一个。较高的 p 值，如 0.9，此时在抽样时会考虑更多的选择，从而形成更多样化的结果。相反，较低的 p 值，如 0.3，则会限制选择并产生更集中的结果。

（4）存在惩罚。存在惩罚，即阻止模型在生成的内容中提到某些单词或短语。通过分配更高的存在惩罚值，如 2.0，人们可以减少输出中出现特定单词或短语的可能性。当你不希望生成的内容中出现某些词汇或短语时，可以使用这个参数。通过为这些词汇或短语分配较高的存在惩罚值，人们可以减少它们在输出中出现的可能性。

（5）频率惩罚。频率惩罚用于减少生成内容中的重复令牌。当生成式 AI 生成文本时，有时会出现重复的词汇或短语。通过调整频率惩罚，如调高频率惩罚值，可以降低重复出现的概率，使生成的文本更加流畅和自然。调低频率惩罚值，则会导致出现重复的词汇或短语。

第三节　AI 数字人与直播

本节主要阐述 AI 数字人的定义、分类、发展历程及现状，并详细介绍 AI 数字人直播。通过本节内容的学习，你将全面了解 AI 数字人。

一、AI 数字人的定义与分类

（一）AI 数字人的定义

艾媒咨询在《2023 年中国 AI 数字人产业研究报告》中指出，AI 数字人是指采用人工智能技术和仿真技术驱动生成的数字化虚拟人物，通常具备人的外观与智能认知能力。但在日常学习中，常见的则是将数字人、虚拟人、虚拟数字人、AI 数字人这四者混淆起来，如认为虚拟人即虚拟数字人，虚拟数字人即 AI 数字人等。实则不然，本节从定义上试图为读者厘清这四者。

（1）虚拟人。虚拟人，简单理解，即不存在于现实世界的人。虚拟人的身份是虚构的，行为模式是人类赋予的，身体是计算机图形技术制作的，通过显示设备才能被现实所观察。如柳叶熙，现实世界中并不存在此人，通过技术制作才得以在短视频中呈现。

（2）虚拟数字人。虚拟数字人，简单理解，即具有数字化外形的虚拟人。陀螺研究院在发布的《2023 全球虚拟数字人产业报告》中认为，虚拟数字人是采用计算机图形学、图形渲染动作捕捉、深度学习、语音合成等多种综合技术手段打造出的一种智能化产品，具有贴近真人的外观形象、行为动作等特征。

（3）AI 数字人。AI 数字人与虚拟数字人相比，AI 数字人的生成依靠大量的数据采集与处理，并通过大数据和深度学习等技术实现自主学习与调整。

（4）数字人。数字人，存在于数字世界中。克劳锐在发布的《2023 数字人行业发展专题报告》中认为，数字人是一种以人工智能和计算机科学为基础，结合自然语言处理、情感表达和智能交互等技术的虚拟实体。

可见，四者存在迭代演进的关系。随着人工智能、图像处理和自然语言处理等技术的飞速发展，数字人从最初的简单模拟，即虚拟人，演进为虚拟数字人，再继续随着人工智能等技术的发展，演进为高度逼真的、可互动的 AI 数字人。

（二）AI 数字人的分类

AI 数字人根据应用场景可分为服务型数字人与身份型数字人。二者在定位层面、应用层面和价值层面有所差异。

（1）定位层面。服务型数字人的定位是服务，它们能够替代真人进行服务性工作，如日常的客户咨询、信息回复等，为企业降低人力成本，提高服务效率。而身份型数字人的定位则是娱乐和社交，它们作为虚拟偶像、数字名人等角色，推动虚拟内容的生产，并成为个人在虚拟世界中的第二分身，增强用户的沉浸感和社交体验。

（2）应用层面。服务型数字人的身影已经渗透到了各行各业。它们提供 24 小时不间断的服务，让企业服务变得更便捷、更高效，如数字人客服、数字人主播等。身份型数字人则更多地被应用在娱乐产业和社交媒体上，如虚拟偶像、数字名人等，它们为人们提供了全新的娱乐体验，并成为社交媒体上的热门话题。

（3）价值层面。企业可以借助服务型数字人来降低人力成本、提高工作效率，从而获得更大的竞争优势。身份型数字人的应用则可以降低虚拟内容的制作门槛，为未来的虚拟化世界提供人的核心交互中介。

二、AI 数字人的发展历程

AI 数字人，融合了多种先进技术的产物，其发展可以说是科技与艺术的结晶。从初创的探索阶段到如今的蓬勃发展，AI 数字人行业经历了多个关键节点，逐渐从技术走向应用，成为我们生活和工作中不可或缺的一部分。

（一）初创阶段（2010—2015 年）

在初创阶段，它主要依赖计算机图形学和语音合成等计算机技术。当时，由于技术能力和数据处理能力的限制，AI 数字人的生成效果显得较为生硬，缺乏自然感。尽管如此，这一时期的技术探索为后续的发展奠定了坚实的基础。

（二）技术突破阶段（2016—2017 年）

随着技术的飞速发展，特别是在人工智能和通信技术的推动下，AI 数字人行业进入了技术突破阶段。以人工智能技术为核心驱动，结合通信技术的迅猛发展，AI 数字人的创作变得更加高效、精准。在这一阶段，产品呈现出高度还原人类形象和语言表达的效果，使得 AI 数字人更加逼真、生动。2016 年，自称为世界第一个虚拟 UP 主（Virtual YouTuber）的"绊爱"AI 数字人诞生。这一创新性的尝试不仅引领了潮流，更为 AI 数字人行业的发展带来了新的思考方向。

（三）应用拓展阶段（2018—2020 年）

进入应用拓展阶段，从新闻播报、教育培训到娱乐互动、客户服务等领域，AI 数字人开始全方位渗透各个行业。例如，2018年，新华社联合搜狗发布的全球首个AI合成主播，实现了从"坐着播新闻"到"站立式播报"的升级，为新闻传播带来了新的活力。这一阶段的多元化产业融合不仅推动了各行业的数字化发展，更使得AI数字人成为数字化进程中重要一环。

（四）蓬勃发展阶段（2021年至今）

随着技术的不断进步和市场的持续扩大，AI数字人正出现智能化、便捷化、精细化、多样化的发展趋势。大量公司纷纷涌入这一赛道，为企业及个人提供高效率的产品和服务。AI数字人的智能化程度不断提升，能够实现更加复杂的任务和功能；便捷化程度使得AI数字人的使用门槛降低，更加易于普及和推广；精细化程度体现在AI数字人形象、动作、语言等方面的精细打磨上；多样化则体现在AI数字人的应用场景和类型的不断丰富上。随着2023年ChatGPT等生成式人工智能的应用，AI数字人的创作方式有望得到极大提升，加速规模化应用。展望未来，随着AIGC产业的不断发展和成熟，AI数字人有望实现更加广泛的应用和更为深入的行业融合。

三、AI数字人的发展现状

从市场规模到企业发展，从应用场景到行业动态，AI数字人的发展现状呈现多元化和全面化的特点。

（一）市场规模

AI数字人的发展潜力巨大。艾媒咨询数据显示，2022年，中国虚拟人核心市场规模为120.8亿元，同比增长94.2%，呈现出爆发式的增长态势。预计到2025年，该市场规模将达到480.6亿元，显示出广阔的市场前景。与此同时，虚拟人带动的周边市场规模也在不断扩大，预计2025年将达到6402.7亿元。随着传统行业数字化转型及降本增效的需求推动，AI数字人的业务需求得到进一步释放，预计市场规模将持续增长。

（二）企业发展

AI数字人的企业数量和规模都在不断扩大。艾媒咨询数据显示，截至2023年9月，中国数字人服务行业存续企业数量为538家。这些企业主要集中分布在华东、华南和华北地区，形成了一定的产业集聚效应。从企业规模来看，中国数字人相关企业注册资本集中分布在500万元以上，占比达到64.5%，注册规模普遍较大，目前市场以中、大型企业为主。这些企业具备雄厚的资本实力和较强的研发能力，为AI数字人的快速发展提供了有力支持。

（三）应用场景

AI数字人的应用范围不断拓展。随着人工智能技术的成熟，越来越多的行业领域开始将AI数字人运用到企业经营中，并且根据自身需求个性化定制数字人产品。这也促进了数字人类型及应用场景的多样化。例如，在娱乐产业，AI数字人可以作为虚拟偶像、虚拟演员等角色出现，为观众带来全新的娱乐体验。在教育领域，AI数字人可以作为虚拟教师，为学生提供个性化教学服务。在医疗领域，AI数字人可以协助医生进行诊断和提供治疗方案。未来，随着技术的不断发展，AI数字人的应用场景将进一步扩大，涉及更多行业和领域。

（四）行业动态

它主要体现在加速业务布局、技术研发、产品创新等方面。在业务布局方面，2023

年，MCN 机构谦寻旗下子公司谦语智能推出了 AI 数字人直播业务，短视频平台快手推出 AIGC 数字人解决方案等；在技术研发方面，2023 年，百度推出生成式人工智能"文心一言"，腾讯发布人工智能智能创作助手"腾讯智影"等；在产品创新方面，2023 年，交通银行推出"姣姣"和"小姣"两位数字员工，腾讯推出 AI 新闻主播、AI 数字人法官等多个数字人产品。

四、AI 数字人直播

（一）AI 数字人直播的两种模式

全无人直播和半无人直播是数字人直播的两种主要模式，二者在产品解说、产品展示、直播节奏、弹幕互动和应用场景五个方面有着明显的差异。

（1）产品解说方面。全无人直播主要依靠数字人主播进行解说，其解说内容根据预设的脚本进行，语言和内容相对固定。这种模式能够保证信息的准确性和一致性，但缺乏灵活性和即兴发挥的空间。相比之下，半无人直播结合了真人助播与数字人主播进行解说，真人助播可以根据实际情况调整解说内容，更具灵活性和互动性。

（2）产品展示方面。全无人直播通常使用合成视频背景和图片进行产品展示，这种方式简单易行，但缺乏真实感和动态效果。半无人直播则由真人助播直接展示产品，能够实时与观众互动，增强真实感和临场感。这种模式更适合展示复杂的产品或服务，能够更好地满足观众的需求，达到观众的期待。

（3）直播节奏方面。全无人直播的节奏完全由数字人根据预设脚本进行控制，节奏稳定，但缺乏对突发事件的应对能力。相比之下，半无人直播的节奏由真人助播根据实际情况进行调整，能够更好地应对直播中的突发状况，使直播更加流畅。

（4）弹幕互动方面。全无人直播的弹幕互动主要依靠人工智能进行回复，回复内容准确，但缺乏情感色彩。相比之下，半无人直播的弹幕互动由真人助播进行回复，能够与观众建立情感联系，增强互动性。这种模式更适合与观众建立长期互动关系，提高用户黏性和忠诚度。

（5）应用场景方面。全无人直播主要适用于标品销售和闲时直播等场景，可以降低人力成本，提高效率。半无人直播则适用于更多场景，尤其是有特定需求的直播活动，如产品体验、互动问答等。这种模式能够更好地满足观众的个性化需求和期望，提高用户体验感和满意度。

目前，抖音与快手是数字人应用较多的平台，但两个平台对数字人的态度不同。抖音对数字人有一定的管控。据抖音发布的《关于人工智能生成内容的平台规范暨行业倡议》，使用人工智能技术辅助创作是被允许的行为，不违反平台规范，并不会限制虚拟人直播技术。快手目前没有任何关于数字人方面官方性的说明，因此不少数字人供应商将主要聚焦在抖音直播赛道。从内容角度来讲，数字人直播领域分为两个方向：一个是娱乐直播，一个是电商直播。电商直播根据是否发快递，又分为本地生活直播和常规带货直播。娱乐直播背后的载体是人与人之间情感的联结，目前 2D 数字人主播很难实现这一需求，而 3D 虚拟数字人已有 A-SOUL 等案例出现。在电商直播领域，本地生活直播更多的是电子核销券，用户在直播间下单后到店消费。常规带货直播则主要聚焦在品类较为单一的爆品直播间。

资料来源：抖商传媒. AI 爆发！数字人直播会颠覆直播电商吗？[EB/OL]. (2023-10-30)[2024-04-01]. https://mp.weixin.qq.com/s/S-wM9a7Caix4gAL9b3cTfg.

（二）AI 数字人主播的选择标准

选择 AI 数字人主播主要考虑五个标准，分别是画面真实清晰、精准音频同步、支持多语种、有实时响应能力、快速生成定制。

（1）画面真实清晰。AI 数字人主播的视觉效果是吸引观众的第一要素。在选择 AI 数字人主播时，人们需要关注其画面的真实度和清晰度。真实是指 AI 数字人在表达肢体动作，如挥手、摊手、点头、皱眉等时，能够实现音画同步，让用户拥有更加真实的观看体验。清晰是指可以实现对 AI 数字人画面的实时监测，实现和真人拍摄接近的效果。

（2）精准音频同步。精准的音频同步能够确保语音与口型动作的一致性，为用户提供更加真实的互动体验。同时，音频同步还需要考虑不同场景下的语音交互需求。在直播过程中，AI 数字人主播需要能够实时响应观众的提问和互动请求，并且根据不同的语境和情感表达做出回应。

（3）支持多语种。多语种支持已成为 AI 数字人主播的一项必备功能。支持多语种的 AI 数字人主播能够打破语言障碍，满足不同国家和地区的市场需求。在选择 AI 数字人主播时，我们需要关注其是否具备多语种支持的能力，并且要求其在不同语言环境下都保持高准确率的语音识别和语言表达。

（4）有实时响应能力。实时响应能力是 AI 数字人主播的核心竞争力之一。在直播过程中，AI 数字人主播需要能够快速响应用户的提问和互动请求，并且给出准确的回应。这种实时响应能力不仅能够提升用户体验感，还能够增强观众与数字人主播之间的互动性和黏性。

（5）快速生成定制。对价格敏感且人力成本和时间成本较为紧张的中小商家来说，生成速度快、使用成本低才是最好的选择。因此，好的 AI 数字人应在满足商家定制形象的基础上，同时降低商家的设备、时间成本投入。

（三）AI 数字人直播的机遇与挑战

1. AI 数字人直播的机遇

AI 数字人直播的机遇主要体现在以下方面：简化流程，降低成本；持续输出，吸引流量；突破限制，广泛传播；转变模式，回归初心。

（1）流程简化，降低成本。AI 数字人直播从根本上简化了传统直播的复杂流程。从场地布置到设备调试，从人员组织到内容策划，所有这些繁复的工作都得到了极大的简化。商家不再需要投入大量的人力、物力和财力去准备直播活动，数字人直播使商家能够以更低的成本、更高效的方式触达目标受众。同时，通过生成式人工智能辅助直播脚本准备、话术撰写工作，人们可有效减轻工作量，提升直播间运营效率。数字人主播还能实现 24 小时不间断直播，从而在时间维度上为企业节省了大量成本。

（2）持续输出，吸引流量。在信息爆炸的时代，消费者的注意力成为稀缺资源。AI 数字人直播凭借其不间断的工作特性，能够持续地产出内容，从而吸引更多的流量。对于商家而言，这意味着他们可以获得更多的曝光机会，提升品牌知名度和产品销量。

（3）突破限制，广泛传播。数字人直播不受直播间场域限制，不受主播语言、能力与精力限制。无论是国内还是国外，无论是线上还是线下，无论是哪个行业或品类，数字人直播都能适应。这种无与伦比的灵活性为商家提供了更大的市场空间和更广阔的发展前景。随着技术的不断进步，数字人主播的拟真度越来越高，其与真实人类的交互越来越自然、流畅。这不仅为消费者带来了更加沉浸式的观看体验，也进一步提升了直播内容的传播力。

（4）转变模式，回归初心。传统直播带货模式以主播为核心，基于"人带货"的运营理念，凭借个人魅力和能力来增强直播间的销售效果。数字人直播时，用数字人替代真人主播，将影响直播效果的因素从主播转移到货品和内容上，从而形成"货带人"运营逻辑，依靠高质量的产品和出色的内容推动直播间转化率的提高，使得直播间回归货品销售。

2. AI 数字人直播的挑战

AI 数字人直播面临的挑战主要体现在产品、市场、环境三个方面。

（1）产品。AI 数字人的能力边界仍然受到一定的限制。尽管数字人技术已经在语音识别、图像处理、自然语言处理等领域取得了显著的进步，但在实际应用中，数字人仍然无法完全替代真人主播的角色。目前，数字人直播更多地被应用于非活动直播、闲时店播等场景，而在需要高度互动、灵活应变的直播场景中，数字人的表现仍然有所欠缺。在排品、话术制作、场控等直播运营的关键环节，数字人的产品掌控能力也仍在持续探索中。虽然一些先进的数字人产品已经具备了一定程度的自主学习和智能决策能力，但在面对复杂多变的直播环境和用户需求时，它们仍然需要人工干预和辅助才能完成任务。

（2）市场。AI 数字人面临的市场挑战主要来自厂商实力和产品质量两个方面。首先，在数字人行业中，拥有核心 AI 技术的厂商数量相对较少。这导致市场上的数字人产品大多来自于缺乏核心技术的企业，它们往往通过简单的技术集成和外包开发来推出自己的数字人产品。这些产品的质量参差不齐，难以满足用户的实际需求。其次，由于数字人直播市场的准入门槛相对较低，许多不具备实力的企业也纷纷涌入这一市场。这些企业往往缺乏长期的技术积累和市场经验，难以提供稳定、可靠的数字人直播服务。这不仅损害了用户的利益，也影响了整个数字人直播市场的健康发展。

（3）环境。AI 数字人面临的环境挑战主要来自平台政策和行业竞争两个方面。首先，各大直播平台对数字人的态度普遍比较保守。由于担心数字人直播可能带来的风险和问题，许多平台对数字人直播的认证和审核标准都非常严格。如果数字人直播的效果不佳或者存在违规行为，就有可能面临被封号的风险。随着数字人直播市场的不断发展，行业内的竞争也日益激烈。一些不良商家为了获取更多的市场份额和利益，可能会采取恶意举报、虚假宣传等不正当竞争手段来打压同行。这不仅影响了数字人直播市场公平竞争环境的创设，也损害了整个行业的形象和声誉。

思考题

1. 生成式人工智能与决策式人工智能有什么区别？
2. 生成式人工智能的核心特征是什么？
3. 生成式人工智能可以应用在全媒体运营中的哪些方面？
4. 提示词框架分别有哪些？
5. 选择人工智能数字人主播的标准是什么？

本章实训

1. 请选择一个你感兴趣的企业，结合本章学习的内容，为其量身定制一个利用生成式人工智能技术的个性化方案。

2. 请深入学习并掌握提示词的运用技巧，然后利用生成式人工智能技术生成高质量的文案、图片和视频脚本。在生成过程中，要注重内容的创意性、针对性和实用性，确保生成的成果符合企业的品牌形象和市场定位，同时能够吸引并留住目标受众的注意力。

典型案例

柳夜熙来了，"元宇宙"的商业生态还远吗？

第十五章 全媒体运营的发展趋势

【学习目标】
- 掌握全媒体运营数智化趋势
- 掌握全媒体运营全员化趋势
- 掌握全媒体运营媒商化趋势

无论是行业类机构，还是品牌方、广电等媒体形态，MCN 都是一个好的抓手。目前行业在探索中强调的是一种"共创"的能力，MCN 机构通过自身的优势帮助企业品牌"MCN 化"。刘飞在接受采访时举例，他们与一个植发品牌合作，为品牌打造内容，但内容传播的目标对象是植发品牌的客户。"我们现在已经去做，把 MCN 做到行业化，基于此，我们也会去判断 MCN 在接下来三年不但不会被抛弃，反而会成为各个行业在视频化时代的标配。"他说像贝壳视频这样的行业态尝试，并不是首例。社交存量争夺战中，短视频的创新与崛起，让更多行业与企业看到了机会。于是，跨界做 MCN 成了他们积极拥抱变化的一种方式。2020 年，中国平安也宣布跨界做医疗 MCN，挖掘医生 KOL，壮大在健康行业的业务影响力，如抖音上的"平安星计划"等。在教育领域，MCN 形态的使用相对保守。2020 年年中，泛教育领域网红名师的 MCN 品牌"101 名师工厂"宣布获得数千万元 Pre-A 轮投资。成立于 2019 年底的"101 名师工厂"是国内首家孵化泛教育领域网红名师的 MCN 品牌，为旗下 KOL 提供全站式内容制作及经纪服务，同时选择上游教育产品供应商，帮助旗下 KOL 提高商业变现能力及品牌价值。但就市场反馈而言，机构运营模式并不完善，类似网师"流水线"化的问题依然存在。

资料来源：现代广告杂志社，刘颖. 万物皆可短视频，行业皆可"MCN 化"[EB/OL]. (2021-07-22)[2024-04-01]. https://mp.weixin.qq.com/s/r72mPVcNoQsQzGNEcuXNbA.

随着数字化和智能化的深入推进，全媒体运营正展现出新的发展趋势。在数智化方面，全媒体运营正积极利用大数据、人工智能等先进技术，提升内容生产、用户洞察和精准营销的能力。例如，MCN 机构通过数据分析和智能推荐，为品牌打造更精准、更有影响力的内容，实现"共创"的价值。同时，全媒体运营正逐渐全员化，企业、机构甚至个人都在积极拥抱变化，跨界参与内容创作和传播。中国平安跨界做医疗 MCN，就是这一趋势的生动体现。全媒体运营还呈现出媒商化的趋势。本章主要阐述全媒体运营数智化、全员化和媒商化三个方面的发展趋势。

第一节 全媒体运营数智化

本节主要阐述全媒体运营数智化的背景、特征、实现路径及数智化在全媒体运营中的场景。

一、运营数智化的背景

全媒体运营数智化的背景主要包括数字化转型的趋势、人工智能技术发展、用户行为发生变化及全媒体行业竞争加剧等方面。

（一）数字化转型的趋势

数字化转型成为各行业不可逆转的趋势，并且正在如火如荼进行中，全媒体运营也不例外。数字化转型改变了传统媒体的内容制作和传播方式，还催生了一系列新的媒体形态和商业模式。在数字化转型的推动下，全媒体运营开始朝信息化、智能化、数智化的方向发展。例如，运用大数据等技术手段实现对账号数据的处理和分析，挖掘出有价值的信息，为内容的创作和传播提供有力支持。

（二）人工智能技术发展

人工智能技术的发展为全媒体运营数智化提供了重要的技术支持。ChatGPT 的出现，让一部分自媒体运营者产生忧虑，也让一部分自媒体运营者拥抱 ChatGPT，通过 ChatGPT 自动生成内容。可以预见，随着数据分析、人工智能等技术的蓬勃发展，全媒体运营将进入智能化运营时代。传统的选题、采集、生产，主要依靠人力完成大部分的工作，而随着技术日新月异，运营者通过数据技术描绘目标人群画像、进行选题、确定方向，通过智能化技术自动生成内容、剪辑，通过自动提取完成脚本的解读，通过智能分析完成账号的优化。大部分运营者的工作内容将被技术替代，而思考的工作将成为运营者的核心竞争力。智能化大势所趋，但大部分运营者缺乏技术背景，大部分企业缺乏技术人才。在未来，企业更需要掌握运营理论，并且熟练运用相关技术，具备人机协同思维的运营人才。

（三）用户行为发生变化

随着移动互联网的普及和社交媒体的兴起，用户获取信息的方式和习惯发生了很大的变化。用户更加倾向于通过手机、平板等移动设备获取信息，同时也更加注重信息的互动性和参与度。因此，全媒体运营数智化需要更加关注用户的需求和行为变化，通过智能化技术手段提供更加个性化、精准化的服务和内容。

（四）全媒行业竞争加剧

随着媒体行业市场竞争不断加剧，全媒体运营数智化成为企业提高竞争力的关键因素之一。通过全媒体运营数智化，企业可以更好地整合内外部资源，提高内容质量和传播效果，增强用户的参与度和忠诚度，从而获得更多的商业机会和市场份额。同时，数智化还能够提高企业全媒体运营的效率，降低成本，增强企业盈利能力和市场竞争力。

二、运营数智化的特征

全媒体运营数智化的特征主要体现在以下四个方面：用户导向、员工能动、智能运营、数据驱动（见图 15-1）。

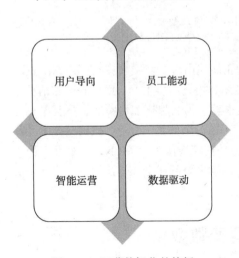

图 15-1 运营数智化的特征

（一）用户导向

随着消费者行为的不断演变，用户需求愈发个性化、多样化，企业必须以用户为中心，进行精准运营。全媒体运营数智化通过深度理解和把握用户需求，利用大数据分析技术，精确描绘用户画像，从而提供个性化的产品或服务。同时，借助智能交互技术，企业能与用户建立实时反馈机制，快速响应用户反馈，提升用户满意度和忠诚度。这种用户导向的经营理念，使企业能够更好地满足消费者需求，提升市场竞争力。

（二）员工能动

在全媒体运营数智化过程中，员工不再是被动的执行者，而是成为具有主动性和创造力的参与者。这要求企业为员工提供更加灵活的工作环境和激励机制，激发员工的创新能力和自主性。员工可以根据市场变化和企业战略，自主安排工作进度和分配资源，发挥自身的主观能动性。企业还应鼓励员工间的团队协作，通过共享信息和知识，提高整体运营效率。员工能动性的发挥，将为企业带来更多的创新和竞争优势。

（三）智能运营

随着人工智能、大数据等技术的飞速发展，全媒体运营数智化在内容生产、数据分析、营销推广等方面实现了自动化和智能化。智能化的内容生产能够提高内容的质量和效率，满足用户多样化的需求。通过大数据分析技术，企业能够深入挖掘用户行为数据和市场趋势，为决策提供有力支持。智能化的营销推广能够精准定位目标用户，提高营销效果和转化率。这种智能化的运营方式不仅提高了企业的运营效率，还进一步提升了企业的市场竞争力。

王文京指出，以 ChatGPT 为代表的大模型在全球掀起热潮，标志着 AI 进入普及应用时代。全面数智商业创新时代随之到来。新时期，企业高质量发展的核心路径之一，就是要推进数智化转型，成为数智企业。数据驱动和智能运营是数智企业的重要特征。其中，数据驱动在企业服务上主要包括两种形态：DaaS（数据作为服务）和 dSaaS（数据应用服务），可以为企业提供展现级（如报表报告）、分析级（如经营分析）、控制级（如风险预警）、决策级（如智能定价）和创新级（如产品优化）的五级全面数据服务。而智能运营在企业服务上有 4 个主要方向，包括智能化的业务运营（包括基于 AI 的流程挖掘和再造）、自然化的人机交互（从图形界面交互到自然语言交互）、智慧化的知识生成（知识便捷赋能组织与生态）和语义化的应用生成（从云原生到 AI 原生）等。考虑到数智化转型是一个综合、复杂、循序渐进的长期过程，王文京提出"数智化123"的概念，明确了企业数智化的三大步骤和发展路径："数智化 1"是要推进"云化连接"，实现业务的云化部署、网络连接和实时感知；"数智化 2"是要推进"数据驱动"，实现数据治理、数据中台和数据应用服务；"数智化 3"是要推进"智能运营"，实现业务运营智能化、自然化人机交互和知识与应用生成。

资料来源：企业家杂志. 数据驱动，智能运营：2023 全球商业创新大会精要[EB/OL]. (2023-10-22)[2024-04-01]. https://mp.weixin.qq.com/s/Fs6IOJ429jeP49HcNh3hww.

（四）数据驱动

在全媒体运营数智化中，数据成为企业决策的重要依据。通过全面采集各种来源的数据并进行整合，企业能够构建完整的用户画像和运营数据图谱。数据分析与挖掘技术进一步揭示了数据背后的规律和趋势，使企业能够准确把握市场动态和用户需求。数据驱动的决策方式将为企业带来更加科学、精准的营销策略和产品开发计划，从而提高企业的竞争力和盈利能力。同时，数据监测与反馈机制的不断优化，将保证业务发展的稳定性和持续性。

三、运营数智化的实现路径

全媒体运营场景正经历着前所未有的变革。传统媒体与新媒体的融合，线上线下的互通，以及多元化的传播渠道等，都使得全媒体运营场景变得更加复杂、多变。全媒体运营数智化实现路径要围绕全媒体运营场景，把握用户、内容、数据三个核心要素，以建设全媒体运营数智文化为中心，培养全媒体运营数智人才，组建全媒体运营数智中台（见图15-2）。

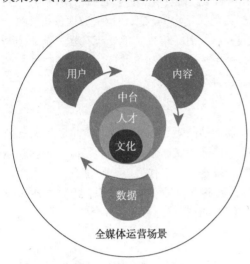

图 15-2　运营数智化实现路径

（一）把握运营核心要素

（1）用户要素。在全媒体运营数智化过程中，用户始终是核心的要素。要实现用户需求的精准把握，首先需要建立完善的用户画像体系，通过数据分析、用户调研等手段，深入了解用户的基本信息、消费习惯、兴趣爱好、社交行为等，形成全面、细致的用户画像。其次，要运用大数据、人工智能等技术手段，对用户数据进行深度挖掘和分析，发现用户的潜在需求和行为偏好，为个性化服务和内容生产提供有力支持。最后，还要建立用户互动机制，通过社交媒体、在线客服等渠道，与用户保持实时互动，及时收集用户反馈，不断提升用户参与感和忠诚度。

（2）内容要素。在全媒体运营数智化时代，内容依然是吸引和留住用户的关键。要提升内容的质量和传播效果，首先要运用数据分析技术指导内容创作，通过对用户数据的分析，了解用户的内容偏好和消费习惯，从而创作出更符合用户口味的内容。其次，要利用人工智能技术进行自动化内容生产和个性化推荐，提高内容的生产效率和分发精准度。最后，要创新内容的传播方式，通过短视频、直播、社交媒体等多元化渠道，实现内容的快速传播和广泛覆盖。

（3）数据要素。数据是全媒体运营数智化的基石。要实现数据价值的最大化，首先要建立完善的数据收集、整合和分析体系，确保数据的准确性和可靠性。其次，要运用大数据分析技术，对数据进行深度挖掘和分析，发现数据背后的价值和规律，为决策提供有力支持。最后，要建立数据驱动决策机制，将数据分析结果应用于业务决策中，实现决策的科学化和精准化。此外，还要加强数据的安全保障措施，确保数据的安全性和隐私性。

（二）建设运营数智文化

（1）数据意识。在全媒体运营数智化过程中，要培养全体员工的数据意识，让他们学会用数据说话、用数据指导工作。这要求我们在日常工作中注重数据的收集、整理和分析，形成基于数据的决策习惯。同时，还要通过培训、学习等方式，提升员工的数据分析能力和数据素养，使他们能够更好地运用数据指导业务实践。

（2）创新思维。在数智化转型过程中，要鼓励员工敢于尝试全媒体运营的新技术、新模式，挑战传统的思维模式和工作方式。如通过设立创新基金、举办创新大赛等方式，激发员工的创新热情和创造力，为组织带来新的思路和方法。同时，还要加强与外部机构的合作与交流，引进先进的技术和理念，推动组织创新发展。

（3）协作精神。全媒体运营需要不同部门、不同领域的员工密切协作，共同完成任务。因此，要培养员工的团队协作精神和服务意识，让他们学会互相支持、共同成长。如通过建立跨部门协作机制、举办团队建设活动等方式，增强员工之间的沟通和协作能力，实现各部门的协同发展。

（三）培养运营数智人才

（1）加强培训学习。要培养全媒体运营数智人才，首先要加强全媒体运营数智化运用的培训和学习，通过定期举办与数智化相关的培训课程和学习活动，帮助员工掌握数据分析、人工智能等新技术和新理念，提升他们的数智化素养和技能水平。其次，还要鼓励员工积极参加全媒体行业会议、全媒体运营研讨会、短视频交流会、直播交流会等交流活动，拓宽视野和知识面。

（2）引进高端人才。除了内部培养外，还要积极引进具有丰富全媒体运营经验和专业技能的高端人才。这些人才可以带来新的思路和方法，推动组织的创新和进步。如通过优化招聘流程、提高薪资待遇等方式，吸引更多优秀的全媒体运营人才加入组织。

（3）建立激励机制。要激发员工学习数智化知识和技能的积极性，建立完善的激励机制。如通过设立绩效考核制度、晋升机制和奖励制度等方式，鼓励员工不断提升自己，提高工作绩效。同时，还要关注员工的职业发展规划和成长需求，为他们提供更多的发展机会和空间。

（4）搭建交流平台。建立交流平台是促进员工之间经验共享和团队协作的重要手段。通过搭建内部论坛、定期举办分享会等方式，企业可以让员工分享运营经验、讨论运营问题和交流账号运营想法。这不仅可以帮助员工互相学习、共同成长，还可以增强员工之间的凝聚力和归属感。

（四）组建运营数智中台

（1）统一数据管理。在全媒体运营过程中，会产生大量的数据，包括图文数据、视频数据、直播数据等。这些数据分散在各个系统和平台中，如果不进行有效的管理和整合，就会导致数据孤岛和信息碎片化的问题。因此，需要建立一个统一的数据管理平台，对各类数据进行集中存储、清洗、整合和转换，通过数据治理和数据质量管理，确保数据的准确性、一致性和完整性。同时，还需要建立数据安全体系，保障数据的安全性和隐私性。统一数据管理的好处是显而易见的。首先，它可以提高数据的利用效率，避免重复采集和整理数据。其次，它可以降低数据维护成本，减少人工干预和错误发生的可能性。最后，它可以为数据分析提供更为全面和准确的数据，帮助运营人员更好地了解用户需求和市场趋势。

（2）资源整合共享。全媒体运营需要充分利用各种资源，包括人力资源、财力资源、物力资源、媒体资源、品牌资源等。然而，这些资源往往分散在各个部门和平台中，难以进行有效的整合和共享。因此，需要建立一个资源整合共享平台，对各类资源进行集中管理和调度，通过资源目录和资源地图等方式，展示资源的种类、数量和使用情况。同时，还需要建立资源申请和审批流程，确保资源的合理分配和使用。

（3）模块化的设计。全媒体数智中台需要采用模块化的设计理念，将不同的功能和服务进行模块化拆分和组合，如文案模块、海报模块、新闻模块、视频模块、公告模块等。这种设计方式可以提高系统的灵活性和可扩展性，方便人们根据账号需求进行定制化和个性化开发。在模块化设计中，人们需要明确每个模块的功能和职责，确保模块之间的耦合度低、内聚度高。同时，还需要建立模块之间的接口和通信机制，确保模块之间的数据交互和协同工作顺畅进行。

第二节　全媒体运营全员化

本节从企业角度阐述全媒体运营全员化的相关内容，主要涉及全媒体运营全员化的背景、阶段和做法。

一、运营全员化的背景

在当今的互联网时代，运营全员化已经成为一种趋势。这一现象的出现受到多种背景因素的影响，包括平台流量昂贵、全民运营账号、内容长尾效应以及企业降本增效。

（一）平台流量昂贵

随着互联网的不断发展，各大平台的竞争日益激烈，获取流量的成本不断攀升。在此背景下，企业需要更加注重运营效率和效果，以更低的成本获取更多的用户。因此，企业需要全员参与运营，发挥每个人的优势，共同提升品牌知名度和用户转化率。

（二）全民运营账号

随着社交媒体和自媒体的兴起，全民运营账号已经成为一种趋势。每个人都可以通过自己的社交媒体账号发布内容，与用户互动，从而提升品牌曝光度和用户黏性。这种趋势要求企业员工更加深入地参与到运营中，了解用户需求，提供有价值的内容和服务。

（三）内容长尾效应

互联网的发展使得内容创作和传播变得更加容易，但也导致了内容的爆炸式增长。在这样的环境下，企业更需要注重内容的价值性、长期性，不应盲目追求头部效应，而是着重长尾效应。随着竞争越发激烈，制作爆款内容、打造极具流量的网红IP的难度也越来越大。因此，企业需要更加注重内容的长期创作和运营，通过全员参与，不断优化内容策略，提升内容的质量和传播效果。

（四）企业降本增效

在市场竞争日益激烈的情况下，企业需要不断降低成本，提高效率，以保持竞争优势。全员参与运营可以帮助企业更好地整合资源，提高运营效率，降低对外部专业团队的依赖，从而降低运营成本。同时，内部员工深入参与，可以增强员工的归属感，提高工作积极性，进一步促进企业整体效益的提升。

二、运营全员化的阶段

全媒体内容战略目标有四个级别，由低到高，分别为促进业绩增长，对应全媒体运营全员化的第一阶段；提高品牌价值，对应全媒体运营全员化的第二阶段；转变商业模式和发展第二曲线，对应全媒体运营全员化的第三阶段（见图15-3）。

（1）第一阶段的运营全员化要求企业采取一系列措施，包括成立专门的运营部门、制定明确的目标和 KPI 指标、制作高转化率的内容，以及持续优化和改进策略等。在这个阶段，企业需要关注高转化率的营销内容制作和多渠道推广，通过精准定位和有效传播吸引潜在客户，提高销售量。

（2）第二阶段的运营全员化要求全媒体平台传播有深度和差异化的内容，提升品牌认知度和好感度。为了实现这一目标，企业需要号召全员参与品牌传播工作，强化品牌传播力度，持续监测和分析品牌声誉与形象。同时，与用户建立情感联系，打造口碑营销，进一步提高品牌价值。通过这一阶段的努力，企业可以提升品牌竞争力和可持续发展能力。

（3）第三阶段的运营全员化要求企业通过变革组织模式和调整商业模式，发现和培育新的增长点，并赋能同行。在这个阶段，企业需要不断创新和迭代，保持竞争优势并实现可持续发展。通过全媒体运营的策略和手段，企业可以逐步实现商业模式转变和发展第二曲线的目标。

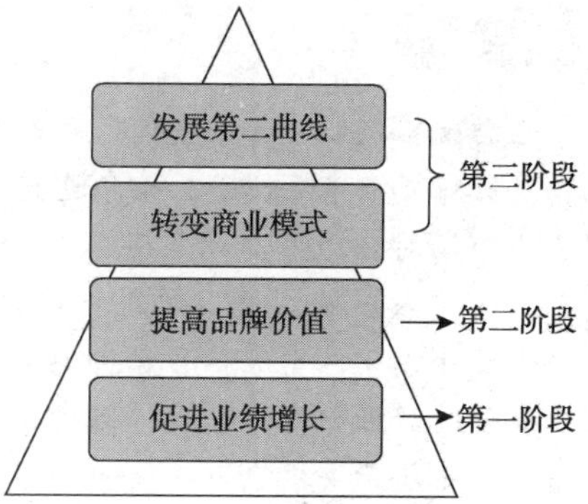

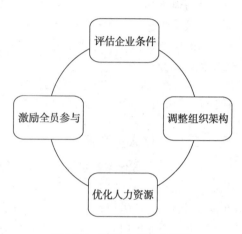

图 15-3　运营全员化的阶段

图 15-4　运营全员化的做法

三、运营全员化的做法

运营全员化是一种将运营活动分散到企业各个部门的做法，需要企业自上而下全面做好评估企业条件、调整组织架构、优化人力资源、激励全员参与（见图 15-4）。

（一）评估企业条件

在实施运营全员化之前，企业需要对自身条件进行全面评估。这包括评估企业的组织文化，如组织文化是否具备创新、开放等属性；企业组织架构，如跨部门协调难度是否较大，部门之间的利益能否协调等；人力资源，如企业员工的年龄分布、学历分布、人才类型、技能储备等，确保企业具备足够的资源、技术和人才基础来实现运营全员化。评估企业条件是实现运营全员化的基础，只有对企业自身条件进行全面了解和分析，才能决定是否要进行运营全员化。相较于传统企业，年轻化企业的员工更有意愿，也更能接受新鲜事物，实施运营全员化难度较小。

（二）调整组织架构

评估了企业条件后，企业需要根据运营全员化的需求调整组织架构。传统的组织架构往往存在层级过多、部门间沟通不畅的问题，这会阻碍运营活动的顺利进行。因此，企业需要打破传统的层级和部门界限，建立一个更加扁平化、灵活和高效的组织架构。这种架构能够促进跨部门协作和信息流通，使企业能够更好地应对市场变化和用户需求。如宝岛眼镜实施企业 MCN 化、运营全员化，以用户为中心，将会员营运中心作为组织架构的核心，统筹策划、运营，由 CEO 垂直管理。

在传统出版社中，营销部门无论是与发行部门分立并行还是合二为一，大多主要负责配合发行环节做市场调研、信息收集、宣传推广等工作，主导性未得到充分发挥。当下，注意力市场对出版产品的质量形态、营销内容的吸引力和分发能力等提出较高要求，营销部门的重点应从"销"转到"营"上来，同时亟须对自身身份进行再认知与再定位。新兴媒体生态下，出版社营销部门应将自身定位为"IP经纪商"，为内容、作者等提供包装、新媒体资源配置等服务。基于新定位，出版社可从调整组织架构开始进行MCN化改造，例如将原先的营销、新媒体、发行部门等统一整合为营销部门，再根据实际需要划分平台运营、商务运营等板块。为实现MCN化运营，营销部门应从团队建设、自有主播或网红矩阵孵化、新媒体运营方法论的学习与掌握、用户群体维系与拓展等方面着手，提高新媒体运营的数据化、精细化及专业化水平，探索直播带货等新型营销方式，推动渠道扁平化。营销部门转型成功后，出版社可将该模式在社内进行复制与推广，例如将MCN化运营应用于版权管理、知识服务等业务板块，进而激发整体运营活力，打造发展新优势。

资料来源：许洁，田继宇，许洁，等. MCN化运营：动因、机遇与途径[EB/OL]. (2022-07-03)[2024-04-01]. https://mp.weixin.qq.com/s/ybb2avWDXEjqT9q9nwaeWg.

（三）优化人力资源

实现运营全员化需要企业优化现有的人力资源，将员工的技能和潜力纳入企业的发展中。这意味着，企业需要注重员工的个人成长和职业发展，为员工提供更多的培训和学习机会。同时，企业需要建立一套完善的激励机制，激发员工的积极性和创造力。通过优化人力资源，企业可以培养一支具备创新精神和协作能力的团队，为企业的长期发展提供有力支持。以宝岛眼镜为例，其重新定义员工的技能模型，以提高员工的拉新闭环技能、声量技能、专业技能、销售技能作为员工培新的核心，以适应运营全员化的需求。

（四）激励全员参与

激励全员参与是实现运营全员化的重要步骤。通过制定相应的激励措施，企业可以调动员工的积极性和创造力，使其更加主动地参与到企业运营活动中。激励措施包括建立情感共鸣、软硬激励并用、加强风险防御。建立情感共鸣是指让员工与企业产生情感共鸣，员工才会发自内心地认同企业，积极主动为企业创作内容、传播内容，参与到全员化运营中。具体做法有为员工着想，与员工建立沟通关系，让员工与企业价值共创。软硬激励并用是指通过给予资金、工作室、职位晋升、品牌官方全媒体流量、创作内容绿色通道等硬性支持和通过给予"品牌大使""品牌传播达人"等荣誉性称号激励员工参与运营全员化中。加强风险防御，是为员工参与运营全员化保驾护航的重要条件，这需要企业重视运营媒商化，全面提高组织媒商和全员媒商。

第三节　全媒体运营媒商化

本节主要阐述全媒体运营媒商化的内容，主要包括媒商与媒商化的介绍、个体媒商和组织媒商的评价标准，并从企业角度阐述提高组织媒商的做法。

一、媒商与媒商化

(一)媒商的定义

"媒商"一词最早由危机公关专家游昌乔先生在2006年提出。媒商,一言以蔽之,即媒介素养,是指在全媒体时代,个人或企业与媒体进行互动时所表现出来的一种基本素质。在全媒体运营中,无论是个人还是企业,都需要具备较高的媒商水平,才能更好地应对复杂的媒介环境,有效地进行信息传播和舆论引导。因此,提高媒商水平是全媒体时代每个人、每个企业的必修课。

与"媒商"相近的词有情商、智商与财商。情商通常指的是一个人的情绪管理能力、人际关系处理能力以及自我认知能力等,主要与非理性相关。在全媒体运营中,情商表现为与媒体和用户的有效沟通,理解他们的需求和情感。智商指的是一个人的认知能力、判断能力和解决问题能力等,主要与理性相关。在全媒体时代,智商表现为对媒介信息的快速、准确分析和处理,以及对运营策略的深入理解和应用。财商是指对财富的认知与理财能力,在全媒体运营的场景中,与财商紧密相关的场景为付费投流场景。总而言之,媒商是个人或企业在全媒体时代与媒体互动的基本素质,情商是有效沟通和处理媒体关系的关键因素,智商是深入理解和应用媒介信息、运营策略的能力,财商则是对财富的认知与理财能力(见表15-1)。

表 15-1 媒商、情商、智商与财商的对比

对比维度	媒商	情商	智商	财商
定义	个人或企业在全媒体时代与媒体互动的基本素质	个人的情绪管理能力、人际关系处理能力以及自我认知能力等,主要与非理性相关	个人的认知能力、判断能力和解决问题能力等,主要与理性相关	对财富的认知与理财能力
在全媒体运营中的表现	应对复杂的媒介环境,有效地进行信息传播和舆论引导	与媒体、用户的有效沟通,理解他们的需求和情感	对媒介信息的快速、准确分析和处理,深入理解和应用运营策略	对付费投流场景的认知与理财能力
在全媒体运营中的作用	影响个人或企业在全媒体时代的表现和发展	影响个人或企业与媒体和受众的互动效果与关系管理	提高个人或企业的运营效果和竞争力	付费撬动流量,提高运营效果和效益

(二)媒商化的定义

"化"代表过程,如"数字化"即信息变成数字的过程。"媒商化"即"媒商"逐渐融入全媒体运营,逐渐成为企业文化的组成部分,最后内化为一种文化氛围弥漫在企业运营中的持续过程。它对于建设企业文化、制定运营战略、应对危机事件、管理用户关系等方面有重要作用。

(1)建设企业文化。在全媒体时代,企业文化建设离不开媒商化的过程。对外,通过媒商化,企业能够更好地与媒体和用户沟通,明确并传播企业的核心价值观,从而塑造独特的品牌形象。对内,媒商化过程中,企业能够加强内部沟通,提高员工的媒体素养,使员工更好地适应全媒体时代的工作环境,更加认同企业文化,增强凝聚力。

(2)制定运营战略。媒商化有助于企业进行市场定位与细分。通过深入分析市场趋势和受众需求,结合自身的特点和优势,企业可以更加精准地进行市场定位和细分。同时,媒商化也要求企业不断关注市场变化和用户反馈,灵活调整自己的定位和策略,以适应不

断变化的市场环境。

（3）应对危机事件。在全媒体时代，危机事件的应对尤为关键。在媒商化的影响下，企业可以及时发现危机事件，更好地与媒体进行沟通，传递企业的立场和态度，正向引导舆论方向，避免事态扩大，有助于减少危机对企业声誉的损害。

（4）管理用户关系。在媒商化的影响下，企业能够更好地与用户互动，收集反馈，持续改进产品和服务，提供更加个性化、有价值的内容，从而与用户建立长期、稳定的关系，提高用户忠诚度。

近年来，不少人由于缺失"媒商"，在互联网的海洋中一不小心栽了跟头，造成负面影响。有的"网络共情"不足，招致公众排斥。"媒商"高的一大体现，就是一种与他人共情的能力。键盘敲出的每个字，话筒发出的每个音节，都在公开发布之后成为特定情绪的表达。特别是在公共网络空间，如果不考虑与他人共情，无所顾忌、随性任意地自我表达，就很可能带来不良效应。此前，某头部主播面对网友称某品牌眉笔太贵的言论，直接反问"有时候找找自己原因，这么多年了工资涨没涨，有没有认真工作"，缺乏对"普通人挣钱不易"的共情，其离谱言论瞬间引得反感之声铺天盖地，至今还是网上的热梗。有的传播意识匮乏，发酵激化舆情。在这方面，一些地方基层干部就曾出现过"负面典型"。面对媒体采访，或三缄其口，"防火防盗防记者"，视舆情为"敌情"；或打起太极，左躲右闪，频频推脱；或雷人雷语频出，胡乱表态，不会讲、讲不好，进一步激化矛盾。殊不知，网络传播速度飞快，任何微小舆情都可能在意见领袖、大V的转发下和大众的指尖传播中瞬间"裂变"，对政府部门形象造成极大伤害。做到"好事能说好，坏事也能好好说"，才是"媒商在线"的正确表现。

资料来源：浙江宣传，之江轩. 从阿里献血事件看"媒商"修炼[EB/OL]. (2023-12-10)[2024-04-01]. https://mp.weixin.qq.com/s/8TV9PQCBuZjiu_LHnWQhqw.

二、个体媒商的评价与提升

在全媒体运营中，个体媒商的评价标准主要体现在媒介认知能力、信息甄别能力、内容创作能力和危机处理能力四个方面（见图15-5），这四个方面也是提高个体媒商的方向、抓手。

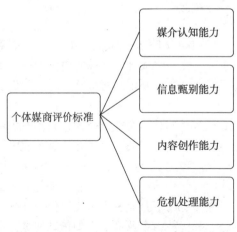

图15-5　个体媒商评价标准

(1)媒介认知能力。在全媒体运营中,媒介认知能力是个体对不同媒介传播规律和特点的认知与理解。个体提高媒介认知能力需要了解不同媒介的传播方式、受众群体以及媒介生态等方面的知识,以便更好地选择适合的媒介进行信息传播。如需要了解抖音或小红书的算法推荐机制、人群特点、内容呈现方式等。个体还需要了解媒介技术的新发展动态,如人工智能、大数据等技术在媒介传播中的应用,以适应新的媒体环境。

(2)信息甄别能力。在全媒体运营中,信息甄别能力是个体对信息真实性和可靠性的判断能力。随着媒体的兴起,信息传播速度加快,但同时也存在着大量的虚假信息和不良信息。个体需要具备信息甄别能力,掌握一些基础的传播理论和生活常识,以便在海量信息中筛选出真实、可靠的信息,避免传播虚假信息或受到不良信息的侵害。个体还需要了解新闻报道的规范和伦理,确保传播的信息符合社会价值观和道德标准。

(3)内容创作能力。在全媒体运营中,内容是吸引受众的关键。个体的内容创作能力包括文字、图片、视频等多种形式的内容创作。提高内容创作能力,个体需要具备良好的文字表达能力,能够撰写吸引人的标题和内容。同时,个体还需要掌握图片和视频处理软件的使用技巧,能够制作出高质量的全媒体内容等。此外,个体也需要了解不同媒介的内容创作规范和要求,以便更好地适应不同媒介的传播特点。

(4)危机处理能力。在全媒体运营中,危机处理能力是个体面对突发事件或危机时的应对和化解能力。提高危机处理能力,个体需要了解危机公关的基本原则和流程,掌握应对危机的方法和技巧,及时、准确地应对媒体和公众的质疑和关切。个体还需要具备情绪控制和压力管理能力,能够在紧急情况下保持冷静和理性。此外,个体也需要了解与媒体沟通的技巧和方法,以便更好地与媒体进行沟通和合作。

三、组织媒商的评价与提升

组织媒商是指一个组织在全媒体运营场景中体现出来的运营能力和危机处理能力。它涉及组织内部的人员、结构和运营等多个方面,是组织在全媒体时代竞争力的重要组成部分。根据人员层面、组织层面和运营层面的一级指标,它又可细分为 10 个二级指标,构成组织媒商评价体系(见表 15-2)。根据此评价体系,企业可对症下药,有的放矢地提高组织媒商,促进媒商化进程。

表 15-2 组织媒商评价体系

一级指标	二级指标
人员层面	高层
	中层
	基层
组织层面	媒商文化
	部门架构
	制度文件
运营层面	灵敏预警
	快速响应
	内容创作
	迭代优化

（一）人员层面

1. 评价标准

组织媒商在人员层面强调高层、中层和基层的媒介素养与信息处理能力。高层需要具备全媒体运营战略眼光和危机决策能力，把握媒介发展趋势，制定全媒体运营战略，如全媒体内容战略、矩阵战略和账号战略；中层需要具备运营团队管理和跨部门协作能力，能够推动内部运营信息的有效传递和沟通；基层需要具备运营策略执行能力，能够应对各种媒介传播的需求。

2. 提高做法

从人员层面提高组织媒商，可针对不同层级员工进行媒介素养和信息处理能力的培训。如与行业内的专业机构和专家合作，为员工提供新的媒介知识和技能培训；选拔具备媒介素养和信息处理能力的员工，将其安排在合适的岗位上；定期对员工进行培训和考核，以确保其具备新的媒介素养和信息处理能力。

（二）组织层面

1. 评价标准

组织媒商在组织层面强调媒商文化、部门架构、制度文件等方面。媒商文化是一个组织对媒介和信息的重视程度，它影响着组织媒介传播和信息管理的方式和效果；部门架构是一个组织的结构设计和信息传递机制，它影响着信息传递的效率和跨部门协作的能力，如是否具备危机处理部门、部门协调是否顺畅；制度文件是一个组织的规范和流程，它确保了组织的稳定和有序运行，如是否具备内容发布的审核制度、评估制度、纠错制度、追责制度等，企业可将这些制度书面化、文件化，便于员工翻阅、对照和学习。

2. 提高做法

从组织层面提高媒商，可从传递媒商文化、评估优化部门、完善制度管理等方面入手。传递媒商文化是指培养组织对媒介和运营信息的重视程度，让员工认识到其对于组织的重要性，如通过内部宣传、领导力示范等方式，形成媒商文化的氛围。评估优化部门是指评估现有部门架构和流程的效率与效果，发现并改进存在的问题，如通过分析现有组织架构、工作流程和沟通渠道，发现潜在的信息传递障碍和协作问题，从而设立专门部门，优化跨部门协作机制，提高组织整体的信息传递效率和协作能力，建立明确的协作流程和责任分工，促进各部门之间的沟通与合作，确保信息的快速传递和有效响应。完善制度管理是指制定并完善运营管理制度，明确各部门的职责和操作流程，包括内容发布管理、审核管理、追责管理、危机应对策略、信息安全规定等方面，确保各项工作的规范化和标准化。

（三）运营层面

1. 评价标准

组织媒商在运营层面强调灵敏预警、快速响应、内容创作和迭代优化等。灵敏预警是指运营人员对运营产生的危机，如舆论事件、恶意帖子、注水评论、黑粉攻击等提前感知，有助于组织提前应对各种变化；快速响应是组织对危机事件的应对能力和执行效率，它反映了组织的危机处理能力；内容创作是指组织的创意和表达能力，当危机发生时，能否运用妥当的文字和形式准确表达，如新闻通稿的措辞等；迭代优化是组织对危机应对经验和教训的归纳、提炼，有助于组织不断优化和提高危机处理能力。

2. 提高做法

从运营层面提高组织媒商，主要从制定灵敏预警机制、提高快速响应能力、加强内容创作能力和总结应对经验等方面入手。制定灵敏预警机制是指及时发现并应对危机事件和不良舆论，如通过监测和分析各类媒体平台的信息，及时发现潜在的危机事件，采取有效的应对措施。提高组织对危机事件的快速响应能力和执行效率，确保危机得到妥善处理，如建立快速响应团队，明确各部门的相应职责和工作流程，确保危机应对措施的有效执行。加强内容创作能力是指提高组织传播内容的创意性和吸引力，如通过创意策划、内容制作、社交媒体运营等方式，打造有趣、有价值的内容，获得目标受众的关注和支持。总结应对经验是指对危机应对经验和教训进行总结和提炼，不断改进和提高组织的媒商水平，如通过案例分析、复盘总结等方式，对危机应对过程进行深入剖析和研究，总结经验和教训，为未来的工作提供有益的借鉴。

思考题

1. 全媒体运营数智化的特征是什么？
2. 全媒体运营数智化的实现路径是什么？
3. 全媒体运营全员化有几个阶段，做法是什么？
4. 媒商与媒商化是什么关系？
5. 个人与组织如何提高媒商？

本章实训

1. 请选择一家具有代表性的企业，结合其业务特点和市场需求，为其制订一套全面而系统的全媒体运营数智化、全员化方案。

2. 请选择一件典型的危机公关事件，深入分析该事件的起因、经过和影响，在此基础上，根据企业的品牌形象和市场定位，为其制订一套体现媒商智慧的公关方案。

典型案例

摇身一变成"MCN"？看慕思如何通过全员内容营销获客！

主要参考文献

[1] 姚君喜，刘春娟．"全媒体"概念辨析[J]．当代传播，2010(6): 13-16.

[2] 肖庆飞．全媒体：指点网络大市场[N]．中国计算机报，2009-10-19.

[3] 喻国明，丁汉青，刘彧晗．媒介何往：媒介演进的逻辑、机制与未来可能——从5G时代到元宇宙的嬗变[J]．新闻大学，2022(1): 96-104+124.

[4] 韦路，丁方舟．论新媒体时代的传播研究转型[J]．浙江大学学报（人文社会科学版），2013(4): 93-103.

[5] 金菊爱．新媒体时代若干媒体新概念辨析[J]．浙江树人大学学报(人文社会科学)，2017, 17(1): 81-86.

[6] 庄勇．从"融媒体"中寻求生机的思考与探索[J]．当代电视，2009(4): 18-19.

[7] 栾轶玫．建议用融媒体代替全媒体[N]．光明日报，2014-12-27(010).

[8] 蔡雯，王学文．角度·视野·轨迹——试析有关"媒介融合"的研究[J]．国际新闻界，2009(11): 87-91.

[9] 石长顺，景义新．全媒体的概念建构与历史演进[J]．编辑之友，2013(5): 51-54+76.

[10] 张欣宇，周荣庭．全媒体观念的产生、概念与特征[J]．出版发行研究，2021(4): 38-42.

[11] 冯向东．高等教育研究中的"范式"与"视角"辨析[J]．北京大学教育评论，2006(3): 100-108+191.

[12] 相约子墨，子墨公考．码住！管理学组织结构类型详细讲解来啦！[EB/OL]．(2021-04-22) [2024-04-01]．https:// mp.weixin.qq.com/s/8BEzSBGXvjJpmJ6krOYsSw.

[13] 高绩效 HRD，陈小文．OD 必看！盘点组织的四种架构与形态[EB/OL]．(2023-09-13) [2024-04-01]．https://mp.weixin.qq.com/ s/mYxPi6dHt3ZMER-a3hWn8A.

[14] 木西足音．管理学|组织[EB/OL]．(2022-01-01) [2024-04-01]．https://mp.weixin.qq.com/s/ 3Q86GbtSkY_1ZZ0P3emLqQ.

[15] 郭朝纲．组织激励：基于战略目标和绩效导向，从关注双因素，到三重需要[EB/OL]．(2022-08-10) [2024-04-01]．https://mp.weixin.qq.com/s/jYF6PfMhu9cOjZBhm7Kphw.

[16] 小熊职涯，LittleBear．组织激励方法探索[EB/OL]．(2022-11-12) [2024-04-01]．https://mp.weixin.qq.com/s/9s0dHwXQOTdyzsCbss_Tyg.

[17] 管理系统建设专家．组织系统之激励机制，注意这六大原则！[EB/OL]．(2023-05-16) [2024-04-01]．https:// mp.weixin.qq.com/s/M9EYTCaoKdVeNC_JHS983w.

[18] 蝉妈妈电商学苑．vol29 薪酬分配心中有数，团队管理有据可依[EB/OL]．https://vpakerg80x.feishu.cn/docx/FiUVdGFYuoSAyTxisZFcViphnVt.

[19] m三六零，m360内容中心．内容战略时代：品牌即媒体[EB/OL]．(2021-10-09) [2024-04-01]．https://mp.weixin.qq.com/ s/175uABwq6qwyuNmYRK1ibQ.

[20] 哈佛商业评论，HBR-China．你的企业有内容战略吗？[EB/OL]．(2020-08-19) [2024-04-01]．https://mp.weixin.qq.com/s/ I1-NscstEyWq3Z11e_rncA.

[21] 梁将军．内容的下一个十年：放弃内容营销，开启内容战略[EB/OL]．(2021-06-22) [2024-04-01]．https://mp.weixin.qq.com/s/WMklugGytihcgFpwfr-T0Q.

[22] 腾讯广告．四大思维转变，推动内容营销走向内容战略[EB/OL]．(2020-08-25) [2024-04-01]．https://mp.weixin.qq.com/ s/13cTuaa3p6aWW6St9UMA3g.

[23] 长江商学院．4个方法打造内容战略，让消费者主动找你[EB/OL]．(2020-09-15) [2024-04-01]．https://mp.weixin.qq.com/s/ tyWNGxtyukAbbvOEXrvG3w.

[24] 新榜矩阵通，矩阵通．5 大绩效指标，让企业更好管理新媒体矩阵[EB/OL]．(2023-10-26) [2024-04-01]．https://mp.weixin.qq.com/s/dRm0gR8tcGZVLU3vN06-5w.

[25] 新榜矩阵通，矩阵通．如何找到新媒体矩阵中存在的问题？[EB/OL]．(2023-10-09) [2024-04-01]．https://mp.weixin.qq.com/ s/3NVqFh9qjvIMT3P5dkNHaw.

[26] 中国西部杂志，编辑部．李后强 | 应当尽快建立"新媒体矩阵学"[EB/OL]．(2022-12-29)

[2024-04-01]. https:// mp.weixin.qq.com/s/YTQx3vvkXgMYgj3UvJHSVg.

[27] 西瓜数据，西楼. 2023 品牌新媒体矩阵营销洞察报告：流量内卷下，如何寻找增长新引擎？[EB/OL]. (2023-06-29) [2024-04-01]. https://mp.weixin.qq.com/s/Ousg6NugzltZ2yv7fgRgGg.

[28] 新榜服务，矩阵通. 新榜|2023 企业新媒体矩阵营销洞察报告[EB/OL]. (2023-07-20) [2024-04-01]. https:// mp.weixin.qq.com/s/Quf6D0qt3NpzOermNkZxPA.

[29] 通用方法论，高广宇. 定位理论的四步骤和八方法——《可以量化的管理学》[EB/OL]. (2017-07-24) [2024-04-01]. https://mp.weixin.qq.com/s/mHjlyQSinvZnPVie_eLQUg.

[30] 抖商传媒. 什么是定位？什么样的短视频账号定位涨粉快？[EB/OL]. (2020-12-21) [2024-04-01]. https://mp.weixin.qq.com/s/W0ACywKW7wYaXTgxQwjIuw.

[31] 正和岛,张知愚. 到底什么是"定位"？[EB/OL]. (2022-12-06) [2024-04-01]. https://mp.weixin.qq.com/s/O0T9x-Gdu0iufakuSF_hsw.

[32] 中视商学院. 运营技巧 | 如何取一个让抖音号自带流量的爆款账号名！[EB/OL]. (2021-08-01) [2024-04-01]. https://mp.weixin.qq.com/s/oBQMycsD_fVaOpLll1reWA.

[33] 91 运营网，坤龙. 如何取一个自动涨粉的公众号名称？20 个类型、100 个例子[EB/OL]. (2020-08-09) [2024-04-01]. https://mp.weixin.qq.com/s/yCIQlvrHaPP4SAJEqGCI6A.

[34] 媒小帮. 研究了 100 个账号，整理出 5 个视频号头像设置技巧，速看！[EB/OL]. (2021-12-09) [2024-04-01]. https://mp.weixin.qq.com/s/INP6w3A--D70yqU1_1xLZw.

[35] 运营研究生，我是国文. 如何设计高辨识度的账号头像？我有 3 个方法送给你！[EB/OL]. (2022-07-02) [2024-04-01]. https://mp.weixin.qq.com/s/NLEt1OZwQVqGjDM7kGhpfQ.

[36] 南丰县电子商务服务中心. 抖音运营：名称、头像、账号简介那些抖音主页里的涨粉技巧 [EB/OL]. (2021-08-21) [2024-04-01]. https://mp.weixin.qq.com/s/PdG2DjjVvWX_KHmv-jydNw.

[37] 星域优课赋能站，小星学长.掌握这些技巧，10 分钟写好一个优质的账号简介！[EB/OL]. (2021-08-05) [2024-04-01]. https://mp.weixin.qq.com/s/sJCp6EfI-Yu13D0cgtq5Kw.

[38] 稿定设计. 爆款小红书封面的设计技巧,这篇攻略请收好![EB/OL]. (2022-08-11) [2024-04-01]. https://mp.weixin.qq.com/ s/sp3LKLPIPYvvxpveSkCWOg.

[39] 抖音.《抖音生活服务图文运营手册》[EB/OL]. (2023-09-19) [2024-04-01]. https://bytedance.larkoffice.com/docx/OAONdQKsPoGW8uxN4TPcxBBUncd.

[40] 135 编辑器. 8 个不可忽视的图文排版细节，先收藏再看！[EB/OL]. (2021-12-21) [2024-04-01]. https://mp.weixin.qq.com/s/ ExJ-NVml-CUVCJfhM6eIqQ.

[41] 美课学院，KV.对真正达人来说，选题才是内容创作的根本能力[EB/OL]. (2019-03-11) [2024-04-01]. https://mp.weixin.qq.com/s/d1FI_uOmVNEiAtJCIapFCg.

[42] 厚昌营销学院. 干货|如何打造爆款内容？选题很重要！[EB/OL]. (2023-05-19) [2024-04-01]. https://mp.weixin.qq.com/s/ 2Zo_HHS25F2tSDr0rhorVg.

[43] 羡鱼不仙女，羡鱼. 微信公众号文章写作、排版和发布[EB/OL]. (2023-02-09) [2024-04-01]. https://mp.weixin.qq.com/s/FMIqNGAF2G1q3WD6h3h4hw.

[44] 山南海拓，山南营销研究所."PKCKS"方法论助力品牌赢在小红书[EB/OL]. (2023-03-07) [2024-04-01]. https://mp.weixin.qq.com/s/UDTsQZrq9YkBJpjK68moIg.

[45] 不二 PM，马骏. 腾讯产品面试题|怎么看待长、中、短视频？哪种发展空间更大？[EB/OL]. (2021-10-11) [2024-04-01]. https://mp.weixin.qq.com/s/I3Vyft56Zr96fTXiyWFsFQ.

[46] 运营师兄，师兄. 热门短视频拍摄常用 9 大构图技巧！快收藏！[EB/OL]. (2023-04-12) [2024-04-01]. https://mp.weixin. qq.com/s/ncuFlXE7a3oTQlsImo-naQ.

[47] 运营师兄，师兄. 手机拍摄抖音短视频，必须学会的 9 种运镜技巧！[EB/OL]. (2023-04-13) [2024-04-01]. https://mp.weixin.qq.com/s/1cDsw4d8cvRJ0NqFNKaVwA.

[48] 品宣资源库. 干货|怎么写好短视频脚本（附模板）[EB/OL]. (2023-03-23) [2024-04-01]. https://mp.weixin.qq.com/s/ 0CV4RBk-5TN0mpprI6Qe9g.

[49] 短视频增长训练营. 常用剪辑工具有哪些？90%短视频运营都在用[EB/OL]. (2024-01-24) [2024-04-01]. https://mp. weixin.qq.com/s/pBP-7SajKOnk_zJ7GDjCYw.

[50] 运营师兄，师兄. 抖音短视频如何选择正确的背景音乐？6 个技巧助你上热门！[EB/OL]. (2023-09-09) [2024-04-01]. https://mp.weixin.qq.com/s/Z6-_H5PFJVJo2bP46tmvGQ.

[51] 飞扬讲增长, 飞扬. 投完上百个抖音全案后, 我总结了价值百万的抖音投流策略, AIMT 品效投放方法论[EB/OL]. (2022-05-31) [2024-04-01]. https://mp.weixin.qq.com/s/M_akFOnTVnxQndpIqkWroA.

[52] 老王的电商干货, 老王. 直播运营必须要懂得干货[EB/OL]. (2024-01-05) [2024-04-01]. https://mp.weixin.qq.com/s/t-4ycYT2aAok4gFedUQYFQ.

[53] 蝉妈妈官方. 直播间用户留不住? 4 个方法助你用户停留时长翻倍! [EB/OL]. (2022-12-28) [2024-04-01]. https:// mp.weixin.qq.com/s/ePDHUfZ5sQiWBEkTCrfpEw.

[54] 欧川摄影俱乐部. 直播间搭建|直播间"三点布灯法" [EB/OL]. (2023-07-27) [2024-04-01]. https://mp.weixin.qq.com/ s/hmgGUJtkAVqqR7N67ML9PQ.

[55] 鲸鱼文化机构. 如何设置直播间灯光? [EB/OL]. (2023-04-27) [2024-04-01]. https://mp.weixin.qq.com/s/qy7Hmt1pZclqCN42_R3Rcw.

[56] 费希尔数据分析. 抖音直播带货 28 种角色类型(附工作职责)&4 种团队架构配置[EB/OL]. (2022-06-13) [2024-04-01]. https://mp.weixin.qq.com/s/rOGE-HATYE8stIzi2JyGrA.

[57] 乐华时代. 主播课堂|直播必备六要素! [EB/OL]. (2021-07-23) [2024-04-01]. https://mp.weixin.qq.com/s/mA7oM3d9oRi5UNkRk1RqSw.

[58] 运营大叔. 交个朋友直播运营进阶. pdf[EB/OL]. (2023-08-24) [2024-04-01]. https://mp.weixin.qq.com/s/USsVS0nb_sj39- VY8WUuMQ.

[59] 运营大叔. 抖音直播运营方案[EB/OL]. (2023-07-30) [2024-04-01]. https://mp.weixin.qq.com/s/D1uoE_8sbBIZACvMLIRxvw.

[60] 隆安县电子商务服务中心. 抖音直播间如何增加互动? [EB/OL]. (2022-07-19) [2024-04-01]. https://mp.weixin.qq.com/s/ dXlKAxCFEN6ZdVNzC2maWA.

[61] 短视频直播带货学习. 直播带货怎么吸引用户下单、观众的购买动机是什么? [EB/OL]. (2022-02-23) [2024-04-01]. https://mp.weixin.qq.com/s/fGCm3q8ibrGlT9YQExTsBw.

[62] 粒粒皆向上. 直播间四种互动方法[EB/OL]. (2023-10-18) [2024-04-01]. https://mp.weixin.qq.com/s/aJ76lKGj-B5o-N-Sy7yGbA.

[63] 白如金, 张璐. 数字经济时代私域流量的概念、价值及运营[J]. 全媒体探索, 2023(3): 4-6.

[64] 派克流, 席文奕. AARRR 过时后, 以留存为核心的 RARRA 成为驱动引擎[EB/OL]. (2019-05-16) [2024-04-01]. https:// mp.weixin.qq.com/ s/U2RMITkt-XDJbhIIr_mZFw.

[65] 营销策划与市场营销, 成智天天. 营销日历: RARRA 增长模型[EB/OL]. (2022-03-28) [2024-04-01]. https:// mp.weixin.qq.com/s/NEovBDX1ZtrDQHXca4aXfA.

[66] 代福平, 辛向阳, 张慧敏. 用户动态画像: 描述用户就是创造用户[J]. 装饰, 2018(3): 94-96.

[67] 野行部落运营, 宫野. 运营人都应该懂的增长黑客核心模型|AARRR[EB/OL]. (2023-01-05) [2024-04-01]. https://mp. weixin.qq.com/s/4-dyS37ugO5kuIkHug7Gzw.

[68] 半夏聊营销. 做新媒体运营如何才能玩转用户? [EB/OL]. (2023-03-21) [2024-04-01]. https://mp.weixin.qq.com/s/ ydBYtcUfGgnUzVw2di5fcQ.

[69] 罗辑思维, 罗振宇. 罗胖 60 秒: 怎么找到你的超级用户? [EB/OL]. (2022-07-22) [2024-04-01]. https://mp.weixin.qq.com/ s/_EwDo5MtMOM3WECHCuS3Ww.

[70] AI 山脉, 运营研究社读书会. 对话易涛: 如何用 AIGC 做好超级用户运营?[EB/OL]. (2023-05-16) [2024-04-01]. https://mp.weixin.qq.com/s/WAqdhq2W3jDH9-7pgj-5QQ.

[71] m 三六零, m360 内容中心. 用户运营模型如何最大化客户生命周期价值? [EB/OL]. (2023-05-26) [2024-04-01]. https://mp.weixin.qq.com/s/Cna5p60kjE82tJgfFnGnfQ.

[72] 笔记侠, 云中客. 抓住 1%的超级用户, 你就赢了 90%[EB/OL]. (2022-02-10) [2024-04-01]. https://mp.weixin.qq.com/s/ PpbfAl3cT-oV8uSlIhEzBg.

[73] 数据派 THU. 用户画像的基础、原理、方法论(模型)和应用[EB/OL]. (2023-09-14) [2024-04-01]. https://mp.weixin.qq.com/ s/3sK-D-9Yq13j36JsK8020Q.

[74] 大数据 DT. 终于有人把用户画像的流程、方法讲明白了[EB/OL]. (2021-07-01) [2024-04-01]. https://mp.weixin.qq.com/ s/SpeOW39h5Fv-dZOcAf8zlA.

[75] 问卷 cloud, 问卷 cloud.小助手如何制定社群规则? [EB/OL]. (2023-04-14) [2024-04-01]. https://mp.weixin.qq.com/ s/Mn3C6_0xnSuDi3--fhBDNA.

[76] m 三六零, m360 内容中心. 社群营销到底怎么玩? 三种典型模式解析[EB/OL]. (2021-10-27)

[2024-04-01]. https://mp. weixin.qq.com/s/Zo3JU9OhBtntGkPZwd0UtA.

[77] 数据管理自习室, 莫工. 从数据到智慧: DIKW 体系的奥秘[EB/OL]. (2023-08-02) [2024-04-01]. https://mp.weixin.qq.com/s/ c3KFlfAjPDPyZKnTaFq9qQ.

[78] 信息化与数据化, 沈旸. DIKW 模型新解——数据, 信息, 知识和智慧[EB/OL]. (2024-02-23) [2024-04-01]. https:// mp.weixin.qq.com/s/3sUgr-ObFw6TcMwQN5KY4Q.

[79] 知否运营, 空格子. 抖音直播间漏斗模型, 五纬四率数据复盘[EB/OL]. (2023-11-27) [2024-04-01]. https://mp.weixin.qq. com/s/b-akvI_NFA9-t95wAkrq5w.

[80] 叶子驿站, 钟三岁. 短视频数据分析-5 个解析[EB/OL]. (2023-06-26) [2024-04-01]. https://mp.weixin.qq.com/s/9fb_-tzX1h83IeoNx_X4Jg.

[81] 会运营. 抖音电商运营: 带货直播的基础数据分析[EB/OL]. (2024-01-15) [2024-04-01]. https://mp.weixin.qq.com/ s/_hzgYwVU6Cf4UOmF8qxTVg.

[82] 抖来咪网络技术服务. 快收藏! 短视频&直播数据分析工具大全[EB/OL]. (2023-03-04) [2024-04-01]. https://mp.weixin.qq.com/s/zQM-MmzGr6zyF2dlerw4cQ.

[83] 运营师兄, 师兄.新媒体运营必备的 12 个数据分析工具, 大神都在用! [EB/OL]. (2023-08-13) [2024-04-01]. https://mp. weixin.qq.com/s/ySKkIOxTyaXXbEQYO9eLFA.

[84] 李渝方. 数据分析之道: 用数据思维指导业务实战[M]. 北京: 电子工业出版社, 2022.

[85] 市场监管半月沙龙, 陈晨, 董昱, 盛世全. 生成式 AI 在广告领域的应用与法律问题[EB/OL]. (2023-09-13) [2024-04-01]. https://mp.weixin.qq.com/s/vPx3DiaH6ZdS5UdnbropWA.

[86] 人人都是产品经理, 顾杰. 除了《个人信息保护法》, 还有这 4 部法律产品、运营必看[EB/OL]. (2021-12-01) [2024-04-01]. https://mp.weixin.qq.com/s/dWSKhuTQI-U9u0dZsX4NEA.

[87] CLB 外服订阅号.普法|中国法律体系构成和现行法律目录·2020 年 3 月（名称）版[EB/OL]. (2020-03-12) [2024-04-01]. https://mp.weixin.qq.com/s/pJYDfPcZ_vsrZ6A6UWOZuA.

[88] 毓秀电商课堂. 有哪些法律法规对短视频、直播进行了规范？[EB/OL]. (2023-11-24) [2024-04-01]. https://mp.weixin.qq.com/ s/v_Pul24bI0P4gT4sqDm29w.

[89] CLUE 中文语言理解测评基准, SuperCLUE. 中文大模型基准测评 2023 年度报告[EB/OL]. (2023-12-28) [2024-04-01]. https://mp.weixin.qq.com/s/PycSpCCREBgB0tEy3csPKQ?search_click_id= 1047306981021526004-1709988060178-4700341996.

[90] 大噬元兽,FlerkenS. 生成式 AI 和决策式 AI:两个不同但相辅相成的技术[EB/OL]. (2023-07-06) [2024-04-01]. https://mp.weixin.qq.com/s/dRrAoVpMbD36doNQGrxNOg.

[91] 吴言不语零一二三.决策式 AI vs 生成式 AI: 人工智能的两种进化路径|附精美 AI 生成画作及方法[EB/OL]. (2023-10-10) [2024-04-01]. https://mp.weixin.qq.com/s/Sjp0bZu2mLk2ndf0vNqnsA.

[92] 厦门大学 MPA 中心.国产主流生成式 AI[EB/OL]. (2023-09-10) [2024-04-01]. https://mp.weixin.qq.com/s/ 6Gfh0RL- 86F2zP5l_YsEfw.

[93] 湾区科技评论,李三希, 武玙璠. 生成式 AI 大模型的特点与未来发展趋势[EB/OL]. (2023-12-26) [2024-04-01]. https://mp. weixin.qq.com/s/Omy_HErKN6fCSO5sX_zhsw.

[94] Puscnock. 如何更好的用好 Prompt 提示词工程？[EB/OL]. (2023-10-17) [2024-04-01]. https://mp.weixin.qq.com/s/ GZYcXGkbGhrIGAwTt6GKbA.

[95] AI 人工智能机器人对话. chatGPT 的使用技巧之 Markdown 语言的使用方法[EB/OL]. (2023-05-08) [2024-04-01]. https://mp.weixin.qq.com/s/bFGdsyR69yKuEWtnZfxEYg.

[96] 互联网 er 的早读课.AIGC|快速掌握 ChatGPT 的 5 个实用技巧[EB/OL]. (2023-06-29) [2024-04-01]. https://mp.weixin.qq. com/s/KX8ELphN71RIwVPi7JIyXg.

[97] NineBot AI. ChatGPT 必备的 9 种 Prompt 提示词框架[EB/OL]. (2023-12-02) [2024-04-01]. https://mp.weixin.qq.com/ s/ouu_wuqNsykb5u18bVoI8g.

[98] 天下秀数字科技集团. 趋势洞察|克劳锐发布《2023 数字人行业发展专题报告》报告[EB/OL]. (2023-10-26) [2024-04-01]. https://mp.weixin.qq.com/s/lFQO2ZTJOi1_PV8L5YzYBA.

[99] 腾讯研究院. 数字人产业发展趋势报告（2023）|102 页报告全文附下载[EB/OL]. (2022-12-01) [2024-04-01]. https://mp. weixin.qq.com/s/lPAzS45vfC5vdeyfggDbGw.

[100] VR 陀螺, 陀螺君. 160 页报告细述数字人产业, 陀螺研究院发布《2023 年全球虚拟数字人产业报告》[EB/OL]. (2023-03-16) [2024-04-01]. https://mp.weixin.qq.com/s/nEWbze_U-kwonrESEWZjxw.

[101] 元专家产业创新研究，白三采. 如何区分虚拟人、数字人和虚拟数字人呢？[EB/OL]. (2023-11-13) [2024-04-01]. https://mp.weixin.qq.com/s/_i33MnMWWITpfxA41zBYfQ.

[102] 浙江宣传，之江轩. 从阿里献血事件看"媒商"修炼[EB/OL]. (2023-12-10) [2024-04-01]. https://mp.weixin.qq.com/s/8TV9PQCBuZjiu_LHnWQhqw.

[103] 广视学院. 如何拥有高媒商——新闻发言五度原则[EB/OL]. (2013-11-08) [2024-04-01]. https://mp.weixin.qq.com/mp/appmsg/show?search_click_id=15823584084261458384-1709989505402-6436323225&__biz=MjM5NTAxMjQxMA==&appmsgid=10000033&itemidx=3&sign=51b128f7851bb8d27c1c7a4775ffabe7&uin=&key=&ascene=0&devicetype=Windows+10+x64&version=6309092b&lang=zh_CN.

[104] 青年记者杂志，闫桥，陈昌凤. 青记独家｜数智化融合：逻辑、特征与未来战略[EB/OL]. (2023-11-06) [2024-04-01]. https://mp.weixin.qq.com/s/RSIChEpnYF_ZDjw4cO2yMA.

教师服务

感谢您选用清华大学出版社的教材！为了更好地服务教学，我们为授课教师提供本书的教学辅助资源，以及本学科重点教材信息。请您扫码获取。

❯❯ 教辅获取

本书教辅资源，授课教师扫码获取

❯❯ 样书赠送

市场营销类重点教材，教师扫码获取样书

 清华大学出版社

E-mail: tupfuwu@163.com
电话：010-83470332 / 83470142
地址：北京市海淀区双清路学研大厦 B 座 509

网址：https://www.tup.com.cn/
传真：8610-83470107
邮编：100084